Bachmair · Handlungsorientierte Unterrichtsanalyse

Jörg Ramseger
Augustastraße 28
D - 4400 Münster
Telefon (0251) 74560

Gerd Bachmair

Handlungsorientierte Unterrichtsanalyse

Praxisnahe Anregungen
für die Reflexion von Unterricht

Beltz Verlag · Weinheim und Basel

Gerd Bachmair, Dr.phil., ist Akademischer Rat am Institut für
Erziehungswissenschaft I der Universität Tübingen, Abteilung
Schulpädagogik

CIP-Kurztitelaufnahme der Deutschen Bibliothek

Bachmair, Gerd:
Handlungsorientierte Unterrichtsanalyse : praxis-
nahe Anregungen für d. Reflexion von Unterricht /
Gerd Bachmair. – Völlig überarb. Neuausg. d.
„Unterrichtsanalyse" (3. Aufl. 1977),
2. Aufl. – Weinheim ; Basel : Beltz, 1982.
ISBN 3-407-54105-8

1. Auflage 1980
2. Auflage 1982

© 1980 Beltz Verlag · Weinheim und Basel
Völlig überarbeitete Neuausgabe der „Unterrichtsanalyse" (3. Aufl. 1977)
Gesamtherstellung: Beltz Offsetdruck, 6944 Hemsbach über Weinheim
Umschlaggestaltung: E. Warminski, Frankfurt/M.
Umschlagkarikatur: Jürgen Buchegger, Kusterdingen
Printed in Germany

ISBN 3 407 54105 8

Für Sabine, Julia und Florian

Inhaltsverzeichnis

Vorwort 9

1 Schule und Unterricht heute 11

2 Was lernen die Schüler? Diskussion der Lehrinhalte 25
2.1 Inhaltsbeschreibung 27
2.2 Auswahl und Gestaltung des Lehrinhalts 30

3 Schulerfolg und -versagen 41
3.1 Was ist Schulerfolg? 44
3.2 Weder dumm noch faul! Ursachen von Erfolg und Mißerfolg in der Schule am Beispiel von Familie, Sprache und Sozialstatus 50

4 Wie Schüler lernen und denken 64
4.1 Lernformen, -prinzipien und -phasen 66
4.2 Entdeckendes Lernen, Problemlösen, Kreativität 73

5 Motivation: Warum lernen die Schüler (nicht)? 85
5.1 Das Verhältnis der Lehrer zu Lernbereitschaft und Lernunlust der Schüler 86
5.2 Motivationsursachen und -hilfen 92

6 Interaktionen im Unterricht 103
6.1 Von der Beobachtung zur Analyse sozialer Beziehungen (vier Beispiele) 104
6.2 Erwartungen, Rollen, Normen, Werte 112
6.3 Geheimer Lehrplan 121
6.4 Sozialformen im Unterricht 126

7 Wenn Lehrer und Schüler miteinander nicht auskommen: Konflikte und Störungen im Unterricht 137
7.1 Hindernisse bei der Konfliktbewältigung 137

7.2	Fallbeispiel	141
7.3	Was stört Schüler und Lehrer?	144
7.4	Stadien eines Konflikts: Vom Konfliktpotential zum Streit und dessen Nachwirkungen	146
7.5	Aggressivität	155
7.6	Stigma und abweichendes Verhalten	160
8	Formen, Ziele und Wirkungen der Unterrichtsanalyse	165
8.1	Was ist Unterrichtsanalyse?	166
8.2	Wozu Unterrichtsanalyse?	171
9	Zur Methodik der Unterrichtsanalyse	181
9.1	Vorwissen und Beobachtungskategorien	184
9.2	Unterrichtsdokumentation	190
9.3	Entdecken von Fragestellungen und Einsichten in den Unterricht	194
9.4	Auswerten, Interpretieren, Beurteilen	199
9.5	Fehleranalyse	208
9.6	Gespräche über Unterricht	212
9.7	Selbstreflexion	217
10	Literaturverzeichnis	230
11	Sachregister	239

Vorwort

Wer sich als Beobachter mit der Analyse von Unterricht befaßt, wird immer mit dem Problem eigener Voreingenommenheit umgehen müssen. Diese setzt sich zusammen aus vorhandenen Erwartungen und Einstellungen gegenüber Unterricht und seiner komplexen Dynamik, und die wiederum sind das Ergebnis eigener Schulerfahrungen und angeeigneten pädagogischen Wissens.

Da ist zum einen die große Zahl *erziehungswissenschaftlicher Theorien und Denkmodelle*, die die Auseinandersetzung mit Unterricht sowohl unterstützen wie auch behindern können. Mit den theoretischen Modellen, auf die sich Lehrer und Beobachter stützen, verändert sich auch das Bild von Unterricht. Sie lenken Wahrnehmung und Denken des Beobachters und veranlassen ihn, das Unterrichtsgeschehen in bestimmter Weise zu ordnen und zu bewerten. Er wird angeregt, Zusammenhänge theorieentsprechend zu sehen bzw. zu übersehen. Diese wissenschaftlichen Theorien lassen sich oft nur mit Mühe auf die Unterrichtspraxis übertragen, sind manchmal widersprüchlich, und der Beobachter steht vor dem Problem, sie sich dennoch als Analyse-Instrumente verfügbar zu machen.

In gleicher Weise wirken die unreflektierten, *nicht-wissenschaftlichen Vorannahmen* über Unterricht. Dazu gehören die vielfältigen Vorstellungen über Schule und Lernen, die sich im Alltag durch die eigenen Schulerfahrungen oder jahrelange Berufspraxis entwickelten und verfestigten. Diese ‚naiven' Theorien haben als Erfahrungswerte die gleiche Berechtigung und Wirkung wie die wissenschaftlich fundierten Denkmodelle.

Jeder Lehrer und Beobachter steht im Rahmen der Unterrichtsanalyse vor der Aufgabe, sich diese unterschiedlichen Orientierungen und Deutungsmuster über Unterricht bewußt zu machen und ihre Angemessenheit für die Erklärung des Unterrichts zu rechtfertigen. Dieses Buch möchte auf zweifache Weise helfen, Unterricht zu durchschauen und das eigene Unterrichtserleben zu reflektieren:

– Die Kapitel 1 bis 7 geben einen Überblick über ausgewählte Aspekte des Unterrichts: Lehrinhalt, Schulerfolg, Lernen und Denken, Motivation, soziale Beziehungen, Konflikte. Auf dem Hintergrund sozialwissenschaftlicher Überlegungen werden beobachtbare Elemente im Unterricht aufgezeigt und Anregungen gegeben, wie diese Eindrücke geordnet und gedeutet werden können. Dabei liegt dem Buch nicht die Absicht zugrunde, die Auseinandersetzung mit Unterricht zu normieren. Es will dem Beobachter Hinweise dafür geben, wie er aus der Fülle des Beobachtbaren und der vielfältigen Fragestellungen eine sinnvolle Auswahl treffen und neue Kategorien entwickeln kann.

– Die beiden letzten Kapitel geben einen Überblick über Ziele und Methoden der Unterrichtsanalyse. Diese Anregungen möchten u. a. Lehrer und Beobachter veranlassen, die eigenen Analysestrategien und handlungsleitenden Denkmuster kennenzulernen, um Wahrnehmungsfehler und Deutungen der Unterrichtswirklichkeit aufzuarbeiten.

Dieses Buch verzichtet darauf, Strategien und Probleme der Unterrichtsbeobachtung und -analyse, wie sie im Rahmen empirischer Unterrichtsforschung Verwendung finden, darzustellen. Gegenstand dieses Buchs ist vielmehr die alltägliche Auseinandersetzung mit Unterricht, geschrieben für Lehrer und Beobachter, die sich über die Unterrichtswirklichkeit aufklären wollen.

Dieses Buch ersetzt die 1974 erschienene Schrift zur ‚Unterrichtsanalyse‘, die, 1972 konzipiert, nun mittlerweile in wichtigen Teilen revisionsbedürftig wurde. Die Ursache ist in der raschen Veränderung des Wissens über Schule und Unterricht in den vergangenen Jahren zu suchen. Die schul- und unterrichtstheoretischen Forschungen weiteten sich in dieser Zeit erheblich aus und orientierten sich z. T. um. Wichtige Änderungsimpulse, die die Methodik der Unterrichtsanalyse entscheidend beeinflußten, gingen von der Diskussion um die Handlungsforschung und die hermeneutischen Methoden in der empirischen Unterrichtsforschung aus.

Das Buch stellt sich vorwiegend auf solche Leser ein, die im Umgang mit Unterrichtsanalyse noch wenig Erfahrungen sammeln konnten. Deswegen beschränkt sich die Verwendung pädagogischer Fachbegriffe auf ein Mindestmaß, und die theoretischen Erörterungen treten zurück zu Gunsten praktischer Beispiele aus Unterrichtshospitationen und -beratungen.

Tübingen, Oktober 1979   Gerd Bachmair

1 Schule und Unterricht heute

Was ist Unterricht? „Was soll diese Frage?" denkt man unwillkürlich. Denn wer kennt sich mit Unterricht nicht aus? Schließlich besuchten wir alle jahrelang die Schule. Aber: „Lebenserfahrung und Wissenschaftsgeschichte zeigen, daß man über etwas sprechen, über etwas schreiben, mit etwas umgehen kann, was man nur zu kennen meint oder scheint. Unterschiede liegen im Grad der Scheinkenntnis und im Grad des Bewußtseins der Unkenntnis des scheinbar so Vertrauten" (Rumpf 1971a, S. 61). In diesem Sinn verfügt jedermann über Vorstellungen von Schule und Unterricht. Oft sind es nur vage innere Bilder, bei denen es Mühe macht, sie sprachlich zu fassen. Aber diese Bilder prägen uns im Umgang mit der Schule.

Achtzehnjährige Gymnasiasten formulierten spontan folgende Antworten auf die Frage: Was bedeutet für Sie Unterricht?
„Da wird gelernt! Vermitteln von Wissen über bestimmte Stoffgebiete! Trainieren auf eine Prüfung hin! Optimale Wissensvermittlung durch eine Lehrkraft! Objektive und klar verständliche Übermittlung des Unterrichtsstoffs an die Schüler! Unter Unterricht verstehe ich etwas, wo man Wissen vermittelt bekommt! Kommunikationsmöglichkeiten! Kommunikation von Schülern und Lehrern! Der Lehrer zergliedert den Stoff unter didaktischen Gesichtspunkten, um ihn den Schülern nahezubringen! Durchführen des Lehrplans!"

Diese präzisen Vorstellungen und Erwartungen sind problematisch, denn die Bilder, die jeder von Schule mit sich herumträgt, helfen nicht, die aktuelle schulische Situation zu verbessern. Oben genannte Lehrmethoden und Organisationsformen werden von einem „ordentlichen" Unterricht gefordert. Oder die ehemaligen Schüler lehnen mit ihren negativen Schulerfahrungen pauschal auch das Lernen ab. Diese Bilder werden an jeden Unterricht als verinnerlichtes Urteilsraster angelegt, egal ob selbst durchgeführt oder als Schüler oder Eltern passiv erlebt. Die Konsequenz: Sehr enge Vorstellungen von den Unterrichtsformen, die eine offene Betrachtung und Analyse des Unterrichts behindern und sich somit erschwerend auf Innovationen im Bereich Schule auswirken.

Lehrerhoroskop:

Könnte Unterricht so aussehen? Wieviele der dargestellten Situationen sind auch im Unterricht möglich?

Auflösung: Die Zeichnung zeigt nur Aktivitäten, wie sie für den konventionellen lehrer-, lehrplan- und klassenzimmerzentrierten Unterricht untypisch sind. Es sind ‚normale', alltägliche Situationen, in denen Kinder und Erwachsene miteinander etwas unternehmen, und deshalb müßte es möglich sein, sie auch im Unterricht zu beobachten. Ist es so undenkbar, daß Schüler mit Papierfliegern ‚spielend' lernen? Wer auf der Zeichnung viele schulisch bedeutsame Tätigkeiten zu erkennen meint, der läßt sich nicht von den üblichen Vorstellungen leiten, wie Unterricht auszusehen hat. Wieviele Unterrichtssituationen haben Sie erkannt?

- *Mindestens 6:* Offensichtlich sind Sie vom Entschulungsbazillus bereits angesteckt und haben zu viel über ‚offenen Unterricht' gelesen oder selbst solchen gehalten? Sie haben Ihre Kreativität im Umgang mit Schule noch nicht verloren. Leute wie Sie braucht man als Lehrer!
- *3 bis 5:* Vorsicht! Noch sind Sie in der Lage, sich Unterricht auch anders vorzustellen, als daß Schüler unter Lehreraufsicht aus Büchern pauken! Aber Sie beginnen, sich bereits auf die übliche Schulform einzustellen, und sind nicht so recht überzeugt, daß auch Schule Spaß macht.
- *0 bis 2:* Entweder hatten Sie selbst eine bittere Schulzeit, oder Sie gehören zu den Leuten, die den heutigen Kindern den Unterricht von früher anbieten, so wie er jahrzehntelang erprobt wurde. Nur Mut zum Umdenken: Zeiten und Unterrichtsformen ändern sich. Sie definieren schulisches Lernen sehr eng und tragen die traditionellen Ansichten über Unterricht weiter!

Die landläufigen *Definitionen von Unterricht* stimmen mit dem Modell des Didaktischen Dreiecks überein, das sich mit *drei* Merkmalen (Lehrer, Schüler, Thema) begnügt: Die *Schüler* beschäftigen sich mit einem *vorgegebenen Thema,* das ein eigens ausgebildeter Erwachsener *(= Lehrer)* auswählt und gestaltet, damit die Auseinandersetzung mit den Lehrinhalten nach den Regeln pädagogischer Vernunft bzw. Lehrerzunft vonstatten geht.

Didaktisches Dreieck: Schüler-Inhalt-Lehrer

Das unter Lehrern derzeit am meisten verbreitete Unterrichtsmodell sieht in den Unterrichtsthemen bzw. Lehrinhalten nur Mittel zum Zweck, den Schülern, Fähigkeiten und Fertigkeiten (= Qualifikationen) zu vermitteln. Im Gegensatz zum natürlichen Lernen in und mit der Umwelt hat Unterricht dieser Ansicht zufolge die Aufgabe, systematisch Lerngelegenheiten zu schaffen. Die „Berliner Didaktik" (Heimann 1962, Schulz 1968) entwirft ein Bild von Unterricht mit Hilfe von 7 Elementen: Die *Unterrichtsinhalte* werden so im Unterricht dargeboten, daß die Schüler die *Unterrichtsziele* (= Intentionen) erreichen. Vermittelnd zwischen Schülern und den Inhalten stehen die *Medien* (audiovisuelle Geräte, Landkarten, Bücher, Abbildungen, Objekte bzw. Hilfsmittel, die den Schülern helfen, Einsichten in die Lehrinhalte zu gewinnen). Lehrer halten sich an *methodische Regeln,* damit die Schüler in optimaler Weise lernen. Das *Methodenrepertoire* unterteilt sich in die Sozialformen (z.B. Frontalunterricht, Gruppen-, Partner-, Einzelarbeit), die Aktionsformen des Lehrers (z.B. Lehrvortrag, Fragenstellen, etwas Vorspielen), die *Urteilsformen,* die *Gliederung* des Unterrichts *in* einzelne *Lernphasen (= Artikulation),* z.B. Wiederholen, Anwenden, Üben. Als Urteilsformen bezeichnet man die Maßnahmen zur Beschreibung und Kontrolle des Lernerfolgs, der Beurteilung und Bewertung der Schülerleistungen.

Schüler	Lernen durch Inhalte, Unterrichtsmethoden, Medien; organisiert vom Lehrer	Ziele (Fähigkeiten, Wissen, Qualifikationen)

Diese vier Ebenen schulischen Lernens (Ziele, Inhalte, Methoden, Medien) stehen in engem Zusammenhang (= Implikationszusammenhang). Die Entscheidung auf einer dieser didaktischen Dimensionen zieht immer Konsequenzen auf den drei anderen nach sich. So widersprechen sich beispielsweise das Unterrichtsziel Kreativitätsförderung und die Methode eines straff gelenkten Frontalunterrichts.
Unterricht wird maßgeblich geprägt durch die *anthropogenen Einflußfaktoren* (z.B. Intelligenz, Interessen, Konzentrationsfähigkeit) auf Seiten der Schüler und Lehrer sowie die *gesellschaftlichen* und *institutionellen Bedingungen* des Unterrichts, wie z.B. Schulorganisation, Schulgesetze, Kulturtraditionen.
Unterricht ist nicht identisch mit zielorientiertem, lehrplangerechtem Lernen, denn unabhängig von den Lehrthemen machen die Schüler innerhalb von Schule und Unterricht eine Fülle zusätzlicher Erfahrungen. Die Art, wie sie in der Schule jahrelang denken, sprechen, miteinander und mit den Lehrern umgehen, wie sie Prüfungsdruck, Erfolg und Mißerfolg beim Lernen, Zwang, Unselbständigkeit, Verantwortung, Verplanung erleben, all dies kann nicht spurlos an den Schülern vorbeigehen.

Unterricht

geplantes, zielgerichtetes Lernen entsprechend der Lehrpläne; Vermittlung von Qualifikationen
schulische Sozialisation, geheimer Lehrplan, Auswirkungen des Zusammenlebens, Denkens, der Prüfungen usw. auf die Persönlichkeit der Schüler

Der geheime Lehrplan beschränkt sich nicht allein auf den Frontalunterricht: Jeder Unterricht prägt die Schüler durch die Lehrmethoden, die Kommunikationsformen, durch versteckte Werturteile der Lehrinhalte, um nur einige der Einflußfaktoren der schulischen Sozialisation zu nennen. Sie ist *kein* unerwartetes und zufälliges Nebenprodukt von Schule, wie der Terminus ‚geheimer Lehrplan' suggeriert. Schulgesetze, Lehrpläne, die Öffentlichkeit fordern die Schule auf, Erziehungsaufgaben zu akzeptieren und neben der eigentlichen Ausbildung der Schüler Einfluß zu nehmen auf deren soziale Verhaltensweisen, Werthaltungen, Normorientierungen, deren positives Verhältnis zum Gemeinwesen, zum Glauben an den Staat und die jeweilige Gesellschaftsordnung usw. Es ist fast unmöglich, im Einzelfall definitiv die Effekte von Schule zu bestimmen und richtig vorherzusagen, so z. B. unter der Fragestellung: Welcher Lehrstil wirkt in welcher Weise auf den Schüler XY? Die vielfältigen Erfahrungen in der Familie, im Freundeskreis, die Einflüsse der Massenmedien, die Persönlichkeitsstruktur des Schülers und anderes mehr können das Erleben in der Schule abschwächen, verstärken oder Konflikte verursachen.

Schule ist eine Veranstaltung der Gesellschaft, um sicherzustellen, daß sich die jeweils nächste Generation die überkommenen Kulturgüter und Wissensbestän-

de planmäßig aneignet. Schule bildet aber nicht nur aus (Qualifikationsfunktion) und erzieht die Schüler (Sozialisationsfunktion), sondern wirkt bekanntermaßen als Instrument *gesellschaftlicher Auslese.* Das schulische Berechtigungswesen mit seinen Noten, Zeugnissen, Abschlußexamina, Prüfungen, Lernerfolgskontrollen, den in ihrem sozialen Wert gestaffelten Ausbildungswegen, mit ihren Versetzungsregeln, Eingangs- und Abschlußprüfungen haben eine verheerende Wirkung auf den Unterricht. Diese Selektionsfunktion lähmt übermächtig die Bemühungen, Schule lebenswert zu gestalten.

Eine der Hauptursachen für die Probleme unseres Schulsystems liegt in dieser Aufgabenbeschreibung. *Wer Unterricht sagt, denkt an zielgerichtetes, an Prüfungen und Berechtigungen gekoppeltes Lernen.* Diese Definition verhindert, Schule als einen Lebensbereich zu begreifen, in dem Kinder und Jugendliche leben und lernen, in dem sich Lernen und freie Entfaltung nicht als Widersprüche ausschließen, in dem man Lernen und Erfahrungen-Machen nicht als Gegensätze ansieht.

Aufgaben des Schulsystems

Qualifikation:	Ausbilden, intellektuelle Förderung, Wissen vermitteln, ...
Sozialisation:	Erziehen, Integration der Schüler in die Gesellschaft; Förderung der Loyalität der Schüler zu dieser Gesellschaft und ihren Institutionen; Vermittlung überfachlicher Qualifikationen, Arbeitstugenden, Werthaltungen ...
Selektion:	Prüfung, Berechtigungswesen, Erfolg und Versagen in der Schule, Zulassung zum Weiterlernen, zu Berufen und zu gesellschaftlichen Positionen ...
Lebensbereich:	Zusammenleben, spielen, sich beschäftigen, Erfahrungen sammeln, sich „natürlichen" Aufgaben stellen, Gespräche, gemeinsam planen ...

Wer versucht, Unterricht und Schule, so wie sie sich uns heute darstellen, zu beschreiben, kann nicht auf massive *Kritik* verzichten. In ihr drückt sich nicht intellektuelle Überheblichkeit gegen eine wohl immer unzulängliche Praxis aus, sondern der Leidensdruck von Schülern, Eltern und Lehrern. Diese Kritik ist wichtig, um nicht aus Gewohnheit heraus Fehlentwicklungen unserer Schule weiterzutragen. Die folgende *Mängelrüge* beansprucht weder Vollständigkeit noch Ausgewogenheit. Sie verzichtet darauf, Vorzüge und Erfolge unseres Schulsystems aufzuzählen, weil es wichtiger ist, die Bedingungen für Dauerschäden bei Schülern, Lehrern und der Gesellschaft zu analysieren, die die Schule verursacht. (Ausführliche Argumente finden sich bei Dauber/Verne 1976,

Flitner 1977, Hentig 1976, 1973, Illich 1978, S. 113–138, Ramseger 1977, Speichert 1976, Wagenschein 1968.)

a) Bis auf die kurzen Pausen, die wenigen Feste und Ausflüge besteht die Schulzeit nur aus Unterricht und damit aus Arbeit und Leistungsdruck (Schule = Unterricht = zielgerichtetes Lernen = Arbeit).

b) Kindheit und Jugend erhalten ungerechtfertigter Weise ihre Bedeutung durch die *Vorbereitung auf das Erwachsenendasein.* Schule ist somit nicht an der Gegenwart der Schüler interessiert; sie begreift die Schülerexistenz als einen defizitären Zustand, der permanent behoben werden muß. Dem im Menschenrechtskatalog festgehaltenen Anspruch aller Menschen auf freie Entfaltung der Persönlichkeit und auf Glück wird durch die Institution Schule kräftig nachgeholfen: Die Schule hilft *dort* entfalten, wo *sie* es bestimmt.

Ein Beispiel für dieses nur auf die Zukunft gerichtete Denken gibt „Neue Faust", der Erfinder des „Säbelzahncurriculums und pädagogischer Theoretiker der Steinzeitmenschen" (Peddiwell 1974, S. 343). Er „sah einige Kinder vor dem Höhleneingang beim Feuer, beschäftigt mit Knochen, Stöckchen und bunten Kieselsteinen. Er merkte, daß sie in ihrem Spiel keinen anderen Sinn sahen als das augenblickliche Vergnügen an der Beschäftigung selbst". ... Die Kinder spielten aus Freude, die Erwachsenen arbeiteten für die Sicherheit ihrer Existenz und den Wohlstand des Stammes. Die Kinder spielten ... Die Kinder bewahrten sich vor Langeweile, die Erwachsenen schützten sich vor Gefahren. „Wenn ich nur diese Kinder dazu bringen könnte, sich mit solchen Dingen zu beschäftigen, die ihnen verhelfen, mehr Nahrung, besseren Wohnraum und mehr Sicherheit zu bekommen", dachte Neue Faust, „dann könnte ich dazu beitragen, daß dieser Stamm ein besseres Leben führt..." Dann legte Neue Faust fest, daß die Kinder Fische und Pferde fangen sowie den Tiger zu vertreiben lernen sollten, dachte sich Programme aus, um die dafür notwendigen Fertigkeiten der Kinder zu trainieren. Nach etlicher Zeit aber gab es weder Fische noch Tiger noch Pferde, was nicht den Anlaß bot, diese Unterrichtsfächer abzuschaffen. Die Kinder des Stammes übten lebensferne Dinge um deren selbst willen. Das Säbelzahncurriculum entfremdete sich von der Lebenspraxis: Die Kinder lernten, weil gelernt werden sollte.

c) Die fortwährende Ausbildung ist *kein Ausdruck von Unfertigkeit, sie garantiert permanente Unzulänglichkeit* (Verne 1976, S. 28). Das Wissen um das eigene Nicht-Wissen wird durch unentwegte Belehrung in der Schule institutionalisiert. Schüler erleben keine wirklichen Erfolge, weil jede bestandene Prüfung und jede durchlaufene Unterrichtseinheit immer wieder den Beginn des Weiterlernens markieren. Der Wissensfortschritt führt zum Wissen um die Endlosigkeit alles Wissens.

> Faust:
> Habe nun, ach! Philosophie
> Juristerei und Medizin
> Und leider auch Theologie
> Durchaus studiert, mit heißem Bemühn.
> Da steh ich nun, ich armer Tor!
> Und bin so klug als wie zuvor;

d) Unterricht findet bis auf wenige Ausnahmen im *Klassenzimmer* statt. Deshalb holt man die Vielfalt des Lebens durch Sprache, Bilder, Bücher, Tafelanschriften in die Schule herein. Die Lernsituationen sind künstlich geschaffene Abbildungen der Realität: Erfahrungen aus zweiter Hand.

Zeichnung: Marie Marcks

Raffiniert ausgeklügelte Motivationshilfen der Lehrer oder Zwang ersetzen oft genug die natürliche Lernbereitschaft der Schüler.

e) Schulwissen avanciert zum Selbstzweck ohne Bezug zum Lebensalltag der Schüler, an deren Interessen und Fragen z.T. vorbeigelernt wird. Den erworbenen Qualifikationen fehlt der Gebrauchswert. Sie eignen sich vielfach nur noch, um sie gegen gute Noten einzutauschen, die dann als Zeugnisse wiederum zum Weiterlernen berechtigen, immer in der Hoffnung, sich später einen günstigen Platz in dieser Gesellschaft zu sichern („Damit aus dir was Rechtes wird!").

f) Die Bindung des Lernens an Lehre erfordert die Rolle eines Instruktors, der berufsmäßig Unterricht veranstaltet und für dessen Erfolge [er] mitverantwortlich gemacht wird. Durch die Gegenüberstellung eines Erwachsenen mit einer großen Gruppe von Kindern oder Jugendlichen entsteht eine Fülle von Autoritätsproblemen und sozialer Konflikte.

g) Es wäre verwunderlich, gäbe es nicht Lärm, Durcheinander, Apathie, Unlust, Streit, Verweigerung, wenn sich 20 bis 40 Menschen auf engstem Raum mit meist langweiligen Dingen unter größter Bewegungsarmut nach einem ihnen unbekannten Plan beschäftigen. Schule rechnet keine Zeit ein, die unterschiedlichen Wünsche und Standpunkte zu thematisieren und zu bewältigen. Die sozialen Beziehungen stören.

h) Unterricht ist für Lehrer und Schüler mühevolle Arbeit, die zu Streß, Überforderung, Nervosität und Unruhe führt. Rechnet man die Hohlstunden, den Schulweg, die Hausaufgabenzeit sowie den Unterrichtsvormittag mit ein, sind Schüler oft stärker eingespannt als die Erwachsenen im Beruf.

i) Wer lehrt, der plant und verplant seine eigenen Interessen sowie die der Schüler. Die individuelle Planung wird durch übergeordnete Pläne (Curricula, Stundenpläne, Prüfungsordnungen, Lehrbücher, ...) reglementiert. Jeder Plan ist Teil eines weiteren Plans.

j) Zu große Klassen, immer wieder neue Schülergruppierungen (z. B. Kollegstufe, Kurssysteme) und das Fachlehrerprinzip fördern Bindungslosigkeit und Vereinzelung von Schülern und Lehrern.

k) Alle 45 Minuten wechseln Fach und Lehrer. Dieser Rhythmus zerstückelt das Lernen in unsinnige Portionen.

l) Die traditionelle Fixierung auf den Frontalunterricht und das Lehrgespräch verstärken die immer schon vorhandene Lehrerdominanz. Sie drängt die Schüler in die Rolle der Passiven, Unwissenden, die nur noch über Unwesentliches selbst entscheiden. Der Frontalunterricht gehört dazu noch zu den konflikträchtigsten Lehrformen.

m) Überladene Lehrpläne drängen den „Heranwachsenden" die Probleme der *Erwachsenen* auf, füttern sie mit Wissen, von dessen Wert zwar die Lehrplanautoren, nicht aber die Schüler überzeugt sind. Sie bringen die Schüler in die Situationen, Fragen zu stellen, die sie nicht bewegen, Antworten zu finden, die sie nicht suchen.

n) Die Lehrpläne schreiben abprüfbares Wissen vor. Muße, Spiel, Kreativität und musische Beschäftigung haben in der Leistungsschule wenig Berechtigung. Nichtstun wird als Faulenzerei bewertet. Schule kennt kein „dolce far niente". Der Schülertisch wird zum Akkordarbeitsplatz.

o) Prüfungen, Berechtigungswesen, die Auslese der Geeigneten wie der „Unbrauchbaren" nehmen in der Schule einen zu breiten Raum ein. Hinter diesen Aufgaben droht die Bedeutung der Lehre in die Zweitrangigkeit abzusinken.

p) Die Nebenwirkungen unterrichtlicher Kommunikation, der Unterrichtsmethoden, der Denk- und Lernprozesse führen langfristig zu psychischen Deformationen bei den Schülern und zu Verhaltensweisen, die im Widerspruch zur demokratischen Verfassung dieses Staates stehen.

Keines der hier aufgeführten Argumente ist neu, und die öffentliche Diskussion beschäftigt sich ausführlich mit der Schulmisere, ohne daß sich die Lage der Kinder und Jugendlichen gebessert hätte. Was verursacht das Unvermögen, den Lebensbereich Schule nach demokratischen und humanen Prinzipien zu gestalten? Die folgenden Fragen und Feststellungen wollen anregen, über Veränderungsmöglichkeiten und -bedingungen für die konkreten Unterrichtssituationen nachzudenken.

1. Erneuerung setzt Umdenken voraus, das sich nicht von oben verordnen läßt. An welchen Lösungen sind die Lehrer, Schüler (und bin ich selbst) interessiert? Wie stark sind Leidensdruck und Änderungswille? Wie bewußt erkennen die Betroffenen die Schulprobleme? Was bezeichnen sie als ihre Interessen? Wer legt fest, was man unter ‚wahren' Problemen zu verstehen hat?
2. Wer hält welche Dinge für reformbedürftig? Wer steht der Durchführung dieser Vorstellung im Weg? Kooperationspartner? Gegen den Willen welcher Personen, Institutionen, gesellschaftlicher Gruppen sind die Verbesserungen durchsetzbar? Leitmotive?
3. Welche Schul- und Unterrichtsalternativen sind den Beteiligten bekannt? Welche Handlungsspielräume stehen ihnen offen? Was passiert denn tatsächlich bei Verweigerung, unkonventioneller Unterrichtsführung u. ä.? Werden die formellen wie informellen „Strafen" für Veränderungen und dem damit gezeigten „Ungehorsam" überschätzt? Wie konfliktfreudig sind die Beteiligten? Wie erleben und woran erkennen sie die Grenzen ihrer Möglichkeiten? Freiräume? Wo werden faule Kompromisse eingegangen?
4. Anstatt auf Eigeninitiative, Selbstkontrolle und Mitbestimmung zu vertrauen, erwartet man Reformen durch hierarchische Fremdkontrolle. Vielmehr wäre zu fragen, wie man die Betroffenen aktiviert und ob die (sogenannten) Reformen deren Selbständigkeit nicht beschneiden?
5. Die schulischen Organisationseinheiten werden immer größer, unübersichtlicher und bedürfen immer mehr der organisierenden Verwaltung. Kleine Systeme sind beweglich und helfen, individuelle Problemlösungen zu entdecken, die den örtlichen Gegebenheiten entsprechen. Müssen pädagogische Alternativen immer mit dem Anspruch entwickelt werden, für alle Schultypen und Regionen eines Landes geeignet zu sein?
6. Wer alles gleichzeitig und im ersten Anlauf modifizieren möchte, garantiert sich damit selbst frustrierenden Mißerfolg. Deshalb sind realisierbare Schwerpunkte festzulegen. Teilziele anzustreben bedeutet, sich selbst Erfolgserlebnisse zu verschaffen. Umfassende Veränderungsvorhaben entmutigen, da sie selten zu sichtbaren Resultaten führen.
7. Restriktive Schulgesetze, Verordnungen, Dienstverträge der Lehrer, starre Lehrpläne und Prüfungsordnungen, zu hohe Arbeitszeiten der Lehrer stellen sich den Reformbemühungen als Barriere entgegen.
8. Auf welche gesellschaftlichen Ursachen ist die Schulmisere zurückzuführen? Welche gesellschaftlichen Gruppen haben ein Interesse am Weiterbestehen der Schule in ihrer augenblicklichen Gestalt (z. B. möglicher Einfluß der Wirtschaft als Abnehmer der Ausgebildeten auf die Schule)? Wie schlagen sich solche Einflußnahmen im Handeln und Denken der Lehrer, Schüler, Eltern in den schulischen Verordnungen und Lehrplänen nieder? Bestehen Freiräume für Veränderung, und werden sie genützt?

Industriegesellschaften brauchen zu ihrer *Selbstrechtfertigung* die Schule, um ihre Unzulänglichkeiten und Ungerechtigkeiten zu verdecken. So formuliert Illich (1970) eine seiner zentralen Thesen bei der Bestimmung der gesellschaftlichen Bedeutung von Schule. Wie könnten sich die Unterprivilegierten einer demokratischen Gesellschaftsordnung sonst ihre eigene unzulängliche Situation erklären, ohne an den Grundprinzipien von Gleichheit und Gerechtigkeit zu zweifeln? Sie müssen ihre Mißerfolge auf die eigene Unfähigkeit zurückführen, und dazu eignet sich der Mißerfolg in der Schulausbildung trefflich. Ist der arbeitslose Hauptschulabsolvent nicht an seinem Los selbst schuld? Mit einem besseren Zeugnis oder dem Realschulabschluß wären ihm doch nicht alle Lehrstellen versperrt! Standen ihm nicht wie jedem anderen Schüler alle Schultypen mit ihren qualifizierenden Abschlüssen offen?

Schule entwickelte sich zu einer nicht mehr hinterfragten gesellschaftlichen Institution, und es richteten sich soviele Erwartungen an Ausbildung, daß Schule zu einem *Mythos* wurde. Man glaubt an Schule und verlangt vom Lernen die Lösung vieler individueller und gesellschaftlicher Probleme. Die *Hoffnungen* sind oft unmäßig hoch gesteckt. Dadurch wird die Schule in ihrer Bedeutung überschätzt und mit unerfüllbaren Hypotheken belastet. Eltern hoffen, durch die höhere Ausbildung ihre Kinder vor unzureichenden Arbeitsbedingungen, ‚niedrigen' Berufen und schlechtem Einkommen zu schützen. Oder: Man erwartet, der Ausbildungsbereich soll die überflüssigen Arbeitskräfte der Wirtschaft abschöpfen, indem die Schulpflicht ausgedehnt und eine lebenslange Fortbildung bzw. Umschulung eingeführt wird. Verschulung soll auf diese Weise soziale Konflikte verbergen helfen und ihren Ausbruch verzögern. Ein weiteres Beispiel für die Anforderungen an Schule gibt die moderne Bildungsideologie. Man hofft, daß sich die Menschen durch Erziehung und Ausbildung ändern und sich als Konsequenz dieses neu geschaffenen Denkens und Handelns auch die Ordnung im Zusammenleben und der Institutionen weiterentwickelt (s. Verne 1976, S. 25). Gesellschaftsreform durch Schulreform!

Ein Beispiel für unerfüllbare Hoffnungen bietet die Chancengleichheitsdiskussion. Schule soll allen Schülern die gleichen Startbedingungen fürs Leben verschaffen. Nicht die Herkunft darf in einer Demokratie über den Sozialstatus eines Bürgers entscheiden, sondern Leistung und Abschlußzeugnisse. Der Schule wird die Aufgabe zugewiesen, soziale Unterschiede durch das Recht auf Ausbildung zu kompensieren: Gleiche Ausbildung, gleicher sozialer Rang! „Die Wirksamkeit der Schule gegenüber außerschulisch verursachten und stabilisierten Unterschieden wurde weit überschätzt. Weder scheint die Schule einen ausgleichenden Einfluß auf die kognitive Leistung auszuüben, noch scheint Schulerfolg hauptsächlich auf unterschiedlicher kognitiver Leistung zu beruhen. Vielmehr bedingen die Ungleichheit vor der Schule (in der Familie) und die Ungleichheit nach der Schule (in der hierarchisch organisierten Arbeitswelt) die Ungleichheit in der Schule" (Dauber/Fritsch u. a. 1976, S. 52).

Stets gefährden *Sinnverschiebungen* pädagogische Reformbemühungen: Ein ursprüngliches Nebenprodukt entwickelt sich zur Hauptsache, die Mittel überwuchern die Ziele, die geduldeten Folgen die gemeinten Absichten (Hentig 1976, S. 9). Das Vernünftige an vielen Neuerungen und insgesamt an schulischer Ausbildung gerät in Vergessenheit. Die im folgenden skizzierten Schul- und Unterrichtsalternativen bilden trotz bester Absichten keine Ausnahme. Sie lassen sich alle ins derzeitige Schulsystem übertragen und verlieren dabei möglicherweise ihren ursprünglichen Sinn, und ihr eigentliches Anliegen pervertiert sich. Trotzdem bestehen durchaus reelle Chancen für Verbesserungen an unserem Schulsystem. Die folgenden Beispiele bieten ermutigende Belege:

1. „... Wenn Unterricht wieder Spaß machen soll, wenn Kinder nicht länger vorgekautes Wissen bloß wiederkäuen, sondern sich die Unterrichtsgegenstände auf der Basis eigener Erfahrungen selber erschließen sollen; wenn Schule wieder Raum bieten soll für intellektuelle Abenteuer und bereichernde soziale Erfahrungen, dann wird sie sich öffnen müssen für praktisches Handeln und konkrete Aktionen, für außerschulische Lern- und Wirkungsfelder, für gestaltende, verändernde, selber machende Kinder, für ungeschminkte Wahrheiten, offene Fragen und das Leben, so wie es ist" (Ramseger 1977, S. 7). Die praktischen Erfahrungen mit *offenem Unterricht* geben berechtigte Hoffnung, daß schulisches Lernen möglich ist, ohne es automatisch auch zu „verschulen". Die Schüler wählen aus mehreren Lernangeboten aus, teilen sich ihre Arbeitszeit frei ein, suchen sich Mitschüler als Partner, können aufstehen, umhergehen, sich hinsetzen, wann und wo sie wollen. Der Lehrer versteht sich als Berater der Schüler.
2. Der *Projektunterricht* überwindet die Fächerung des Schulwissens und konfrontiert die Schüler mit den komplizierten, vielschichtigen Problemen ihrer Umwelt.
3. Die auf wissenschaftliche Fächer bezogenen Lehrgänge verführen zu Vollständigkeit und damit zu Hast und oberflächlichem Arbeiten (Wagenschein 1968, S. 9). *Die Systematik des Fachs wird mit der Ordnung im Denken verwechselt.* Wagenschein, der wie die deutschen Reformpädagogen diesen Mißstand immer beklagte, zeigt in seinen didaktischen Vorschlägen, wie Unterricht *von Fragen der Kinder ausgeht* und durch wenige, *exemplarisch ausgewählte Probleme* die Stoffülle einschränkt. Unterricht wäre verschwendete Zeit, würde dort nur Wissen gepaukt, ohne den Schülern zu helfen, für sie bedeutsame *Probleme selbst zu entdecken* und Erfahrungen durch Problemlösen zu gewinnen.
4. Schule kann die Schüler sehr wohl erfolgreich in ihrem sozialen Verhalten, in ihrer Kommunikationsfähigkeit und zwischenmenschlicher Sensibilität

fördern, wie die Versuche mit *Gruppendynamik* und *sozialem Lernen* im Raum der Schule dokumentieren. (Fragwürdig sind aber Versuche, diese sozialen Erfahrungen in systematischen, theorielastigen Lehrgängen zu vermitteln.)

5. Die Versuche mit dem ‚*Team-Teaching*' (Dechert 1972) widersprechen zwar der derzeit gültigen Schulorganisation, zeigen aber, daß Lehrer Unterricht gemeinsam planen und gestalten können und damit ihre Vereinzelung überwinden.
6. *Waldorfschulen* verzichten auf herkömmliche Ziffernzeugnisse und geben einen Lernentwicklungsbericht, der die individuelle Leistungsfähigkeit der Schüler als Maßstab des Urteils mitberücksichtigt. Auch ohne Damoklesschwert der Nicht-Versetzung am Schuljahresende lernen die Schüler erfolgreich. Immer nur ganz wenige Lehrer unterrichten eine Klasse. Der Projektunterricht hebt zum Teil die Zerstückelung des Unterrichts wieder auf. Künstlerisches Gestalten einschließlich Tanz (Eurythmie) nimmt einen breiten Raum in der Beschäftigung der Kinder ein. Vieles von der üblichen Hektik der Regelschule fehlt. Außerdem möchte diese Schule nicht in erster Linie die Kinder nur intellektuell, sprachlich fördern, sondern auch in ihren handwerklichen Fähigkeiten. Die Lehrerschaft verzichtet auf die Unterstützung durch die Schulbücher. Das Kollegium verwaltet sich selbst und integriert die Eltern in die Entscheidungsprozesse (Lindenberg 1975).
7. *Landerziehungsheime* der pädagogischen Reformbewegung demonstrierten schon vor Jahrzehnten, daß sich handwerkliche Tätigkeit und intellekutelles Lernen wohltuend ergänzen.
8. *Freinet* arrangiert Unterricht um eine klasseneigene Druckerei als Mittelpunkt des Lernens. Die Kinder erstellen ihre Texte, drucken sie, lesen sie den Mitschülern vor, um daran Sprechen, Schreiben, Denken, Gestalten zu lernen. Exkursionen, Experimente im Sach- und Naturkundebereich, Langzeitbeobachtungen, Unterrichtsprojekte, Expertenbefragungen in der Realwelt, Expertenbesuche und -vorträge in der Schule (Zehrfeld 1977 S. 45) sollen Schule mit dem Alltag verbinden.
9. Die Summerhill-Schule (Neill 1971) beweist, wie Schülerselbstbestimmung Verplanung, Fremdkontrolle und Zwänge vermindert und ersetzt.
10. Auf Klassenzimmer und Schulorganisation verzichtet die amerikanische ‚*street school*', um den randständigen Kindern und Jugendlichen in ihrer natürlichen Umgebung zusätzliche Lerngelegenheiten zu geben.
11. In der ungegliederten *Landschule* vergangener Tage lernten die Schüler in *altersheterogenen Gruppen*, bei denen die Älteren die Jüngeren mit betreuten. Gelernt wurde nicht nur durch einen Erwachsenen. Auch in den Hochschultutorien oder im Unterricht nach dem ‚Keller-Plan' (Flechsig u.a. 1978, S. 127–151) unterstützen sich die Lernenden gegenseitig, unabhängig von einem professionellen Instruktor.

12. Eines der besten Beispiele für nicht-verschultes Lernen bieten viele *Kindergärten,* die sich nicht als reine Vorschuleinrichtungen verstehen. Die Kinder unterschiedlicher Jahrgänge leben und spielen zusammen. Sie gehen in die Bibliothek, hören Märchen, räumen auf, kochen, helfen und streiten sich, freuen und trösten sich. Im Gegensatz zur Schule finden die Kinder Angebote, aus denen sie auswählen, die sie gestalten und zurückweisen dürfen. Auch ohne systematische Lehrgänge lernen die Kinder außerordentlich viel dazu und machen Erfahrungen, die ihnen die Kleinfamilie nicht ermöglicht.

2 Was lernen die Schüler? Diskussion der Lehrinhalte

Die einen meinen, die Schule überfordert die Schüler durch überladene Lehrpläne, und wünschen eine Reduzierung der Lehrpläne, um den gestreßten Schülern durch ein geringeres Lehrangebot schließlich doch mehr zu bieten. Die Gegenseite beklagt einen steten Leistungsabfall, von dem sie vermutet, daß er langfristig in einen allgemeinen Kulturzerfall mündet. Diese Konfrontation verzerrt die Diskussion um die Lehrinhalte, und wer Unterricht analysiert, darf sich die erkenntnisleitenden Fragestellungen nicht von diesen konträren Auffassungen aufdrängen lassen. Sonst tritt die Frage nach der *Lernmenge* in den Vordergrund zu Ungunsten einer Diskussion des pädagogischen Werts von Lehrinhalten.

Wer untersucht, was die Schüler lernen und zu welchen Erfahrungen ihnen die Schule verhilft, der sollte sich auch nicht zu sehr auf den Lernzuwachs einzelner Unterrichtsstunden konzentrieren. Der punktuelle Lernerfolg einer Lektion ist ein viel zu simples Kriterium, um daran die Qualität des Unterrichts zu messen. Erfahrene Schulräte begründen ihre Unterrichtsbeurteilung selten mit der Lernzuwachsrate innerhalb einer 45-Minuten-Zeitspanne. Sicher berücksichtigen sie diesen Gesichtspunkt, zeigen aber diesem Gütemaßstab gegenüber die gleiche Skepsis, wie sie in der empirische Unterrichtsforschung (s. Feger/Trostenburg 1970) vorherrscht. Wer Lehrinhalte bewertet, sollte über diese Lernerfolgsdiskussion hinausgehend sein Augenmerk auf die inhaltliche Unterrichtsgestaltung richten. Es ist in erster Linie nicht so wichtig, darüber Bescheid zu wissen, wieviel die Schüler in den 45 Minuten lernten. Zentral ist die Frage nach den Unterrichtswirkungen über einen längeren Zeitraum hinweg, denn das kurzfristig „Eingepaukte" wird rasch wieder vergessen.

Die Unterrichtsanalyse sollte sich insbesondere mit dem *‚geheimen Lehrplan'* *des Lehrplans* beschäftigen, mit den unentdeckten Nebenwirkungen schulischer Wissenvermittlung. Durch die Auswahl und die Gestaltung der Inhalte und durch die Art der Lernprozesse vermittelt Schule ihren Schülern ein Weltbild, das sich nachhaltig auf deren Lebensführung und Urteilsbildung auswirkt. Ein anderer Problembereich, mit dem sich Unterrichtsanalyse zu befassen hat, sind die *Begründungen, mit denen Lehrer und Lehrplanautoren Auswahl und Gestaltung der Unterrichtsinhalte rechtfertigen.* Diesen Fragekomplex bearbeiteten die bildungstheoretische Didaktik und die Curriculumforschung bereits ausführlich (s. Becker/Haller u. a. 1974, Blankertz 1969, S. 111–171). Pädagogen sind für beliebige Lehrinhalte begeisterungsfähig und finden immer beeindruckende Argumente dafür, warum dieser oder jener Lerngegestand dem Unterricht nicht verloren gehen dürfe. Die Schüler, die dies alles zu lernen haben, werden dabei viel zu leicht übersehen. Es empfiehlt sich, dem Beispiel von Janosz Korzcak zu folgen, der prinzipiell nur Dinge von den ihm anvertrauten Schülern verlangte, die er an sich selbst ausprobiert hat. *Selbstversuche* verschaffen tiefere Einsichten als die Beobachtung allein.

Lehrer und Beobachter sollten deshalb selbst die Hausaufgaben der Schüler bearbeiten, Texte übersetzen, aus vorgeführten Experimenten Schlüsse ziehen, Gedichte auswendig lernen, und dies alles unter den Bedingungen, die für die Schüler gegeben sind. Dieses Prinzip verfolgte das im folgenden kurz referierte Experiment:

33 Lehramtsstudenten wurden die beiden Mathematiktests vorgelegt, die alle Grundschüler des Schuljahrs 1977/78 kurz vor Ende des vierten Schuljahrs in Baden-Württemberg zu lösen hatten. Auf der Basis dieses „Grundschulabiturs", das im weiteren auch noch Aufsatz und Rechtschreiben umfaßte, wurde die Schullaufbahnentscheidung gefällt. Der Numerus clausus für das Gymnasium lag bei der Note 2,5, für die Realschule bei 3,0. Neun von 33 Studenten waren den Anforderungen dieser Probearbeiten für zehnjährige Schüler und künftige Gymnasiasten nicht mehr gewachsen. Sie erreichten nicht die Limitnote von 2,5. Fast ein Fünftel (28,2%) der studentischen Prüflinge, die vor nicht allzulanger Zeit das Abitur erfolgreich ablegten, bekamen die Note 2,5. Sie lösten gerade noch soviele Aufgaben, wie sie einem Grundschüler den Eintritt ins Gymnasium sichern. Diese Ergebnisse bedeuten nicht, daß die künftige Lehrergeneration auf ein mathematisches Niveau unter das von ABC-Schützen zurückfällt.

Die Ursache für diese „Fehlleistung" ist im Sonderstatus von Schulwissen zu suchen. Offensichtlich verlangen die Grundschullehrpläne von den Kindern hochspezialisierte Kenntnisse, die für das Alltagsleben von Erwachsenen funktionslos sind. Dieses exklusive Wissen wird ungeachtet seines geringen Gebrauchswerts zur Grundlage der Schullaufbahnentscheidung gemacht, obwohl diese Spezialfertigkeiten wenig zum erfolgreichen Schulabschluß beitragen. Schließlich absolvierten alle Studenten vor kurzem erfolgreich das Gymnasium. In unserer Schule besteht die Tendenz, den Lehrinhalt zum *Tauschwert* zu reduzieren: Gute Noten für gutes Wissen! Notgedrungen schätzen Lehrer, Schüler, Eltern dieses Sonderwissen hoch ein und der engagierte Lehrer verwendet sein ganzes Geschick, um seine Schüler für diese Lehrinhalte zu interessieren und sie in den dafür notwendigen Denkformen zu perfektionieren. *Fazit:* Es wird geprüft, was gelernt, und es wird gelernt, was geprüft wird. Nichts verlangt mehr eine Begründung. Das System erzeugt seine eigene Rechtfertigung.

2.1 Inhaltsbeschreibung

Fallbeispiel: Die 28 Schüler und Schülerinnen der 8. Gymnasialklasse sind der Schrecken aller Lehrer, von allen abgelehnt und stolz auf ihren schlechten Ruf, untereinander total zerstritten, voller Unrast und Unruhe, voller Aggressionen gegenüber Lehrern. Schüler und Lehrer bedauern sich und versuchen, sich gegenseitig nicht „überleben" zu lassen. Das folgende Protokoll skizziert, womit die Schüler an einem beliebigen Unterrichtsvormittag beschäftigt wurden. Beide Seiten vermieden in diesen vier Stunden offene Konflikte, vermutlich wegen der Anwesenheit von zwei Beratern des schulpsychologischen Dienstes.

1. Stunde: Kunsterziehung „Punzieren":

Nach ungefähr 20 Minuten, in denen die Schüler Holzbretter als Grundlage einer neuen Zeichentechnik, die in den nächsten Stunden behandelt werden soll, aussägen und schleifen, läßt der Lehrer aufräumen und beginnt nach ca. 7 Minuten die Technik des Punzierens zu erklären. Er teilt die Fotokopien des mittelalterlichen Drucks „Ritter" aus, der mittels dieser Punziertechnik hergestellt wurde. Er erläutert kurz, daß sich das Bild nur aus einzelnen Punkten zusammensetzt und wie man diese Punkte herstellt. Anschließend fordert er die Schüler auf, selbst drei Kreise zu entwerfen, die aber nur aus Punkten bestehen dürfen. Es bleibt keine Zeit, die Ergebnisse der Schülerarbeit zu besprechen. Es klingelt.

2. Stunde: Französisch

Nach der Hausaufgabenkontrolle, Anmeckern der Schüler durch die Lehrerin und ähnlichen Präliminarien beginnt die Übersetzungsübung. Die Lehrerin liest jeweils einen deutschen Satz vor, den immer ein Schüler übersetzt und dann an die Tafel schreibt. Die Sätze sind weder durch ein gemeinsames grammatikalisches Problem noch durch ein einheitliches Thema verbunden. Der zweite Teil der Unterrichtsstunde behandelt das Lesestück „vacances" aus dem Lehrbuch, das in simpler Gedankenführung die Ferien einer französischen Familie skizziert. Die Schüler lesen still den Text und haben sich dazu Fragen auszudenken, die sie der Klasse stellen. Dann lesen einzelne Schüler den Text laut vor. Kurz bevor es klingelt, beginnt die Lehrerin, das Reflexivpronom durchzunehmen. Keine Hausaufgaben.

3. Stunde: Deutsch: Die konjunktionalen Gliedsätze

Der Lehrer braucht etwa 15 Minuten, um die früher bereits ausgestellten Arbeitsblätter nochmals auszuteilen und zu prüfen, ob alle Schüler versorgt sind. Anschließend bearbeiten die Schüler in Stillarbeit ca. 10 Minuten lang das *neue* Arbeitsblatt. Es beschreibt, wie ein junger Maler die römischen Museen kennenlernt. Diesen 15 Zeilen langen Text werten die Schüler aus, hinsichtlich der „Einleitworte", der Satzteile und der inhaltlichen Verbindung von Haupt- und Gliedsatz. Die Antwort schreiben die Schüler in zwei Spalten neben den Text. Anschließend nach Besprechung der Stillarbeit erläutert der Lehrer die auf einem Arbeitsblatt abgezogene Liste von Satzformen (Temporal-, Konzessiv-, Komparativ-, Konsekutiv-, Kausal-, Konditional-, Final-, Modal-, Adversativsätze).

4. Stunde Mathematik: Gleichungslehre

Der Lehrer bespricht die Prüfungsaufgaben aus der letzten Probearbeit, die in der vergangenen Stunde geschrieben worden war. Die Schüler hatten dabei die verschiedenen Formen eingekleideter und nicht eingekleideter Gleichungsrechnungen zu lösen. Der Lehrer schreibt an die Tafel und rechnet die Aufgaben vor.

Am Abend trafen sich Lehrer und Berater und diskutierten den Unterrichtsvormittag. Sie stützten sich dabei auch auf das oben abgedruckte Protokoll. Man war der Meinung, daß der Lehrinhalt, wie er in seiner zufälligen Kombination an diesem Vormittag den Schülern angeboten wurde, typisch für den Unterrichtsalltag der 8. Klasse ist. Der Konflikt würde dadurch verschärft, denn aus der Sicht der vierzehnjährigen Jugendlichen bietet die Schule wenig Sinnvolles. Andererseits sahen sich die Lehrer nicht in der Lage, mehr als das notwendige Minimum an Vorbereitungsaufwand zu investieren, weil sie täglich erlebten, wie die Schüler jedes Lehrangebot zerstören.

Das hier abgedruckte Protokoll faßt den Lehrinhalt rigoros zusammen und verzichtet darauf, didaktische Feinheiten und inhaltliche Verästelung detailliert wiederzugeben. Es beschränkt sich auf die grobe Information über Zeitdauer und Abfolge der Unterrichtsphasen. Solche Protokolle gliedern den Unterricht entsprechend der individuellen Vorstellungen seines Verfassers. Sie bieten für eine Feinanalyse zwar zu wenig an Aussagen über Unterricht, dafür geben sie in prägnanter Weise einen *Überblick* über den Unterricht und beschränken sich auf das Wesentliche. Solche Inhaltsprotokolle lassen sich wie folgt modifizieren:

a) Anstatt ein Verlaufsprotokoll zu erstellen, formuliert der Beobachter nur noch Überschriften für die einzelnen Unterrichtsabschnitte. Auf diese Weise entsteht eine Art *Lehrinhaltsverzeichnis*, das einen Überblick über den Unterricht vermitteln soll. Die Interpretation berücksichtigt u.a., ob der Unterricht vernünftig eingeteilt, die inhaltlichen Lernschritte folgerichtig angeordnet, ob die Schüler durch einen raschen Wechsel der Teilthemen überfordert sind, zu viel oder zu wenig Zeit für die einzelnen Fragen zur Verfügung steht.

b) Der Beobachter notiert möglichst vieles vom Unterrichtsverlauf, auch die kleinsten thematischen Einheiten und Lernschritte. Auf diese Weise bekommt er einen genauen Überblick über die im Unterricht angeschnittenen Themen. Wer Wert auf Vollständigkeit legt, erstellt sich eine Art *Stichwortverzeichnis* aller im Unterricht behandelten Aspekte des Lehrinhalts. Beispiele finden sich bei Zifreund (1965), der diese Stichwortsammlung *strukturanalytisches Diagramm* nennt. Je detaillierter die Notizen, d.h. je kleiner die Inhaltsklassen, desto unübersichtlicher wird jedoch die Unterrichtsbeschreibung. Zuguterletzt verliert man sich in einem Wust minutiöser Angaben.

c) Der Beobachter hält in seinem Protokoll zwei Aspekte gleichzeitig fest: Einmal die behandelten *Themenbereiche* und zum anderen die intellektuellen, motorischen, emotionalen und sonstigen *Anforderungen,* die von diesen Inhalten ausgehen und denen sich die Schüler im Unterricht zu stellen haben. Dieser *Vergleich von Lehrinhalt und dem erwarteten Schülerverhalten* orientiert sich am Vorbild der Tylormatrix, die die Lernziele durch die Kombination von Inhalts- und Verhaltensklassen definiert.

Fallbeispiel:
Diesen letztgenannten Auswertungsschritt unternahmen Lehrer und Berater des Fallbeispiels gemeinsam, um abzuklären, ob die behandelten Unterrichtsthemen die Schüler ausreichend und alterstypisch ansprachen. Dabei wurde deutlich, daß der Unterricht die natürliche Produktivität von Vierzehnjährigen enorm unterdrückt und der Vormittag hauptsächlich inaktives, rezeptives Verhalten verlangt. Diese weitreichenden Einschränkungen bestätigen die Schüler in ihren negativen Einstellungen zur Schule.

	Lehrinhalt, Lernbereich	sprachlich	intellektuell	motorisch	nachvollziehend	unproduktiv	produktiv	schöpferisch	Kenntniserwerb	Kenntnisreproduktion	Selbständigkeit	Motivationswert der Tätigkeit	Kommentar:
Kunsterziehung	Holzbrett			X	X						↑	gering	
	aufräumen			X	X							gering	
	Erklären des Punzierens	X	X	X					X			gering	
	Kreis aus Punkten entwerfen		X	X			?	?	X		sehr gering	gering oder mittel	zu wenig Zeit, um produktiv zu werden
Französisch	Präliminarien	X				X						sehr gering	
	Sätze übersetzen	X	X	X						X		gering	
	usw. usw.										↓		

In diese Matrix trägt ein Beobachter nur die Begriffe ein, die ihm vertraut sind. Er sollte von Kategorien absehen, die ihm die wissenschaftliche Literatur aufdrängt, mit denen er aber erst nach längeren Übungsphasen umzugehen weiß. Ansonsten würde diese Darstellung nicht helfen, den Unterricht zu durchschauen. Die Eintragungen brauchen auch nicht vollständig über alle Felder erfolgen, sondern beschränken sich nur auf die Bereiche, die dem Beobachter wichtig erscheinen und bei denen es ihm gelingt, Eindrücke problemlos zu formulieren.

Fallbeispiel:
Die *Diskussion der Lehrergruppe* konzentrierte sich im weiteren Verlauf auf die Frage, welche Themen die Schüler als bedeutungsvoll akzeptieren könnten, um ihnen das Gefühl zu vermitteln, Schule bestünde nicht nur aus vertaner Zeit, die zum Ärgern der Lehrer da sei. Die Gesprächsteilnehmer entwarfen eine Übersicht über Themenschwerpunkte, die die Schüler vermutlich ansprechen, und verglichen sie mit der im Lehrplan vorgesehenen Liste noch zu behandelnder Themen. Damit stützen sich Lehrer und Berater in ihrer Unterrichtsanalyse auf einen Vergleich von Lernfeldern bzw. Lernbereichen.

Eine Gegenüberstellung von Lernfeldern bzw. Lernbereichen dient dazu herauszufinden, ob der Unterricht bestimmte Themenschwerpunkte zu wenig berücksichtigt (inhaltliche Lücken), oder wie man die Lehrinhalte und Lernbereiche miteinander so kombinieren kann, daß die Inhalte die Schülerinteressen ansprechen. Dieser Vergleich von Inhaltsbereichen bietet sich sowohl als Suchraster zur Unterrichtsanalyse wie als Planungshilfe an. Als Vorbild dienen die Hessischen Rahmenrichtlinien (1973) und das didaktische Strukturgitter (Umbach 1977).

2.2 Auswahl und Gestaltung des Lehrinhalts

Viele Lehrer sprechen sich gegen die ‚krankmachende' Stoffülle in den Schulen aus. Sie fordern die ‚Entrümpelung' der Lehrpläne (als könne man das in einer Gesellschaft vorhandene Wissen einfach an den Straßenrand stellen und auf die Schutthalde kippen), wettern gegen die Paukschule und die Anhäufung schnell vergessenen Wissens. Aber was geschieht wirklich? Weder die politisch noch die wissenschaftlich für die Lehrpläne Verantwortlichen ringen sich durch, die Curricula zu beschränken. Die Lehrer ihrerseits halten die Lehrpläne weitgehend ein, weisen aber oft genug die Verantwortung für das Übermaß an Lehrstoff energisch von sich. Möglichst rasch nehmen sie vieles durch, ohne die Verständnisschwierigkeiten der schwachen Schüler zu berücksichtigen und ohne intensiv, vertiefend die Unterrichtsthemen abzuhandeln. Ihr Vorgehen begründen sie dann mit den eminent gestiegenen Anforderungen der Abschlußprüfungen, auf die sie vorzubereiten haben, mit den Erwartungen von Lehrherren und Eltern, dem Leistungsdruck auf den Schonraum Schule, der Komplexität der modernen Welt usw. Mit derartigen Argumenten *entlasten* sich die Lehrer,

anstatt aus pädagogischer Verantwortung heraus die Lehrpläne nur soweit zu erfüllen wie möglich oder sinnvoll.
Lehrer verfügen über Freiräume. Welcher Argumente bedienen sie sich im konkreten Fall, um vor sich selbst und ihren Gesprächspartnern die übergroße Stoffülle zu rechtfertigen? Akzeptieren sie die folgenden Argumente, oder wie begründen sie deren Ablehnung?

1. Die einzelnen Lehrinhalte und Lernschritte bauen nur zum Teil aufeinander auf. Auslassungen stellen nicht den Erfolg des ganzen Lehrgangs infrage.
2. Weder Lehrer noch Schüler haben gravierende Nachteile zu ertragen, wenn der Lehrplan nicht buchstabengetreu eingehalten wird. Ausnahme: Lehrgänge, die mit einer Abschlußprüfung enden, die der Lehrer nicht selbst entwirft.
3. Lehrpläne forderten schon immer zu viel. Sie werden sich auch in Zukunft nicht vollständig durchführen lassen.
4. Lehrer begrenzen die Stoffülle nicht, weil ihnen die unterrichteten Themen viel zu sehr am Herzen liegen. Sie identifizieren sich mit dem Fach und haben verlernt, die Schule unter dem Blickwinkel von Kindern und Jugendlichen zu betrachten.
5. Durch das Überangebot von Lehrinhalten wird nur der Selektionsaufgabe von Schule Vorschub geleistet.
6. Die Vielwisserei entspricht dem Erziehungsziel der Schule, auch wenn man dies offiziell niemals zugeben würde. Lehrer können also nichts dagegen tun.
7. Eine Humanisierung unseres heutigen Ausbildungssystems setzt voraus, daß jeder Lehrer seinen Freiraum in der Lehrplangestaltung exzessiv nützt und aus pädagogischer Verantwortung heraus die Schüler vor quantitativer und qualitativer Überforderung schützt. Dies verlangt Zivilcourage und Standfestigkeit im Konflikt zwischen Lehrerrolle als Unterrichtsbeamter (bzw. -angestellter) und der des Pädagogen.

„Wissen ist Macht"! Diese eingängige Formel verstellt den Blick für die vielschichtige gesellschaftliche Bedeutung von Wissen und Ausbildung. Die Menge des Wissens allein sichert den Absolventen keine hohe gesellschaftliche Position im Gegensatz zum exquisiten Abschlußzeugnis. Die Art des Schulwissens fördert oder vermindert die gesellschaftlichen Einflußmöglichkeiten und die soziale Stellung des Absolventen: Es soll dem Erwachsenen später helfen, sich den an ihn gestellten Aufgaben gewachsen zu zeigen und unabhängig zu sein von der bevormundenden Hilfe anderer. Es bildet die Grundlage, seine Rechte und Pflichten als Bürger wahrzunehmen, fördert seine Fähigkeit, die für die Lebensführung notwendigen Rechtsverordnungen zu verstehen, sich gegen Betrug zur Wehr zu setzen, bis hin zur Fähigkeit, einen Wasserhahn selbst reparieren zu können. Welches Wissen der einzelne aufgrund seiner gesell-

schaftlichen Position benötigt, um unabhängig von anderen zu sein, läßt sich nicht generell bestimmen. Unwissenheit entmündigt, wie das Beispiel von Analphabeten zeigt, die sich in unserer Gesellschaft ohne fremde Hilfe unmöglich zurecht finden können. Sie bleiben weitgehend in der Situation kleiner Kinder gefangen.

In den einzelnen Schultypen lernen die Schüler Unterschiedliches. Dieses Wissen ist jeweils bedeutungsvoll für die Auseinandersetzung der gesellschaftlichen Bezugsgruppen untereinander, wie Fend (1975, S. 173) meint: „Hauptschüler lernen nicht dasselbe wie Gymnasiasten. Mit anderen Worten, das gesellschaftlich sanktionierte Wissen wird in der Schule nochmals auf verschiedene Schülergruppen verteilt und zwar so, daß der Erwerb bestimmter Wissensformen mit einer höheren und privilegierten Position verbunden ist. Ein Auto reparieren zu können, führt zu geringerem schulischen Prestige, als in Latein gut zu sein. Man muß sich die Frage stellen, ob nicht durch die Auszeichnung von bestimmten Wissensgebieten, etwa von Latein, sprachlichen Fähigkeiten und literarischen Interessen und durch die Beschränkung des Zugangs zu diesen Wissensgebieten eine bürgerliche Schicht versucht, ihre privilegierte Stellung zu bewahren, um die Aufsteigerquote niedrig zu halten". Dieser Frage sollte man sich regelmäßig als Lehrer und Beobachter stellen.

Allen pädagogischen Erwägungen und idealistischen Zielen zum Trotz, so wie sie die Curriculumtheorie und Handbücher der Unterrichtsvorbereitung formulieren (Klafki 1976, Blankertz 1969, Garlichs u. a. 1974, Wagenschein 1968, Fend 1975, S. 175 ff.), behandelt die Schule in erster Linie Themen, denen jeder *Bezug zur Lebenswelt ihrer Schüler fehlt,* bei denen es den Schülern nur unzureichend gelingt, sie in ihre Erfahrungen einzuordnen. Der Sinn dieser Themen leitet sich aus ihrer Abprüfbarkeit ab. Die Schule konfrontiert die Schüler nicht selten mit künstlichen, ihnen fremden Themen, die unpolitisch sind und irrelevant für das Verständnis der Gegenwart („Schule leidet immer unter einem Modernitätsrückstand!" Fend 1975, S. 175), die sich auswendig lernen und am Ende einer Unterrichtseinheit als Merksatz oder Tafelanschrieb zusammenfassen lassen. *Mit der Auswahl der Lehrinhalte prägt der Lehrer die Erfahrungen seiner Schüler,* auch eine Form des geheimen Lehrplans, über den sich der Lehrer Klarheit verschaffen sollte. Orientiert er sich bei seiner Auswahl an einem der folgenden Gesichtspunkte? Auf welche verinnerlichte Rituale der Unterrichtsplanung verläßt sich der Lehrer?

1. „Welche Bedeutung hat der betreffende Inhalt, die an diesem Thema zu gewinnenden Erfahrungen, Erkenntnisse, Fähigkeiten und Fertigkeiten bereits im geistigen Leben der Kinder ... Welche Bedeutung soll er – von pädagogischen Gesichtspunkten aus gesehen – darin haben?" „Spielt das Thema eine lebendige Rolle im außerschulischen oder im schulischen Leben der Kinder" (Klafki 1976, S. 87)? Welchen Wert hat Schulwissen *jetzt* für die Kinder und Jugendlichen?

2. „Worin liegt die Bedeutung des Themas für die Zukunft der Kinder?" „Hat dieser Inhalt eine lebendige Stellung im geistigen Leben der Jugendlichen und Erwachsenen, in das die Kinder hineinwachsen sollen ...? Wird dieser Inhalt von den Erwachsenen wirklich ... ernst genommen? Ist dieser Inhalt ein echtes Element einer ... Allgemeinbildung, oder stellt er einen verfrühten Vorgriff auf irgend eine Spezialbildung – etwa Berufslehre – dar (Klafki 1976, S. 87/88)?" Legt der Lehrer zu großen Wert auf die Vermittlung von Qualifikationen, die die Erwachsenenwelt fordert? Wer definiert, was tatsächlich einmal gebraucht werden wird? Inwieweit dominiert die Schulung zur Tüchtigkeit in der Arbeitswelt? Wäre es nicht sinnvoller, jetzt während der Schulzeit auf die Behandlung dieses Themas zu verzichten, weil es dabei nur um typische Erwachsenenprobleme geht, zu dem die Schüler keinen Bezug finden werden? Lernen die Schüler aufgrund dieser Zukunftsorientierung ohne innere Anteilnahme?

3. „Hat das gewählte Thema *exemplarischen Charakter?* Eignet es sich, den Schülern einen allgemeinen Sinn- oder Sachzusammenhang zu erschließen" (Klafki 1976, S. 86)? „Das Einzelne ... ist Spiegel des Ganzen" (Wagenschein 1968, S. 12). Nicht die Wissensfülle ist Ziel des Unterrichts, sondern die Beschränkung auf wesentliche Einsichten, die stellvertretend für vieles beispielartig, modellhaft stehen. Am Einzelfall gewinnen die Schüler umfassende Einsichten. (Beispiel: An der Frage, warum sich der Kühlschrank immer selbst an- und ausschaltet, erarbeitet man im Unterricht das Prinzip der Rückkopplung). Einem versierten Pädagogen fällt es leicht, für ziemlich jeden Lehrgegenstand nachzuweisen, dieser habe einen eminent exemplarischen Wert und die Schüler könnten an ihm unerhört viele Einsichten gewinnen. Alles ist wichtig! Rechtfertigt die Rechtfertigung, ein Thema sei exemplarisch, tatsächlich die Wahl dieses Inhaltes, oder legitimiert der Lehrer/Lehrplanautor nur geschickt seine Entscheidung für ein ihm bedeutsames oder beliebiges und damit austauschbares Thema? „Schimmert" das Allgemeine tatsächlich durch das „je einzelne" durch? Steht den Schülern ausreichend Zeit zur Verfügung, damit sie sich lange genug mit exemplarischen Dingen beschäftigen können, um nicht nur vordergründige Erfahrungen zu machen?

4. Der Unterricht soll nicht alles, auch nicht irgend etwas behandeln, sondern das Wesentliche, das pädagogisch Zentrale, das Entscheidende, das Grundsätzliche: *Das Elementare*. Auch diese didaktische Kategorie eignet sich *zur Begründung unsinniger* Lehrinhalte. Oft genug werden grundlegende Erfahrungen mit dem wissenschaftlichen Fundamentum verwechselt. Beispiel: Mathematik beginnt mit der Menge oder mit Grundaxiomen; Sprachunterricht stellt die Grammatik in den Vordergrund, ohne daß diese einen elementaren Beitrag zum Erwerb der Muttersprache liefert. Vieles wird als elementar angesehen, weil es in der wissenschaftlichen Diskussion

von hoher Aktualität ist. Es erhält das Signum des Elementaren und wird damit zum Lehrgegenstand erhoben.
5. Prüft der Lehrer, ob das Thema einen echten Bezug zu seinen pädagogischen Leitideen und Zielvorstellungen aufweist?
6. Entspricht das Thema den bisherigen Erfahrungen/dem Vorwissen der Schüler? Knüpft es an den Interessen und Fragen der Schüler an?
7. Muß sich ein Thema sinnvoll in einem Lehrgang einordnen, um als Unterrichtsinhalt ausgewählt zu werden?
8. Ist es theoretisch anspruchsvoll?
9. Eignet sich das Thema, um in geschlossene Sinneinheiten von 45 Minuten Unterrichtsdauer zerlegt zu werden?
10. Das Thema darf nicht außerhalb des vorgeschriebenen Lehrplans stehen.
11. Wählt der Lehrer dieses Thema aus, weil er es vermittels von Sprache und innerhalb des Klassenzimmers den Schülern präsentieren kann?
12. Die behandelten Themen müssen abprüfbar sein!
13. Es kommen nur Themen in Frage, die offensichtlich emanzipatorischen Charakter haben und die Schüler dabei unterstützen, die Zwänge, denen sie ausgesetzt sind, zu durchschauen!
14. Fördert das Thema die Schüler intellektuell ausreichend?
15. Jedes Thema braucht einen Bildungswert. Entspricht es dem humanistischen Bildungsideal?
16. Es gibt politisch relevante Themen, die man als Lehrer besser ausklammert.
17. Das Thema darf die Schüler mehrheitlich nicht über- und unterfordern!
18. Der Lehrer behandelt nur Themen, die er sicher beherrscht.
19. Es ist ungünstig, Inhalte auszuwählen, zu denen didaktische Hilfen, Anschauungsmaterial, Lesebuchtexte, Unterrichtsentwürfe u. ä. fehlen oder schwer zu bekommen sind.

Lehrer wählen Inhalte aus und gestalten sie, damit sie unterricht- und lehrbar werden. Beim Versuch, Wissen in den Erkenntnishorizont der Schüler zu bringen, halten sich die Lehrer an didaktische Regeln und berücksichtigen die Möglichkeiten, die ihnen die jeweilige Schulsituation anbietet. Lehrer gestalten die Sachverhalte um, bis sie zu Lehrgegenständen geworden sind. Damit wird das in einer Gesellschaft vorhandene Wissen verschult, und Unterricht rekonstruiert die Umwelt in einer für die Schule, die jeweiligen Unterrichtsfächer und Lehrstile typischen Weise. Die Schüler ihrerseits gestalten dieses Wissen nochmals um durch die Art und Weise, wie sie sich mit dem Lehrinhalt auseinandersetzen und ihn sich lernend aneignen. Auswahl und Gestaltung der Lehrinhalte sowie die Art des Lernens sind Prozesse, die das Wissen verändern. Anschauliche Beispiele, was die Schüler im Unterricht für Vorstellungen erwerben, zeigen die Fehler, die den Schülern bei Prüfungen, bei Hausaufgaben oder Notizen während des Unterrichts unterlaufen.

Wie bereitet der Lehrer die Inhalte auf? Gelingt es ihm, auf die ihm eigene Weise ein Thema so zu gestalten, daß die Schüler sich mit dieser Thematik intensiv auseinandersetzen und das Angebotene auch begreifen? Welchen pädagogischen Wert haben die didaktischen Methoden, derer sich der Lehrer

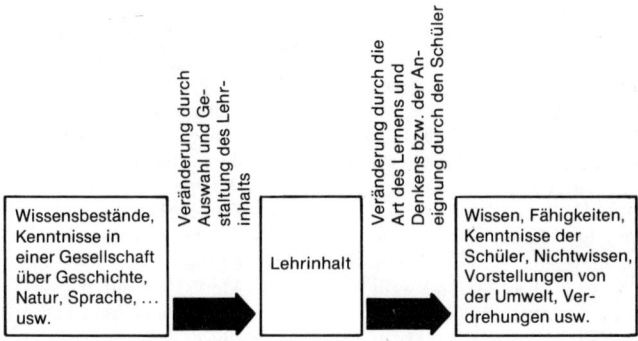

bedient? Wie verändert sich der Modus, mit dem die Schüler ihre Umwelt erfassen? Vereinfachen bzw. verfälschen die Gestaltungsformen die Inhalte in unzulässiger Weise? Erwerben die Schüler nur Schulwissen, oder machen sie wichtige Erfahrungen? Welche langfristigen Wirkungen auf die psychische Entwicklung der Schüler, auf ihr Denken, Wahrnehmen, Empfinden, die Art, wie sie sich ihre Umwelt vorstellen, werden sich aufgrund dieser Unterrichtsgestaltung einstellen? Der nachstehende Abschnitt gibt *Beispiele solcher Gestaltungsmittel und -prinzipien.*

1. Am meisten widerstrebe den gutwilligen pädagogischen Fachleuten der Gedanken, so meint Pestalozzi in seinem Stanser Brief, daß sie bei der Ausbildung und Erziehung der Kinder auf künstliche Hilfsmittel zu verzichten hätten, sondern „bloß die die Kinder umgebende Natur, die täglichen Bedürfnisse und die immer rege Tätigkeit der selben als Bildungsmittel benützen dürfen" (S. 226).
2.   *Typisch*
    Der Lehrer nimmt den Bach durch.
    Er zeigt ein Bild.
    Er zeichnet an die Wandtafel.
    Er beschreibt.
    Er schildert.
    Er diktiert ins Heft.
    Er gibt Hausaufgaben.
    Er macht eine Prüfung.
    Hinter dem Schulhaus fließt munter der Bach vorbei.
    Vorbei.
    (Schulmann 1973)

3. „Nun lernen wir also vermittels der Worte Begriffe, die wir nicht suchen durften ... und die wir also ... anwenden, ohne sie zu verstehen" (J. G. Herder nach Wagenschein 1968, S. 2).
4. „Wer zur Quelle gehen kann, der gehe nicht zum Wassertopf" (Leonardo nach Wagenschein 1968, S. 7).
5. – Vom Leichten zum Schweren.
   – Die Lehrinhalte fügen sich zu einem systematischen Lehrgang zusammen.
   – An einem komplizierten Problem der Umwelt lernen!
   – An einem Thema bzw. Projekt lassen sich die verschiedenen fachwissenschaftlichen Einzelthemen behandeln!
   – Historischen Bezug herausarbeiten!
   – Ein Modell, eine Graphik, eine Zusammenfassung entwickeln!
   – In die Tiefe gehen und nicht oberflächlich behandeln!
   – Als Ausgangspunkt dient immer ein motivierendes Problem!
   – Einstieg: Staunen, Motivationsphase
   – Ein Lehrgegenstand wird dynamisiert bzw. zum Prozeß umgestaltet!
   – Schüler müssen selbst aktiv werden können!
   – Veranschaulichen durch Abbildungen!
   – Anwendungsübungen
   – Alltägliches bzw. den Schülern bekannte Dinge verfremden und daran zeigen, wie kompliziert unsere Umwelt ist!
   – Entdeckendes Lernden.
   – Erfahrungen der Schüler berücksichtigen!
   – Merksatz ableiten!
   – Die Schüler brauchen erst Erfahrungen, innere Bilder, Einsichten usw., bevor sie sprechen oder Probleme lösen!
   – Aktivieren der Schüler durch Rollenspiele, Problemlösen, Anwendungsaufgaben, Ausfüllen von Lückentexten.

Auch wenn sich Lehrer die größte Mühe geben, haben sie keine Gewißheit, wie die Schüler das Angebotene aufnehmen. Anstatt sich z. B. für Mathematik, die alten Meister und Lyrik zu interessieren, entwickeln sie Widerwillen. Dieser Bumerangeffekt beruht auf vielerlei Ursachen wie z. B. Überfütterung, falsche Unterrichtsmethoden, langweiliger Unterricht oder pubertärer Auflehnung. Schule verzerrt mehr oder weniger absichtlich die Aussagen über die behandelten Sachverhalte und kehrt damit u. U. die Intentionen des Lehrplans in ihr Gegenteil um. Der Unterricht verändert die Sachverhalte, um sie lehrbar zu machen, verkürzt auf diesem Weg wichtige Perspektiven, vereinfacht, verkompliziert, problematisiert, wiederholt landläufige Vorurteile usw. Die im folgenden dargestellten Beispiele zeigen, wie die Lehrinhalte unterschwellig Wertvorstellungen an die Schüler weitergeben und damit als Medium schulischer Sozialisation wirken. Oft genug stehen diese Effekte im Widerspruch zum offiziellen Erziehungsauftrag der Schule. *Die folgenden Beispiele demonstrieren diese unerwünschten Nebenwirkungen von Unterricht,* auf die man im Rahmen der Unterrichtsanalyse unbedingt achten sollte. (Weitere Hinweise finden sich bei Wember 1972, Forbeck/Wiesand/Zahr 1971.)

a) Das Städtebild von Erkundebüchern:

Lehrbuchtext (Kaiser/Ostermann 1970[4], S. 159)

Wir besuchen Augsburg

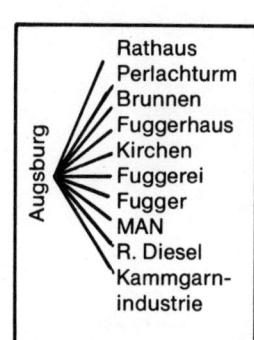

Augsburg
- Rathaus
- Perlachturm
- Brunnen
- Fuggerhaus
- Kirchen
- Fuggerei
- Fugger
- MAN
- R. Diesel
- Kammgarnindustrie

Schlüsselbegriffe, aus denen das Lehrbuch ein Bild der Stadt Augsburg zusammensetzt.

Da sehen wir vor allem das wuchtige, wieder instandgesetzte Rathaus. In der Nähe reckt sich der schlanke Perlachturm kerzengerade 78 m in die Höhe. Davor der prachtvolle Augustusbrunnen mit dem mächtigen römischen Kaiser, der auf der Säule steht. Am besten unter den vielen Brunnen gefällt uns der Herkulesbrunnen beim Fuggerhaus, wo der Riese einen siebenköpfigen Drachen niederzwingt. Wir bewundern den reichen gotischen Zierrat an Fenstern, Gängen und Altären in den alten Kirchen.

Wir besuchen die stillen Gassen der Fuggerei und lassen uns berichten, daß die Siedlung vor 450 Jahren von dem reichen Kaufmann Jakob Fugger erbaut wurde und heute noch 53 Häuser mit 106 Kleinwohnungen umfaßt. In der MAN stehen wir, umtost vom ohrenbetäubenden Lärm der Maschinen, Räder und Geräte, vor einem riesigen Schiffsmotor. „70 Jahre ist es her, seit Rudolf Diesel hier seine erste Maschine baute", erläutert ein Monteur. In einer weiten Werkhalle der größten Kammgarnspinnerei staunen wir über die riesigen Maschinen mit den zahlreichen Einzelteilen und hellen Spindeln. Ein endloses Surren und Knacken und emsiges Treiben erfüllt den Raum. 17 300 Menschen sind in diesem Industriezweig Augsburg beschäftigt. Könnt ihr euch vorstellen, was da täglich an Garnen gesponnen und an Stoffen gewebt wird?

24. Weshalb steht in Augsburg der Brunnen mit dem römischen Kaiser?
25. Hast du schon Maschinen oder Autos mit dem Zeichen MAN gesehen? Was heißt das?
26. Nenne Erzeugnisse der Textilindustrie! Welche Rohstoffe werden hier benötigt?
27. Zeichne einen Verkehrsstern von Augsburg!

(Es folgt noch ein halbseitiges Farbfoto vom Rathausplatz mit der Überschrift „Rathaus und Perlachturm sind Zeugen der ruhmreichen Geschichte der Stadt Augsburg".)

Dieses Schulbuch bietet den Schülern eher ein Zerrbild statt eine realistische Beschreibung von Augsburg. Schon diese Darstellung dieser süddeutschen Stadt ist unannehmbar. Darüberhinaus vermittelt dieses Buch durch diese fehlerhafte Attribuierungen den Schülern einen höchst fragwürdigen Eindruck von den Problemen und Aufgaben einer Großstadt, zumal auch andere Lehrbücher dieses Städtebild festigen. Das folgende Beispiel analysiert das ‚Städtebild' eines Erkundelehrbuchs des 6. Schuljahrs, das sich die Schüler aneignen, wenn sie die Darstellungen der Weltstädte New York, Berlin, Tokyo, Paris und London lesen. Das Buch geht auf die spezifischen Probleme dieser Städte ein. Bei Berlin dominieren die politischen Aspekte der geteilten Stadt, bei Tokyo berücksichtigt der Text stärker Bevölkerungs- und Verkehrsdichte. Insgesamt verwendet dieses Lehrbuch relativ wenige,

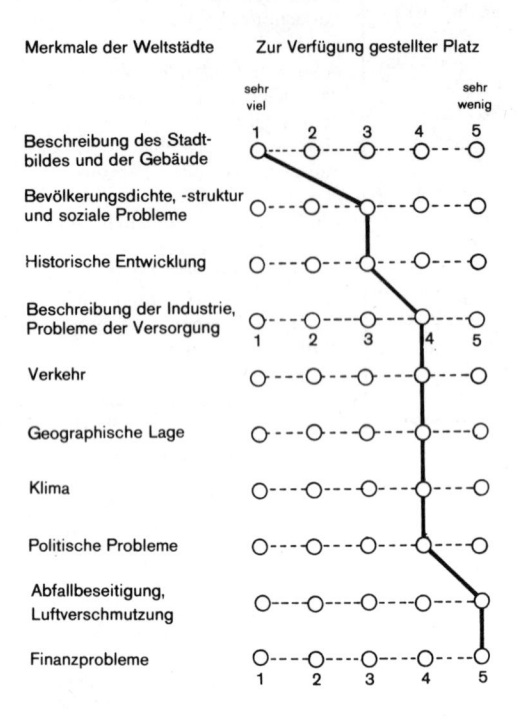

Merkmale der Weltstädte	Zur Verfügung gestellter Platz
	sehr viel — sehr wenig
Beschreibung des Stadtbildes und der Gebäude	1 — 2 — 3 — 4 — 5
Bevölkerungsdichte, -struktur und soziale Probleme	
Historische Entwicklung	
Beschreibung der Industrie, Probleme der Versorgung	1 — 2 — 3 — 4 — 5
Verkehr	
Geographische Lage	
Klima	
Politische Probleme	
Abfallbeseitigung, Luftverschmutzung	
Finanzprobleme	1 — 2 — 3 — 4 — 5

grobe Kategorien, die der Text unterschiedlich ausführlich behandelt. Entsteht nicht beim Leser der Eindruck, die seitenlang beschriebenen Aspekte seien zugleich auch die wichtigsten und die kurz angeschnittenen Sachverhalte werden wohl die unwichtigen Dinge sein?

b) Westermanns Schulatlas (1971[2]) gibt auf der Karte von S. 145 einen Überblick über den *Alphabetisationsgrad* auf dieser Welt und über deren *Hungergebiete*. Diese Darstellung drängt den Schülern einen *unzulässigen Kausalschluß* auf: Wer nicht lesen kann, wird hungern. Lernen und Ausbildung mildern wirtschaftliche Not! Solche Karten gehören zu den vielen Mitteln, die verhindern, daß die Schüler die wirklichen Ursachen der weltweiten Armut kennenlernen.

Analphabeten / Hungergebiete

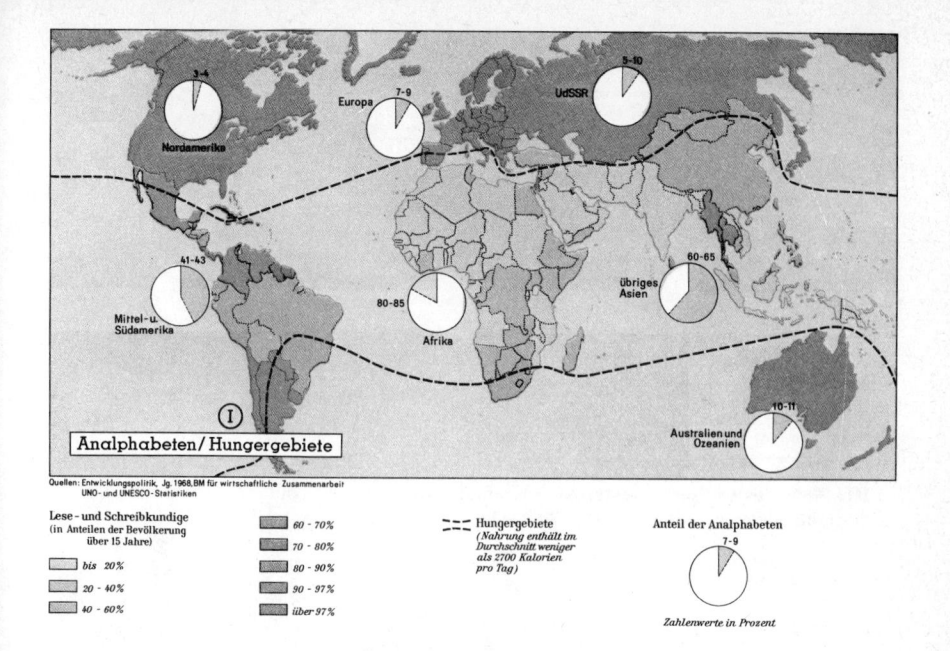

Quellen: Entwicklungspolitik, Jg. 1968, BM für wirtschaftliche Zusammenarbeit
UNO- und UNESCO-Statistiken

Lese- und Schreibkundige
(in Anteilen der Bevölkerung über 15 Jahre)
- bis 20%
- 20 - 40%
- 40 - 60%
- 60 - 70%
- 70 - 80%
- 80 - 90%
- 90 - 97%
- über 97%

--- Hungergebiete
(Nahrung enthält im Durchschnitt weniger als 2700 Kalorien pro Tag)

Anteil der Analphabeten

Zahlenwerte in Prozent

c) Eine Studentengruppe freut sich über die gemeinsam vorbereitete und in der Durchführung gelungene Unterrichtsstunde. Unterrichtsthema war die Geschichte vom verlorenen Weihnachtsbaum, den der Wind vom Balkon geweht hat. Zwei Gastarbeiterkinder fanden und nahmen ihn mit nach Hause. Die deutschen Kinder entdeckten dann ihren Baum in der Barackensiedlung der Gastarbeiter wieder und verzichten freiwillig auf den Baum aus Einsicht in die Not der Gastarbeiter. Dafür bekommen sie eine Orange geschenkt, die der spanische Großvater aus der Heimat seiner Familie nach Deutschland geschickt hatte. Der einzige ausländische Student der Gruppe, der an der Vorbereitung nicht teilnahm, trübt die gemeinsame Freude. Er meint, so eine Stunde verstärke nur die Vorurteile gegen Gastarbeiter, anstatt sie abzubauen. Die Fremden behalten einen Fundgegenstand, geben ihn dem rechtmäßigen Eigentümer nicht zurück. Sie revanchieren sich für das Entgegenkommen der deutschen Kinder nicht mit einem anständigen Geschenk. Was ist schon eine Orange! Sie wohnen in Baracken. Gastarbeiter brauchen unser Mitleid, und man muß sie als besondere Gruppe von Menschen behandeln.

d) Das Englischbuch „Peter Pim and Billy Ball" (Friedrichs 1967[13]) hilft den Schülern, sich eine heile Geschlechtsrollenwelt aufzubauen bzw. sich zu erhalten.

II. What are they doing?

The Pims; the bus driver; Betty; Peter's class; Billy; the milkman; the horse; (S. 42)

Mr. Pim; Jane; the ice-cream man; Mr. and Mrs. Ball; Peter, Betty, and Billy.

III. Now, every day, yesterday.
Example: Mother is cooking macaroni. She doesn't cook macaroni every day. Yesterday she cooked vegetables … (S. 49)

IV. Now, yesterday, every day.
Example: What is the shoemaker doing? He is mending shoes. Did he mend shoes yesterday too? Yes, he did; he mended shoes yesterday. He mends shoes every day. (He does not …) (S. 51)

3 Schulerfolg und -versagen

„Es wäre eine Katastrophe, wenn unser Kind den Eintritt ins Gymnasium nicht schafft! Was soll denn später aus ihm werden?" So denken viele Eltern, und ihre Kinder geraten vor den Prüfungen und am Ende eines Schuljahres in Panik. Nichtversetzung wird zur existenziellen Gefährdung. Die Schulnoten erfahren eine Höchstbewertung, und der Leistungsdruck steigert sich, als wären alle Schüler über die gesamte Schulzeit hinweg in ständiger Konkurrenz um Studienplätze und Lehrstellen.

Zeichnung: Chlodwig Poth

Der Leistungsdruck ist sicher Ausdruck des in die Schule verlagerten allgemeinen Konkurrenzkampfes unserer Gesellschaft, aber auch Ergebnis einer *Massenhysterie,* unterstützt von den Medien mit ihren Katastrophenmeldungen von Schülerselbstmorden u. ä. Der Mythos Schule trägt seinen Teil zum Leistungsdruck bei: Schule als die entscheidende gesellschaftliche Instanz, die soziale Sicherheit und Aufstieg garantiert. Man identifiziert sich mit der Allmacht von Lernen und Ausbildung, und die Bildungswilligkeit der Eltern verzerrt sich zu ungebrochener Hoffnung, den eigenen Kindern durch die Ausbildung ein Rüstzeug fürs Leben mitzugeben. Resultiert die Überbewertung von Schulnoten nicht auch aus unterdrückten Aggressionen gegen die Kinder, die man dem gleichen Leistungsdruck aussetzen möchte, wie ihn die Erwachsenen tagtäglich erleben? Sublime Aggressionen gegen die Kindheit? Eltern versuchen, durch den Leistungsdruck auf ihre Kinder ihre eigenen Versagensängste und Mißerfolgserlebnisse zu kompensieren. Die Kinder werden zum Erfolgsersatz, weil die Erwachsenen von sich annehmen, sie hätten es nicht weit genug gebracht.

Für Absolventen ist in der Tat die Situation prekär, was nicht bedeutet, daß sich der Numerus Clausus bis zur Grundschule hin streßfördernd auswirken dürfte. Nicht jedes Notenzehntel in einer beliebigen Schulstufe oder irgendein Ausrutscher in einer Klassenarbeit zieht gravierende Folgen nach sich. Die Konsequenzen werden oft nur herbeigeredet, was zur Verunsicherung aller führt. Ausnahmen, die den Schulerfolg zum echten Problem hochstilisieren, sind die Entscheidungen an den Gelenkstellen zwischen den Ausbildungswegen (Schullaufbahnentscheidung nach der Grundschule, Schulreife, Hochschulzugang) und die Abschlußzeugnisse. Jugendarbeitslosigkeit, Lehrstellenmangel und Studienplatzknappheit wirken als äußere Zwänge, das von der Schule geforderte Ausbildungspensum zu bewältigen.

Eine erste Frage der Unterrichtsanalyse im Hinblick auf Schulerfolg sollte sich mit den *Konsequenzen von Erfolg und Versagen* befassen. Was bewirken Erfolg und Mißerfolg in der Schule tatsächlich? Neigen Lehrer, Eltern, Schüler zu überschießenden Reaktionen? Ist der Leistungsdruck von der Schule, von den Schülern oder den Eltern zu verantworten, oder zwingen äußere Umstände die Schüler insgesamt oder einzelne Schüler dazu, einen optimalen Notendurchschnitt zu erreichen? Wo liegen die noch erträglichen Grenzen beim Notendurchschnitt/bei Einzelnoten/in der Beherrschung von Lernbereichen, deren Unterschreiten für die Schüler unerträgliche Folgen nach sich zöge (z.B. nicht versetzt zu werden)? Welche Konsequenzen werden sich einstellen? Sind sie so gravierend, daß der Verlust an Lebensqualität durch die überhöhte Leistungsanforderung noch zu rechtfertigen ist? Besteht die Möglichkeit, Minderleistungen/ unzureichende Noten/ fehlende Abschlußzeugnisse in irgendeiner Weise zu kompensieren oder später nachzuholen?

Viele Schüler lernen ständig unter der *Verantwortung*, sie könnten durch ihre Fehlleistung die Familie in Schande und sich um das ersehnte Lebensglück bringen oder den Eltern noch länger finanziell auf der Tasche liegen. *Mit welchen psychischen Mitteln bewältigen sie diese Last?* Folgende Aufzählung läßt sich beliebig ergänzen:

- Depression
- Leistungsverweigerung
- Lernunlust
- Apathie
- Aggressionen gegen Schwächere und Außenseiter
- Aggressionen gegen sich selbst
- Verlust kindlicher bzw. jugendlicher Unbefangenheit
- totale Identifikation mit der Schule
- Überangepaßtheit
- Angst vor ...
- Abneigung gegen Lehrer, Schule, Fächer
- Anpassung
- Selbstunwertgefühl
- Realitätsverleugnung
- Flucht in die Unterhaltung, z. B. übertriebener Fernsehkonsum
- Heile-Welt-Ideologie als Ausweg
- Flucht in eine innere, „bessere" Welt
- Gefühl der Sinnlosigkeit
- Schuldgefühle
- Versagensängste
- Gewöhnung an den Leistungsdruck
- Suche nach Ablenkung
- Verleugnen, daß Schule Probleme macht
- psychische Erkrankungen
- Tics
- Krankheiten bzw. somatische Störungen
- Drogenkonsum.

Wenn Schüler die angestrebten Abschlüsse nicht erreichen, die Ausbildung abbrechen, sitzenbleiben, sich ständig überfordert fühlen oder schlechte Noten nach Hause bringen, ist dies nicht allein ein Problem, das die betroffenen Schüler und ihre Eltern nur individuell zu tragen haben. Es geht die gesamte Gesellschaft an, denn es kann nicht gleichgültig sein, unter welchen Bedingungen die nächste Generation aufwächst. Wir dürfen nicht teilnahmslos zusehen, wenn es einem expandierenden Ausbildungssystem nicht gelingt, bildungswilligen und begabten Schülern eine angemessene Ausbildung zu ermöglichen. Bildung ist Bürgerrecht und Schulversagen auch Versagen der Schule.

Für die Schulen Baden-Württembergs gibt die Studie von Burkard (1979), die auf Daten des Statistischen Landesamts basiert, Auskunft über die Schullaufbahnbewegungen des Schuljahres 1976/77.
Hinter diesen Zahlen verbergen sich Schicksale, erfüllte und uneingelöste Hoffnungen (z. B. Selektionsquote im Gymnasium von der 5. bis zur 13. Klasse). Diese Untersuchung berechtigt tendenziell zu Optimismus. Zwar gehen in der Unter- und der Mittelstufe des Gymnasiums etwa 20% der in der 5. Klasse aufgenommenen Schüler wieder ab. Diese Quote liegt aber um die Hälfte niedriger als etwa vor 10 bis 20 Jahren. „Die Quote der Nichtversetzung hat nach 1973 um ein Drittel abgenommen und lag im Schuljahr 1976/77 in der Unter- und Mittelstufe bei 6% aller Schüler" (Burkard 1979, S. 121). Aber vergessen werden dürfen auch nicht die 17 000 chancenlosen Jugendlichen ohne jegliches Abschlußzeugnis beim Eintritt ins Beschäftigungssystem.
Einige zusätzliche Interpretationshinweise aus der Untersuchung: Die Schülerbewegungen sind in den ersten 9 Schuljahren klar gegliedert. Die Hauptentscheidung erfolgt nach wie vor am Ende der Grundschule, die Durchlässigkeit in den weiterführenden Schulen ist noch immer gering, außer nach ‚unten' für die Schulversager. Ausnahme beim Überschreiten der eigenen Schulgrenzen bilden die bildungsängstlichen Schüler, die sich erst nach der 5. Klasse Hauptschule für den Realschulbesuch entscheiden und freiwillig ein zusätzliches Ausbildungsjahr investieren. Der starke Wunsch nach *sozialem Aufstieg* zeigt sich in der Übergangsquote am Ende der Hauptschule. Über die Hälfte dieser Absolventen wechselt zur höher qualifizierenden Fachschule, einige sogar über das berufliche Gymnasium bis hin zur Hochschule.

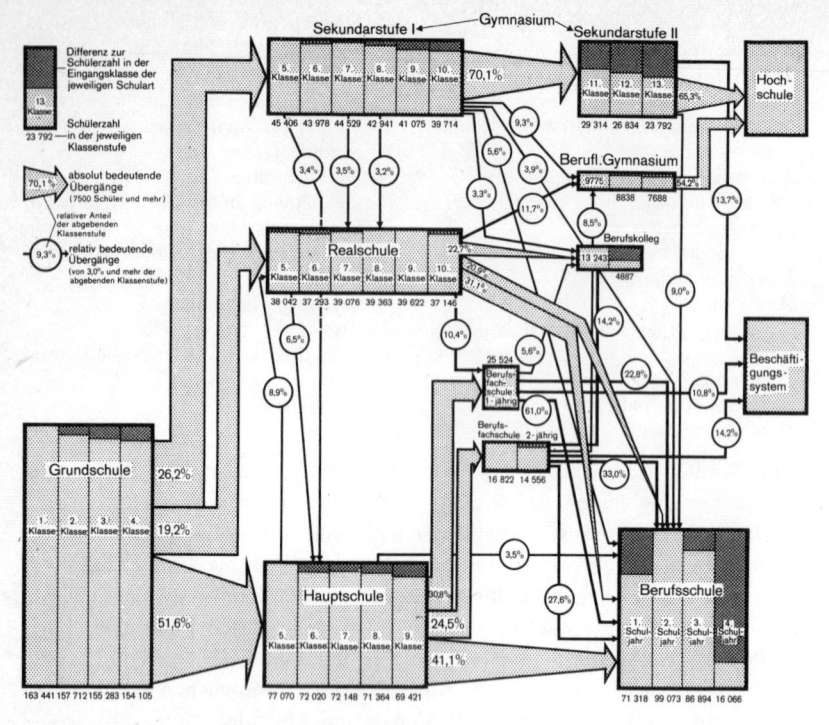

Schülerverlauf durch das Bildungswesen

(Situation in Baden-Württemberg für das Schuljahr 1976/77 aufgrund von Daten des Statistischen Landesamtes)

3.1 Was ist Schulerfolg?

Woran erkennt man einen erfolgreichen Schüler? Mit Ziffernnoten und Zeugnissen hat sich in unserem Ausbildungssystem eine in Schule und Öffentlichkeit weitgehend wohlgelittene Aussageform etabliert, um über den Schulerfolg Auskunft zu geben. Wissenschaftlich wird kritisch dagegen argumentiert (z.B. Scheckenhofer 1975, Ingenkamp 1974), aber praktikable Alternativen sind nicht in Sicht, trotz Versuchen mit Diagnosebögen, Lernentwicklungsberichten und Tests. Jedes Verfahren zur Beschreibung des Ausbildungserfolgs ist fehlerbelastet.

a) Die *Note* informiert weder über die inhaltlichen Anforderungen des Unterrichts noch über die von den Schülern erworbenen Qualifikationen. Noten sagen, in welchem Maß es einem Schüler gelingt, der Leistungserwartung der Schule zu entsprechen. Sie lassen Eltern und Schülern einen breiten *Phantasiespielraum,* wenn diese die lapidaren Ziffern auf ihre pädagogische Aussage zurückinterpretieren („Herr Müller benotet immer so streng. Da ist eine 2 mindestens so viel wert wie sonst eine 3!"). Hilft der Lehrer Schülern und Eltern bei der Interpretation der Note, indem er etwa seine Maßstäbe erläutert? Versteckt der Lehrer seine vagen Vorstellungen vom Schulerfolg hinter exakt anmutenden Notenziffern? Noten haben den nicht zu unterschätzenden Vorteil für die Prüfer, nicht eindeutig durch Urteilskriterien festgelegt zu sein. Damit entzieht sich die Schülerbeurteilung den Einflußversuchen von Seiten der Verwaltung bzw. der Prüfungsämter. Aber nützt der Lehrer auch seinen Freiraum? Ist sich der beurteilende Prüfer auch klar darüber, woran er erkennt, daß eine Notenstufe gerechterweise zu vergeben ist? Prüfer begründen meist mit Klischeevorstellungen die Notenwerte. (Bei akademischen Prüfungen wird oft folgendermaßen argumentiert: Note 3 = Sachverhalt richtig dargestellt; Note 2 = Kandidat denkt dazu noch ansatzweise selbständig; Note 1 = Er zeigt ein hohes Maß an selbständigem Denken; umfangreiches Wissen, hohes theoretisches Niveau ...).

b) *Testwerte* sind zwar differenzierter als die sechsstufige Notenskala, beschreiben aber genauso wenig den Lehr- bzw. Lernerfolg inhaltlich. Prozentränge erläutern nur, wieviele Schüler im Verhältnis zu einer Vergleichsgruppe (z. B. Klasse, Eichstichprobe) besser oder schlechter abschneiden. Lernzieltests beschränken sich auf den Prozentsatz der richtig gelösten Testaufgaben.

c) Die üblichen *Jahres- und Schulabgangszeugnisse* drücken die allgemeine Leistungsfähigkeit pro Fach als Mittelwert aller Einzelnoten eines Schuljahres bzw. Kurses aus. Sie gleichen damit vereinzelte Höchst- und Minderleistungen aus, verzichten aber darauf, den Trend im Lernerfolg am Kursende zu bezeichnen. In Zweifelsfällen bleibt offen, ob der Absolvent am nächsten Kurs problemlos teilnehmen kann. Aber auch erhebliche Leistungssteigerungen zum Schuljahresende bleiben unberücksichtigt.

d) *Diagnosebogen, Lernentwicklungsberichte* und schriftliche *Gutachten* verzichten auf Ziffernoten und beschreiben inhaltlich das Erreichte. Der Lernentwicklungsbericht berücksichtigt dazu Lernvoraussetzungen und den individuellen Fortschritt des Schülers. Mit den in den Bögen vorgegebenen Kategorien steht und fällt diese Beurteilung. Helfen sie die Lernleistung zu durchschauen, oder bauen sie für die Beteiligten Sprachbarrieren auf? Wie steigert sich der Arbeitsaufwand für den Lehrer beim Verzicht auf Ziffernoten? Wie einfallsreich sind Lehrer/Gutachter bei der Wahl ihrer Urteilskriterien? Sind diese Kategorien dem Lerninhalt und den erworbenen Qualifikationen angemessen?

e) Lob, freundliches Kopfnicken des Lehrers, sein Lächeln, die Art, wie er ermahnt und ermutigt, sein mißbilligender Blick, Tadel, Sarkasmus oder die Art, wie er Schüler meidet, sie aufruft oder nicht dran nimmt, gehören ebenso zu den Formen, den Schulerfolg zu definieren. Ist sich der Lehrer bewußt, mit Hilfe welcher Interaktionen er die Schülerleistungen informell bewertet? Werden diese Signale von den Schülern in gleicher Weise gedeutet wie vom Lehrer? Wie abhängig sind die Schüler von diesen Lehrerwertungen?

Was ist ein erfolgreicher Schüler? Erkennt man ihn an den guten Noten, am Urteil seiner Lehrer, daran, ob er das Klassenziel und damit die Versetzung

	Mathematik	Englisch	Physik	Sport	Musik	Kunst	Deutsch	Erdkunde	Lehrerkommentar
Klaus	1	2	1	2	1	2	1	1	Sehr ehrgeizig; zeigt kaum außerschulische Interessen; hat keine Freunde in der Klasse; sehr nervös; konkurrenzorientiert; sehr leistungsbetont.
Jürgen	5	1	5	1	1	2	1	3	Freundlicher Schüler, der sich immer große Mühe in Mathematik und den naturwiss. Fächern gibt, aber die Defizite in diesen Bereichen nicht aufzuholen vermag.
Elke	5	4	4	4	3	1	4	3	Ein lustiges und unkompliziertes Mädchen, das noch kein Gespür für den Ernst der Schule entwickelt hat. Ihren intellektuellen Fähigkeiten sind deutliche Grenzen gesetzt.
Volker	4	5	5	2	3	2	5	4	Plagt sich sehr; hat ständig Nachhilfeunterricht; schafft immer das Klassenziel mit Ach und Krach; ist völlig überfordert; sollte besser eine praktische Ausbildung absolvieren.
Judith	3	4	3	2	2	2	3	3	Ein gleichmäßig arbeitendes Kind, unauffällig, freundlich; mehr Fleiß und häusliche Förderung würden die Schulleistung sicher steigern.
Susanne	3	2	4	2	2	2	2	3	Ihr fällt alles zu, und sie könnte wesentlich mehr in der Schule erreichen, wenn sie mit mehr Nachdruck und Interesse bei der Sache wäre.

erreicht, oder gehören in diese Gruppe nur Schüler mit Prädikatszeugnissen? Definiert sich Erfolglosigkeit bereits durch das Unvermögen, auf das Gymnasium zu kommen, oder reicht schon der qualifizierte Hauptschulabschluß, sich zufrieden zu geben? Das erreichte Klassenziel, der Notendurchschnitt, die individuelle Leistungsfähigkeit bieten Anhaltspunkte, um den Bereich Erfolgreich gegen Erfolglos abzugrenzen. Entscheidend ist wieder das Anspruchsniveau der Eltern bzw. der Schüler. Wer sich für hochqualifiziert und begabt hält, gibt sich kaum mit der Note 3 zufrieden. Die am Unterricht Beteiligten gehen von unterschiedlichen Vorstellungen aus, was als erfolgreich oder erfolglos zu gelten hat. Dies führt zu Mißverständnissen und damit auch zu Verstimmungen. Die obenstehende Gegenüberstellung der Noten und des Lehrerurteils bei 6 Schülern möchte dazu anregen, sich die eigenen Definitionen von Schulerfolg bewußt zu machen.

Die Einteilung der Schüler in Mittelmäßige, Erfolgreiche und Erfolglose reicht nicht aus, um die vielfältigen Formen des Schulerfolgs zu erfassen. Zu berücksichtigen sind auch die Schüler, die im Gegensatz zu ihrer Lernfähigkeit weit mehr erreichen könnten (= *underachievement*). „Sie verspielen ihre Talente", werden manche Lehrer meinen. Vielleicht haushalten sie nur mit ihrem Engagement! Solche Schüler entsprechen nicht den in sie gesetzten Erwartungen, genauso wie die Lernenden, die es erstaunlicherweise immer wieder schaffen, das Klassenziel zu erreichen, obwohl sie Unterricht wegen ihrer mangelhaften Lernvoraussetzungen überfordert (*overachievement*). Diese Schulleistungen sind erwartungswidrig, wählt man die Lernvoraussetzungen (Begabung, Lernfähigkeit, Motivation, Intelligenz u. ä.) als Maßstab, um den Schulerfolg davon abzuleiten. Wer versucht, Schüler hinsichtlich ihres Schulerfolgs zu klassifizieren, sollte diese beiden Schülergruppen unbedingt mit berücksichtigen. Auf diese Weise ergeben sich wenigstens 10 Erfolgskategorien:

- Schüler mit Prädikatsleistungen;
- gute Schüler;
- die Mittelmäßigen, Unauffälligen;
- die schlechten Schüler (Gerade-Noch-Schüler);
- Versager;
- Schüler, die mehr leisten könnten (= underachievement);
- Schüler, die erfolgreicher abschneiden, als ihre Lernvoraussetzungen vermuten lassen (= overachievement);
- Schüler, die ihre Chancen voll wahrnehmen;
- Schüler mit uneinheitlichen Leistungen in den Fächern/Lernbereichen;
- Schüler mit stark schwankenden Lernerfolgen zu verschiedenen Zeiten.

Warum ist es aufschlußreich, als Lehrer die eigenen Schüler in diese oder ähnliche Rubriken einzuordnen? Auf diese Weise konfrontieren sich Lehrer mit ihren Erwartungen an die Schüler, die sich aufgrund der sich selbst erfüllenden Prophezeiung immer verselbständigen können. Kritische Begründungsversuche und auch Gespräche mit andersdenkenden Kollegen stellen dieses feste Schülerbild gegebenenfalls wieder in Frage. Lehrer bzw. Beobachter sollten nicht versäumen, sich selbst als ehemalige Schüler in gleicher Weise zu klassifizieren. Welcher dieser Schülergruppen fühlt man sich verbunden? Welche der jetzigen Schüler brauchen nicht mit dem Verständnis ihres Lehrers zu rechnen, höchstens mit unterschwelliger Rivalität, weil er seine frühere Schulerfolgssituationen doch nicht abzuschütteln vermag? (Frühere „overachiever" sind u. U. neidisch auf den Schüler, dem alles zufällt und der diese Chancen leichtfertig vergibt.)

Schüler bilden sich selbstverständlich ihre eigenen Meinung über ihre Schulleistungen und nehmen die Einschätzung ihrer Lehrer wahr. Im Einzelfall läßt sich aber nicht vorhersagen, wie ein Schüler mit diesen Vorstellungen seiner Umgebung zurecht kommt. (Freibrief für Lässigkeit: „Ich hab's immer noch geschafft!" – „Eigentlich bin ich für die Schule viel zu dumm. Das demonstrieren mir doch alle. Aber ich werd's denen schon beweisen!") Problematisch spitzt sich für manchen „overchiever" die Situation zu. Ihr überhöhtes Anspruchsniveau spornt ihn an, die ungünstigen Lernbedingungen zu kompensieren, was Überforderung und Unzufriedenheit verursacht. Starke Minderwertigkeitsgefühle gefährden immer wieder solche Schüler.

Die Klassifizierung der Schüler hinsichtlich ihrer Leistungen führt zu weiteren Fragestellungen für die Unterrichtsanalyse: Woran erkennt ein Lehrer die Lernerfolge und die Leistungsmöglichkeiten der Schüler? Leitet er diese Einschätzung aus Prüfungsergebnissen u. ä. ab, oder sind sie Ausdruck vorgefaßter Urteile, die sich Lehrer unbeabsichtigt weitergeben (Stigmatisierung)? Auf welche Schlüsselreize im Schülerverhalten stützt der Lehrer seine Urteilsbildung? Zieht er unberechtigter Weise Schlüsse aus der undifferenzierten Schülersprache, aus naiver Argumentation, unsachlichen Unterrichtsbeiträgen u. ä. und bildet sich auf dieser Grundlage eine Meinung über Intelligenz und Lernfähigkeit?

Schüler wissen sehr wohl um die Ursachen ihres Schulerfolgs. Nur ist die Wahrheit oft schmerzlich. Deshalb weichen sie auf platte Erklärungen aus und machen sich bei der Begründung schlechter Noten viel vor, um das eigene Gesicht zu wahren. Persönlichkeitsbedrohend wirken Mißerfolge, sieht man sich ihnen schicksalhaft ausgeliefert, ohne selbst über die Gelegenheit zum gestaltenden Eingreifen zu verfügen. Es entwickeln sich Vorstellungen von Schuld, die auch auf die Umwelt projiziert werden, um sich selbst aus jeder Verantwortung herauszunehmen. Wen machen die Schüler zu Recht/zu Unrecht verantwortlich? Haben die betroffenen Schüler Einfluß auf die Ursachen des Mißerfolgs? Fühlen sie sich ungerecht behandelt? Wie erklären sie sich die eigenen schlechten Noten?

- Zu wenig gelernt
- unzureichende Begabung
- Angst
- zu wenig Fleiß
- zu langsam
- keine Hilfe von Zuhause

- kein Interesse am Fach
- schlechter Unterricht
- keine ausreichende Vorbereitungszeit
- zu schwere Aufgabenstellung
- Aufgaben haben mit dem Lehrinhalt nichts zu tun

- zu wenig Bearbeitungszeit während der Prüfung
- ungerechte Benotung
- Lehrer will mit der Note strafen
- schwierigere Aufgaben als die Mitschüler.

„Die Aufgabe des Lehrers ist präzis: Er hat zu unterrichten, und zwar einen bestimmten Stoff, in einer bestimmten Zeit, an bestimmte Kinder. Der Erfolg seiner Tätigkeit ist kontrollierbar. Jederzeit ist feststellbar, ob die Schüler den zum Prüfungstermin fälligen Stoff beherrschen. Der Lehrer wird durch die Prüfung seiner Schüler geprüft" (Bernfeld 1967, S. 21). Der Lernerfolg der Schüler und auch ihr Versagen werden dem Lehrer zugeschrieben, und er fühlt sich selbst erheblich mitverantwortlich. Aus den Leistungen seiner Schüler leitet er sich Gefühle des Erfolgs und des beruflichen Versagens ab. Er definiert dabei seinen Berufserfolg selbst mit, weil er die Anforderungen an die Schüler festlegt und prüft. Wenn der Lehrer unzufrieden mit sich und seinem Beruf ist, sollte er unbedingt kontrollieren, ob er die Ausbildungserfolge und ihr Bemühen nicht falsch wahrnimmt. Statt sich immer nur an eigenen Frustrationen zu entmutigen, wäre es vernünftiger, den Unterricht genauer zu analysieren, um durch diese Konfrontation seine Selbstsicherheit wieder zu gewinnen. Solche Negativerfahrungen verlangen nach einer Relativierung durch die Unterrichtswirklichkeit, wobei es unsinnig wäre, nur auf den Lernerfolg der Schüler zu starren. Ein Lehrer betreut nicht ausschließlich erstklassige Schüler. Nur wenn er Schwierigkeiten zu ertragen und zu meistern weiß, darf er das Prädikat erfolgreich für sich beanspruchen.

Konkrete Hilfestellung bietet ein *Unterrichtstagebuch,* das über mehrere Wochen geführt wird. Sofort nach dem Unterricht, solange die Erinnerungen noch frisch sind, notiert der Lehrer, was ihm am Unterricht gefiel/mißfiel, was er an den Schülern, dem Unterrichtsverlauf, den eigenen Reaktionen bemerkenswert fand, wie sich die Schüler verhielten. Er schreibt seine Gefühle auf, und woran er heute den Lernerfolg erkannte. Wer über längere Zeit solche Angaben sammelt, der erfährt Neues über seine Wahrnehmungsschwerpunkte. Ziel dieses Tagebuchs ist es, die eigenen Erfolgskriterien in Frage zu stellen, nicht nur die emotional belastenden Unterrichtsereignisse zu bemerken, sondern die eigene Wahrnehmung auszuweiten.

Wichtig ist, sich Klarheit zu verschaffen, welcher Zeichen sich die Schüler bedienen, wenn sie ihrerseits dem Lehrer Lernerfolg und -schwierigkeiten signalisieren. Sind die Verhaltensäußerungen der Schüler so diffus, daß der Lehrer die Wirklichkeit durch seine Phantasie ergänzen muß? Mißerfolgsorientierte Lehrer benachteiligen sich dabei selbst, weil sie zu wenig positive Schülermeinungen erwarten. Schüler fühlen sich in ihren Rückmeldungen behindert, weil sie vor der paradoxen Aufgabe stehen, sowohl einen guten Eindruck beim Lehrer zu hinterlassen (er benotet schließlich) und gleichzeitig auf Lernschwierigkeiten aufmerksam zu machen. So weichen sie auf manche Überlebenstaktiken aus, z. B. zu schweigen oder zu Hause das Nichtverstandene nachzulernen, anstatt Unsicherheiten im Unterricht sofort zuzugeben. Lehrer gewinnen einen falschen Eindruck vom Lernergebnis einer Klasse, zumal wenn sie sich bei den Unterrichtsgesprächen noch auf einige wenige beitragsstarke Schüler konzentrieren. Ungerechtfertigt verallgemeinern sie deren Lernerfolg. Das gleiche gilt auch für die seltenen verbalen Schülerrückmeldungen. Nur wenige Schüler trauen sich zu, eine eigene, auf den Unterricht bezogene Meinung öffentlich vor Klasse und Lehrer zu formulieren, auch wenn diese eher liebenswürdig als herb ausfällt.

3.2 Weder dumm noch faul! Ursachen von Erfolg und Mißerfolg in der Schule am Beispiel Familie, Sprache und Sozialstatus

„Früher, ja da wurde in der Schule noch gearbeitet. Aber heute macht man es den Schülern viel zu leicht. Von Jahr zu Jahr werden sie schlechter ausgebildet. Wo soll das nur hinführen!" Selbstüberschätzung der Eltern- und Großelterngeneration, die sich aus Erinnerungsverklärung heraus zum Maßstab für die Qualifikationsanforderungen der Jugendlichen und Kinder macht? Solche Vorurteile bieten keine tragfähige Grundlage, die Ursachen des Schulversagens zu beschreiben. Lehrer neigen zu ähnlichem Denken, weil sie als Hochschulabsolventen, auch bei gelegentlichen Schwierigkeiten in ihrer Ausbildungszeit, doch das gesamte Ausbildungssystem erfolgreich durchliefen. Ihnen fehlt nur zu leicht das Verständnis für die Versager und die Problemschüler.

Es ist falsch zu meinen, Schule verlange immer weniger. Einen Beleg bietet die Studie von Hanke/Lohmüller/Mandl (1977), die die Notengebung in 70 Grundschulklassen bei ca. 2500 Kindern in den Jahren 1967 bis 1971 überprüfte. Die Noten in den Leistungsfächern (Deutsch, Rechnen, Sachunterricht, Heimatkunde, Religion) sanken bei den Schülern in den ersten vier Jahren stetig ab, obwohl man die schlechten Schüler bereits durch Sitzenbleiben oder Überweisung zur Sonderschule kontinuierlich aussonderte. Werden die Schüler wirklich schlechter, so wie die Konservativen unvermindert behaupten? Diese Hypothese ist unwahrscheinlich. Warum sollten so viele Lehrer und Schüler unvermittelt unfähig werden? *Die Hauptursache des Notenverfalls liegt im Anstieg der Lehrplananforderungen.* Vom mittlerweile überdimensionierten Lehrangebot lernen die Schüler nur noch einen Teil, für dessen Beherrschung sie in vergangenen Jahren mit ausgezeichneten

Noten belohnt worden wären. Aber heute reicht's eben nicht mehr. Das Mißerfolgserlebnis ist für Schüler und Lehrer vorprogrammiert.

Eine häufig zu hörende Erklärung für Schulversagen ist: „dumm und faul" oder terminologisch anspruchsvoller formuliert „mangelnde intellektuelle Fähigkeiten und fehlende Leistungsmotivation". Diese Argumentation analysiert nichts, hat aber ihren Sinn: Treffsicher hilft sie, die Verantwortung für Schulversagen auf den einzelnen Schüler abzuwälzen. Das Verschulden liegt damit in *seiner Person*. Letztendlich wird dadurch jeder von der Verantwortung frei, denn man kann die Defizite auf die Erbanlagen schieben, oder, wie die Aufgeklärteren meinen, Schulversagen beruht auf unzureichender frühkindlicher Förderung. Wer sich mit der Ursachenerklärung „dumm und faul" begnügt, denkt unpädagogisch. Er wehrt die Lehrerverantwortung für den Ausbildungserfolg ab und verzichtet darauf, die vielfältigen Wechselwirkungen zwischen Schülerpersönlichkeit, familiären Lebensbedingungen, Lehrstil, Lernumwelt, Schule usw. zu reflektieren. Diese Naivargumentation untergräbt außerdem jeden Optimismus und damit eine der Grundlagen pädagogischen Handelns. Wer die Hoffnung in die Entwicklungsfähigkeit der Schüler aufgibt, schreibt sie ab!

In die *Erklärung von Schulerfolg und -versagen* fließen eigene Wünsche, Schulerfahrungen und Hoffnungen ein sowie ein Bündel von Vorurteilen und Mißverständnissen, unzulässigen Verallgemeinerungen, aber auch Vorstellungen, was die einzelnen Unterrichtsfächer abverlangen. Diese Erklärungen beruhen auf den *impliziten Schulerfolgstheorien,* über die die Lehrer, Eltern, Schüler und Berater verfügen. Mit diesen Modellvorstellungen strukturieren sich die Beteiligten das komplexe Feld der Lernbedingungen und deren vielfältige Wechselbeziehungen. Aus diesen subjektiven Theorien leitet man sich die Schullaufbahnentscheidungen ab und zieht sie zurate, um Erfolge und Versagen zu erklären, sowie um sich geeignete Maßnahmen abzuleiten, wie zu verfahren ist, um Mißerfolge abzuwenden und Erfolge zu sichern. Kurzum, die Schulerfolgstheorien sind selbst wiederum zentrale Einflußgrößen des Schulerfolgs. Deshalb sollte man diese subjektiven Theorien der Beteiligten im Rahmen der Unterrichtsanalyse abklären. Im Vordergrund steht dabei die Suche nach den Grundinformationen (z.B. Fleiß, Intelligenz, Sprachniveau, Leistungsbereitschaft, Bildungsgrad der Eltern), auf die man sich bei Ursachenerklärung und Prognose des Schulerfolgs verläßt. Es bieten sich drei Vorgehensweisen an, um die subjektiven Schulerfolgstheorien abzuklären:

– Fallbesprechungen, die die Situation erfolgreicher bzw. gefährdeter Schüler untersuchen;
– Reflexion der eigenen Schullaufbahn mit ihren Schwierigkeiten und Erfolgen;
– Simulierte Schullaufbahnberatungen und Versuche, die Erfolge und Mißerfolge eines Schülers in seiner künftigen Schulkarriere vorherzusagen. (Bei dieser Übung kommt es

darauf an herauszufinden, auf welche Schlüsselinformationen und -wahrnehmungen sich Lehrer verlassen, um daraus den zu erwartenden Schulerfolg vorherzusagen. Diese Wahrnehmungskategorien geben Hinweise auf die Ursache, die ein Lehrer für den Ausbildungserfolg verantwortlich macht. Günstig ist es, solche Diskussionen in einer Gesprächsgruppe mit alternativen Angaben über den Schüler oder die Lernsituation zu führen. Im folgenden Beispiel über Jürgens Schulentscheidung könnte die Hälfte der Gesprächsteilnehmer die künftige Schullaufbahn unter der Bedingung diskutieren, daß die Eltern als Dipl.-Ing. und MTA ausgebildet sind. Die andere Hälfte der Teilnehmer geht davon aus, Jürgens Eltern sind Kfz-Mechaniker und Näherin. Der Hinweis auf den Beruf der Eltern und damit auf deren Sozialstatus gehört zu den Schlüsselinformationen, die in die Schullaufbahnentscheidung zentral eingehen.)

Familie und Schulerfolg (Beispiel aus einer Erziehungsberatung)

Soll Jürgen ins Gymnasium? Seine Eltern (Vater: Dipl.-Ing.; Mutter: MTA) sind unschlüssig, und die Lehrerin meldet Bedenken an. In den vier Jahreszeugnissen hat Jürgen folgende Noten erhalten:

	Deutsch	Mathematik	Sachkunde	Religion	Musik	Sport
1. Schuljahr:	2	3	2	1	3	1
2. Schuljahr:	3	1	2	1	2	1
3. Schuljahr:	4	2	2	2	1	1
4. Schuljahr:	4	3	2	1	3	1

Zeugnisbemerkung im 4. Schuljahr: Jürgen ist ein eher ängstliches und verträumtes Kind. Seine Selbständigkeit ist noch unzureichend entwickelt. Gute Intelligenz; noch etwas geringe Leistungsmotivation; seine Lese-Rechtschreib-Schwäche hat sich etwas gebessert; es müßte aber häuslicherseits mit Jürgen mehr gearbeitet werden.

Wie groß ist Jürgens Chance, das Abitur zu bestehen? Wie würden Sie als unbeteiligter Berater entscheiden? Welche Informationen fehlen Ihnen für eine begründete Stellungnahme? Auf welche Angaben über Jürgen stützen Sie sich in Ihrer Urteilsbildung? (Wie würden Sie votieren, wenn Jürgens Eltern als Kraftfahrzeugmechaniker und als Näherin arbeiten würden?)

Jürgen wurde ins Gymnasium eingeschult. Nach zwei Jahren treten gravierende Schwierigkeiten auf. Wegen mangelhafter Leistungen in Mathematik und Englisch wird er das Klassenziel kaum erreichen. Der Klassenlehrer rät den Eltern, Jürgen aus dem Gymnasium zu nehmen. Jürgen gäbe sich zwar größte Mühe, sei sehr fleißig, höflich, freundlich, er würde aber in der viel zu großen Klasse (35 Schüler) von den Lehrern nicht zur Kenntnis genommen. Er meldete sich zu selten und mache einen ängstlichen Eindruck. Die Eltern sollten unbedingt darauf achten, daß Jürgen effektiver die englischen Vokabeln lernt. Sein englischer Wortschatz sei völlig unzureichend. Von einer Rückstufung in die Hauptschule, die der Klassenleh-

rer doch zu erwägen bittet, erhoffe er sich eine Zunahme an Selbstvertrauen bei Jürgen. Insgesamt käme der Junge wohl mit dem gymnasialen Stil nicht zurecht. Die Eltern wenden sich an den schulpsychologischen Dienst der Stadt. In den diversen Tests zu Intelligenz, Rechtschreiben, Legasthenie, Konzentration u. ä. m. schneidet Jürgen gut ab. Man lädt die Familie zu einem gemeinschaftlichen Gespräch ein, an dem die beiden Elternteile, Jürgen und seine jüngere Schwester teilnehmen. Dieses Gespräch führt zu folgendem Ergebnis:
Der Vater, ein leitender Ingenieur, hat berufsbedingt viel zu wenig Freizeit und „überträgt seiner Frau im Sinne einer Arbeitsteilung den Erziehungsauftrag der Familie". Er möchte, daß sie ihre Mutterrolle quasi als Berufsaufgabe begreift: „Mütter sind wie Hilfslehrer der Nation", so ‚scherzhaft' seine Ansicht. Sowohl Vater wie Mutter verstehen sich als emanzipiert. Jürgens Mutter sieht es als große Aufgabe an, ihre Kinder zu betreuen, und hilft Jürgen bei allen Hausaufgaben, fragt ihn ab, wählt für ihn zusätzliche Übungsbeispiele aus. Sie verhält sich Jürgen gegenüber liebevoll, aber stark kontrollierend, denkt unentwegt über dessen Schulschwierigkeiten nach und bespricht alles offen mit Jürgen. Die Mutter erlebt das Schulproblem ihres Sohnes als eigenes Versagen, schiebt sich die Schuld zu und äußert Angst, sie könne ihm bald nicht mehr helfen, wenn in den höheren Klassen die Anforderungen in Mathematik und den Fremdsprachen ansteigen. Deshalb möchte sie ihn wenigstens ganz intensiv bei den Grundlagen fördern.
Die Mutter identifiziert sich stark mit Jürgen. Sie meint, daß Jürgen ihr sehr ähnlich sei und er ebenso zum Grübeln neige wie sie selbst. Vater und Mutter geben sich in dem Gespräch freundlich und verständnisvoll zueinander. Jürgen stört diese Harmonie mit der Aufforderung an die Eltern, doch endlich zu sagen, daß sie ständig miteinander streiten und der Vater oft mit Scheidung droht.
Jürgen übernimmt offensichtlich die Rolle des *Symptomträgers* der Familie, d. h. seine Schulschwierigkeiten sind im wesentlichen Ausdruck der Familiensituation. Die Mutter hilft ihrem Sohn, weil sie dessen Schulerfolge als Nachweis ihres Erfolgs als Mutter braucht. Ihrerseits wird sie durch den Vater erheblich kontrolliert und fühlt sich ihm gegenüber als Versager. Durch eine problemlose Familie möchte sie den Mann an sich binden, um ihm keinen Grund zu geben, sich von ihr abzuwenden. Diese ständige Kontrolle und Versagensangst überträgt sie auf Jürgen, der sich durch Schulerfolg Selbstbestätigung und die Zuneigung der Mutter verschaffen möchte. Damit steht er unter eminentem Leistungsdruck, der zu Angst führt, zu hoher sozialer Angepaßtheit, zu Schuldgefühlen und letztendlich zum Schulversagen. Mutter und Sohn fühlen sich als Versager und erwarten den Mißerfolg.

Dieses Beispiel dokumentiert, wie unzureichend es ist, nur die intellektuellen Fähigkeiten des Schülers zu diagnostizieren. Die Familiendynamik beeinflußt die Art, wie der Schüler lernt und wie er sich in der Prüfung bewährt. Dieser Fall Jürgen zeigt aber auch, wie falsch es wäre, eine Lernbedingung (hier die mütterliche Hilfe beim Lernen und den Hausaufgaben) für sich allein genommen zu interpretieren. So käme man vermutlich zu einer sehr positiven Einschätzung dieser Betreuung (die Grundschullehrerin schlug in ihrem Bericht eine entsprechende Hilfe auch vor). Die Lernbedingungen beeinflussen sich immer wechselseitig, und in diesem Fall wirkt die Hilfe eher als Belastung.

Für die Analyse des *Zusammenhangs von Familie und Schulerfolg* bieten sich u. a. folgende Fragen an:

- Einstellung der Familie zur Schule
- soziale Bewertung des Lehrers bzw. des Lehrerberufs in der Familie
- Wie wird dort über die Schule gesprochen?
- Erwartungen und Leistungsdruck durch die Eltern
- Konkurrenz der Geschwister; Welche Geschwister setzen mit ihren Leistungen den Bewertungsmaßstab?
- Widerspruch zwischen dem Gesprächs- bzw. Arbeitsklima im Unterricht und dem in der Familie;
- Ist der Schüler gleiche Freiheiten, Selbständigkeit, Konkurrenz, Kommunikations- und Umfangsformen in Schule und Familie gewöhnt?

- Wie gelingt es dem Schüler, sich umzustellen?
- Soziale Normen in Klasse und Familie
- Überträgt der Schüler sein Verhältnis zu Vater, Mutter, Geschwister auf den Lehrer?
- Wehrt er sich indirekt gegen Vater, Mutter, wenn er sich gegen den Lehrer auflehnt?
- Bekommt er die gleiche soziale Anerkennung in der Schule wie zu Hause?
- Wie reagieren die Eltern auf gute, schlechte Noten?
- Wie beantworten die Eltern Angst, Lernunlust, Langeweile, Leistungsdruck der Schule?

- Wie stark mischen sich die Eltern in die Schulprobleme ihres Kindes ein?
- Welchen Wert hat das angestrebte Ausbildungsziel für die Eltern?
- Bildungswilligkeit der Eltern?
- Können Eltern ihren Kindern beim Lernen überhaupt noch helfen?
- Verstehen sie, was ihre Kinder in der Schule lernen?
- Wie drücken sie ihr Verständnis, Unverständnis aus?
- Wie engagiert sind die Eltern bei der Zusammenarbeit mit der Schule?
- Soziales Ansehen der Eltern?

Sprache und Schulerfolg

Es kommt nicht von ungefähr, daß die Lehrer bei Jürgen auf *Sprachdefizite* hinweisen und der Erziehungsberater Jürgens Rechtschreibschwierigkeiten untersucht. Seit man über das Unheil, das Sprachbarrieren anzurichten vermögen, aufgeklärt ist, betrachten Lehrer, Eltern und Berater diese Dimension des Schülerverhaltens mit großer Aufmerksamkeit. Es ist nicht nur eine Frage der Ästhetik, ob sich ein Schüler mit hochentwickelter Sprache perfekt auszudrücken weiß und solche Sprachäußerungen lesend oder hörend problemlos versteht. Die Auseinandersetzung mit unserer Umwelt erfolgt in erster Linie auf sprachlicher Grundlage: „Die Zahl der sprachlich nicht zu vermittelnden Leistungen und Lernprozesse ist in der vieltausendjährigen Geschichte des homo sapiens auf einen kleinen Bestand von ihrerseits kulturell vermittelten Primärerfahrungen zusammengeschrumpft". Unterschiede in der Sprache „wirken sich deshalb nachhaltig in der Wahrnehmung von Objekten und im Erkennen von Beziehungen aus" (Roeder 1971, S. 14). Sprache bietet das hauptsächliche Verständigungsmedium in der Schule und die Grundlagen des Denkens: Ohne Sprache kein schulisches Lernen! Auch wenn sich Lehrer größter Mühe unterziehen, die Realität ins Klassenzimmer zu holen, Bilder und

Zeichnungen zu verwenden, ist es unmöglich, auf die sprachliche Präsentation der Lehrinhalte zu verzichten. Sprachbehinderungen bewirken Lernbehinderungen! Fleiß, Intelligenz oder geschickte Unterrichtsmethoden gleichen Sprachdefizite der Schüler nur unzureichend aus.
In der Schule sind vielfältige Sprachbehinderungen zu beobachten. Beispiele:

1. Kinder aus der sogenannten *Unterschicht* erlernen durch das Sprachvorbild in ihrer Familie nur eine minimal strukturierte Sprache, mit vergleichsweise wenigen Begriffen, einfachem Wortschatz, unkomplizierter grammatikalischer Konstruktion und geringem Abstraktionsgrad (ausführliche Hinweise geben Bernstein u.a. 1973, Roeder 1971, Oevermann 1969). Diese Kinder verstehen die Mittelschichtsprache ihrer Lehrer nur eingeschränkt, die sich selbst wieder an einer intellektuell-akademisch perfektionierten Sprechweise orientieren.
2. *Schweigsamen Kindern*, die sich langsam und unbeholfen ausdrücken oder denen „die Angst die Kehle zuschnürt", bereitet es Schwierigkeiten, dem Lehrer einen günstigen Eindruck vom eigenen Lernerfolg zu suggerieren. In Prüfungen schneiden die Kandidaten erfolgreich ab, die schnell, präzis und sicher argumentieren, und viele Prüfer schließen vorschnell von der sprachlichen Präsentation eines Beitrags auf die Lernleistung.
3. *Gastarbeiterkinder* ohne Deutsch als Muttersprache verfolgen den Normalunterricht nur unter Erschwernissen. Dazu verringert sich ihre Fähigkeit stetig, sich in der eigenen Muttersprache eloquent zu artikulieren. Dieser Verlust entfremdet sie von ihrer nationalen Identität, was dann zu Problemen mit der Familie und unter Umständen wiederum zu verstärkten schulischen Störungen führt.
4. *Stotterer, Stammler, Schüler mit Sprachfehlern* beteiligen sich selten unbefangen am Unterrichtsgespräch. Ihnen fehlt ebenfalls die Möglichkeit, ihren Lernerfolg sprachlich zu demonstrieren. Sie geraten leicht in die Rolle bemitleidenswerter Außenseiter.
5. *Dialektsprecher* zwingt die Schule durch ihre einseitige Ausrichtung auf die deutsche Hochsprache, auf ihre gewohnten Ausdrucksformen zu verzichten. Im schriftlichen Ausdruck verwenden sie eine exzentrische Mischung beider Sprachtypen. Diese Schüler fühlen sich verunsichert und schaffen es nicht, ihre Sprachcodes situationsangemessen einzusetzen. In der Hochsprache verfügen sie zum Teil nicht über das vielseitige Begriffsrepertoire ihres Dialekts.
6. *Schlecht lesende Schüler* verstehen nur Ausschnitte vorgelegter Texte, was sich besonders bei Prüfungen mit schriftlicher Instruktion auswirkt. Diese Schüler erfassen nicht sofort, was von ihnen verlangt wird, obwohl die Fragen für sie auf Grund ihres Wissens eigentlich lösbar wären. Durch wiederholtes, umständliches Lesen verlieren sie Arbeitszeit.

7. *Rechtsschreibschwache Schüler,* es brauchen keine Legastheniker zu sein, vertauschen Buchstaben und Silben, vergessen Endungen und Kommas. Die Groß- und Kleinschreibung wird für sie erst zum Problem, wenn die Schule ihnen diese feinen Unterschiede aufbürdet. Nachdem das Richtigschreiben allgemein in dieser Gesellschaft einen hohen Rang einnimmt, wird der schriftliche Ausdruck für diese Schüler zur Tortur. Alle Fächer frustrieren sie, nicht zuletzt die Fremdsprachen, weil sie laufend auf Fehler hingewiesen werden, auch wenn diese orthographischen Mängel bei aufgeklärten Lehrern nicht die Gesamtnote verschlechtern.

Solche Artikulationsmängel haben ihre Ursachen sowohl in individuellen Sprachdefiziten der Schüler wie in der unangemessenen Sprache von Lehrern und Büchern. Die letztgenannten Faktoren der Lehrer- und Büchersprache wirken gemeinsam als von außen an die Schüler herangetragene Sprachbarrieren. Wer diese Kommunikationsschwierigkeiten analysieren möchte, sollte folgende Punkte beachten:
a) Reflexion der *Sprachnormen und Erwartungen;*
b) Untersuchung der Unterrichtssprache und -texte auf *Verständlichkeit;*
c) Diskussion der *Umgangsformen,* die die Sprachentwicklung der Schüler behindern;
d) *natürliche Sprech- und Schreibsituationen.*

zu a) *Sprachnormen und Erwartungen:* Weber (1979 b) stellt zwei Aufsatzentwürfe einer Schülerin zum gleichen Thema gegenüber. Im ersten, voller grammatikalischer Fehler, aber lebhaft, farbig, voller kindlicher Ausdruckskraft, verwendet dieses zehnjährige Mädchen nur die wörtliche Rede, was die Lehrerin kritisiert. Ergebnis: „Gesamtnote 5. Das ganze noch einmal!" Der zweite Entwurf schrumpft auf die Hälfte zusammen, ist farblos, langweilig, aber entspricht den Lehrererwartungen und ist dazu noch fehlerfrei geschrieben: Gesamtnote gut! Die Lehrerin hat ihr Sprachideal durchgesetzt.
Jeder Lehrer sollte seine Korrekturen und seine Notengebung zum Anlaß nehmen, über seine Sprachideale nachzudenken, um sich seine Forderungen an die Schülersprache bewußt zu machen. Bevor er die kindlichen Ausdrucksformen ‚vergewaltigt', sollte er seine Erwartungen begründen. Er lernt sie kennen, wenn er sofort nach einer Unterrichtsstunde notiert, über welche Sprechfehler er sich heute wieder ärgern mußte, was er am Schülerausdruck zum wiederholten Mal verbesserte („Sprecht doch endlich in ganzen Sätzen!") oder was ihm Freude bereitete. Warum erscheinen manche Schüler sprachgewandt? Was beeindruckt an ihren Formulierungen? Verhältnis von Inhalt und Sprache? Welche Schüler drücken sich schwerfällig, rüde, ordinär aus? Welchen Stellenwert hat das Dialektsprechen im Unterricht? Für wie sprachgewandt halten sich Lehrer und Schüler?

zu b) *Verständlichkeit von Sprache und Texten:* Wer sich, nicht nur als Lehrer, verständlich ausdrücken möchte, sollte auf folgende Gesichtspunkte achten (Ausführliche Hinweise finden sich bei Schulz v. Thun/Langer u. a. 1972, Fucks 1968, Wieczerkowski/Alzmann/Charlton 1970, Teigeler 1968):

Was sollten Lehrer unbedingt *vermeiden:*
- Lange, kompliziert verschachtelte Satzkonstruktionen;
- Seltene und unanschauliche Wörter;
- Zu intensiven Gebrauch eines ausgefeilten Fachwortschatzes;
- Kombination von Verneinung, Passiv und Frageform in einem Satz;
- Zu viele verschiedene Wörter im Text;
- Wörter, deren Bedeutung den Schülern nur vage geläufig ist;
- Unanschauliche abstrakte Begriffe.

Die Verständigung wird erleichtert durch:
- Einfachen Satzbau;
- Anschauliche Schilderungen, Verwendung konkreter Beispiele;
- Folgerichtige Gliederung der Aussagen;
- Übersichtliche und klar strukturierte Texte;
- Deutliche Kennzeichnung des Wesentlichen in Abhebung vom Überflüssigen;
- Der ‚rote Faden' muß sichtbar bleiben;
- Gliederung längerer Vorträge und Texte, die an die Tafel geschrieben werden;
- Durch Hervorhebung wichtiger Wörter und Aussagen;
- Prägnante, kurze Darstellungen, bei denen überflüssiges Abschweifen fehlt;
- Anknüpfen an das Vorwissen der Schüler;
- Medien und Arbeitsmaterial, die das Gesprochene ergänzen und festhalten;
- Langsames Sprechen;
- Denkpausen;
- Informationen, die zeitlich nicht zu dicht zusammengedrängt werden;
- Verzicht auf emotional stark abgelehnte Reizwörter.

zu c) *Die Formen der Zusammenarbeit, der Kommunikation und die sozialen Beziehungen* im Unterricht bleiben nicht ohne Wirkung darauf, ob sich ein Schüler zum Sprechen angeregt fühlt oder im Extremfall vor jedem eigenen Beitrag Angst hat und am liebsten nur als stummer Zuhörer am Unterricht teilnähme. Wer nach Sprachbarrieren im Unterricht sucht, sollte deshalb nicht die Ebene der sozialen Beziehungen aus der Analyse ausklammern. Einige Hinweise, worauf zu achten ist (s. auch Kapitel 6.4 zu den Sozialformen):

- Wer viel spricht, schränkt andere ein und drängt sie in die Rolle von Zuhörern;
- Auch die ‚Schönredner' müssen einsehen, daß sie andere beim Denken und Sprechen durch ihr Vorbild behindern.
- Wer ständig in seiner Sprache und seinen Aussagen korrigiert wird, verliert seine Unbefangenheit;
- Sprechen darf nicht erzwungen werden. Jeder hat das Recht selbst zu entscheiden, ob er sprechen oder lieber zuhörend schweigen möchte;

- Sprechen sollte möglichst nicht an die Benotung der Aussagen gekoppelt sein;
- Die Vorstellung, man habe etwas Vernünftiges beizutragen, läßt Schüler verstummen;
- Wenn ein Lehrer nur Fragen stellt, auf die die Schüler mit einem Wort antworten können, lernen sie nicht, sich ausführlich zu äußern;
- Wer lange zuhört, der verliert die Lust mitzudenken und hat dann nichts zu sagen;
- Wenn der Unterricht die Schüler inhaltlich überfordert, werden sie eigene Beiträge vermeiden, um ihre Unkenntnis zu vertuschen;
- Wenn im Unterricht nicht auch ‚dumme' Fragen und Beiträge zugelassen sind, dann vermeiden die Schüler tunlichst Äußerungen, von deren Qualität sie nicht vollständig überzeugt sind;
- Wenn unzureichender Audruck, Rechtschreibfehler und mangelnde Schönschrift in Aufsätzen und Prüfungsarbeiten die Note mindern, verlieren die Schüler die Unbefangenheit im schriftlichen Ausdruck.
- Sprachfreie Unterrichtsphasen, der direkte Umgang mit den im Unterricht behandelten Dingen, Spielen und Singen helfen, die Angst vor dem Sprechen zu nehmen,
- Lehrer behindern die Schüler im Sprechen, wenn sie selbst ständig reden, nicht mehr zuhören oder Pausen in Unterrichtsgesprächen ertragen können. (Wieviele Sekunden dauern Gesprächspausen, bis dem Lehrer das Schweigen peinlich erscheint? Nach wievielen Sekunden ist es dem Lehrer unmöglich, sich zurückzuhalten, und er beginnt erneut wieder zu sprechen?)

zu d) *Natürliche Sprech- und Schreibanlässe:* „Wir setzen die Kinder in eine Lernschule, eine Wortschule, eine Buchschule, eine Schreibschule. Wir bringen die Kinder ans Aufschreiben, ans Abschreiben, ans Rechtschreiben, ans Schönschreiben ... Warum wundert man sich, daß Kinder Schule so anstrengend finden" (Weber 1979a, S. 8)? Ergänzend wäre noch hinzuzufügen: Wen wundert es, daß viele Schüler auch nicht verstehen, was sie da schreiben, sprechen und hören? Die schulische Kommunikation ist künstlich. Sie berücksichtigt nur unzureichend die natürlichen Wünsche der Schüler, bestimmte Dinge kennenzulernen, und ermöglicht ihnen vielfach nicht, auf dem direkten Weg Erfahrungen im Umfang mit den Dingen zu sammeln. Schüler werden durch vordergründige Motivationshilfen zum Zuhören und Schreiben angeregt. Aber das fehlende Engagement führt zu Verständnis- und Sprachbarrieren. Wer nichts zu sagen hat, wird sich kaum flüssig verständigen und auf die rudimentäre Sprachstufe der Ein-Wort-Sätze zurückfallen. Gerade diese Ausdrucksform behindert die Kommunikation und trägt wenig dazu bei, sich Erfahrungen anzueignen und weiterzugeben. Ohne Anschauung, Wissen und Motivation ist Sprechen sinnlos. Wer ohne Selbstbeteiligung zuhört, neigt zum Überhören und Nichtverstehen. (Differenzierte Vorschläge zur Gestaltung natürlicher

Gesprächs- bzw. Lerngelegenheiten und damit auch Hinweise zur Unterrichtsanalyse finden sich in der Freinet-Pädagogik, z. B. Beck/Boehncke 1977, Zehrfeld 1977 und in der Literatur zur reformpädagogischen Didaktik, beispielsweise bei Wagenschein 1968.)

Sozialschicht und Schulerfolg:

Die Verfassung unseres Staates fordert Gleichheit für alle und gebietet, niemand dürfe aufgrund seiner Herkunft Benachteiligung erfahren. Unser Ausbildungssystem wird diesem Verfassungsprinzip nicht gerecht. Es benachteiligt die Kinder aus Arbeiterfamilien, die geringere Chancen haben, einen qualifizierten Ausbildungsabschluß zu erreichen als Kinder ‚gehobener' Bevölkerungsschichten. Weitgehend chancenlos sind die unterprivilegierten Kinder von Gastarbeitern. Ihre Lage ist besonders prekär. Alles, was über die Sprachbarrierenproblematik und die Unvereinbarkeit von Familienerziehung und Schule im Hinblick auf die Benachteiligung der Arbeiterkinder zu sagen ist, trifft auf die in Deutschland mit fremder Nationalität lebenden Schüler in extremer Weise zu. Weiss (1966) gab Lehrern einen Aufsatz zur Beurteilung. Der Hälfte der Lehrer teilte man mit, der Text sei von einem Arbeiterkind verfaßt worden. Die anderen Lehrer korrigierten den vermeintlichen Aufsatz eines Mittelschichtkindes. Im Durchschnitt fielen die Noten für den Aufsatz eines Arbeiterkindes schlechter aus. Die gleichen Ergebnisse lassen sich heute vermutlich kaum mehr wiederholen, weil die langjährige Diskussion um schichtspezifische Benachteiligung Lehrer auf derartige Ungerechtigkeiten aufmerksam machte. (Als der Verfasser dieses Buches in den letzten Jahren das geschilderte Experiment mehrfach mit Lehramtsstudenten durchführte, tendierten die künftigen Pädagogen dazu, das vermeintliche Unterschichtkind im Durchschnitt um einige Zehntelnoten zu begünstigen.) Die überwältigende Zahl von Lehrern hat sich direkt nichts vorzuwerfen. Sie versuchen, alle Schüler gerecht zu behandeln, und ihnen liegt es fern, bewußt die Kinder aus Arbeitnehmerhaushalten zu benachteiligen. Die Zeiten sind vergangen, in denen die Lehrer nur die Schüler von Herkunft und Stand nach besten Kräften förderten.

Trotzdem: Die Chancenungleichheit für Nicht-Mittelschichtkinder besteht fort. Die Mechanismen der Benachteiligung wirken heute vermutlich nur sublimer als früher, und Lehrer sind sich der von ihnen ausgehenden Diskriminierungen von Arbeiterkindern nicht bewußt. Sie behandeln sie als Einzelpersonen, die z. B. dem Lernangebot des Unterrichts nicht ausreichend zu folgen vermögen, sich nicht in die Klassengemeinschaft einfügen, die von zu Haus nicht ausreichend zu kontinuierlicher Arbeit angehalten werden oder einfach unbegabt sind. Dabei bemerken viele Lehrer nicht, daß ihr Urteil die Kinder einer bestimmten Sozialschicht besonders häufig trifft. *Die soziale Benachteiligung beruht weniger auf der kollektiven Diskriminierung einer Bevölkerungsgruppe, son-*

dern auf unreflektiertem Unverständnis für ein Schülerverhalten, das schichtspezifisch gehäuft existiert. Schule berücksichtigt die Lebens- und Denkgewohnheiten der Nicht-Mittelschichtkinder in unzureichender Weise. Eine Aufgabe der Unterrichtsanalyse ist es, diesen Sachverhalt zu erkennen. Um bei diesen Analysen nicht sofort wieder anderen schichtspezifischen Vorurteilen zu erliegen: Auch Kinder sehr reicher Eltern sind benachteiligt, weil deren Milieu den mittelschichtig denkenden Lehrern ebenfalls unverständlich bleibt. Die Zahl dieser Kinder ist nicht sehr groß, aber auch der Einzelfall ist wichtig. Beispiele für Benachteiligungen:

1. Wenn einem Unterschichtsschüler eine Flasche mit Chemikalien zu Boden fällt, würde er in Straferwartung entweder nichts oder vielleicht bemerken: „Jetzt is' se hi! Saudumm!" Ein sprachgewandtes Mittelschichtkind entschuldigt sich vermutlich artig wie ein Erwachsener: „Es tut mir aufrichtig leid, Herr Lehrer, aber meine Hände waren noch ganz naß, und ich habe das Gewicht der Flasche unterschätzt!" (nach Hargreaves 1972, S. 114). Die *Kunst, dem Lehrer zu gefallen,* ist bei beiden Kindern unterschiedlich ausgeprägt. Unterschichtkinder beherrschen sie – so Hargreaves – in geringerem Umfang. Schüler sind souverän in dieser Kunstfertigkeit, wenn sie sich präzise vorzustellen vermögen, was der Lehrer von ihnen erwartet, um diesen Wunschvorstellungen entsprechend zu handeln. Damit vermeiden sie, [sich] durch die falsche Art der Mitarbeit, des Sprechens, Streitens, der Kontaktnahme zum Lehrer, sich dessen Unmut zuzuziehen. Weil aber die Unterschichtkinder tendenziell über andere soziale Erfahrungen als der Mittelschichtlehrer verfügen, stellen sie nicht seine Wertvorstellungen, Interessen, Interaktionsformen in Rechnung und verfehlen damit leichter seine Erwartungen.
2. Unterricht präsentiert Themen und Tätigkeiten, die der Lebenswelt von Arbeiterkindern bis zum gewissen Grad fremd sind, aber die für die Umwelt gutbürgerlicher Kinder eher Bedeutung haben. *Beispiel Schreiben:* „Geschrieben wird normalerweise nicht. Außer beim Ausfüllen von Formularen, beim Lebenslauf für Bewerbungen, ein paar Ansichtskarten aus dem Urlaub oder beim Lösen von Kreuzworträtseln gibt es kaum Situationen, in denen man ohne Schreiben nicht weiterkäme. (Abgesehen vom Universum der Behörden, Ämter, Gerichte und der Geschäftswelt, wo sehr viel geschrieben wird ...). Schreiben als eine spezielle Technik der Mitteilung oder Aneignung kommt jedoch gehäuft in den Bereichen Schule und Literatur vor; Bereiche, die außerhalb der unmittelbaren Erfahrungswelt der meisten angesiedelt sind" (Boehnke 1977, S. 141). Weil sie sehen, wie ihre Eltern schreiben und Geschriebenes lesen, erleben die Kinder von Eltern mit intellektuellen Berufen schulisches Schreiben als selbstverständliche und nützliche Tätigkeit.

3. Kinder aus Arbeitnehmerhaushalten denken und sprechen in einer weniger komplizierten und *elaborierten Sprache* als die Lehrer.
4. Die Umgangsformen und ritualisierten Konventionen in Familie und Schule entsprechen sich nur bedingt. Der Lehrer stellt sich unter einem ‚ordentlichen' Schüler etwas anderes vor als der Vater, der Arbeitervater wiederum etwas anderes als der Beamtenvater. In Elternhaus und Schule werden Lob und Tadel nach abweichenden Gesichtspunkten verteilt.

Für die Unterrichtsanalyse ergeben sich aus den Untersuchungen zur schichtspezifischen Sozialisation in der Familie eine Vielzahl von Themen, die sich mit Schicht und Interaktion, Schicht und Lernerfolg usw. befassen (Roeder 1971, Grauer 1971, Hurrelmann 1975, S. 108–128, Mollenhauer 1972, Feldhoff 1972). Daraus ergeben sich für die Reflexion von Unterricht u.a. folgende Fragebereiche:

- Interesse der Eltern
- Bildungswilligkeit
- Leistungswille der Eltern
- Wie intensiv ist der Kontakt zwischen Kindern und Vater bzw. Mutter?
- Rollenverteilung in der Familie
- Wie oft sprechen die Eltern mit den Kindern?
- Was wird besprochen?
- Art der sprachlichen Kommunikation
- Was halten die Eltern von Ordnung, Sauberkeit, Ehrlichkeit, Gehorsam?
- Akzeptieren sie Widerspruch der Kinder?
- Wie konform und angepaßt sind die Eltern?
- Autoritätsgläubigkeit
- Zukunfsorientierung
- Apathie
- Desinterese
- Fatalismus
- Geringe Vorausplanung

- Angst
- Unsicherheit gegenüber der Obrigkeit, der Verwaltung
- Unfähigkeit zu entscheiden
- Schwierigkeit, komplizierte Sachverhalte zu durchschauen
- Ratlosigkeit bei Unvorhergesehenem
- Welche Wünsche leiten die Eltern in ihrem Handeln z.B. materieller Konsum, Kunstinteressen, Geselligkeit, intellektuell-künstlerische Interessen?
- Wieviel Anregungen erhalten die Kinder durch ihre Eltern?
- Mit welchen Personen, Dingen der Welt kommen Eltern/Schüler in Kontakt?
- Wissen der Eltern um Erziehungs- und Schulprobleme?
- Wie bewerten sie Selbständigkeit, Auflehnung, Kreativität,

Angst, Durchsetzungsstrategien, Aggressionen ihrer Kinder?
- Aufgeschlossenheit der Familie gegenüber neuen Ideen?
- Rationale Argumentation bei Problemsituationen?
- Wie stark werden die Kinder durch Ge- und Verbote reglementiert?
- Wie reagieren die Eltern auf Ungehorsam?
- Wie strafen und loben sie?
- Sind die Kinder an materielle Belohnungen gewöhnt?
- Werden die Kinder angeleitet, langfristige Ziele anzustreben?
- Sind Eltern und Kinder in der Lage, auf sofortige Bedürfnisbefriedigung zu verzichten zugunsten langfristig zu erreichender Ziele und nicht-materieller Belohnung?

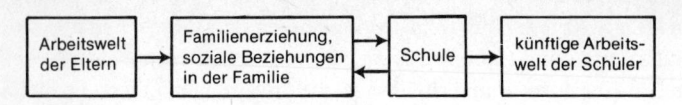

```
Arbeitswelt  →  Familienerziehung,  →  Schule  →  künftige Arbeits-
der Eltern       soziale Beziehungen  ←              welt der Schüler
                 in der Familie
```

Zu den Faktoren des Schulerfolgs gehört auch die Arbeitswelt der Schülereltern. Die Arbeitsbedingungen prägen deren Interessen und schlagen sich in den Hoffnungen, Zielperspektiven der Eltern, in deren Ängsten und sozialen Umgangsformen nieder. Sie prägen deren Selbstbewußtsein, ihre Wertvorstellungen, die Fähigkeit, komplizierte Lebenszüge zu durchschauen und zu bewältigen. Das Zusammenleben mit ihren Eltern konfrontiert diese Kinder mit den Auswirkungen des elterlichen Berufs, die sich vor allem auch in den Erziehungspraktiken und -vorstellungen der Eltern dokumentieren. Schule überwindet diese Effekte der Familienerziehung nie, was sich auch in unzureichenden Schulerfolgen der Unterschichtkinder ausdrückt. Sie erreichen doch wieder nur Qualifikationen für die gleich niedrigen Berufe wie ihre Eltern (Rolff 1967, S. 19). Diese eigenen Berufserfahrungen verstärken die aus Kindheit und Jugend stammenden Vorstellungen vom Familienleben und der Erziehung.

Steinkamp (1974, S. 170) stellt einige Hinweise zusammen, die sich auch als Anregung zur Unterrichtsanalyse eignen:

– relativ niedriges Einkommen,
– Unsicherheit des Arbeitsplatzes und materiellen Besitzstandes,
– vorwiegender Umgang mit Sachen,
– geringes Niveau der Eintrittsbedingungen in die berufliche Tätigkeit,
– geringes Maß an Anweisungsbefugnis über andere,
– hohes Maß formalisierter Kontrollen,
– hierarchisch strukturierte berufliche Rollengefüge,
– geringer Dispositionsspielraum,
– niedriger Komplexitätsgrad der Arbeitsorganisation,
– geringes Bewußtsein von der Transparenz des Arbeitsprozesses,
– geringe Möglichkeiten für informelle Kommunikationen,
– passiv-resignativer Fatalismus, Schicksalsglaube, Apathie,
– geringe reflexive Einstellung zum eigenen Handeln,
– Fehlen einer ausgeprägten Fähigkeit, Bedürfnisse zeitlich aufgeschoben zu befriedigen,
– dichotomisches Gesellschaftsbild, Mißtrauen gegenüber den Motiven der Herrschenden,
– große informative und affektive Distanz zum Bildungsbereich,
– geringes Aspirationsniveau für Schul- und Berufsziele der Kinder,
– starke Betonung von traditionellen Erziehungswerten wie Gehorsam, Respekt vor Erwachsenen, Ordentlichkeit, Sauberkeit usw.,
– autoritäres Einstellungssyndrom,
– restringierter kognitiver Verarbeitungs- und verbaler Kommunikationsstil mit hoher Kontextgebundenheit und geringem Abstraktionsgrad.

Sicher irritiert die Analyse eines Bereichs, auf die ein Lehrer keinen Einfluß hat, aber sie sensibilisiert für die Lage dieser Schüler. Sie bietet Lehrern bzw.

Beobachtern die Gelegenheit, wenigstens intellektuell, Erfahrungen zu sammeln, die ihnen die Mittelschichtsherkunft nicht bietet. Lehrer und Beobachter sollten sich ihrer sozialen Herkunft vergewissern und eigene Defizite nicht verdrängen, aber auch lernen, den ungewohnten familiären Hintergrund ihrer Schüler zu verstehen und diese andersartigen Lebensformen nicht ausschließlich als einen Mangelzustand zu begreifen. Kompensatorische Erziehung gerät sonst ungerechtfertigterweise zur Anpassung der Schüler an die Mittelschichtsnormen (siehe Ortmann 1971).

4 Wie Schüler lernen und denken

Unterrichtsplanung verlangt von Lehrern die Fähigkeit, sich vorzustellen, wie Schüler lernend und denkend mit den Unterrichtsthemen umgehen werden. Diesen Annahmen entsprechend, verfremden sie die Inhalte, gliedern und strukturieren, bringen den Lernstoff nach Lernschritten geordnet in eine lernbare Reihenfolge. Sie veranschaulichen, arrangieren Gesprächsphasen, in denen sich die Einsichten der Schüler verdichten, schaffen Problembewußtsein und denken sich Übungsaufgaben aus, damit die Schüler das neue Wissen präzisieren und festigen usw. In wohlgemeinter Absicht, die geistige Tätigkeit der Schüler zu erleichtern, verplanen Lehrer die Lehrinhalte und die Schüler. Leiten lassen sie sich dabei von ihren Vorstellungen von den Formen und Prinzipien des Lernens. Sicher ist dieses Wissen der Lehrer Voraussetzung ihres planenden Einfallsreichtums. Gleichzeitig regt es sie an, den Unterricht zu organisieren, als entspräche schulisches Lernen der fließbandgerechten Produktion der Ware Wissen (s. Bruder 1971). Die Ableitung der optimalen Lernstrategie ist nur eine Konsequenz der Analyse von Lern- und Denkprozessen. Zu untersuchen sind weiterhin die Bereiche:
- Lernschwierigkeiten und -störungen;
- Lern- und Denkerziehung im Unterricht (formale Bildung);
- geheimer Lehrplan in der Lern- und Denkentwicklung.

Schulversagen beruht auch auf rudimentär entwickelten Fähigkeiten der Schüler, die im Unterricht geforderten Denk- und Lernprozesse zu vollziehen. Ausfallserscheinungen sollte der Lehrer erkennen können (z. B. Schwierigkeiten bei der Analyse formaler Strukturen und systematischer Problemlösung, unzureichend entwickeltes Gedächtnis, Schwierigkeit im Abstrahieren). Die Feststellung von Minderleistungen allein unterstützt den Lernenden noch nicht, oft stigmatisiert sie ihn, und er traut sich nichts mehr zu. Die Analyse von Lernstörungen sollte sich immer auch mit den Ursachen der Lernschwierigkeiten befassen, besonders mit der Wechselwirkung von Unterrichtsmethode, Lehrangebot und Lernfähigkeit.

Lernen ist nicht nur ein Hilfsmittel, um die Ausbildungsziele zu erreichen. Lernen gehört auch zum Ausbildungsgegenstand der Schule, zu deren expliziter

Aufgabe, die Förderung der Lern- und Denkfähigkeit zuzurechnen ist. Diese *formale Bildung* ist in ihrer pädagogischen Bedeutung der materialen Bildung (= Vermittlung von Lehrinhalten) keineswegs nachgeordnet. Formale und materiale Bildung sollten in einem ausgewogenen Gleichgewicht zueinanderstehen, damit die Schüler das Denken nicht an unsinnigen Inhalten üben. Genau wie beim sozialen Lernen *fördert und hemmt Unterricht* die Fähigkeit zum Lernen und Denken in einer Weise, wie es der offizielle Lehrplan nicht vorsieht. Hauptmechanismus dieses *geheimen Lehrplans:* Je häufiger die Schüler die einzelnen Lern- und Denkformen vollziehen, umso geläufiger werden sie ihnen. Zusätzlich bewertet Schule die Denk- und Lernformen in ungleicher Weise, was die Einstellungen der Schüler diesen geistigen Tätigkeiten gegenüber beeinflußt.

Beispiel: Der Erdkundetest Deutschland für die Klassen 5 bis 7 (Horn/Sanders u. a. 1971) enthält überwiegend Fragen, die von den Kandidaten verlangen, ohne groß nachzudenken einmal gelerntes Wissen wiederzugeben.

11.
Wo passen Stadt und Wahrzeichen *nicht* zusammen?
A Ulm – Münster
B Danzig – Krantor
C Köln – Bundeshaus
D München – Frauenkirche
E Berlin – Brandenburger Tor

12.
Welcher Fluß mündet *nicht* in den Rhein?
A Isar
B Sieg
C Lahn
D Nahe
E Ruhr

13.
Was findet man häufig in Bernstein eingeschlossen?
A Perlen
B Insekten
C Edelsteine
D Versteinerungen
E kleine Muscheln

14.
Welches ist die zweitgrößte Stadt in Deutschland?
A Köln
B Berlin
C Leipzig
D Hamburg
E Frankfurt

15.
Welches ist der längste deutsche Kanal?
A Küsten-Kanal
B Mittelland-Kanal
C Elbe-Lübeck-Kanal
D Nord-Ostsee-Kanal
E Dortmund-Ems-Kanal

16.
An welchem Fluß liegt die Stadt Bremen?
A am Rhein
B an der Elbe
C an der Aller
D an der Weser
E Bremen liegt nicht an einem Fluß, sondern an der Nordsee.

Gute Noten erreichen die Fleißigen, die mit gutem Gedächtnis ausgestattet über die optimale „Paukstrategie" verfügen. Probleme lösen die Schüler in diesem Test höchst selten. Kreativität und produktives Denken werden nicht abverlangt. Gute Noten für Kenntnisreichtum: Diese Prüfung verstärkt bei den Schülern den Eindruck, die kreuzworträtselrelevante Bildung sei die pädagogisch erwünschte.

4.1 Lernformen, -prinzipien und -phasen

Beim Lernen, so *definiert* es Weinert (1974), handelt es sich um
- eine Veränderung des Verhaltens oder von Verhaltensmöglichkeiten,
- Verhaltensänderungen, die aus Umwelteinflüssen resultieren,
- relativ dauerhafte Verhaltensänderungen,
- einen nicht beobachtbaren, sondern nur erschließbaren und damit hypothetischen Prozeß.

Diese gängige Definition des Lernens reicht *nicht* zur Beschreibung schulischen Lernens. Sie ist viel zu formal, um den Blick auf das Wesentliche am menschlichen und insonderheit am schulischen Lernen zu lenken, im Gegensatz zur Definition von Rogers (1974), der zwei Hauptformen des Lernens gegeneinander abzugrenzen versucht: Das für eine Person bedeutungsvolle, auf Erfahrung beruhende Lernen und das Aufnehmen bedeutungsleerer, für die Person unsinniger Umweltinformationen. Das *bedeutsame Lernen* definiert sich durch fünf Merkmale (S. 13):
- Persönliche Engagement des Lernenden, der gefühlsmäßig wie intellektuell betroffen ist;
- Der Lernende initiiert und verantwortet dieses Lernen selbst („sogar dann, wenn der Antrieb oder der Reiz von außen herrührt, kommt das Gefühl des Entdeckens, des Hinausgreifens, Ergreifens und Begreifens von innen");
- „Es durchdringt den ganzen Menschen, ändert das Verhalten, seine Einstellungen, vielleicht sogar die Persönlichkeit des Lernenden";
- „Es wird vom Lernenden selbst bewertet – *er* weiß, ob es seine Bedürfnisse betrifft, ob es zu dem führt, was *er* wissen will, ob es auf den von ihm erlebten dunklen Fleck der Unwissenheit ein Licht wirft ...";
- Das Hauptmerkmal dieses Lernens ist der Sinn, den der Lernende in der Auseinandersetzung mit der Umwelt erkennt. Er erwirbt bedeutsame Erfahrungen.

Menschliches Denken und Lernen zeichnet sich durch außerordentlichen Formenreichtum aus, und keiner der Lerndefinitionen gelingt es, über diese Vielfalt einen Überblick zu geben oder sie zu ordnen.

Üben, übertragen, wiederholen, auswendiglernen, erinnern, vergessen, wiedererinnern, Neues einprägen, Überblick gewinnen, automatisieren, konsolidieren von Wissen, erkennen, verinnerlichen, verstehen, handeln, verstehen, automatisieren, Bedeutung erfassen, sich eine geistige Ordnung aufbauen, entdecken, unterscheiden. Neues entdecken, umdenken, kreativ denken, Zusammenhänge erkennen, umstrukturieren, verallgemeinern, schließen, benennen, vergessen, kontrollieren, überprüfen, bewerten, Überzeugungen/Einstellungen/Vorurteile erwerben oder aufgeben; umdenken, logisch denken, Strategien und Regeln anwenden, ausführen, überprüfen; nachvollziehen, definieren, Sprache lernen, Begriffe anwenden, Bedeutungen lernen, klassifizieren, gruppieren, simulieren, auffinden von Strukturen u. Strategien, Einsicht in Modelle gewinnen, abstrahieren, verbalisieren, Lernen durch Versuch und Irrtum, konditionieren, verstehen, produktiv/reproduktiv denken, konkret denken, akkomodieren, assimilieren, konkretisieren, Beispiele suchen, vergessen, zuordnen, interpolieren, extrapolieren, umdenken, Bedeutung erlernen, prüfen, bewerten, abstrahieren, rationalisieren, zusammenfassen, gliedern, kognitive Komplexität erhöhen, konzentrieren, klären, untersuchen, hantieren, nachvollziehen, wahrnehmen, bemerken, Einfälle haben, auswendig lernen, Neues schaffen, reflektieren, begründen, automatisieren, deduzieren, koordinieren, lernen an Erfolg und Mißerfolg, Standardlösungsmethode ausführen, Lösungen suchen, definieren, beschreiben, benennen, mitteilen, ersetzen, beurteilen, einführen, klassifizieren, vergleichen, bedingtes schlußfolgern, erklären, aufnehmen, antworten, werten, Wertsysteme aufbauen

In der Psychologie wurden immer wieder Versuche unternommen, menschliches Lernen und Denken auf einige *Grundformen* zu reduzieren und in eine eindeutige Gliederung zu bringen. Entstanden sind *Taxonomien,* die die Lern- und Denkprozesse definitorisch gegeneinander abgrenzen, was knifflige terminologische Unterscheidungen erfordert. Kann man sich von diesen Taxonomien eine Hilfe zur Unterrichtsanalyse erwarten? Es bereitet erhebliche Mühe, sich in die vorgeschlagenen Definitionen einzudenken, und erst nach langen Übungsphasen gelingt es, mit ihnen das Unterrichtsgeschehen zu beschreiben. Vielfach verwirren sie den Beobachter mehr, als sie ihm helfen, sich eine Orientierung über die Denk- und Lernprozesse zu erarbeiten. Taxonomien sollte man im Rahmen der Unterrichtsanalyse *nicht* als Kategorienliste verwenden, um dort eigene Beobachtungen einzutragen, sondern als Denkanstöße, um aufgrund eigener Vorstellungen Begriffe zur Beschreibung des Lernens und Denkens zu entwickeln. Diese Aufgaben sollen die im folgenden vorgestellten drei Taxonomien erfüllen.

1. *Gagné* (1969) vereinigt in seinem Stufenschema die Ergebnisse behavioristischer Lerntheorien mit denen der Denkpsychologie. Es ordnet die Lern- und Denkprozesse hierarchisch, wobei das Problemlösen den höchsten Rang und das Signallernen den niedrigsten einnimmt. Die höheren Lernstufen (Begriffsbildung, Regellernen, Problemlösen) sind die schulisch bedeutungsvollen. Sie setzen erfolgreiches Lernen auf der jeweils niedrigen Stufe voraus:

   – *Signallernen:* Ein Reiz (z. B. Zitronensäure), der einen physiologisch bestimmten Reflex (Speichelfluß) auslöst, wird durch einen neuen Reiz ersetzt (das Wort Zitrone), der nach mehrfachen gemeinsamen Auftreten allein die Reaktion (Speichelfluß) auszulösen vermag.

- *Reiz-Reaktions-Lernen:* Tierdressuren sind die besten Beispiele für diese Lernart. Der Dompteur möchte sein Tier durch einen Reifen springen lassen. Für den geglückten Versuch bekommt es eine Belohnung. Nach mehreren Wiederholungen wirkt der hochgehobene Reifen bereits als Auslöser für die Reaktion ‚Springen'. Alles Lernen nach dem Prinzip von Versuch und Irrtum mit anschließender Belohnung ist diesem Typus des Reiz-Reaktions-Lernens zuzurechnen. Beispiele in der Schule finden sich beim motorischen Lernen im Sportunterricht, beim Lesen- und Schreibenlernen, beim Probieren, ein Gerät richtig zu bedienen. Im Unterricht versuchen die Schüler oft, die richtige Lösung zu erraten, ohne Einsicht in Prinzipien zu haben. Lernen ohne Einsicht, ohne Problembewußtsein, ohne Verständnis gehört zu diesem Lerntypus.
- *Motorische Kettenbildung:* Einzelbewegungen werden zu längeren Verhaltenssequenzen kombiniert.
- *Sprachliche Assoziationen:* Wörter werden miteinander verbunden (z.B. Auswendiglernen eines Gedichts, Vokabeln pauken).
- *Multiple Diskrimination:* Unterscheiden lernen (z.B. Schüler lernen mehrere Pflanzenarten auseinanderzuhalten).
- *Begriffe:* Ein Begriff umfaßt eine Gruppe gleicher Sachverhalte (z.B. alle Lokomotiven sind durch die Aufgabe, Züge zu ziehen, charakterisiert, trotz unterschiedlichen Aussehens und verschiedener Antriebsformen).
- *Regellernen:* Regeln verknüpfen Begriffe miteinander (z.B. mathematische Regel: Zwei Seiten eines Dreiecks sind zusammen immer länger als die dritte Seite allein).
- *Problemlösen:* Lernen durch Einsicht; Probleme sind noch zu überwindende intellektuelle Schwierigkeiten.

2. Die *Bloom'sche Taxonomie* (Bloom 1972, Messner 1970) unterscheidet *drei Verhaltensbereiche: den kognitiven, den affektiven, den psychomotorischen*. Mit dieser Einteilung greift sie auf ein uraltes Persönlichkeitsmodell zurück. Der Mensch denkt, handelt, empfindet. Im kognitiven Bereich sieht Bloom sechs Formen des Lernens, die hierarchisch aufeinander aufbauen. Die jeweils nächsthöhere Leistung setzt die vorausgehende intellektuelle Fähigkeit voraus, z.B. ohne Wissen läßt sich nichts verstehen, bewerten oder analysieren.

- *Kenntnisse:* Aneignen und Wiedergeben von Wissen.
- *Verständnis:* Unterricht auf der Ebene des Verstehens verlangt vom Schüler, seine Kenntnisse zu übersetzen (z.B. Mengen in Zahlensymbolen ausdrücken), Kenntnisse zusammenzufassen und zu erklären (= interpretieren) und einfache Schlußfolgerungen abzuleiten (= Wissen neu zu ordnen, umzuorganisieren, zu extrapolieren).
- *Anwendung:* Umsetzen von Wissen auf neue Situationen und Probleme, Transfer von Theorie auf praktisches Handeln (z.B. Überprüfen der Fallgesetze im Versuch).
- *Analyse:* Aufgliederung eines Ganzen in seine Bestandteile bzw. Elemente.
- *Synthese:* Einzelne Wissenseinheiten werden zusammengefaßt und zu einem neuartigen Ganzen kombiniert (z.B. Entwickeln eines Planes, Entwerfen eines abstrakten Systems oder Modells).
- *Bewertung:* Die Schüler bilden sich ein Urteil, bewerten, nehmen Stellung auf Grund eigener Einsichten und Entscheidungen.

3. *Schulz (1965)* beschränkt sich auf *drei* Kategorien, um Lernprozesse zu charakterisieren. Dieser Vorschlag eignet sich, um unter dem Aspekt des geheimen Lehrplans darauf zu achten, ob die Schüler ausreichend Gelegenheit geboten bekommen, selbständig, produktiv, problemlösend zu denken:

   – *Kenntniserwerb* (Speicherung von Daten im Gedächtnis),
   – *Reproduktion* von Erkenntnissen (Abrufen des Speicherinhalts),
   – *Gedankliche Produktivität.*

Die Taxonomien stellen eine Möglichkeit dar, sich Vorstellungen vom Formenreichtums des Denkens und Lernens zu bilden. Daneben bietet sich die *Introspektion,* eine fast vergessene Methode der Denkforschung, an, um auf dem Weg der *Selbstbeobachtung* die Unterschiede zwischen den Lernprozessen zu erfahren. Während des Denkens und Lernens beobachtet man sich selbst und erkennt die Qualitätsunterschiede zwischen den Denk- und Lernarten. Solche Selbstbeobachtungs- und Selbsterfahrungsversuche ergänzen die Einsichten, die man durch die Beschäftigung mit abstrakten Definitionen und Lern- bzw. Denktheorien gewinnt. Beispiele für Anregungen zur introspektiven Selbstbeobachtung:

a) Ergänzen Sie die Rechenzeichen in diesen Zahlenreihen!

   16 1 15   2 14 =   4
   22 4   3 100 10 = 11
   28 2   2 15   7 =   8

b) Nach welchen Prinzipien sind die folgenden Zahlenreihen konstruiert?

    1   4   7 10 13 16 19
    0   1   3   4   6   7   9
   11 12 10 13   9 14   8

c)   24 880   122 345
   –   950   – 36 789
   –   640   + 87 654

d) Nennen Sie die Namen der deutschen Stauferkaiser! Wann regierten sie?

e) 1848: Was sagt Ihnen diese Jahreszahl?

f) Ergänzen Sie die folgenden Sätze!
   Die Maus läuft ....
   Ein Student muß immer ....

g) Ein Autofahrer fährt von A nach B mit 80 km/h. Er startet um 7.00 Uhr. Ein Motorradfahrer brach um 6.30 Uhr auf und fuhr mit 40 km/h in Richtung A. Die Städte A und B liegen 100 km von einander entfernt. Wo treffen sich die beiden Fahrzeuge?

h) Wie kann man diese Streichhölzer so legen, daß je ein vollständiges Quadrat entsteht?

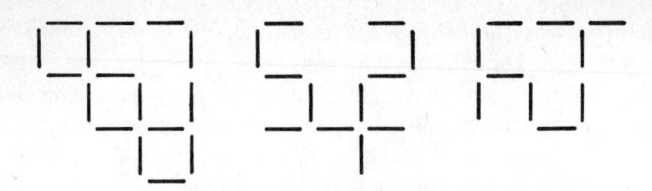

Alle Lehrer verfügen über ein Arsenal von Vorstellungen, wie Schüler lernen. Aus diesen Ansichten leiten sie *ihre Prinzipien der Unterrichtsgestaltung* ab, die den Lehrstil charakteristisch prägen. Diese Annahmen über effektives Lernen beziehen sie einerseits aus wissenschaftlich erarbeiteten Lerntheorien und didaktischen Modellen, andererseits aber aus gängigen Alltagstheorien, aus ihren Erfahrungen als Schüler und aus ihrer täglichen Unterrichtspraxis. Lehrer, Schüler und Eltern gehen z.T. von unterschiedlichen Überlegungen aus, wie man in optimaler Weise lernt: Dies kann zu Konflikten und Mißverständnissen führen. Beispiel: Vorstellungen der Eltern und Schüler, zu welchem Zeitpunkt Hausaufgaben zu erledigen sind, wie sich Schüler auf Prüfungen vorbereiten sollten, ob Strenge oder Lob sich als Mittel eignen, das Lernen zu unterstützen. Von welchen Lernprinzipien lassen sich die Beteiligten leiten? Dieser Frage sollte die Unterrichtsanalyse nachgehen:

- Jeder Lernende braucht in erster Linie genaue Vorstellungen von Lernziel, Lernweg und den Zusammenhängen zwischen den einzelnen Lehrinhalten.
- Lernen durch Einsicht ist dem Lernen durch Versuch und Irrtum vorzuziehen.
- Probieren geht über studieren!
- Erfolg ist der beste Lehrmeister.
- Vom Konkreten zum Abstrakten!
- Von Nahem zum Fernen!
- Neue Begriffe müssen in die bestehenden kognitiven Strukturen eingebaut werden.
- Ans Vorwissen anknüpfen!
- Learning by doing!
- Lernen kann jeder nur selbst. Der Lehrer gibt immer nur Hilfe, die die Schüler akzeptieren oder ablehnen.
- Selbsttätigkeit führt zu Erfahrungen, Problembewußtsein, Einsicht und damit zu Lernerfolg.
- Rezeptiv Gelerntes wird eher vergessen als selbständig erarbeitetes Wissen.

- Probleme selbst zu lösen ist motivierender, als mitzudenken, was andere vordachten.
- Zuerst müssen die Grundbegriffe gelernt und geübt werden. Übung macht den Meister.
- Massierte Übung führt zum Vergessen. Wer viel auf einmal lernt, bringt alles durcheinander.
- Rechtzeitig mit dem Lernen und Üben vor Prüfungen beginnen!
- Viele Einzelheiten müssen zu wenigen leicht einprägsamen Überbegriffen zusammengefaßt werden.
- Eselsbrücken überwinden das Vergessen („333 bei Issos Keilerei"!).
- Anwenden und selbständiges Übertragen des Wissens auf neue Bereiche ist besser als sinnloses Üben.
- Die Schüler sollen ihr Wissen selbst ordnen.
- Alle Unterrichtsstunden und Lehrinhalte müssen klar strukturiert sein.
- Mit der Zahl der Wiederholungen steigt die Behaltensquote.

- Verständnis und Einsicht sind effektiver als mechanisches Lernen.
- Wer sich seine eigenen Ziele setzt, ist zum Lernen motiviert.
- Gelernt wird am Erfolg und nicht am Mißerfolg bzw. durch Strafvermeidung.
- Anstatt ungezielt zu loben, sollte der Lehrer gezielt erklären, was die Schüler richtig oder falsch machen.

Lehrer gliedern die Unterrichtsstunden in *Lernphasen,* von denen sie annehmen, die Schüler hätten sie zu durchlaufen, um sich den Lehrinhalt anzueignen. In dieser Einteilung des Unterrichts drücken sich *die Vermutungen eines Lehrers von den notwendigen Lernschritten und -formen aus.* Diese *Lernphasengliederung, auch Artikulation des Unterrichts genannt,* gehört zu den markanten Gestaltungsideen jeder Unterrichtsmethodik. Aus der Vorstellung von der richtigen Anordnung der Lernschritte leiten sich zum Teil rigide Vorschriften über die Unterrichtsführung ab. So reglementierte das Artikultionsschema von Ziller und Rein, das auf Herbarts Psychologie basiert, für eine ganze Lehrergeneration den Aufbau einer Unterrichtsstunde. Jede Abweichung war ein Sakrileg. Weil heutzutage keine einheitlichen Vorstellungen darüber bestehen, wie Menschen lernen, existiert auch kein allseits akzeptiertes Artikulationsschema. Aber so manches Mißverständnis in der Bewertung einer Unterrichtsstunde beruht auf den gegensätzlichen Ansichten, welche Artikulation einem Fach bzw. einer Altersstufe angemessen ist. („Um Himmelswillen! So fängt man doch keine Unterrichtsstunde an! Da fehlt doch [die einstimmende Motivationsphase/der Bezug zum Schüleralltag/die Verbindung zur vorangegangenen Unterrichtsstunde/die Phase des Problementdeckens]!")

Auszug aus einem Unterrichtsprotokoll mit Hinweisen zur Artikulation einer Mathematikstunde:

Lehrinhalt/Unterrichtsform	Wie lernen und denken die Schüler? Lernphasen
Lehrer bespricht die Hausaufgaben	Reaktivieren des Wissens, Wiederholen
Lehrgespräch: Es werden Verknüpfungsregeln für Gleichungen gesucht (z. B. 28 4 3 = 21)	Erarbeiten einer Problemlösungsstrategie, Regellernen
Schüler bearbeiten ein hektographiertes Arbeitsblatt mit ähnlichen Aufgaben	Anwenden einer Lösungsstrategie, Üben, Transfer
Lehrgespräch, Tafelanschrift, Kontrolle der Arbeitsergebnisse	Fehleranalyse, Begründen einer angewandten Regel, Üben
Klasse macht in den letzten 5 Unterrichtsminuten ein Mathematikspiel, das nicht mit den Lehrplanthemen zusammenhängt	Schaffen von Motivation, Kreativitätsübung

Wie wertet man Angaben über die Lernphasengliederung des Unterrichts aus? Einige Hinweise: Welche dieser Phasen sind überflüssig, zu kurz, zu lang, welche fehlen oder sind unterrepräsentiert? Wird dadurch der Lernerfolg infrage gestellt. Welche Schüler werden deshalb in ihrer Lernentwicklung gehemmt/gefördert? Ist die Artikulation dem Unterrichtsgegenstand angemessen? Welchen Motivationswert haben die Lernphasen bzw. die vom Lehrer favorisierten Artikulationsschemata? Wie rigide hält sich der Lehrer an diese Artikulationsschemata? Welche Annahmen über Schule und Unterricht stehen hinter dieser Einteilung des Unterrichts? Was kann man aus dieser Unterrichtsgliederung über den Lehrer und sein Verhältnis zur Schule ablesen: z.B. ausführliche Vorbereitung; Lehrer ist nicht in der Lage, exakt zu planen; Lehrer überläßt vieles dem Zufall; die Unterrichtsgestaltung ist einfallslos und dilletantisch? Orientiert sich der Lehrer in der Phasengliederung der Stunden am Unterrichtsaufbau, so wie er ihn aus der eigenen Schulzeit kennt?

Die im folgenden skizzierten *Artikulationsschemata* bieten einen Überblick über den Zusammenhang von Unterrichtsgestaltung und Lernphasenfolge (siehe auch Vogel 1973, Klafki/Finckh 1969, V, S. 11–18).

Roth (1957):
1. Stufe der Motivation (= Anregen des Lernens, Wecken der Lernbereitschaft)
2. Stufe der Schwierigkeiten (= Problemstellung)
3. Stufe der Lösung
4. Stufe des Tuns und Ausführens
5. Stufe des Behaltens und Übens
6. Stufe des Bereitstellens, Übertragens und der Integration (= Eingliederung in das bestehende Verhaltensrepertoire)

Herbart:
Klarheit: Vorwissen wird abgeklärt und für den Unterricht aktiviert
Assoziation: Anbieten von Neuem
System: Das Neue wird mit dem Bekannten verknüpft, Bilden einer kognitiven Struktur
Methode: Das Neue wird angewandt und geübt

Kerschensteiner (1953):
1. Auffinden und Eingrenzen der zu lösenden Schwierigkeiten
2. Vermutung der Lösung
3. Verfolgung der Vermutung
4. Verifikation der Lösung in der Ausführung der Arbeit

Scheibner (1928):
1. Setzung des Arbeitsziels, Übernahme einer Arbeitsaufgabe
2. Suchen der Arbeitsmittel, Prüfung auf ihre Verwendbarkeit
3. Planen des Arbeitsweges und der Arbeitsschritte
4. Ausführen dieser Arbeitsschritte
5. Prüfen und Beurteilen, Einordnen und Auswerten der Ergebnisse.

Unterrichtsthema für *handelndes Lernen* bzw. *Erlernen praktischer Fähigkeiten* (Aebli 1976, S. 103–109). Die Schüler stellen etwas her, z.B. Kraftwerksplan.

a) *Problemstellung:* Lehrer und Schüler erarbeiten gemeinsam eine Problemstellung, die die Schüler motiviert und deren Erfahrung berücksichtigt.
b) *Durchführung der Handlung:* Diese Phase enthält die Teilschritte Einbringen von Vorschlägen zur Problemlösung, Festsetzen und Begründen der Ordnung ihrer Ausführung, Präzisieren und Rechtfertigen der ersten Arbeitsphasen, Stellungnahme durch die Klasse, Ausführen durch Schüler oder Lehrer, gemeinsames Prüfen des Ergebnisses.
c) *Verinnerlichung der Handlung:* Entwicklung von Vorstellungen
   1. Stufe der Verinnerlichung: Arbeitsrückschau; man geht die Handlung, das Projekt nochmals gedanklich durch; sprachliche Bewältigung der Handlung;
   2. Stufe der Verinnerlichung: Schüler stellen sich den Handlungsverlauf vor, sprechen über ihn, ohne das konkrete Werk vor sich zu sehen. Hilfsmittel: Skizzen, Abbildungen;
   3. Stufe der Verinnerlichung: Die Schüler berichten über das Projekt und die Lösungswege ohne anschauliche Hilfsmittel völlig frei, nur gestützt auf ihre Vorstellung.

Lernphasen für Unterrichtsstunden „Von der Beobachtung zum inneren Bild" (Aebli 1976, S. 124–134):

a) *Beobachten, Hypothesenbildung, Verifizieren:* Schüler sollen die wahrgenommenen Erscheinungen, die ihnen begegnen, erfassen und deuten. Durch diese Beobachtungsversuche stellt der Schüler Fragen und benennt Probleme; Vermutungen über Gesetzmäßigkeiten und Zusammenhänge werden formuliert und dann überprüft.
b) *Begegnung mit dem Gegenstand* (Anschauung): Kontakt mit dem realen Gegenstand/ Konfrontation der Schüler mit einem Abbild oder Modell des behandelten Gegenstands/Untersuchen der Beschaffenheit des Gegenstandes, Formerfassen/Untersuchung der Entwicklungsstufen des Gegenstandes (genetische Betrachtung).
c) *Anschauen und Reproduzieren:* Schüler entwickeln sich eine Vorstellung vom Gegenstand, erkennen ihn wieder, stellen ihn sich gedanklich vor. Man spricht über ihn und stellt ihn symbolisch dar.
d) *Beobachtungsschulung*

4.2 Entdeckendes Lernen, Problemlösen, Kreativität

Welcher Lehrer unterrichtet qualifizierter: Einer, der die Schüler frei denken läßt und wenig eingreift, oder ein Lehrer, der die Inhalte in eine saubere Ordnung bringt, den Unterricht klar strukturiert, das Lernziel festlegt und nie aus den Augen verliert?

1. Lehrer A erzählt die Geschichte des Archimedes, der nach der Metallegierung der Königskrone suchte. Vor dem „Heureca" endet der Lehrer und verzichtet, die archimedische Lösung vorzustellen. Statt dessen fordert er die Schüler auf, sie sollen sich selbst zur Beantwortung der Frage einen Versuch ausdenken. Als Hilfsmittel packt er Federwaagen aus, stellt mehrere Glasgefäße und eine Balkenwaage, Metallgewichte und Plastelin auf den Experimentiertisch. An die Wand hängt er eine Tabelle mit den spezifischen Gewichten von Metallen. Es

entwickelt sich eine Gruppenarbeit, die sich über mehrere Unterrichtsstunden hinzieht. Die Schüler entwerfen verschiedene Versuchsanordnungen. Eine Gruppe leitet sich mit Hilfe des Lehrbuchs das Auftriebsgesetz mathematisch ab.
2. Lehrer B führt der Klasse einen Versuch zum Auftriebsgesetz vor. Er hängt ein zylindrisches Gewicht an eine Federwaage und taucht es dann in einen Wasserbehälter. Die Schüler beschreiben das Versuchsergebnis: „Die Skala der Federwaage verändert sich!" Die Schüler wiederholen in Arbeitsgruppen den Versuch, präzisieren den beobachteten Effekt und notieren die Zahlenwerte. Im Lehrgespräch mit Tafelanschrift wird das Archimedische Prinzip abgeleitet und mathematisch formuliert. Es folgt das Nachlesen im Lehrbuch und die Berechnung einiger Übungsaufgaben.
3. Lehrer C läßt das Physikbuch auf S. 94/95 aufschlagen, und die Schüler lesen die beiden Seiten zum Problem des Auftriebs durch. Anschließend erläutert er den dort dargestellten Versuch im üblichen Frage-Antwort-Spiel. Dann wird an der Tafel gerechnet. Es schließen sich Übungsaufgaben an. In der darauffolgenden Unterrichtsstunde werden weitere Aufgaben als Vorbereitung der nächsten Klassenarbeit durchgerechnet.

Der erste Lehrer unterrichtet untypisch, denn er gibt nur das Problem vor und läßt den Schülern freie Hand sich eine Lösungsstrategie zu erarbeiten. Für ihn bedeutet *schülerzentriert* darauf zu verzichten, Lösungswege von vornherein festzulegen. Er möchte die Schüler zum entdeckendem Lernen motivieren. Beide anderen Lehrer strukturieren stark. Beim dritten Lehrer dominiert das *rezeptive Lernen*. Durch den Verzicht auf konkrete Anschauung behindert er zusätzlich die Schüler, selbständig Einsichten zu gewinnen.

In unserem Ausbildungssystem herrscht eine didaktische Mischform vor, in der Phasen entdeckenden Lernens das überwiegend rezeptive Lernen bereichern. Der Lehrer gliedert den Lehrinhalt in Lernschritte, sucht nach Verfahren, die Lehrinhalte lernbar zu machen. *Er* wählt die lösbaren Fragestellungen aus und grenzt die Themen ein, damit die Schüler die vorher festgelegten Lernziele erreichen. *Entdeckendes Lernen* ist von anderer Qualität als das nachvollziehende Mitdenken, das Auswendiglernen oder Ausführen antrainierter Strategien. Es wird durch die folgenden Kennzeichen charakterisiert:

1. Entdeckendes Lernen basiert auf der Einsicht des Lernenden. Dieses Phänomen entzieht sich einwandfreier Definitionsversuche. An sich selbst zu beobachten ist es beim Auftreten des Aha-Erlebnisses: Man versteht etwas blitzartig. Einsicht beruht auf dem Verstehen von Zusammenhängen. Einzelne Wissenselemente werden miteinander verbunden.
2. Beim entdeckenden Lernen erarbeitet sich der Lernende einen Überblick über das Wissen und die Beziehungen zwischen den Wissensbeständen. Er ist sich seines Denkens bewußt, kann über das Denken sprechen und zum Denken Stellung nehmen.
3. Entdecken bedeutet, Gegebenes neu zu ordnen, Bekanntes neu zu kombinieren.

4. Der Denkanstoß geht von ungelösten Problemen und offenen Fragen aus.
5. Die Schüler suchen sich die Antworten und Lösungsstrategien selbst. Die Lösungswege sind nicht von vornherein bereits festgelegt.
6. Der Lehrer verzichtet darauf, den Denkvorgang durch methodische Hilfen und vorgegebene kognitive Strukturen zu kanalisieren. Er sichert den Schülern einen weiten intellektuellen Spielraum und unterstützt sie durch vielfältige Arbeitsmöglichkeiten, was die Schüler zwingt, frei zu denken (Ein Widerspruch in sich).
7. Beim entdeckenden Lernen entwirft sich der Lernende selbst Regeln und Prinzipien, mit denen er weiterarbeitet. Er verläßt sich nicht auf gegebene Arbeitsmethoden.
8. Entdeckendes Lernen setzt Anschauung voraus.
9. Der Lehrer verzichtet weitgehend, die Schüler zu loben, zu bewerten, zu tadeln, sie anzuspornen (extrinsische Motivation). Der Lernanreiz geht von der zu findenden Lösung aus (intrinsische Motivation). Sie belohnt den Lernenden für seine Mühe.
10. Der Lernende ordnet selbst das Wissen und organisiert es neu. Beim Entdecken entwickelt er eigene kognitive Strukturen.
11. Für den Lernenden sind die Probleme und das Wissen bedeutungsvoll. Ihm erscheint es wichtig, Lösungen zu suchen.

In unserem Ausbildungssystem herrscht eine große *Skepsis* gegenüber entdeckendem Lernen. Es entspricht nicht der konventionellen Festlegung der Lehrer und Schüler auf ihre angestammten Rollen. Außerdem hebt diese Unterrichtsform die Definition von Unterricht als zielorientiertem Lernen auf, denn was die Schüler erreichen, ist von vornherein nie sicher. Dieses Lernen verlangt Vertrauen zu den Schülern und ihren Aktivitäten. Außerdem ist die übliche Stundeneinteilung rasch durchbrochen. Vehement argumentieren Befürworter und Gegner des selbstorganisierten, entdeckenden Lernens. Im Schulalltag überwiegen die Skeptiker und Gegner. Wie beurteilt ein Lehrer entdeckendes Lernen? Wie begründet er seine Ansicht, und besteht eine Chance, diese Vorurteile durch Argumente abzubauen? Ansichten über entdeckendes Lernen:

– Alles wirkliche Wissen ist selbst entdeckt (Ausubel 1974, S. 527).
– Die Schüler vergessen Selbsterarbeitetes nicht so rasch und sind tendenziell eher in der Lage, es anzuwenden.
– Die Schüler lernen, mit ungewohnten neuen Anforderungen umzugehen und nicht nur auf Bekanntes zurückzugreifen. Bei den Schülern steigt die Lernbereitschaft zu selbständigem Denken auch außerhalb der Schule.
– Bei der Methode entdeckenden Lernens werden sich die Schüler zwar weniger, dafür aber bedeutungsvolles Wissen aneignen.

- Die Schüler machen sich frei von der unmittelbaren Belohnung des Lernens oder dem Lernen aufgrund von Strafvermeidung. Sie kontrollieren sich selbst und schaffen leichter den Übergang von der extrinsischen zur intrinsischen Motivation.
- Entdeckendes Lernen führt zum größeren Engagement der Schüler. Sie sind stärker bei der Sache und identifizieren sich mit den Lehrinhalten.
- Das entdeckende Lernen steigert die allgemeine Bereitschaft gegenüber Lernen und neuen Erfahrungen.
- Es ist unerträglich, immer nur nach zu denken, was andere vordachten und nur mit deren Begriffen und Denkvorstellungen umzugehen.
- Das meiste, was man wirklich weiß, besteht aus Einsichten, die von anderen entdeckt und auf sinnvolle Weise mitgeteilt wurden (Ausubel 1974, S. 528)!
- Wie sollte es allen Menschen gelingen, die großen Entdeckungen unserer Kulturgemeinschaft selbständig zu wiederholen?
- Nachvollziehendes Lernen verlangt die Fähigkeit, die kognitiven Strukturen anderer Personen zu übernehmen, d.h. in deren Begriffen zu denken und zu argumentieren. Schule sollte diese Fähigkeit fördern.
- Das entdeckende Lernen überfordert die Schüler, weil sie unentwegt geistig mobil und engagiert arbeiten sollen.
- Auch das selbsterarbeitete Wissen wird vergessen. Lehrer stehen vor der Aufgabe, die neuen Einsichten der Schüler zu festigen und nicht nur ihr Entstehen zu unterstützen (Friedlander 1973, S. 114).
- Selbsterarbeitete Lösungen sind oft trotz bestmöglicher Strukturierung des Ausgangsmaterials trivial, „zirkulär, wiederholend oder einfach albern" (S. 114). Gruppenprojekte schlagen in leeres Geschwätz um. Selbständiges Erkunden führt u. U. in einen Sumpf voller Wirren. Kinder verletzen in aller Unschuld die Regeln des geordneten Denkens, Regeln, die dem Erwachsenen zur zweiten Natur geworden sind (Friedlander 1973, S. 114/115).

Der Vorgang des entdeckenden Lernens läßt sich leichter durchschauen, wenn man den Gesamtprozeß in Teilphasen aufgliedert. Ausführliche Vorarbeiten, auf die man sich für die Unterrichtsanalyse stützen kann, liegen für den Bereich des Problemlösens bereits vor. Sicher erfolgt problemlösendes, entdeckendes Lernen nicht in linearer Schrittfolge. Die Einzelphasen vermischen sich, die Gedanken springen zwischen den Teiloperationen hin und her, vollziehen sich parallel zueinander. Für die Unterrichtsanalyse eignet sich ein Stufenschema des Problemlösens, um zu untersuchen, welche Einzelleistungen der Unterricht von den Schülern fordert bzw. welche unterrepräsentiert sind. Möglicherweise bleiben dadurch bestimmte Denkoperationen der Schüler unausgebildet oder verkümmern. Solche Gliederungsschemata des Problemlösens bieten sich ebenfalls noch an, um die Defizite in den Denkleistungen einzelner Schüler zu erfassen.

	Phase ist vorhanden	Schwierigkeiten in dieser Phase	Wer dominiert in dieser Phase? Wer gibt die Denkanstöße?			
			Lehrer	Schüler	Lehrbuch	sonstige
Probleme suchen	o	o	o	o	o	o
Probleme entdecken	o	o	o	o	o	o
Probleme formulieren	o	o	o	o	o	o
Suche nach analogen, den Schülern bereits bekannten Problemen	o	o	o	o	o	o
Hypothesenbildung über das anzustrebende Ziel	o	o	o	o	o	o
Formulierung des Ziels	o	o	o	o	o	o
Diskussion der Zielhypothese	o	o	o	o	o	o
negative Zielformulierung	o	o	o	o	o	o
Konfliktanalyse	o	o	o	o	o	o
Materialanalyse	o	o	o	o	o	o
Planung der Lösungsstrategie	o	o	o	o	o	o
Diskussion der Lösungsstrategie vor ihrer Anwendung	o	o	o	o	o	o
Durchführen der Strategie	o	o	o	o	o	o
Formulieren der Lösung	o	o	o	o	o	o
Diskussion der Lösungsstrategie nach Erreichen des Ziels	o	o	o	o	o	o
Prüfen der Lösung auf Richtigkeit	o	o	o	o	o	o

Die Phase des *Problemsuchens* wird man in der überwiegenden Zahl von Unterrichtsstunden vermissen. Die Lehrer wählen die Fragestellung aus, die die Schüler bearbeiten. Die Unterrichtsentwürfe unterscheiden sich eher danach, wie klar strukturiert der Lehrer die von ihm ausgedachten Problemstellungen an die Schüler heranträgt. Die Phase des Problemsuchens bedeutet, eigene Fragestellungen zu entdecken, mit denen sich die Schüler identifizieren. Fehlt dieser Teilschritt, dann fehlt dem Unterricht auch eine wesentliche Motivationshilfe. Zu Fragen, die eine andere Person aussuchte, findet man oft keinen Zugang und wehrt sich, sie zu beantworten. Lehrer beklagen sich oft über die Problemblindheit ihrer Schüler. Sie nehmen ihnen das Problemsuchen weitgehend ab, weil man sie ja mit der Nase auf Widersprüche stoßen müsse. Wo liegt die Ursache solcher Problemblindheit? Beispiele: Das Problem entspricht nicht den Erfahrungen und Interessen der Schüler./Die Aufgabensituation motiviert die Schüler nicht. Deshalb denken sie auch nicht nach./Die Problemlage ist zu abstrakt, diffus und undurchschaubar./Das Vorwissen der Schüler ist zu gering./Der Schwierigkeitsgrad liegt zu hoch./Der Schüler verfügt weder über

die notwendigen Begriffe noch über die kognitiven Strukturen, um Ungereimtheiten zu erkennen./Die Schüler haben andere Probleme und sind nicht in der Lage, sich auf die anstehenden Unterrichtsprobleme zu konzentrieren./Die Schüler haben nie gelernt, selbständig nachzudenken.
Um die Schüler zum Entdecken eines Problems anzuregen, bieten sich mehrere didaktische Maßnahmen an (siehe auch Berlyne 1973). Welcher bedient sich der Lehrer?

– Überraschungseffekte und Verblüffung (Schüler werden mit Phänomenen konfrontiert, die ihrer Erwartung und ihren bisherigen Erfahrungen widersprechen. Für sie ist das Gesehene falsch, unvorstellbar, ein unerklärlicher Trick).
– Zweifel an der Verläßlichkeit des eigenen Denkens (Die Schüler sind sich auf Grund des Gesehenen nicht mehr sicher, ob sie fehlerfrei denken und arbeiten. Sie wollen unbedingt ihr bisheriges Wissen bzw. ihre Lösungsstrategien überprüfen).
– Verwirrung (Die Schüler erkennen keine klare Linie mehr. Alles ist für sie diffus, undurchsichtig. Diese Unsicherheit wirkt als Denkanstoß).
– Widersprüche und Unvereinbarkeiten werden von den Schülern als ihr Problem akzeptiert, das sie zu einer Lösung drängt.
– Erklärungs- und Beschreibungsmöglichkeiten fehlen (Das bisherige Wissen reicht nicht aus. Wenn die Schüler die Fragestellungen annehmen, dann wollen sie damit ihre Unfähigkeit überwinden).
– Neuigkeitseffekt (Ein neues, bislang unbekanntes Thema reizt zur Auseinandersetzung, Fehlersuche, zum Fragenausdenken).

Wie gelingt es dem Lehrer, die Schüler in dieser Phase zum Denken zu motivieren? Wie präsentiert er ihnen die Aufforderung, nach Fragen zu suchen? Geht der Denkanstoß von der Sache aus, oder denken die Schüler nach, weil sie es gewöhnt sind, fortwährend nachzudenken, oder weil sie einen guten Eindruck beim Lehrer und ihren Mitschülern hinterlassen möchten?

Das Stadium des Problemsuchens und Entdeckens ist eng gebunden an das *Formulieren eines Problems*. Die Schüler sollten dabei auf ihre Sprache, ihre Anschauungen und ihre Erfahrungen zurückgreifen. Aus dieser Phase heraus entwickelt sich dann die *Zielanalyse:* Was soll eigentlich erreicht werden? In der Mathematik gehört es zu jeder Rechnung, das Ziel unter dem Stichwort ‚gesucht‘ anzugeben. Die Diskussion der Zielsetzung dient u. a. dazu, unsinnige Fragestellungen auszuschließen. Die Aufgabe wird konkretisiert, um die diversen Zielhypothesen vor Eintritt in das Suchen der Lösung zu diskutieren. Mathematikaufgaben beginnen üblicherweise damit, daß die Schüler nach dem Gegebenen fragen. Die vorgefundene Situation wird in Stichworten notiert, um das Ausgangsmaterial zu sichten. Diese *Materialanalyse* verhilft zu Einfällen hinsichtlich notwendiger Arbeitsmethoden und Lösungswege. Wer vorsichtig denkt, begnügt sich nicht mit jedem beliebigen Einfall, sondern denkt sich mehrere Lösungsmöglichkeiten aus, die er gegeneinander abwägt. Die Diskussion der einzuschlagenden Strategie verlangt die kritische Prüfung der Einfälle und ein Vorausdenken. Die *rückschauende Aussprache* über den Wert der Lösungsmöglichkeiten im Anschluß an das Erreichen des Ziels fordert geistige Beweglichkeit. Aber sie nimmt u. U. den Schülern jede Freude an der gefundenen Lösung, weil die Aufgabe nicht mit dem Finden der Lösung ein Ende hat.

Ist das Problem gelöst, dann wird die gefundene Lösung formuliert und auf *Richtigkeit hin überprüft*. Überlegungen zur Plausibilität der Ergebnisse fördern die Kritikfähigkeit gegenüber eigenen Erfolgen. Sie dämpft Selbstzufriedenheit und die selbstgenügsame Freude der Schüler, überhaupt eine Lösung gefunden zu haben. Soll entdeckendes Lernen nicht zu zufälligen Ergebnissen führen, müssen sich die Schüler zu ihrem Denken kritisch einstellen. Geschieht dies aus Überzeugung? Verlassen sie sich auf die Kontrolle durch den Lehrer, der ihnen nur allzu oft das Nachdenken abnimmt, oder sind sie selbstkritisch, weil sie der Lehrer zu dieser Kritik nötigt?

Entdeckendes Lernen zeichnet sich aus durch die Suche neuer Lösungen, die nicht einfach nur aus dem Gedächtnisspeicher abrufbar sind. Trotzdem beeinflußt *Vorwissen* jedes Problemlösen. Die Verfügbarkeit über das relevante Wissen unterstützt die Fähigkeit, das Gegebene zu sichten und zu ordnen. Der Lernende wählt sich aufgrund seiner Erfahrungen auch geeignete Lösungshypothesen aus. Je umfangreicher sein Wissen, umso umfangreicher ist möglicherweise auch das Repertoire von Lösungen. Der Erfolg entdeckend-problemlösenden Lernens hängt entscheidend ab von den vorhandenen Begriffen und den kognitiven Strukturen, die Ausubel (1974) *„advanced organizer"* nennt, und schon Herbart (1835) verwies auf die Bedeutung der „apperzeptiven Vorstellungsmassen". Wissen behindert, weil sich der Lernende auf sein Wissen verläßt und es ihn verführt, in gleichbleibender Weise zu denken. Diese *kognitiven Organisatoren* bieten sich als Bezugsrahmen des Denkens an, sie strukturieren die Problemsensibilität, das Wahrnehmen, das Ausdenken der Lösungshypothesen usw.

Suchmann (1973, S. 87) gibt ein Beispiel zur Erläuterung der Wirkung von Wissensbeständen, Begriffen und kognitiver Strukturen: „Der Lehrer behandelt die Wirkungsweise der Elektronenröhre. Er zeigt den Schülern ein aufgeschnittenes Modell und meint, die Elektronenröhre sei mit einem Ventil vergleichbar. Mit diesem Hinweis führt er einen Organisator ein, der den Schülern bekannt ist und das Verständnis erleichtern soll. Ventile regulieren eine Strömung! Doch statt eines Ventils zur Flüssigkeitsregulation steuert eine Röhre den Elektronenfluß, eine Art elektronischen Stroms. Zwischen der Anode und dieser Platte ist etwas, das wie eine Jalousie funktioniert, um wechselnde Strömungen zu ermöglichen. Mit diesem Begriff der Jalousie führt der Lehrer einen neuen Organisator ein, um das Gitter der Röhre zu veranschaulichen".

Durch das geschickte Angebot von Organisatoren beeinflußt jeder Lehrer das Lernen und Problemlösen der Schüler. Fehlen die notwendigen Organisatoren, ist der Lernerfolg begrenzt. Mit der Auswahl dieser Organisatoren erweist sich das Lehrgeschick eines Lehrers, der Hilfestellungen gibt, ohne die Selbständigkeit der Schüler zu behindern.

Nur weil ein Unterrichtsthema in die Struktur eines Problems gekleidet ist, rechtfertigt dies noch nicht seine Auswahl für den Unterricht. Auch problemlösender Unterricht, der Offenheit in den Denkvollzügen ermöglicht, kann zu entfremdetem Lernen degenerieren, u. a. wenn der Thematik jeder Bezug zur Lernpraxis der Schüler fehlt. Diese Gefahr ist nicht zu unterschätzen, weil sich jeder Lehrinhalt zu einem Problem umgestalten läßt. Akzeptieren die Schüler das Problem als Lernaufgabe aus Pflichtgefühl heraus, oder versuchen sie, sie zu lösen, weil sie am entdeckenden Lernen Freude finden? Wie hoch ist die Bereitschaft der Schüler, thematisch beliebige Probleme zu bearbeiten? Wird diese Bereitschaft durch die originelle Themenwahl verursacht oder durch das didaktische Geschick des Lehrers? Drückt sich darin Kritiklosigkeit und Überangepaßtheit der Schüler aus, die sich mit allem Angebotenen identifizieren?

Kreativität

Kreative Schüler und Lehrer haben es in unserem Ausbildungssystem schwer, weil sie die eingefahrenen Bahnen des herkömmlichen Denkens verlassen. Sie überschreiten die Enge des bislang Bekannten und Üblichen. In der Art wie sie denken, unterwerfen sie sich nur bedingt den Gesetzen der Logik. Sie beziehen sich weder ausschließlich auf die Realität, noch interessieren sie sich ständig für das Machbare. Das folgerichtige Schließen tritt zurück zugunsten unsystematischer Einfälle. Das Nicht-Rationale hat einen sicheren Platz im Denken kreativer Personen, die ihre emotionalen Impulse und Phantasien nicht einfach abdrängen. Sie lieben die Ordnung und die Logik *nicht* über alles. Die kreative Leistung resultiert aus einem „Balanceakt zwischen Herz und Hirn" (Goleman 1979). Kreative Menschen lieben das Unkonventionelle, bevorzugen das Abweichende auch in ihrer Lebensgestaltung. Sie akzeptieren nicht einfach nur das Übliche. Die kreative Idee zeichnet sich durch neuartige Aspekte aus, ganz gleich, ob dieses neue Wissen neu ist für den, der diesen Gedanken denkt, oder für einen Kulturkreis. Das Bizarre und Phantastische, die Leichtigkeit im Umdenken und nicht das starre Festhalten am einmal eingeübten Schema machen das Kreative aus. (Hinweise zum Kreativitätsbegriff finden sich bei Mühle/Schell 1973, Krause 1972, Ulmann 1973, Ausubel 1974). Aufgabenstellungen zur Anregung kreativen Denkens geben u. a. de Bono (1972), Golemann (1979). Einige Beispiele:

1.
Wie originell sind Sie?

Schreiben Sie innerhalb von zehn Minuten alle nur erdenklichen Verwendungsmöglichkeiten für Autowracks auf.

„Der amerikanische Psychologe E. Paul Torrance, führender Forscher auf dem Gebiet der Kreativität, benutzt diesen Test, um Originalität bewerten zu können. Menschen, die bei dieser Art von Originalitäts-Test relativ gut abschneiden, bei Intelligenz-Tests jedoch Schwierigkeiten haben, sind sogenannte Divergenten *(Divergers).* Wer bei den IQ-Tests gut wegkommt, jedoch weniger originelle Einfälle hat, gehört zu den Konvergenten *(Convergers).* In der Mitte liegen die Alleskönner: Sie schneiden bei beiden Test gleich gut ab.

Vergleichen Sie ihre Antworten mit den folgenden üblichen Angaben. Geben Sie sich einen Punkt für jede Antwort, die nicht auf dieser Liste ist:
– ein Kunstwerk daraus zu machen
– ein gutes Auto aus verschiedenen Wracks bauen
– ein Spielauto auf einem Kinderspielplatz
– Stühle
– reparieren für ein Stockcar-Rennen
– ein Mahnmal zur Vorsicht für Autofahrer
– ein Experimentierwagen zur Ausbildung für Automechaniker
– Blumen anpflanzen darin
– flicken für Autorennen
– reparieren und verkaufen
– Alteisen und Ersatzteile verkaufen
– die Autoreifen als Schaukel benutzen
– mit dem Hammer bearbeiten, um Aggressionen herabsetzen
– die Reifen vulkanisieren und verkaufen.

Denken Sie daran: Die obigen Antworten zählen nicht. Für jede anderslautende Antwort erhalten Sie einen Punkt. Beträgt Ihre Gesamtzahl fünf oder weniger, bedeutet dies wenig Originalität. Sechs bis 14 ist Durchschnitt, mit 15 und mehr sind sie äußerst originell" (Goleman 1979, S. 20/21).

2. Stellen Sie sich vor, Sie befinden sich im Bauch einer Schlange. Was werden Sie unternehmen?
3. Ergänzen Sie folgende beiden Figuren zu einer oder auch zu mehreren Zeichnungen.

a) • ⌒   b) °₀°

4. Aus dem Wort Regenwurm sollen Sie viele neue Wörter bilden. Sie dürfen nur Buchstaben aus dem Wort Regenwurm enthalten, keine anderen. Es müssen nicht alle Buchstaben von Regenwurm verwendet werden.
5. Wie kann man Katze und Hund vom Streiten abhalten?

Kreativität ist nicht zu erzwingen und nicht wirklich lernbar. Aber Unterricht kann eindeutig *Kreativität fördern* durch die Unterstützung kognitiver Teilfähigkeiten, die das kreative Denken mittragen. Ähnlich wie bei der Analyse problemlösenden Denkens bereits praktiziert, sollte man auch im Fall der Kreativität diesen Denkvorgang in Faktoren gliedern. In Anlehnung an Guilford (1967) unterscheidet man die folgenden Teilaspekte:
– Flüssigkeit bzw. Geläufigkeit im Denken,
– intellektuelle Flexibilität,
– Sensibilität für Probleme bzw. Offenheit gegenüber der Umwelt,
– Originalität.

Die Diskussion dieser Faktoren bietet Hinweise für die Unterrichtsbeobachtung.

a) Wer *flüssig denkt,* produziert viele Einfälle. Nur: Schnelldenken ist nicht identisch mit Kreativität. Aber die Zahl der ausgedachten Antworten zeigt, ob jemand überhaupt Einfälle zu produzieren vermag, von denen einige originell sein mögen. Flüssig zu denken, ist nicht einfach. Bereits nach einigen wenigen Antworten verhaken sich die Gedanken (z. B. Wieviel blaue Gegenstände fallen mir in einer Minute ein? Zuerst denkt man an sehr viele Dinge, dann werden die Pausen immer länger und länger.) Schnelldenker behindern die Kreativen, weil sie diese unter Streß setzen, was jeder Kreativität abträglich ist. Wenn Lehrer die Denkflüssigkeit ihrer Schüler fördern möchten, stellen sie Fragen, die nicht nur mit einer richtigen Antwort zu beantworten sind.

b) Fehlende *Flexibilität* im Denken führt dazu, sich mit Standardlösungsmethoden und einigen stereotypen Antworten zu begnügen. (Einfallslose Menschen sehen z. B. in einem Ziegelstein nur Baumaterial, allenfalls noch ein Behältnis, in dessen Löcher man Kugelschreiber steckt.) Der Kreative überwindet die geistige Immobilität und damit das einfallslose Gleichmaß. Er reproduziert nicht nur Bekanntes, sondern strukturiert um, entdeckt neue Qualitäten und ungewöhnliche Perspektiven. (Für ihn ist der Ziegelstein die Imitation eines Schweizerkäses, Kaffeesatz, falls der Stein gemahlen wird, Tischtennisplatte für Zwerge. Man kann mit ihm schreiben). Unterricht hemmt die Flexibilität und damit indirekt auch die Kreativität, wenn man von den Schülern immer nur Antworten mit eindeutigen Lösungen verlangt und sie die Aufgabenstellung ständig eindimensional nur unter einem Gesichtspunkt untersuchen sollen.

c) *Problemsensibilität:* Den wenig kreativ denkenden Personen fallen nur die groben Widersprüche auf. Ihnen fehlt das notwendige Quantum an Sensibilität für „Zwischentöne", und sie sind nicht offen genug für die Schwierigkeiten ihrer Umwelt. Dadurch fehlt ihnen der Ansatz, nachzudenken und Alternativen zu entwerfen. Kreativitätstests enthalten Aufgaben, bei denen die Probanden Probleme zu entdecken haben, z. B. Fehler in Gebrauchsgegenständen und Organisationsplänen. Problemsensibilität wird u. a. behindert durch:

- die Angst aufzufallen;
- Hemmungen, vor einer Gruppe zu sprechen;
- Angst vor den Konsequenzen abweichender Meinung;
- hohen Konformitätsdruck;
- Desinteresse am Unterrichtsthema;
- die unanschauliche Präsentation des Lehrinhalts;
- zu hohes Arbeitstempo;
- fehlende Pausen zum Nachdenken;
- Lehrer gibt den Schülern die zu lösenden Probleme vor;
- Lehrer bietet ein schlechtes Vorbild an Problemsensibilität;
- Fehler und Ungereimtheiten zu finden und sie auszusprechen bedeutet, den Unterrichtsplan zu stören.

d) *Originalität:* Kreativität und divergentes Denken führen zu originellen Gedanken. Was beansprucht das Gütezeichen des Originellen? Damit stellt sich die Frage nach den Standards, aufgrund derer Leistungen als alltäglich, neuartig, witzig, unerwünscht, außergewöhnlich, unerwartet, abstoßend, bizarr, pathologisch, abweichend eingestuft werden. Wenn z. B. ein Junge vor 30 Jahren als Berufswunsch Astronaut angegeben hätte, wäre er aufgefallen. Heute dokumentiert er mit dieser Antwort nur noch angepaßte Durchschnittlichkeit. Zur Bestimmung des Originalitätswertes von Denkergebnissen bieten sich Hilfskonstruktionen an:

- Seltenheit: Wie formulieren vergleichbare Personen diese Antwort? Je seltener, umso kreativer!
- Die Entferntheit eines Gedankens von der vorausgehenden Denkanregung (z. B. Was macht man mit einem Schrottauto? Antwort: Blumentrog).
- Qualität einer Lösung (Cleverness): Man muß die Güte einer Antwort inhaltlich würdigen, um festzustellen, ob sie einfallsreich oder pathologisch verrückt ist, weil ihr jede Verbindung zur Frage fehlt. (Z. B. Lehrer fragt nach Tieren. Wenig originelle Antworten sind Pferd, Elefant, Papagei. Mit Tapir zeigt ein Schüler u. U. sein umfangreiches biologisches Wissen. Kreativ könnten sein Mondkalb, Donald Duck, Glumbumpf mit froschgelben Ohren).

Wie aus der Diskussion um die Begabungsproblematik bekannt, sind intellektuelle Fähigkeiten nicht angeboren, sie werden durch permanente Auseinandersetzung mit der Umwelt erworben. Die Schule sollte sich nicht als Alibi auf die unzureichende Kreativitätsförderung der Kinder in den ersten Lebensjahren durch die Familie berufen, wenn sie selbst die Kreativität ihrer Schüler nicht unterstützt oder verkümmern läßt. Lehrer behindern aktiv die Kreativität ihrer Schüler, wenn sie ständig gegen die folgenden Regeln (Torrance 1962 nach Oerter 1971, S. 396) verstoßen (siehe auch Halman 1970):

1. Bewerte kreatives Denken positiv!
2. Erhöhe die Sensibilität der Kinder gegenüber Umweltreizen!
3. Rege zum spielerischen Umgang mit Dingen und Ideen an!
4. Lehre, wie man jeden der Einfälle systematisch prüfen kann!
5. Entwickle Toleranz gegenüber neuen Ideen!
6. Vermeide den Aufbau von Denkmustern!
7. Entwickle eine kreative Klassenatmosphäre!
8. Lehre das Kind, seine positiven Einfälle positiv zu bewerten!
9. Gib dem Kind Möglichkeiten an die Hand, wie es die Zustimmung des Gleichaltrigen vermeiden kann!
10. Informiere über den kreativen Prozeß!
11. Beseitige falsche Scheu vor Meisterwerken!
12. Ermutige und belohne die Eigeninitiative beim Lernen!
13. Erhöhung der Sensibilität gegenüber Problemen bei zunächst unproblematischem Sachverhalt!
14. Schaffe die Notwendigkeit für den Einsatz kreativen Denkens!
15. Sorge für aktive Perioden und Abschnitte der Ruhe!
16. Sorge für Hilfsmittel, die beim kreativen Denken notwendig sind!
17. Fördere die Gewohnheit, alle Implikationen, die in einer Idee stecken, auszuarbeiten!

18. Entwickle die Haltung zur konstruktiven Kritik!
19. Rege zum Erwerb von Kenntnissen in einer Vielzahl von Bereichen an!
20. Fördere die Kreativität der Lehrer, daß sie gerne neue Wege im Denken und Handeln beschreiten!

Wer kreativ denkt, entspricht nicht den landläufigen Vorstellungen von einem Lehrer oder Schüler. In der Schule geht man vom üblichen Intelligenzbegriff aus, wonach Lehrer und Schüler über die Fähigkeit verfügen sollen, sich zielstrebig und sinnvoll mit Problemen auseinanderzusetzen und zweckentsprechend möglichst auch abstrakt zu denken. Das Nachdenken hat zu vorzeig- und verwertbaren Ergebnissen zu führen. Unterricht verlangt, Aufgaben zu bewältigen und Versuche durchzuführen, die zu eindeutigen, klar bewertbaren Lösungen führen. Er möchte Verständnis für die Realität und das Machbare wecken. Fehlerfreiheit gehört zu den Zielen der Schule: Wohlklingende Aussprache, fehlerlose Rechtschreibung, richtige Zahlenwerte, exakte Beobachtungen, und wo Entscheidungen über richtig oder falsch fallen, stört abweichendes Denken, demzufolge auch Kreativität. Unterricht beschäftigt sich außerdem nur mit ernsthaften Fragestellungen. Lehrer und Schüler identifizieren sich mit diesen Vorstellungen von Schule. Kreativität widerspricht der Konzeption von Schule, denn sie steht im Gegensatz zu Nützlichkeitsdenken und Leistungsdruck. Wenn sich Schüler und Lehrer mit kreativem Denken vertraut machen, finden sie Gefallen an Zufallsspielen, am Kombinieren sinnloser Silben, beim Ausdenken kurioser Geschichten. Dann erscheinen ihnen absurde Zukunftspläne nicht mehr absurd. Leider bietet Schule selten einen Schonraum für Phantasie und Gestaltung, der von Produktionszwängen losgelöst ist. Durch die Förderung der Kreativität könnte Schule helfen, psychische Reserven zu regenerieren und Streß auszugleichen. Aber in der Schule dominiert das Leistungsprinzip.

5 Lernmotivation: Warum lernen die Schüler (nicht)?

Zur Bestrafung war Tom Sawyer der freie Samstag gestrichen worden zusätzlich mit der Verpflichtung, in glühender Sonne den Zaun zu streichen. Er dachte an die vernüglichen Unternehmungen, die er sich für diesen Tag vorgenommen hatte, und war voller Kummer. Sein Arbeitseifer wollte sich nicht einstellen, und als seine Freunde auf dem Weg zum Schwimmen bei ihm vorbei kamen, spielte er ihnen das Theater vor, daß ihm das Streichen großen Spaß bereitet. Tom strich mit dem Pinsel sorgsam und wie ein Genießer über die Planken, setzte hier und dort noch einen kleinen Tupfer auf, begutachtete das Ergebnis seiner Arbeit. Seine zuschauenden Freunde waren von dieser Tätigkeit fasziniert. Sie warteten in Reihe, bis sie selbst auch streichen durften, und Tom verkaufte diese Rechte. Er ließ es sich an diesem Nachmittag gut gehen, faulenzte und sammelte eine unterhaltsame Gesellschaft um sich. Sein Vermögen wuchs: Ein Zinnsoldat, ein Hundehalsband, ein Messergriff. Tom sagte zu sich selbst: „Bei Lichte besehen ist diese Welt gar nicht so schal und öd". Tom hatte, ohne es zu wissen, ein Grundgesetz menschlichen Verhaltens entdeckt. Wer einen ausgewachsenen Menschen oder ein Kind dazu bringen will, etwas als besonders erstrebenswert zu empfinden, der braucht nichts anderes zu tun, als den Zugang zu erschweren. Arbeit ist etwas, was man gezwungenermaßen tut, das Spiel aber eine Sache, zu der niemand verpflichtet ist.

Welcher Lehrer sähe sich nicht gerne in der Rolle des Tom Sawyer, trotz aller Bedenken gegen den manipulatorischen Charakter seiner Maßnahmen? Hingebungsvoll beschäftigen sich die Schüler mit Dingen, denen sie sonst respektvoll aus dem Weg gehen. Es sind die Sternstunden im Lehrerberuf, wenn es gelingt, die Schüler vollständig zu begeistern und in ihnen ein zentrales Interesse für Fragen und Fächer zu wecken, die ihnen ohne Lehrerhilfe fremd geblieben wären. Und welcher Lehrer hofft nicht, seine Schüler lernten in naiver Freude wie die kleinen Kinder, die mit Begeisterung zur Schule gehen, für alles aufgeschlossen und interessiert? Die Realität sieht anders aus:

- Fehlende Aufmerksamkeit;
- Keine Eigeninitiative der Schüler,
- Interesselosigkeit;
- Langeweile;
- Keine Proteste;
- Kein Schüler übernimmt freiwillig eine Sonderleistung;
- Schüler machen alles, was der Lehrer vorschlägt, aber lustlos;
- Dauerndes Schwätzen im Unterricht;
- Lärm;
- Stören;
- Gelernt wird nur bei äußerem Zwang;
- Träumerei statt Mitarbeit;
- Trödeln;
- Herumspielen;
- Zuspätkommen;
- Den Schülern fallen die Fehler, die an der Tafel stehen, nicht auf;
- Gelernt wird nur auf Prüfungen;
- Saisonarbeiten,
- Schlampiges Durchführen von Arbeiten;
- Aggressivität in der Klasse;
- Lehrer wird fertig gemacht;
- Schüler denken nicht mit;
- Schüler machen stumpfsinnig nach, was ihnen vorgemacht wird.

5.1 Das Verhältnis der Lehrer zu Lernbereitschaft und Lernunlust der Schüler

Lehrer haben erhebliche Probleme mit der Lernunlust ihrer Schüler, auch wenn diese gelernt haben, ihre Interesse- und Motivationslosigkeit zu tarnen oder in Form zu bringen, für die sie nicht bestraft werden können. Dieses Desinteresse hat für den Lehrer Symbolwert und trifft ihn emotional. Versteckt sich hinter diesem Nicht-Lernen-Wollen eine allgemeine Unfähigkeit, sich sinnvoll mit der Umwelt auseinanderzusetzen? Zeichnet sich in dieser Apathie eine Persönlichkeitsstörung ab, oder manifestiert sich hier ein Protest gegen die Schule und ihr Lehrangebot? Bewerten die Schüler durch ihre Teilnahmslosigkeit die Unterrichtsqualität und die Ausstrahlung des Lehrers?

Fallbeispiel: Susanne, 3. Klasse Grundschule, wird von ihrer Mutter dreimal wöchentlich zum Nachhilfeunterricht zu einer Hausaufgabenfirma gebracht. Eine engagierte Studentin müht sich im Einzelunterricht jeweils eine $^3/_4$ Stunde lang mit dem Kind, die Mathematikhausaufgaben zu erledigen. Susanne spielt, trödelt, krabbelt unter dem Tisch herum, immer freundlich, immer liebenswert. Aber rechnen will sie partout nicht. Ihre Abwehrtaktik hat Erfolg, statt Mathematik entwickelt sich für Susanne das amüsante Spiel „Wie lenke ich vom Unterricht ab?" Die Studentin, die sich in die Rolle eines bezahlten Paukers gedrängt sieht, hat Hemmungen, das Kind zum Lernen zu zwingen. Sie denkt sich Spiele aus, sucht nach lebenspraktischer Anwendung für die Rechnungen, versucht Susanne zu überzeugen. Sie lockt mit Lob und belohnt mit Keksen: Wenig Erfolg. Die Stunden mit Susanne ernüchtern sie. Ständig stellt sie sich, ohne konkrete Antworten zu finden, die Frage, warum dieses nette Kind keine Freude am Denken und am Umgang mit intellektuell anspruchsvollem Material findet. Statt die pädagogische Aufgabe zu erkennen, erlebt sie die Erfolglosigkeit des Unterrichts als persönliches Versagen und zweifelt an ihrer Fähigkeit, Kinder zu unterrichten.

Dieses Mißerfolgserlebnis kann wohl jeder verstehen. „Was mich am meisten belastet? Das ist nicht der Stoff, sondern die Methode, die ständige Überlegung, wie kannst du die Leute in Gang setzen. Da sitzt der Klub lahm in der Stunde. Dauernd muß man neu ziehen. Man kann nicht einen Augenblick verpusten" (Antwort eines Lehrers bei einem Interview. In: Der Spiegel 1979, 2, S. 49). Unerträglich wird die Situation für Lehrer, gleichzeitig desinteressierte und hochmotivierte Schüler (Typ: ‚Jugend forscht') in einer Klasse zu unterrichten. „Die sind so scharf auf einen guten Notendurchschnitt ..., daß sie mir ständig nachzuweisen versuchen, daß sie mehr wissen als ich". Oder ein anderer Lehrer im gleichen Spiegelbericht: „Bloß nicht mal ein Spiel während des Unterrichts, sonst steht garantiert am nächsten Tag ein Vater oder eine Mutter auf der Matte und spult die Platte ab: Mehr Strafarbeiten, aggressivere Aufsicht, mehr Durchgreifen" (S. 49).

Für manchen jungen Lehrer verliefe der *Praxisschock* nicht so schockierend, brächte er mehr Verständnis für das Desinteresse der Schüler auf. Sie lassen sich von anderen Motiven leiten, von Interessen der nächsten Generation, die sich in ihrer Gesamtheit selten für das Gute, Wahre und Schöne so zu begeistern weiß, wie es die erwachsenen Lehrer sich wünschen. Sind die Klagen der Lehrer nicht auch Eingeständnis der Verständnislosigkeit von Erwachsenen gegenüber der Lebensführung von Kindern und Jugendlichen?

Lehrerseufzer

Einfach vortrefflich
all diese großen Themen:
Der unverzichtbare Umweltschutz,
das Reich Hitlers in Deutschland,
das Ausbleiben der Energie.
Durchaus einleuchtend.

Wenn nur die Schüler nicht wären!
Immer und überall stören die Schüler!
Alles bringen sie durcheinander.

Wenn es um die Befreiung der Menschheit geht,
möchten sie in die Disco laufen.
Statt begeistert hinter dem Lehrer denkend herzutrippeln

sagen sie: „Wann ist endlich Pause?"
Statt um die gerechte Sache
kämpfen sie mit ihrem Kugelschreiber oder mit den Noten.
Im entscheidenden Augenblick
suchen sie ein Lehrbuch oder das Klo.
Kurz bevor das Energieproblem im Unterricht gelöst wird,
spielen sie Schiffe versenken.
An den Schülern scheitert eben alles.
Mit denen ist kein Staat zu machen.
Ein Sack Flöhe ist nichts dagegen.
Kleinbürgerliche Interessen!
Konsum-Idioten!
Überreste einer kaputten Gesellschaft!
Man kann sie doch nicht alle rausprüfen!
Man kann doch nicht den ganzen Tag auf
sie einmotivieren!
Ja wenn die Schüler nicht wären,
dann sähe der Unterricht schon anders aus.
Ja wenn die Schüler nicht wären,
dann ging's ruck-zuck.
Ja wenn die Menschen nicht wären
ja dann!
(Dann möchte ich hier nicht weiter stören.)
(In Anlehnung an H. M. Enzensberger 1975, S. 128f.)

Aus den Lerninteressen ihrer Schüler leiten Lehrer *Hinweise über die Güte ihrer Unterrichtsführung* ab. Durch das Schülerdesinteresse fühlen sie sich in ihrer Unterrichtsleistung abgelehnt. Sie haben etwas geschaffen, bieten es an, und die Schüler lehnen dieses Angebot unhöflich ab. Deshalb sehen sie sich als Personen angegriffen und ungeliebt. Weil Lehrer auf Desinteresse und Lernunlust sensibel reagieren, sollten sie ihre Unterrichtswahrnehmung kontrollieren, um herauszufinden, welches Schülerverhalten sie als Interessenindikatoren heranziehen und welche Formen der Schülerunlust sie massiv stören. Eine der ersten Fragen, die sich jeder Beobachter/Lehrer in diesem Zusammenhang beantworten sollte, lautet: Was verstehe ich unter Lernmotivation? Was kennzeichnet einen motivierten Schüler? Mögliche Antworten:

- Schüler sollen beliebige Inhalte und Forderungen im Unterricht akzeptieren.
- Für alles leicht zu begeisternder Schüler.
- Wichtig ist nicht die große Begeisterung, sondern die Einsicht in die Notwendigkeit des Lernens und die konstante Mitarbeit.
- Lustlose Schüler sind die schlimmsten, auch wenn sie alle Aufgaben erledigen.
- Schüler sollen auch protestieren. Sie brauchen nicht alles und jedes mitmachen. Wichtig ist, sie engagieren sich gelegentlich total.

- Ein vernünftiger Schüler bringt sprachlich und in seinem ganzen Auftreten zum Ausdruck, daß die Schule ihn durch das vorgeschriebene Programm in seiner Entfaltung behindert.
- Vom optimalen Schüler gehen ständig Initiativen im Unterricht aus.
- Es spricht nichts gegen Schüler, die in der Schule teilnahmslos sind, sich aber dann in außerschulischen Aktivitäten verwirklichen.
- Ein guter Schüler arbeitet regelmäßig mit, ganz gleich, wie er sich fühlt. Er möchte etwas leisten. Solche Schüler lernen langfristig auch ohne künstliche Motivationshilfen.
- Problematisch sind Schüler, die nur aus Strafvermeidungsverhalten heraus arbeiten.
- Ein motivierter Schüler lernt primär nicht aus Interesse an den Lerninhalten, sondern weil er besser und erfolgreicher sein möchte als andere.

Rosenfeld (1973, S. 203 f.) meint, eine entwickelte Motivation zeichne sich in dreifacher Weise aus:
a) Der Schüler lernt angeregt durch vielfältige Interessen, Motive, Wertvorstellungen, Zwecke, Bedeutungszusammenhänge;
b) Er beteiligt sich intensiv am Unterricht, auch ohne daß ständig vielfältige externe Motivationshilfen auf ihn einwirken (z.B. Unterrichtsgestaltung, attraktiv aufbereitete Inhalte);
c) Gelernt werden soll aus gesellschaftlicher Verantwortung bzw. aus allgemeiner sittlicher Verpflichtung.

Bei der Bewertung der Schülermotive sollten Lehrer Vorsicht üben und ihre Vorstellungen vom Sinn menschlichen Handelns nicht zum alleinigen Maßstab erklären. Mit ihrer Tendenz zur Pflichterfüllung, jedwede Forderungen, ganz gleich wie sinnvoll sie sind, zu akzeptieren, mit ihrer hohen Leistungsmotivation, ihren abstrakten Interessen und der Fähigkeit, auf vieles verzichten zu können, überfordern sie sich und die Schüler. Sie greifen durch die Übertragung ihrer Motivation auf die Schüler zerstörend in die Lebensgestaltung von Kindern und Jugendlichen ein. Wer vorbeugen möchte, sein Selbstbild als Grundlage für die Erwartungen an die Schüler zu nehmen, sollte seine eigenen Motive analysieren.

Beispiele:
- Was interessiert mich?
- Was tue ich gern?
- Welche Fächer/Themen unterrichte ich gern?
- Meine außerberuflichen Interessen?
- Welchen Wünschen hänge ich in meinen Tagträumen und Phantasien nach?

- Was frustriert mich?
- Was würde ich gerne tun?
- Was wäre mein Traumberuf?
- Was spornt mich zu überragenden Leistungen an?
- Wobei zeige ich Ausdauer?
- Was behindert mich in meiner Ausdauer?

- Was macht mir Spaß?
- Warum werde/wurde ich Lehrer?
- Wovor habe ich Angst?
- Wie muß eine Situation beschaffen sein, damit ich mich voll engagiere bzw. mich widersetze?
- Was macht mich wütend? ...

Wie reagiert der Lehrer auf Interesse- und Motivationslosigkeit der Schüler, auf ihre Apathie und ihre unzureichende Beteiligung am Unterricht?

Beispiele:
- Keine äußeren Anzeichen
- Innerlich sehr verärgert
- Verunsichert
- Er erlebt den Unterricht als Mißerfolg
- Er bezieht diesen Mißerfolg auf sein didaktisches Geschick.
- Er findet vielfältige Erklärungen und Begründungen, um die Ursachen dieser Motivationslosigkeit der Schüler durch deren Persönlichkeit, deren Erziehung, die gesellschaftlichen Lebensbedingungen, die Freizeitgestaltung, fehlende Arbeitsmittel u. ä. zu erklären.
- Berufsunzufriedenheit des Lehrers
- Er droht.
- Versucht, durch mündliche Noten für Mitarbeit die Schüler zu zwingen.
- Bemüht sich, in die Unterrichtsgestaltung Abwechslung zu bringen.
- Die Interesselosigkeit spornt ihn an, den Schülern mehr zu bieten.

- Sie treibt ihn in die Resignation.
- Er ist in der Lage, trotz aller Frustrationen über dieses Phänomen Motivationslosigkeit begründet zu reflektieren und sinnvolle Auswege zu suchen.
- Er erträgt diese Einstellungen der Schüler.
- Er verliert das Interesse am Unterricht, was sich wieder in unzulänglicher Unterrichtsvorbereitung und -gestaltung niederschlägt.
- Lehrer kompensiert, wenn er die Motivationslosigkeit der Schüler als Konsequenz von deren Persönlichkeitsdefiziten ansieht, sein schlechtes Gewissen gegenüber seinem unzureichenden Unterricht.
- Er projiziert sein eigenes Desinteresse an Schule und Unterricht auf die Schüler.

Treffen ungünstigerweise wenig engagierte Lehrer und schwer zu begeisternde Schüler aufeinander, setzt ein schier endloses und frustrierendes Wechselspiel mit beliebigen Variationen ein. Weil die Schüler desinteressiert sind, gibt sich der Lehrer keine Mühe. Der Unterricht wird dadurch langweilig und abstoßend. Oder: Weil der Unterricht „fad ist", ... usw. Was kann man unternehmen, um diesen Zirkel von gelangweilten Schülern, entmutigten, desinteressierten Lehrern und einfallsloser Unterrichtsgestaltung zu durchbrechen? Ein Ansatz bietet sich in der *Reflexion der Ursachen der Motivationslosigkeit,* damit die Lehrer Abstand von Versagenserlebnissen und Verärgerung bekommen.

Fallbeispiel: Der Unterricht mit Susanne wurde der Studentin unerträglich. Erst ein Gespräch mit Kommilitonen machte ihr wieder Mut, nicht aufzugeben, sondern diese schwierige Situation als pädagogische Aufgabe zu begreifen. Auch wenn sie sich gefühlsmäßig immer noch dagegen sträubte, verfestigte sich in ihr die Einsicht, daß der unproduktive Unterrichtsverlauf nicht Ausdruck ihrer mangelhaften pädagogischen Eignung sei. Sie begriff, daß Susanne sich die Fähigkeit bewahrt hatte, gegen Dinge, die sie als sinnlos empfand, Widerstand zu leisten. Ihre Störungen sind Ausdruck ihrer Einstellung zu Mathematik. Die Studentin bemerkt in ihren Gesprächen, daß sie wenig Verständnis hat für Menschen, die nicht leistungsorientiert zu leben und zu lernen gewillt sind. Ihre eigene Leistungsbereitschaft war ihr bislang ungebrochener Hinweis für eine vernünftige Lebensgestaltung. In Zukunft wollte sie sich nicht ständig von der Vorstellung leiten lassen, Susanne würde sich durch mangelhaftes Unterrichtsinteresse selbst jede Zukunft verbauen. Die Studentin setzte sich bei den folgenden Unterrichtsstunden nicht mehr unter Erfolgszwang, ihr müsse es gelingen, schlagartig die Lerngewohnheiten des Kindes zu verändern. Sie wollte auch nicht mehr den Lernerfolg des Kindes benutzen, um sich selbst damit einen Nachweis ihrer pädagogischen Befähigkeit zu liefern. Folgende langfristige Zielperspektive legte sie in diesen Gesprächen fest: Sie wollte Susanne etwas Freude für Mathematik vermitteln und ihr helfen, sich über etwas längere Phasen mit einer Sache zu beschäftigen.

Wo liegen die Ursachen von Lernunlust und -verweigerung? Von dieser *Ursachenerklärung leiten die Betroffenen ihre Vorstellungen zur Bewältigung dieser Schulprobleme ab* und rechtfertigen mit diesen Argumenten ihr Vorgehen im Unterricht. Deshalb ist es notwendig, sich Gedanken über Berechtigung der eigenen Lieblingserklärungen und die der Lehrer zu machen. Wem nützt diese Art von Erklärung? Welche Probleme verdecken sie, und welche Auffassung von Schule steht dahinter? Was hilft diese Erklärung zur Bewältigung der Unterrichtspraxis? Beispiel für die Erklärungen der Ursachen von Motivationslosigkeit:

– Schule bietet den Schülern eine künstliche Lebenswelt und enthält ihnen Primärerfahrungen vor. Durch dieses entfremdete Lernen sehen sie in den Lehrinhalten und Unterrichtsformen wenig Sinn. „Schule gibt ihnen nichts!"
– Fremdbestimmtes Lernen führt zu Desinteresse und Widerstand.
– Die Schule geht nicht auf die Bedürfnisse der Schüler ein.
– Dem Lehrer gelingt es nicht, den Schülern aufzuzeigen, was sie mit den erworbenen Qualifikationen und dem Schulwissen anfangen sollen.
– Die Schüler erkennen keinen Zusammenhang zwischen Schulwissen und ihren Alltagsproblemen.
– Der Unterricht verzichtet darauf, die Schüler durch konkrete Fragen und Probleme zu motivieren.
– Die Schule setzt voraus, daß die Schüler leistungsmotiviert sind. Die Unterrichtsgestaltung vernachlässigt in der Regel die anderen Motivationsformen.
– Die Unterrichtsgestaltung ist einfallslos und ohne jeden Reiz.
– Der ständige Fächerwechsel im 45-Minuten-Rhythmus zerstört jede Übersicht und zerstückelt das Lernen in sinnlose Portionen.
– Im konventionellen lehrerzentrierten Unterricht finden die selbständigen Schüler keine Ansatzpunkte für ihre Eigeninitiative.

- Bereits in früher Kindheit verlieren viele Kinder die Lust am Spielen und Erforschen ihrer Umwelt, weil sie ‚brav' und unauffällig sein müssen. Sie finden in den beengten Wohnverhältnissen keine kindgemäßen Spielräume, was sie in der Entfaltung ihrer Produktivität behindert, und das zeigt sich dann in der Schule.
- Motivations- und Interessenlosigkeit von Lehrern überträgt sich auf die Schüler.
- Niemand verfügt über die Fähigkeit, unentwegt interessiert und engagiert zu sein. Aber in der Schule erwartet man diese Leistung von den Schülern.
- Die Schule orientiert sich bei Unterrichtsgestaltung und Auswahl der Lehrinhalte an den Interessen der Mittelschichtskinder. Andere Schüler z. B. aus der Unterschicht, die Kreativen, Ungewöhnlichen oder Behinderten werden eingeschränkt, oder der Unterricht spricht sie unzureichend an.
- Die Schule verlangt zuviel Disziplin, was bei den Schülern vielfältige Ängste fördert. Dabei entsteht keine Lernbereitschaft.
- Die Lebensbedingungen in dieser Gesellschaft verursachen Unruhe, Streß, Konzentrationsstörung oder Apathie.
- Die Unruhe und Hektik in der Familie überträgt sich auf die Schule.
- Dieser Gesellschaft fehlt der Leistungswille. Es geht allen viel zu gut, da brauchen die Schüler nichts zu lernen.
- Die Konsumhaltung in unserer Gesellschaft, die Gewöhnung an Unterhaltung ohne Anstrengung durch Fernsehen macht die Schüler apathisch.
- Kaputte Familien, kaputte Kinder!
- Alle schimpfen auf die Schule. Diese ständige Kritik führt zum Verlust an Identität bei den Lehrern und Interesselosigkeit bei den Schülern.
- Kritik und Ausflippen sind ‚in'!
- Überforderung und Leistungsdruck führen zu Mißerfolgsorientierung, Mutlosigkeit und Versagensängsten.
- Wozu sollen die Schüler hochmotiviert lernen? Die Zukunft steht nur wenigen offen, mit oder ohne gute Zeugnisse.
- Durch die Gewöhnung an den in der Schule ständig ausgeübten Zwang verlernen die Schüler, aus anderen Motiven heraus zu lernen.

5.2 Motivationsursachen und -hilfen

Schule überfordert Kinder und Jugendliche. Sie verlangt von ihnen auch zu lernen und bei der Sache zu bleiben, wenn sie keinen Spaß an der Beschäftigung haben oder sie sich damit keine erstrebenswerte Belohnung verschaffen können. Auf das Fallbeispiel bezogen bedeutet dies: Susanne braucht sehr konkrete Aufgabenstellungen, um zielgerichtet aktiv zu werden. Nur diejenigen Tätigkeiten sprechen sie an, die ihr sofort Freude bereiten und nicht zu lange dauern.

Fehlen derart attraktive Anreize bzw. für das Kind unterhaltsame Tätigkeiten, entwickelt Susanne kein Interesse am Lernen. Susanne ist auf einer Stufe der Motivationsentwicklung stehen geblieben, die andere Kinder ihres Alters bereits durchlaufen haben, ansonsten würde ihnen eine grundlegende, motivationale Voraussetzung schulischen Lernens fehlen. Schule verlangt nämlich von ihren Schülern, über längere Zeiträume hinweg Ziele anzustreben, von denen kein direkter Motivationswert ausgeht. Die Schüler haben um des Lernens und Leistens willen zu lernen. Indem Schule dies von den Schülern verlangt, möchte sie ihnen eine notwendige Voraussetzung vermitteln, später im Berufsleben einer geregelten Arbeit nachzugehen und in dieser Gesellschaft erfolgreich zu sein: Nicht aufgeben, durchhalten, die entfernten Ziele nicht aus den Augen verlieren, arbeiten, ohne nach dem persönlichen Nutzen dieser Arbeit zu fragen. Unser Schulsystem organisiert das Lernen überwiegend, als wären alle Schüler hochgradig leistungsmotivierende Personen. Der Unterricht versäumt es oft genug, die vielfältigen Motive und Bedürfnisse von Schülern anzusprechen. Das Leistungsmotiv reicht als Ansporn nicht aus. Es gibt eine Fülle von Schülerwünschen und -bedürfnissen, die die Lehrer bedenken sollten, wenn sie die Motivationslosigkeit ihrer Schüler angehen wollen. Beispiele:

- Sich bewegen;
- Hantieren;
- Tätig und aktiv zu sein;
- Kenntnisse erwerben;
- Sich in der Umwelt orientieren;
- Neues erfahren;
- Sich zurecht finden;
- Suche nach Ablenkung und Unterhaltung;
- Überwinden von Langeweile;
- Suche von Kontakten zu anderen Menschen;
- Mit anderen sprechen wollen;
- Wunsch, mit anderen zusammen zu sein;
- Allein und ungestört sein wollen;
- Wunsch nach Anerkennung;
- Wunsch, über andere zu dominieren;
- Sich durchsetzen wollen;
- Vertrauen haben können;
- Streben nach Hilfsbereitschaft;
- Freundschaften schließen;
- Suche nach Hilfe durch andere;
- Wunsch, das eigene Ansehen zu erhöhen;
- Abwehr von Herabsetzung und Imageverlust;
- Konkurrenzstreben;
- Wunsch, besser zu sein als andere;
- Bedürfnis nach Ruhe, Ordnung, Sicherheit;
- Frei entscheiden zu können;
- Wunsch nach Selbständigkeit.

Rosenfeld (1973, S. 111) unterscheidet 8 Motivationskategorien:
   I. Lernen als Selbstzweck (aus Funktionslust, aus Freude am Vorgang, Vergnügen und Unterhaltung, Spannung, Überraschung und Sensation; Reiz des Unbekannten, Lösungs- und Problemfreude).
  II. Lernen unter dem Zweck persönlicher Vorteile (vor allem Streben nach materiellem Gewinn, aber auch nach sozialer Vorzugsstellung).

III. Lernen aufgrund sozialer Identifikationen (vor allem zur Freude sozial nahestehender Personen oder auch im Zusammenhang mit Vorbildswirkungen).
IV. Lernen als Erfolgsantizipation und Mißerfolgsvermeidung (Steigerung des sozialen Ansehens bzw. Vermeidung von Blamagen).
V. Lernen in Folge von Zwang und Druck (autoritative Maßnahmen, Strafvermeidung).
VI. Lernen aus Gewissenszwang (erlebte Verpflichtungen und verinnerlichte Gebots- und Verbotsnormen).
VII. Lernen aufgrund lebenspraktischer Zielsetzung (Beruf, Lebensstellung, Lebensziel).
VIII. Lernen aus gesellschaftlichem Erfordernis (Identifikation mit gesellschaftlichen Normen, weltanschaulichen Prinzipien und politischen Zielsetzungen).

Warum lernen die Schüler? Warum lernen die einen nur widerspenstig, die anderen lustlos, und einer dritten Gruppe von Schülern macht Unterricht sogar Spaß, obwohl sie alle mit den gleichen Lehrinhalten und Methoden konfrontiert werden? Die psychologischen *Motivationstheorien* bieten wenig, um diese, die Lehrer so unmittelbar betreffende Frage ausreichend zu beantworten. Die Forschungsergebnisse sind zersplittert und beziehen sich überwiegend auf Laborexperimente, denen die Ähnlichkeit zum Schulunterricht fehlt. Die aus diesen Modellen ableitbaren Hinweise auf Motivationsursache und -hilfen sind keinesfalls besser als die Erfahrungen, die eine Lehrergeneration an die nächste weitergibt. Die theoretischen Modelle bieten wenig hilfreiche Analysehinweise, nicht zuletzt wegen ihres hohen Abstraktionsgrades. Sie zeigen aber die komplizierten Bedingungen, unter denen sich Lernbereitschaft entwickelt, und daß es falsch wäre anzunehmen, der Lehrer müsse durch seine Unterrichtsgestaltung nur die in den Schülern schlummernden Motive ansprechen. Heckhausen (1978) entwirft ein Modell menschlicher Motivation auf handlungs- und kognitionstheoretischer Basis. Es bietet einen möglichen Bezugsrahmen, der im folgenden exemplarisch dargestellt wird. Einen ausführlichen Einblick in die Ansätze zur Erforschung der Schülermotivation geben Knörzer 1976, Harten-Flitner 1978, Atkinson 1975, Weiner 1976, Fend 1971, Schiefele 1974, Hauser 1979, Mager 1970, Brabeck u. a. 1977.

Das *handlungs- und kognitionstheoretische Modell menschlicher Motivation* beruht auf relativ einfachen Grundvorstellungen, entkleidet man es seines abstrakten Begriffsapparats. Dieser Erklärungsansatz bestimmt Motivation in erster Linie aus dem Wechselverhältnis zwischen einer Person und ihrer Umwelt.

Es sind nicht allein die in der Person liegenden Kräfte wie Triebe und unbewußte Wünsche, die die Schüler zum Lernen bewegen. Die Schüler beschäftigen sich und handeln mit Dingen, von denen ein Anreiz ausgeht. (Es gibt ihnen etwas, sich mit dieser Sache zu beschäftigen.) Sie sind in der Lage, deren Vorzüge und Nachteile abzuwägen. Der für sie persönliche Wert dieser Dinge ist ihnen

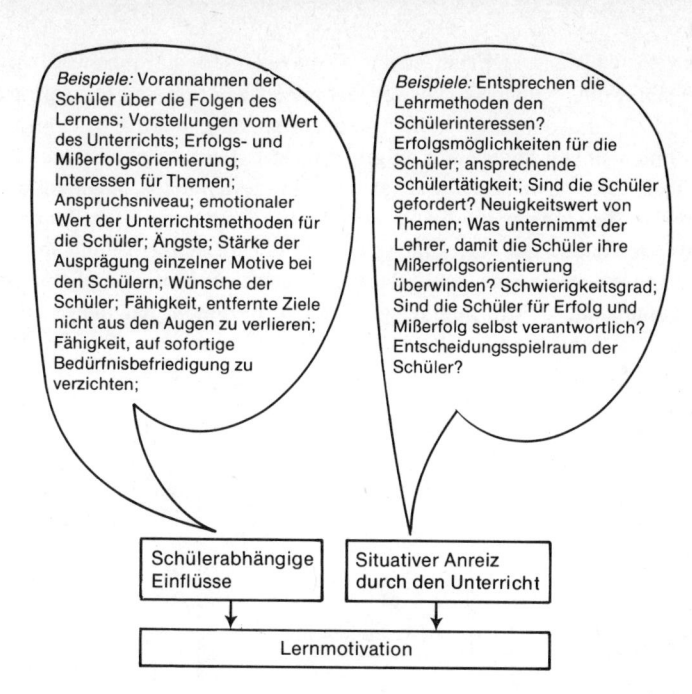

> *Beispiele:* Vorannahmen der Schüler über die Folgen des Lernens; Vorstellungen vom Wert des Unterrichts; Erfolgs- und Mißerfolgsorientierung; Interessen für Themen; Anspruchsniveau; emotionaler Wert der Unterrichtsmethoden für die Schüler; Ängste; Stärke der Ausprägung einzelner Motive bei den Schülern; Wünsche der Schüler; Fähigkeit, entfernte Ziele nicht aus den Augen zu verlieren; Fähigkeit, auf sofortige Bedürfnisbefriedigung zu verzichten;

> *Beispiele:* Entsprechen die Lehrmethoden den Schülerinteressen? Erfolgsmöglichkeiten für die Schüler; ansprechende Schülertätigkeit; Sind die Schüler gefordert? Neuigkeitswert von Themen; Was unternimmt der Lehrer, damit die Schüler ihre Mißerfolgsorientierung überwinden? Schwierigkeitsgrad; Sind die Schüler für Erfolg und Mißerfolg selbst verantwortlich? Entscheidungsspielraum der Schüler?

| Schülerabhängige Einflüsse | Situativer Anreiz durch den Unterricht |

Lernmotivation

teilweise bewußt, sie sprechen darüber und begründen ihre Entscheidungen. Zum Teil drückt sich dieser Wert nur durch Gefühle aus, durch Stimmungen, Freude, Zufriedenheit, Spannung, Gelassenheit oder Angst und Abscheu, die von diesen Dingen ausstrahlen. Den Anreiz eines Lehrinhalts nimmt immer nur derjenige wahr, der sich früher bereits mit ihm beschäftigte. Dieser Anreiz liegt aber nicht in den Eigenschaften einer Sache sondern *in der Art und Weise, wie man sich mit ihr beschäftigt, wie man mit ihr denkend, sprechend, hantierend, schreibend, gefühlsmäßig verfährt.* Und diese Handlungen besitzen für jeden eine spezielle Bedeutung, ebenso wie die *Ergebnisse* dieser Operationen. Solche Ergebnisse schulischen Lernens sind z. B. gelöste Aufgaben, Noten, Zuwendung durch den Lehrer, Ansehen bei den Mitschülern, Verständnis für ein Thema, Wissenszuwachs, die Möglichkeit, nach der erledigten Hausaufgabe zum Spielen zu gehen. *Aus diesen Handlungsergebnissen leitet man Folgen für sich selbst ab, und erst diese individuell bedeutsamen Konsequenzen machen den Anreiz einer Tätigkeit und des Lehrinhalts aus.* (Beispiele: Die Note 2 ist für den sehr guten Schüler nicht erstrebenswert./Für die 2 wird ein Schüler im Unterricht gelobt. Er gibt aber nichts auf das Urteil seines Lehrers./Mitschüler finden es bemerkenswert, daß sich ein sonst erfolgloser Schüler zur Note 2 hinaufgearbeitet hat./Für Susanne haben Noten überhaupt keinen Wert.) Jede Person verknüpft mit Themenbereichen und Tätigkeiten Erwartungen über die Folgen, die für sie individuell positive oder negative Wertigkeiten besitzen. Sie werden festgelegt auf der Basis bisheriger Erfahrungen. Die Folgen des Lernens werden dabei gefühlsmäßig oder gedanklich vorweggenommen, z. B. als Ängste, Hoffnungen, Vorfreude. Vielen der im Unterricht geforderten Tätigkeiten und der angebotenen Themen stehen die Schüler aufgrund ihrer Erfahrungen voreingenommen gegenüber. Sie bevorzugen Fächer und Fragestellungen, meiden andere. Dauerhafte Tendenzen dieser Bewertung bezeichnet man als *Motive*. Die Erwartungen haben sich verfestigt, so daß man sie an sich selbst und an anderen als Persönlichkeitseigenschaften erlebt. Weil sich diese Motive auf Lebensbereiche, Themen und Schwerpunkte im Handeln beziehen, hat man sich daran gewöhnt, sie analog zu diesen Gebieten zu benennen: Soziale Motive, Interessen, Leistungsmotive, Hilfehandlungen, Aggressionen ...

HANDLUNG	ERGEBNIS	FOLGEN
WORTKARTEN SORTIEREN IST EHRLICH BESSER ALS BLÖDSINNIGES ÜBERSETZEN!	HURRA, ICH HAB' ALLE SÄTZE RICHTIG!!	MANN, SO'N LEHRERLOB TUT RICHTIG GUT....

Dieses hier skizzierte Motivationsmodell enthält Hinweise zur Diskussion des Unterrichts. Insbesonders weist es auf den Bereich der Folgen des Unterrichts für Schüler und Lehrer hin. Die anschließend abgedruckte Übersicht gibt Hinweise zur Analyse dieser Folgen.

- Welche Konsequenzen hat das Lernen allgemein und in konkretem Fall für den Schüler?
- Was erwarten sich die Schüler von den Lehrinhalten, den Unterrichtsmethoden, ihrer Lern- und Denkleistung?
- Gelingt es, den Unterricht so zu gestalten, daß die Schüler in den Fächern, Themen, Fragestellungen, Arbeitsformen etwas Sinnvolles sehen?
- Denken die Lehrer über die Bedeutungen dieser Lernformen und Lehrinhalte anders als die Schüler?
- Zu welchen Ergebnissen führt das Lernen, und wie bewerten Schüler/Lehrer diese Resultate? (Beispiele für Ergebnisse: Lob, Tadel, Wissenszuwachs, Lernerfolg, Zahl der gelösten bzw. nicht gelösten Aufgaben, Noten, Anerkennung durch andere Menschen, Unfähigkeit, sich in der neuen Thematik zurechtzufinden, Verständnislosigkeit, gemeisterte Schwierigkeiten, Antworten auf eigene Fragestellungen, zusätzliche Fragen zu den noch nicht gelösten Schwierigkeiten, Nicht-Wissen, Streit, Mißstimmung).
- Welche Maßstäbe legen Schüler/Lehrer bei der Beurteilung dieser Ergebnisse an?

- Woran erkennen sie Erfolg und Mißerfolg?
- Schule will die Schüler für eine Sache begeistern und erwartet von den Schülern, daß sie um dieser Lehrinhalte willen lernen. In der Terminologie dieses Motivationsmodells ausgedrückt: Leitet sich für die Schüler aus den Lehrinhalten eine persönliche Bedeutung ab? Haben die Fächer und die ständig wechselnden Unterrichtsthemen für sie Wert und Sinn?
- Mit welchen angenehmen, sinnvollen Aktivitäten sind die Lehrinhalte verbunden, z. B. Gruppenarbeit, entdeckendes Lernen, Projektunterricht?
- Wie anspruchsvoll sind die Schüler?
- Sind sie durch eine reizvolle Unterrichtsgestaltung verwöhnt?
- Wer hat seine Begeisterungsfähigkeit bereits verloren?
- Welche Unterrichtsformen bieten den Schülern noch einen Neuigkeitswert?
- Was schreckt sie ab/beeindruckt sie?
- Reagiert die Klasse einheitlich auf die Unterrichtsgestaltung?
- Welche Schüler sind die Meinungsmacher und legen fest, was die Klasse akzeptiert oder ablehnt?
- An welchem Maßstab orientieren sich die Schüler in der Bewertung der Unterrichtsgestaltung, z. B. es muß besser, schneller, mehr, interessanter als früher sein?
- Welche Schüler geben sich genügsam/bescheiden/sind verwöhnt?
- Womit gelingt es im Unterricht, den Schülern Freude zu machen?
- Geht der Lehrer von der fragwürdigen Annahme aus, die Schüler teilen seine Ansichten darüber, was Spaß bereitet und was wichtig ist?
- Generationsunterrschiede, abweichende schichtspezifische Erfahrungen?
- Brauchen die Schüler das Lehrerlob, damit sie sich erfolgeich fühlen?
- Leiten sie sich Erfolge und Zufriedenheit ab aus der Anzahl neu gewonnener Einsichten, daraus daß sie sich ein neues Wissensfeld erschlossen haben, oder nur weil sie schneller und sicherer Schulleistungen erbringen als andere?
- Welche Ansprüche an sich und die Unterrichtsgestaltung stellen sie, damit sie sagen: „Der Unterricht bringt's".
- Wie stellen sich die Lernenden guten Unterricht vor? Worauf legen sie Wert: Viel Prüfungsrelevantes zu lernen, gute Noten zu bekommen, Neues zu erfahren, angstfrei zu sein, abwechslungsreich beschäftigt zu sein, Anerkennung zu bekommen, geistig gefordert aber nicht überfordert zu sein, in Ruhe gelassen zu werden, nicht aufzufallen, nicht getadelt zu werden, selbst entscheiden zu dürfen, Spaß zu haben, herumzutollen, möglichst nichts von der Schule zu spüren?
- Wie bewältigen die Schüler den Widerspruch zwischen der Einsicht, Lernerfolge in Form guter Noten nachweisen zu müssen, um ihre Zukunft zu sichern und weiterzukommen, gleichzeitig aber in der Schule einen Lebensraum haben zu wollen mit altersgemäßer, ihnen genehmer und bedeutungsvoller Tätigkeit?

Für den Bereich der *Leistungsmotivation* wurde der Zusammenhang von *Erfolgs- bzw. Mißerfolgsorientierung und der Lernmotivation* intensiv untersucht. Hochmotivierte Personen haben, so McClelland (1961), den Wunsch, für ihre Erfolge allein verantwortlich zu sein. Sie halten sich nur für erfolgreich, wenn sie sich als Verursacher der Arbeitsergebnisse betrachten können. Die Art der Zuschreibung dieser Gründe von Erfolg und Mißerfolg beeinflußt die Lern- und Leistungsbereitschaft. Möglicherweise dient diese Erklärung, die jeder für sich selbst vornimmt, nur dazu, das Selbstbild zu erhalten, denn *Leistungsmotivierte tendieren dazu, Erfolge als von sich selbst verantwortet* anzusehen. Bei

Mißerfolg bestätigen sie sich selbst und glauben, er sei extern verursacht, die Schuld läge nicht bei ihnen, sondern bei anderen Personen oder den mißlichen Umständen, z. B. dem Zufall, zu schweren Aufgaben, Ungerechtigkeit in der Benotung, schlechten Arbeitsbedingungen, einer plötzlichen Schwäche aufgrund schlechter Wetterverhältnisse. Diese hochleistungsmotivierten Lehrer müßten demzufolge Schwierigkeiten im Umgang mit einer Klasse von sich abwehren, indem sie die Gesellschaft, die mangelhafte Konzentration der Schüler, überhöhten Fernsehkonsum, den Intelligenzmangel der Schüler oder die Bösartigkeit einiger Schüler verantwortlich machen.

Leistungsmotivierte Menschen unterliegen bis zu einem gewissen Grad einem *motivationspezifischen Attribuierungsfehler*. Sie deuten Mißerfolge und Erfolge solange um, bis ihr Welt- und Selbstbild stimmt (s. Harten-Flitner 1978, S. 65–74). Auch solche Selbsttäuschungen erfüllen ihre Aufgabe. Erfolgsorientierten Schülern helfen sie, die Schuld für Versagen von sich abzuwälzen und sich selbst trotz Mißerfolg zum wiederholten Mal eine Bestätigung zu verschaffen. Mißerfolgsgewöhnte Schüler gefährden sich. Sie verlieren den Glauben an sich und verstehen schlechte Schulnoten, die sie trotz übermäßiger Anstrengung erhalten, *als Signal persönlicher Unfähigkeit.* („Ich bin blöd! Geschieht mir doch recht! Warum bin ich eigentlich dümmer als die anderen? Ich werd's nie schaffen! Ich bin zu langsam! Für Englisch bin ich einfach unbegabt. Ich muß doppelt soviel pauken wie die anderen, und dann reicht's doch nie!") Die folgende Aufzählung zeigt, wie Schule diese Hoffnungslosigkeit verstärkt:

1. Prüfungsaufgaben sind in der Regel so angelegt, daß nur ein Teil der Schüler die richtige Lösung findet.
2. Ein Lehrer, der zu gut benotet, bekommt Schwierigkeiten, weil seine Notenverteilung nicht dem Modell der Gauß'schen Normalverteilung entspricht, das die Zahl der guten Noten und damit die Zahl der Erfolgserlebnisse künstlich knapp hält.
3. Es fehlt im Unterricht die Binnendifferenzierung, und alle Schüler müssen sich mit dem gleichen Lehrangebot auseinandersetzen. Die einen kommen damit zurecht, für die anderen ist der Unterricht zu schwer. Die Schwachen werden die gesteckten Ziele nie erreichen. Die hochqualifizierten Schüler bleiben unterfordert. Schüler beider Gruppen haben keine Erfolgserlebnisse.
4. Lehrer verfügen offiziell über keine Möglichkeiten, die mangelhaften Noten schlechter aber fleißiger Schüler aufzubessern. Unser heutiges Benotungssystem gestattet es nicht, Mühe oder individuelle Leistungssteigerung zu honorieren, sondern nur meßbare und gleichwertige Lernerfolge.
5. Lehrer nehmen lieber Schüler dran, die mit ihren richtigen Beiträgen den Unterrichtsverlauf nicht behindern. („Es sind immer die gleichen Macher, die den anderen die Schau stehlen!")

6. Die schnellen Schüler drängeln sich im Lehrer-Schüler-Gespräch immer vor. Die langsamen stehen selten im Mittelpunkt des Unterrichts.
7. Der Lehrer lobt die Schlechten weniger und gibt ihnen kaum Gelegenheit, vor der Klasse zu glänzen.

Die folgende Mehrfeldertafel (nach Weiner 1976, S. 356) fordert auf, die Schüler in vier Gruppen einzuteilen hinsichtlich ihrer Strategie, sich die Lernergebnisse zu erklären:

Wo lokalisieren Schüler und Lehrer den Lernerfolg?

	in der Person des Schülers	außerhalb der Person des Schülers
dauerhafte Ursachen	eigene Fähigkeit, Begabung, Intelligenz, allgemeine Leistungsfähigkeit	Schwierigkeitsgrad des Unterrichts oder der Prüfung; Lehrer verlangt zu viel; schlechter Lehrer; unzureichende Arbeitsbedingungen ...
veränderliche Ursachen	Arbeitsaufwand, Art der Prüfungsvorbereitung, man war aufgeregt ...	Zufall, Glück, einmalige Behinderung oder Hilfe (z. B. konnte ab-abschreiben);

Solche Erklärungsmuster sollten im Unterricht gelegentlich besprochen werden, damit sich die Ursachenerklärungen nicht verselbständigen und Lehrer wie Schüler sich keinem Wunschdenken hingeben. Sie nehmen sonst alles durch' die Brille mit gefärbter Optik' wahr. Möglicherweise führt die veränderte Ursachenerklärung zu neuer Selbsteinschätzung und zu Lernbereitschaft.

Vom Unterricht geht im allgemeinen wenig Faszination aus, die die Schüler dazu bringt, sich tagaus, tagein mit vollem Einsatz zu beteiligen. Es ist zwar relativ einfach, die Schüler durch Notendruck, Numerus clausus oder Strafandrohungen zum Lernen zu zwingen, aber auch im autoritär geführten Unterricht ‚flippen' Schüler aus und hängen apathisch herum. Sie verweigern sich und stören, machen Lärm und arbeiten gerade soviel, wie zum Erreichen des Klassenziels notwendig ist. Zur Berufsaufgabe des Lehrers gehört es, sich legitime Maßnahmen auszudenken, die die Schüler zum Lernen anregen und nicht einfach nur zwingen. Lehrer müssen dabei ein hohes Maß an Kreativität entwickeln, wenn sie sich weder allein auf Disziplin und Ordnung als Motivationsmittel verlassen, noch meinen, ihre Lernanregungen aus den psychologischen Motivationstheorien beziehen zu müssen.
Als Beobachter nimmt man an vielen Unterrichtsstunden teil, in denen es sich Lehrer sehr leicht machen und den Schülern nichts an Motivationshilfen bieten. Andere Lehrer verfügen hingegen über einen nachahmenswerten Ideenreich-

tum, was die Unterrichtsgestaltung anbelangt. Welcher Motivationshilfen bedient sich der Lehrer? Beispiele:

- Auflockern des Unterrichts durch Pausen, Spiele, kurze Gespräche, manuelle Tätigkeiten, Gestalten, Rollenspiele, Singen, Malen ...
- Der Lehrer aktiviert die Schüler und baut in den Unterricht viele Tätigkeitsformen ein. Er beschränkt sich nicht darauf, die Schüler nur zuhören, mitdenken, abschreiben, zuschauen, sitzen zu lassen.
- Der Lehrer achtet auf Abwechslung im Unterricht sowohl was die Arbeitsformen, die Sozialformen, wie die Themen anbelangt.
- Der Unterricht enthält viele Phasen entdeckenden Lernens und des Problemlösens.

- Der Lehrer stellt echte Fragen und nicht nur Scheinfragen, deren Antworten Schüler und Lehrer im voraus bereits genau kennen.
- Der Lehrer vermeidet, im Mittelpunkt des Unterrichts zu stehen.
- Langweilige und unangenehme Tätigkeiten werden erträglich, wenn sie mit motivierenden Themen, Gegenständen, Arbeitsformen gekoppelt sind. (Beispiele: Vokabeln abfragen in Form eines Spiels. Monotone Rechtschreibübungen sind als Kartensortiertätigkeit eingekleidet. Statt 15 Rumpfbeugen in Gymnastik werfen sich je zwei Schüler einen Medizinball zu. Der Partner fängt, rollt den Ball auf dem Boden zurück. Die Schüler merken nicht, daß sie die Rumpfbeuge durchführen, weil sie auf das Werfen und Fangen achten.)
- Wettbewerb belebt den Unterricht, aber motiviert die Erfolgreichen auf Kosten der Verlierer.
- Konkurrenz ist zwar ein wirksames, aber auch ein fragwürdiges Motiv.
- Unangenehme, langweilige Tätigkeiten verlieren ihren negativen Charakter, führt man sie in angenehmer Atmosphäre oder zusammen mit netten Personen aus.
- Ein Vorbild spornt an. Lehrer sollten selbst auch unangenehme Tätigkeiten übernehmen!
- Für einen beliebten Lehrer tun die Schüler alles!
- Lehrer, die selbst engagiert sind, vermitteln durch ihr Vorbild den Schülern eher Lernbereitschaft als desinteressierte, gelangweilte Lehrer.
- Lob und Anerkennung schaffen Freude am Lernen.
- Ermutigen ist besser als Kritisieren.
- Die Kooperation in einer Arbeitsgruppe hilft, Phasen der Unlust und des Leistungstiefs zu überwinden.
- Spannende Geschichten und anschauliches Erzählen gehören zu den positiven Gestaltungselementen des Unterrichts und sprechen auch noch ältere Schüler an.
- Gut gemachte Bilder, Dias, Bücher, Filme, Arbeitsblätter wecken das Interesse der Schüler und bringen Abwechslung in den Unterricht.
- Wer nichts versteht, verliert die Lust am Lernen. Lernschwierigkeiten schrecken ab.
- Ein mittlerer Schwierigkeitsgrad fordert die Schüler, aber überfordert sie nicht. Über- und Unterforderung sind auf Dauer unerträglich.
- Unterrichtsdifferenzierung stellt sicher, daß das Lehrangebot der Leistungsfähigkeit der Schüler angemessen ist.
- Wer Mißerfolge erwartet, möchte am liebsten die Arbeit nicht beginnen.
- Angst ist ein schlechtes Lernmotiv.
- Der Unterricht beginnt auf eine Weise, daß die Schüler anschauliche Erfahrungen sammeln und [sich] selbständig ein Verständnis für die zu behandelnde Thematik bzw. Fragestellung entwickeln.
- Der Unterricht knüpft an die Erfahrungen und Fragen der Schüler an.

- Selbständigkeit macht stolz und steigert das Verantwortungsbewußtsein der Schüler. Lehrer motivieren ihre Schüler zum Lernen, wenn sie sie selbständig planen, entscheiden und Tätigkeiten durchführen lassen.
- Die Schüler benötigen Informationen über Ausbildungs- und Unterrichtsziele. („Wer nicht weiß, wohin er geht, kommt leicht vom Weg ab.") Schüler brauchen einen Überblick über die langfristige Lehrplanung und die Curricula. Sie wollen und sollen nicht einfach ins Anonyme hinein lernen.
- Ein persönlich bedeutungsvolles Ziel reizt, Anstrengungen auf sich zu nehmen.
- Die Schüler bekommen einen Überblick über die Teilziele und Teiltätigkeiten, die man von ihnen erwartet.
- Teilziele zu erreichen heißt, Teilerfolge zu haben. Diese Teilziele dürfen nicht zu weit auseinanderliegen, wenn sie helfen sollen, Frustrationen zu überwinden und neue Kräfte zu mobilisieren. Je jünger die Schüler sind, umso effektiver motivieren die kurzfristig zu erreichenden und konkreten Ziele. Der Lehrer muß den Schülern helfen, diese Ziele auch deutlich zu erkennen.
- Erfolgserlebnisse führen zu Zufriedenheit.
- Lehrinhalte und Ziele sollten für die Schüler bedeutungsvoll sein. Wer in seiner Tätigkeit keinen Sinn sieht, läßt sich leicht entmutigen. Inhalte, Ziele und Arbeitsmethoden erfordern eine Begründung, damit die Schüler deren Wert erfassen.

6 Interaktionen im Unterricht

Weltweites Aufsehen erregte vor einigen Jahren die Pygmalionstudie (Rosenberg/Jacobson 1971), weil sie in eindringlicher Weise die subtilen Mittel aufdeckt, mit denen sich Menschen gegenseitig geradezu manipulativ beeinflussen. Man gab Schülern einen Intelligenztest zu lösen, und anstatt ihren Lehrern die richtigen Testresultate mitzuteilen, informierte man sie mit falschen Werten. Guten Schülern bescheinigte der Test angeblich schlechtes Abschneiden. Schlechte Schüler stufte man als hoch intelligent ein. Diese *Zuschreibung* neuer Eigenschaften induzierte eine Veränderung in den Schulleistungen. Erfolgsgewohnte sanken ab, die ursprünglich schlechten Schüler paßten sich den neuen, hochgesteckten Erwartungen an. Ursachen dieses Effekts: Der Lehrer nimmt den Schüler unter bislang ungewohnter Perspektive wahr, schätzt ihn neu ein und behandelt ihn damit anders als bisher. Der Schüler erlebt seinerseits Lehrer und Unterricht verändert, entwickelt ein neues Selbstbild, erwartet von sich mehr bzw. weniger. Langfristig bildet er sich neue Vorstellungen von Schule, Schülerrolle und Schulleistungen, und das Lernen erhält für ihn einen veränderten Wert. Die einmal ausgesprochene Beurteilung wurde zur *sich selbst erfüllenden Prophezeiung*.

Die *sich selbst erfüllende Prophezeiung* funktioniert selten in so klarer und linearer Weise, sonst wäre es einfach, unzureichende Schulerfolge in gute zu verwandeln. Der Lehrer hätte nur, von pädagogischem Optimismus beseelt, an die Leistungsfähigkeit aller Schüler zu glauben. Das Pygmalionexperiment schärft, trotz aller Einschränkungen seiner Aussagekraft für die Unterrichtspraxis, den Blick für die Auswirkungen vorgefaßter Urteile und beschreibt Grundzüge menschlicher Interaktion. Für die Unterrichtsanalyse ergeben sich aus diesem Einblick in das Wechselspiel sozialer Beziehungen mehrere Konsequenzen:

– Es reicht nicht aus, nur zu beobachten, was Lehrer und Schüler tun bzw. unterlassen;
– Menschen nehmen durch Handlungen, Sprache, nichtsprachliche Gesten, Gedankenaustausch, Einfühlungsvermögen Kontakt miteinander auf und treten in Beziehung zueinander;

- Sie interpretieren diese Verhaltensäußerungen auf dem Hintergrund ihrer Wahrnehmungsmuster und ihrer Persönlichkeitsstruktur;
- Sie erwarten voneinander Handlungen, schreiben sich Eigenschaften zu. Diese Erwartungen beeinflussen Wahrnehmung, Denken, Fühlen und Handeln;
- Mitzubedenken sind weiterhin der gesamte soziale Kontext, in dem die Beteiligten stehen, ihre Wünsche, Wertvorstellungen, Rollenerwartungen, Normen, denen sie sich verpflichtet fühlen.

Wer Unterricht analysiert, möchte auch einen Einblick bekommen in die zwischenmenschlichen Beziehungen und deren Bedingungsgrößen. Ausführliche Hinweise zu entsprechenden Verfahren und Kategorien finden sich bei Merkens/Seiler 1978, Hargreaves 1976, Charlton u.a. 1975, Heinze 1976, Halberstadt 1977, Brabeck u.a. 1977, Schulz/Teschner u.a. 1973, Hanke/Mandl/Prell 1973, Spanhel 1976, Popp 1976, Küchler 1979, Hopf/Krappmann/Scheerer 1979.

Das folgende Kapitel beschränkt sich auf die Bereiche des geheimen Lehrplans bzw. der schulischen Sozialisation, der Sozialformen im Unterricht (Frontalunterricht, Gruppenunterricht, Partnerarbeit, Einzeltätigkeit), es gibt Hinweise zur Analyse von Erwartungen, Rollen, Normen und Werten. Einleitend zeigen vier Beispiele, wie man ausgehend von Beobachtungen ein Bild der sozialen Situation des Unterrichts skizziert.

6.1 Von der Beobachtung zur Analyse sozialer Beziehungen (vier Beispiele)

Die beobachtbaren Handlungen (z.B. schreiben, zuhören, arbeiten, trödeln, hänseln, auslachen) sind die Träger der sozialen Beziehungen (z.B. Abhängigkeit, Über- und Unterordnung, Wettbewerb, Konkurrenz, Zusammenarbeit, Angst voreinander, Hilflosigkeit, Sympathie, Antipathie). Aus der Art, was die Personen tun und wie sie miteinander umgehen, entwirft der Beobachter ein Bild der zwischenmenschlichen Beziehungen. Vom Inhaltsaspekt der Interaktion schließt er auf den Beziehungsaspekt (Watzlawick u.a. 1969). Beispiel:

(1) „Die Hefteinträge sind sehr sauber angefertigt, denn die Schüler arbeiten flott, ohne zu trödeln."
(2) „Die hänseln den kleinen Dicken vom Tisch vorn rechts doch alle so oft, und der Lehrer geht auch ganz schön fies mit dem um. Keiner mag den!"

Satz (1) beschreibt das Unterrichtsgeschehen, ohne über dessen soziale Wertigkeit aufzuklären. Was bedeutet denn flottes Arbeiten? Ist der Lehrer autoritär, die Schüler ehrgeizig, sozial angepaßt, verschüchtert? *Satz (2)* dagegen nimmt zur sozialen Situation des „Dicken" Stellung, den sich die Klasse zum Außenseiter bestimmte. Der Lehrer teilt offensichtlich diese Einschätzung und hält Distanz zu ihm.

Die Bedeutung einer Handlung hängt immer von den einmaligen Bedingungen der Situation ab und vom Sinn, den die Beteiligten ihrer Interaktion geben. (Beispiel: Der Lehrer versteht seine Bemerkung über den „Dicken" als Spaß. Dem Dicken macht sie nichts aus, weil er in äußerst belastenden Familienverhältnissen lebt und die Schule als Erholung empfindet. Die Mitschüler meinen, sie behandeln den „Dicken" nur kameradschaftlich rüde.) Jeder Beobachter wertet das Gesehene auf dem Hintergrund seiner sozialen Erfahrungen, und seine Aussagen sind deshalb immer auch Projektionen eigener Wünsche und Probleme. (Warum kann sich der Beobachter in die Lage des gehänselten Schülers so gut einfühlen? Woher kommt seine Sensibilität für die Lage dieses Schülers?)

Inhalts- und Beziehungsaspekt menschlichen Verhaltens klaffen zum Teil erheblich auseinander, was Interaktionen unverständlich macht. Man fühlt sich vom anderen mißverstanden und falsch behandelt. Diese Auffassungsunterschiede verursachen Konflikte. Beispiele:

– Ein Schüler ärgert eine Mitschülerin, zieht sie an den Haaren, ist aggressiv zu ihr, obwohl er nur in ungeschickter Weise Kontakt sucht.
– Lehrer: „Kommt! Zum Schluß noch mehr Mitarbeit! Tempo! Sonst könnt ihr die Aufgaben beim Test wieder nicht anständig rechnen!" Eigentlich möchte er aber sagen: „Ich möchte doch meinen Unterrichtsplan durchziehen, sonst bin ich mit mir nicht zufrieden!" (Weitere ähnliche Beispiele finden sich bei Gordon 1972.)
– Ein Lehrer qualifiziert einen Schülerbeitrag mit ‚gut', spricht dieses Wort aber so ton- und teilnahmslos, daß beim Schüler statt Lob nur eine leere Floskel ankommt.

Wegen der Vielfalt an Unterrichtsformen, der Einmaligkeit von Schülern, Lehrern, Lehrstilen und Unterrichtsthemen sollte sich kein Beobachter auf ein einziges Kategoriensystem verlassen, um einen Überblick über die Lehrer- und Schüleraktivitäten zu erarbeiten. Die Fachliteratur bietet einen Fülle von Kategorien zur Beschreibung unterrichtsbezogener Interaktionen an, bei der die Auswahl schwer fällt. Die Kategorien beschränken sich jeweils auf einen geringen Ausschnitt in den Schüler- und Lehreraktivitäten, und es bereitet Mühe, mit dem speziellen theoretischen Bezugsrahmen dieser Kategorien zurechtzukommen. Ein Beobachter wird deshalb die angebotenen Systeme seinen Erkenntnisinteressen entsprechend umgestalten. Über diesbezügliche Möglichkeiten informieren die folgenden vier Beispiele.

Beispiel 1:

Der Katalog nicht schulbezogener Interaktionsformen von Janowski (1972) unterteilt das Verhalten von Gruppenmitgliedern in fünfzehn Kategorien. Mit Hilfe dieses oder ähnlicher Kategoriensammlungen läßt sich herausfinden, welchen Part die Personen bei der *Bewältigung der Gruppenaufgaben* übernehmen.

1. Anleiten (Organisieren, Befehle erteilen, Entscheidungen treffen, Mobilisierung von Entscheidungsprozessen);
2. Initiierung von Aktivität (Vorschlagen neuer Ideen, Vorstellung neuer Gesichtspunkte, Vorschläge unterbreiten);
3. Information geben (Anbieten von Fakten oder Schlußfolgerungen, die das von der Gruppe zu lösende Problem betreffen);
4. Meinungen und Urteile äußern (betreffend die verschiedenen vorgeschlagenen Wege zur Lösung eines Problems);
5. Koordination (Aufweisen von Beziehungen zwischen verschiedenen Ideen, gemeinsame Elemente in verschiedenen Gesichtspunkten zu finden versuchen);
6. Informationen, Meinungen und Argumente suchen (Fragen stellen, Beobachtung des Verhaltens anderer Menschen zur Informationsgewinnung);
7. Einwände erheben, Protestieren (Verteidigung des eigenen Standpunkts, Äußerung der Ansicht, daß vorgeschlagene Handlungsweisen falsch sind);
8. aktives Realisieren der Aufgaben (Vorschlagen von Methoden zur Ausführung der von anderen gemachten Vorschläge, Ausführen der gemeinsam übernommene Aufgaben mit eigenen kreativen Modifizierungen);
9. Ausführung der Aufgaben (Erfüllung der durch die Gruppe gestellten Aufgaben, eine konkrete Aktivität, die zur Erreichung der angestrebten Ziele führt);
10. Akzeptieren (Übereinstimmung mit den Entscheidungen der Gruppe, passives Akzeptieren der Ideen anderer, verbale Billigung der Ideen anderer).

    Formen konstruktiven Verhaltens bei der Gruppenbildung und Lösung ihrer sozial-emotionalen Probleme:

11. Ermutigung (freundlich sein, Wärme zeigen, Aufgeschlossenheit gegenüber anderen oder ihren Ansichten, anderen die Möglichkeit zu geben versuchen, einen Beitrag zur Gruppe zu leisten, andere ermutigen, sich der Gruppendiskussion anzuschließen);
12. Spannungen innerhalb der Gruppe lösen (Anspornen zum Ausgleich, Trost geben, Erleichterung der Aussöhnung durch Vorführen der Sinnlosigkeit von Streitereien, Kompromisse herbeiführen);
13. Setzen von Normen und Standards (Standards für die Verwendung in der Gruppe formulieren; die Gruppe daran erinnern, Entscheidungen zu vermeiden, die mit Gruppenstandards konfligieren);
14. Äußern von Gruppengefühlen (Zusammenfassen dessen, was man als Gruppengefühl empfindet, Beschreibung von Reaktionen der Gruppe auf Ideen oder Lösungen);
15. Beobachtung und Kommentierung der in der Gruppe stattfindenden Ereignisse.

Der Beobachter sollte keinem Vollständigkeitsideal huldigen und während einer Unterrichtsstunde bei jeder Schüler- und Lehreräußerung den Interaktionstyp bestimmen. Sinnvoller ist es, sich auf einige wenige Schüler zu konzentrieren, z.B. auf behinderte, schwierige, auffällige Schüler, mit dem Ziel, aus der Verhaltensbeschreibung didaktische Hilfestellungen abzuleiten. Im folgenden Beispiel beschränkt sich der Beobachter auf Beiträge von vier Schülern einer Arbeitsgruppe. Er gibt seinen Gesamteindruck wieder und qualifiziert nicht einzelne Aktivitäten. (Zeichenerklärung: + + = häufig; + = gelegentlich; 0 = nie).

Interaktionsform	Schüler A	Schüler B	Schüler C	Schüler D	Lehrer
Anleiten	++	0	0	0	++
Initiieren	++	0	0	0	+
Informieren	+	0	+	0	0
Urteilen	++	0	0	0	0
Koordinieren	++	0	0	0	+
Informationen suchen	+	+	+	0	0
Einwände	+	0	+	0	0
Realisieren	0	0	+	+	0
usw.					

Beispiel 2:

Als Arbeitsgrundlage zur Beschreibung von Interaktionsverläufen bietet sich das bekannte Verfahren von Bales (1950) an. Es verwendet 12 Kategorien.

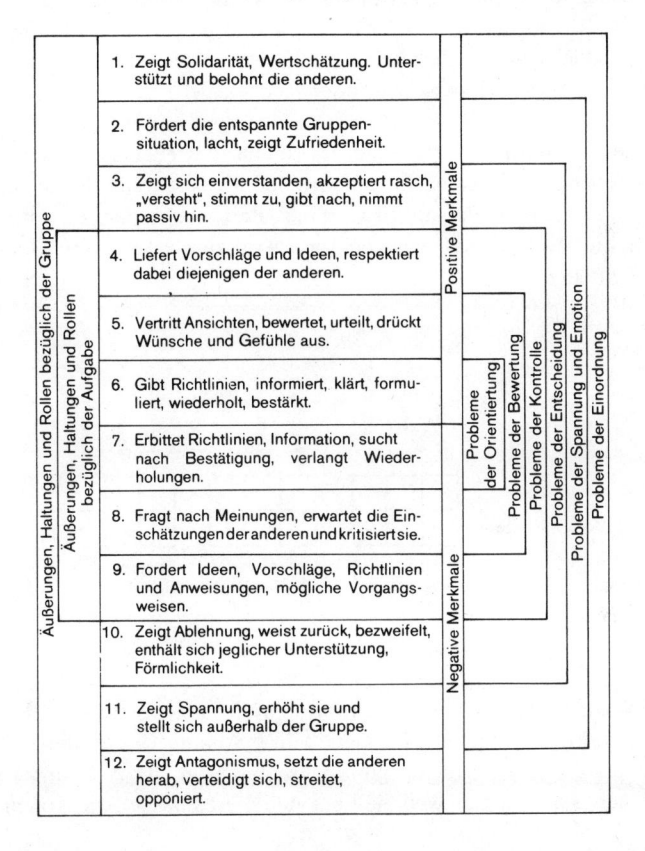

	Positive Merkmale	
Äußerungen, Haltungen und Rollen bezüglich der Gruppe / Äußerungen, Haltungen und Rollen bezüglich der Aufgabe	1. Zeigt Solidarität, Wertschätzung. Unterstützt und belohnt die anderen.	Probleme der Orientierung / Probleme der Bewertung / Probleme der Kontrolle / Probleme der Entscheidung / Probleme der Spannung und Emotion / Probleme der Einordnung
	2. Fördert die entspannte Gruppensituation, lacht, zeigt Zufriedenheit.	
	3. Zeigt sich einverstanden, akzeptiert rasch, „versteht", stimmt zu, gibt nach, nimmt passiv hin.	
	4. Liefert Vorschläge und Ideen, respektiert dabei diejenigen der anderen.	
	5. Vertritt Ansichten, bewertet, urteilt, drückt Wünsche und Gefühle aus.	
	6. Gibt Richtlinien, informiert, klärt, formuliert, wiederholt, bestärkt.	
	7. Erbittet Richtlinien, Information, sucht nach Bestätigung, verlangt Wiederholungen.	
	8. Fragt nach Meinungen, erwartet die Einschätzungen der anderen und kritisiert sie.	
	9. Fordert Ideen, Vorschläge, Richtlinien und Anweisungen, mögliche Vorgangsweisen.	
	Negative Merkmale	
	10. Zeigt Ablehnung, weist zurück, bezweifelt, enthält sich jeglicher Unterstützung, Förmlichkeit.	
	11. Zeigt Spannung, erhöht sie und stellt sich außerhalb der Gruppe.	
	12. Zeigt Antagonismus, setzt die anderen herab, verteidigt sich, streitet, opponiert.	

Kategorie 1 bis 6 : positive, freundliche, spannungslösende, solidarische Beiträge
Kategorie 7 bis 12: negative, aggressive, unfreundliche, kritische, unsolidarische,
  konfliktfördernde Beiträge
Kategorie 1 bis 3,
  10 bis 12: personenzentrierte Interaktionen
Kategorie 4 bis 6,
  7 bis 9 : sachzentrierte Interaktionen
Kategorie 6 und 7: Problem der Arbeitsplanung
Kategorie 5 und 8: Problem der Bewertung der Arbeit
Kategorie 4 und 9: Probleme der Arbeitskontrolle und -organisation
Kategorie 3 und 10: Probleme bei gemeinsamen Entscheidungen
Kategorie 2 und 11: Probleme der inneren Spannung und der daraus resultierenden Reaktionen
Kategorie 1 und 12: Probleme der Einordnung von Personen in die Gruppe
(nach Mucchielli, o.J. S. 44).

Während des Unterrichts bleibt wenig Zeit zu entscheiden, zu welcher der 12 Kategorien das beobachtete Verhalten gehört. Deshalb sollte man dieses und ähnliche Systeme vereinfachen etwa auf zwei Dimenisonen:

– Wie freundlich/unfreundlich behandeln sich die Personen?
– Sind die Interaktionen personen- oder sachbezogen?

Beim folgenden Beispiel verzichtete der Beobachter ebenfalls wieder darauf, jedes Unterrichtsereignis einzeln zu beurteilen. Er beschreibt den allgemeinen Handlungstypus einer Person bzw. einer Personengruppe in umgrenzten Unterrichtssituationen (z.B. Klassenarbeit wird zurück gegeben; Überforderung der Schüler).

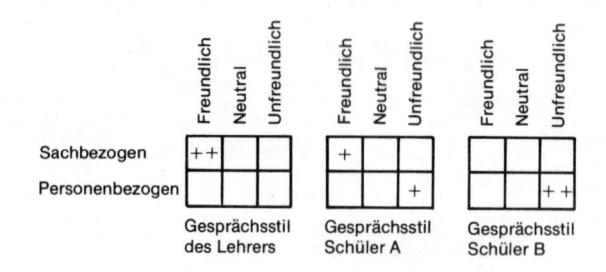

	Freundlich	Neutral	Unfreundlich	Freundlich	Neutral	Unfreundlich	Freundlich	Neutral	Unfreundlich
Sachbezogen	++			+					
Personenbezogen						+			++
	Gesprächsstil des Lehrers			Gesprächsstil Schüler A			Gesprächsstil Schüler B		

Beispiel 3:

Menschen teilen sich nicht nur durch ihre Sprache anderen mit, sondern auch durch Gestik, Mimik, durch die Intonation ihrer Stimme. Gerade dieser Bereich der nichtsprachlichen Aussagen gibt Aufschluß über die Art der zwischenmenschlichen Beziehungen, weil die Personen diese non-verbale Kommunikation nicht in gleicher Weise unter Kontrolle haben wie ihre sprachlichen Mitteilungen. Der Lehrer bewegt die Hände, nickt ermunternd mit dem Kopf, geht aufgeregt um das Pult, versucht mit mahnenden Blicken die Schüler zur Aufmerksamkeit zu rufen. Solche Körperbewegungen besitzen *Signalwirkung,* deren Symbolwert die Schüler interpretieren. Die Bewegung der Hände, des Kopfes, des Körpers enthalten Hinweise über Stimmungen, die Art des Kopfnickens signalisiert den Schülern, wie der Lehrer den Lernerfolg einstuft. Augenbewegungen dienen der Verlaufssteuerung und Kontrolle. Zu beobachten sind lächerliche und entstellende Grimassen von Schülern und Lehrern, störende Ticks, die den Partner ärgern, Gesichtsausdruck, Stimmlage, Sprechgeschwindigkeit, Sprachduktus, Stottern, Gesichtsfarbe, wie weit oder nah Personen voneinander stehen oder sitzen, ... Dieses Verhalten kann u.a. folgenden Signalwert haben:

- Hilfe bei der Informationsübermittlung; der Lehrinhalt wird auch gestisch den Schülern präsentiert;
- Hinweis auf Lernfehler und Lernerfolg;
- Lob, Tadel, Strafe;
- Motivationshilfe, Ansporn, Ermutigung, Entmutigung;
- Hinweis auf Stimmungen des Lehrers, der Schüler, Freude, Verärgerung;
- Kennzeichen für die Unsicherheit und die Angst des Lehrers/der Schüler;
- Die Bewegung soll beim anderen Angst erzeugen, bedrohend wirken.
- furchterregende Gebärde;

- Hinweis auf die Machtposition des Lehrers/der Schüler;
- Die Bewegung wirkt abstoßend, unangenehm.
- kuriose, lächerliche Gestik;
- nervöse, fahrige Reaktion; neurotisches Verhalten;
- partnerschaftliche Gebärde;
- Hinweis auf Sympathie/Antipathie;
- Desinteresse am anderen;
- Ablehnung des anderen;
- Hinweis auf Engagement, Interesse am Unterricht, Langeweile, Desinteresse;
- Lässigkeit, Erfahrung;
- Verachtung, Mißachtung, Ablehnung, Feindseeligkeit;
- Kontaktsuche.

Hinweise zur Analyse der nonverbalen Kommunikation finden sich bei Bruner (1972); Argyle (1972), Heinze (1976, S. 44ff.), Reinert/Thiele (1977).

Beispiel 4:

Wer im Unterricht nur notiert, welche Personen miteinander reden bzw. Kontakt aufnehmen, ohne dabei zu beachten, was sie einander sagen, vernachlässigt den Inhaltsaspekt von Interaktionen. Trotz dieser Einschränkung hilft die *Analyse der Kontaktnahme* herauszufinden:
- Wen Lehrer und Klasse als Außenseiter isolieren;
- Welche Schüler unbeachtet und unauffällig bleiben, um die sich weder Lehrer noch Mitschüler kümmern, denen niemand Aufmerksamkeit schenkt;

- Wer als Vielredner den Unterricht dominiert. Wer die Rolle des Beschäftigten, des Gefragten spielt und damit Einfluß auf andere hat;
- Welche Schüler der Lehrer (meist unabsichtlich) benachteiligt, indem er ihnen wegen fehlender Kontaktnahme keine Lernhilfen anbietet.

Während des Unterrichts notiert sich der Beobachter die Namen der am Gespräch Beteiligten, Aufgerufenen usw., oder er verbindet auf dem Sitzplan der Klasse die Personen, die miteinander sprechen, durch Striche, oder er kreuzt auf dem Sitzplan an, wer sich im Moment gerade aktiv am Gespräch beteiligt. Für diese Notizen benötigt man mehrere hektographierte Sitzpläne, vor allem wenn der Beoachter die Schülernamen nicht kennt.

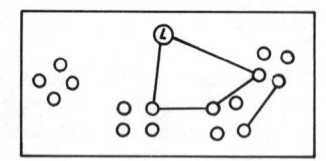

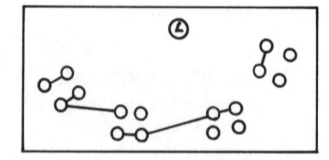

Aus diesen Notizen heraus entwickelt der Beobachter eine Übersicht über die *Interaktionsdichte*. Dieser Wert informiert über die Häufigkeit zwischenmenschlicher Kontakte einer Person. Seine Interpretation hängt von der jeweiligen Unterrichtssituation und den dort herrschenden Umgangsformen ab. Möglichkeit für die Auswertung und Interpretation:

1. Die Interaktionsdichte ist Ausdruck besonderer sozialer Wertschätzung (Ich mag mit dir gerne reden!) oder des sich gegenseitigen Quälens (z.B. Aufrufen, um einen Schüler bloßzustellen).
2. Im lehrerzentrierten Unterricht hängen die Chancen der Schüler, Lernanregungen zu bekommen, erheblich davon ab, ob sich der Lehrer um sie kümmert, sie aufruft, die Hausaufgaben kontrolliert. Wie verteilen sich die Lehrer-Kontakte auf die Klasse?

Zu welchen Schülern hat der Lehrer Kontakt?

Namen	Namen	Namen	Namen
nie	gelegentlich	viel	Hauptkontaktperson des Lehrers

Viele Schüler empfinden den Kontakt zum Lehrer als Zuwendung, sie suchen seine Aufmerksamkeit. Läßt der Lehrer wenige Schüler im Unterricht zu

Wort kommen, orientiert er sich nur an deren Lernfortschritt. Zu starke Kontakte zum Lehrer zu haben bedeutet u. U., in der Klasse eine Sonderstellung als Lehrerliebling und Streber einzunehmen und von den Mitschülern abgelehnt zu werden. Hohe Interaktionsdichte zeigt u. U. starke soziale Kontrolle durch den Lehrer an.

3. In der verhaltenstherapeutischen Literatur finden sich Hinweise auf negative Wirkungen der Lehrerkontakte, die unerwünschtes, störendes Schülerverhalten verstärken. Lehrer sollten dementsprechend lernen, unangenehme Schülerbeiträge und Störungen zu übersehen und sie nicht durch Tadel und Mahnung aufzuwerten.
4. Ist die Kontaktdichte Ausdruck von Sympathie? Homans (1950, zitiert nach Hofstätter 1959, S. 407) meint: „Wenn die Häufigkeit des Kontaktes zwischen zwei oder mehreren Personen zunimmt, wächst auch die Sympathie zwischen ihnen." „Nimmt die Häufigkeit des Kontaktes ab, verringert sich die Sympathie".
5. *Welche* Schüler bevorzugt bzw. benachteiligt der Lehrer beim Aufrufen: schlechte, gute Schüler, abstoßend aussehende, häßliche, hübsche Schüler, schwierige, unauffällige, störende, angepaßte, freundliche, hilfsbereite ... Schüler? Torrance (1962b) berichtet, daß Lehrer sich mehr mit hochintelligenten Schülern abgeben und sie besser kennen als andere Schüler. Lehrer schätzen die kreativen Schüler nicht so sehr, weil sie ihren Vorstellungen vom idealen Schüler nicht entsprechen. Sie beschäftigen sich lieber mit ausdauernden und gewissenhaften Kindern, die sicher, diszipliniert und angstfrei auftreten.
6. In einer Studie zum Aufrufen des Schülers fand Wiesenhütter (1961) u. a., daß unsichere Lehrer dazu neigen, sich an gute und sich rege meldende Schüler zu wenden. Lehrer, die sich aus Routine heraus nicht mehr sonderlich auf den Unterrichtsstoff zu konzentrieren brauchen, steuern bewußter und gleichmäßiger ihr Aufrufen. Sie nehmen das soziale Geschehen im Unterricht deutlicher wahr. Leistungsstarke Schüler, „Mütterchentypen", „Vorbilder" und „Lehrerlieblinge" haben üblicherweise mehr Kontakt zum Lehrer als andere Schüler. Am wenigsten aufgerufen wurden die schlechten Schüler, Störenfriede, Unruhestifter und Schüler mit ungleichmäßigen Leistungen. Außerdem nehmen Lehrer am Anfang und Ende einer Unterrichtsstunde häufiger die Schüler dran, die sie sonst selten aufrufen. Bei schwierigen Lehrinhalten und Überforderung der Schüler verengt sich der Lehrerkontakt auf wenige Schüler. Lehrer rufen die Schüler der ersten Bankreihen öfter auf als die der letzten. Dabei sinkt die Interaktionsdichte in der Mitte der Klasse ab, steigt vor der letzten Bankreihe wieder an, wahrscheinlich weil der Lehrer versucht, die Schüler an der Rückwand nicht zu vernachlässigen.

6.2 Erwartungen, Rollen, Normen, Werte

Nach mehrfacher Hospitation beim Mathematiklehrer einer 7. Gymnasialklasse steht der Referendar klopfenden Herzens vor den Schülern und möchte mit der Stunde beginnen. Er bittet um Ruhe und fängt sofort zu sprechen an. Aber nur die Hälfte der Schüler schaut zu ihm hin. Die Klasse ist noch voller Lärm. Er spürt in sich große Unruhe und aufkeimende Angst: ,,Das waren doch immer ganz brave Schüler! Um Himmelswillen, wenn mich die jetzt fertig machen, und das in meiner ersten Stunde!" Er denkt an seinen Mentor, der am Anfang einer Stunde freundlich lächelnd vor der Klasse steht und spricht, wenn alle Augen auf ihn gerichtet sind. Der Referendar bedient sich der gleichen Zeichen, und der Unterricht beginnt nach ca. zwei Minuten problemlos. Ihm wäre ein entscheidender Fehler unterlaufen, hätte er laut oder schimpfend die Schüler zur Ordnung gerufen. Sie hätten dies als Kampfansage oder als ‚Motzen' eines Lehrerneulings verstanden. Die Schüler erwarten einen ruhigen, selbstbewußten Lehrer.

Erwartungen äußern sich als Wünsche an Personen und auch als Vorstellungen, wie sich die Beteiligten situativ entsprechend verhalten. Erwartungen wirken als Leitlinien des Verhaltens. Werden sie nicht eingelöst, fühlt man sich mißverstanden. Die Schüler finden sich ungerecht behandelt, der Lehrer ärgert sich über Ungehorsam und Disziplinlosigkeit. Richtiges oder falsches Verhalten heißt, erwartungsgerecht oder -widrig handeln.

Die Kunst, dem Lehrer zu gefallen, beherrschen die Schüler, die die Lehrererwartungen kennen und ihnen entsprechen (Hargreaves 1976, S. 111ff.). Dazu bedarf es von seiten der Schüler eines erheblichen Maßes an Anpassung und Einfühlungsvermögen. Lehrer können nur bedingt Auskunft geben, was sie von ihren Schülern erwarten. Dazu einige Analysefragen:

– Was gefällt/mißfällt mir an Schülern?
– Worüber ärgere ich mich? Was stört mich an den Schülern?
– Wie beteiligen sich meine Lieblingsschüler am Unterricht? Was zeichnet sie aus?
– Was kennzeichnet die schlechten Schüler, die mir unsympathischen, schwierigen Schüler?
– Worauf reagiere ich mit Lob und Freude?
– Was machen die unauffälligen und konformen Schüler? Was muß ein Schüler tun, um mir angenehm/unangenehm aufzufallen?

Aber auch die Lehrer beherrschen die Kunst, den Schülern zu gefallen, nur eingeschränkt. *Was erwarten die Schüler von ihren Lehrern?* Hargreaves (1976, S. 98) analysiert mehrere amerikanische und englische Untersuchungen und kommt zu folgenden Eigenschaften:

Beliebt *Unbeliebt*

Ein Lehrer, der ... Ein Lehrer, der ...

a) Disziplin

- gute Kontrolle hat,
- fair ist; keine Protektionskinder hat;
- keine extremen oder unmäßigen Strafen gibt;

- zu streng ist; zu lax ist,
- Protektionskinder hat; auf den Schülern „herumhackt",
- übermäßig oder willkürlich droht oder straft;

b) Unterricht

- erklärt und hilft;
- die Stunden interessant gestaltet;

- nicht erklärt; wenig Hilfe gibt;
- den Gegenstand nicht gut beherrscht; flaue und langweilige Stunden hält;

c) Persönlichkeit

- heiter, freundlich, geduldig, verständnisvoll usw. ist;
- viel Sinn für Humor hat;
- sich für die Schüler als Individuen interessiert.

- nörgelt, einen lächerlich macht, sarkastisch, launisch, unfreundlich usw. ist;
- humorlos ist;
- individuelle Unterschiede ignoriert.

Neurotisierend wirkt es auf Schüler, wenn Lehrer in vergleichbaren Situationen unterschiedlich oder gegensätzlich reagieren. Sie geben den Schülern ebenfalls Probleme auf, wenn sie nicht klar oder deutlich zum Ausdruck bringen, was sie möchten. Die Schüler verlieren die Orientierung, wissen nicht, woran sie sind, und handeln inadäquat, was den Lehrer wieder vor Schwierigkeiten stellt. Das Fachlehrerprinzip fördert diese Unsicherheit. Mit dem Lehrer wechselt die Vorstellung vom richtigen Verhalten in gleichwertigen Situationen. Mit Hilfe der folgenden Mehrfeldertafel lassen sich diese Ungereimtheiten aufklären.

Lehrer	Was muß der Schüler unbedingt unterlassen?	Reaktion des Lehrers auf Fehlverhalten	Wie muß sich der Schüler auf jeden Fall verhalten?	Reaktion des Lehrers auf richtiges Verhalten
A				
B				
C				

Wann erwarten die Lehrer Ruhe und Mitarbeit, lassen Kritik und Widerspruch zu? Unter welchen Bedingungen hätten sie gerne sofortige Zustimmung und Unterordnung unter ihrer Anweisung? Welche Schüler werden bei welchen Gelegenheiten anders behandelt als die Klasse? Wann verlangt einer der Lehrer Selbständigkeit der Schüler? Bei welcher Gelegenheit erlaubt er Lärm, Unruhe? Anlaß für Verärgerung, Mitleid, Schadenfreude?

Wer sich mit den Schüler- und Lehrererwartungen befaßt, sollte weiterhin folgende Aspekte diskutieren:

a) Lehrer und Schüler sind oft nicht in der Lage, ihre Erwartungen präzise auszudrücken. Was behindert sie, z. B. keine Zeit für klärende Gespräche wegen des Lehrplandrucks, überfüllte Klasse, keine persönlichen Kontakte, Fachlehrerprinzip, Angst über sich zu sprechen oder Gespräche über sich zu ertragen?
b) Welche Schüler sagen, was sie möchten, was sie stört usw.
c) Wie drückt der Lehrer seine Gefühle aus?
d) Weicht der Lehrer, weil er die Ansichten der Schüler nur undeutlich kennt, auf Vermutungen aus, oder entwirft er sich ein Bild von den Schülerwünschen, so wie er sie gerne hätte. („Die rechnen die Aufgaben doch immer recht gern!" „Die wollen doch, daß man sie scharf anfaßt!")
e) Fühlt sich der Lehrer durch die Kenntnis der Schülererwartungen verunsichert, weil die Schüler widersprüchliche Ansichten über den Unterrichtsstil, die Schule usw. formulieren. („Man kann es nie allen recht machen!").
f) Wie eindeutig drückt der Lehrer den Schülern gegenüber seine Erwartungen aus, z. B. als Anweisungen, Befehle, Bitte, durch Gestik, Mimik, Wünsche, er sagt nichts, Lob, Strafe, Warnungen ...?
g) Möchte der Lehrer, daß die Schüler die üblichen Konventionen des Unterrichts einhalten, ohne daß man darüber spricht?
h) Ist sich der Lehrer seinen Erwartungen nur unzureichend bewußt?
i) Worauf legt der Lehrer besonderen Wert im Unterricht? In welchen Bereichen ist es für die Schüler besonders wichtig, daß sie seinen Wünschen, Vorstellungen entgegen kommen, z. B. Hausaufgaben, Schönschrift, ordentliche Heftführung, Mitarbeit, Selbständigkeit, hoher Lernerfolg?
j) Wie beantworten Lehrer, Schüler, die Kollegen erwartungswidriges Schülerverhalten?
k) Sind schichtspezifische Unterschiede in den Schülervorstellungen vom richtigen Verhalten zu beobachten? Wie geht der Lehrer mit diesen Unterschieden um?
l) Welche Schüler fallen durch nicht konformes Verhalten auf?

Lehrerrolle:

Unterrichtspraktikum im 1. Semester: Während der ersten Unterrichtshospitation geht die Studentengruppe auf in der Sorge um die Schüler, bedauert, daß sie unentwegt verplant werden und Dinge zu lernen haben, die den Schülern ‚nichts bringen'. Man diskutiert alternative Lern- und Lehrmöglichkeiten, hat größtes Mitleid mit einigen nervösen, aggressiven Schülern, die die Schule überfordert. Der Lehrerin zollt man Anerkennung für ihr Bemühen, den Unterricht abwechslungsreich zu gestalten. Trotzdem hält die Gruppe ihren Lehrstil und die Schule für revisionsbedürftig, damit sich die Lage der Schüler grundlegend verbessert.

Nach ungefähr drei gemeinsam vorbereiteten Unterrichtsversuchen sind in der Diskussion andere Argumente zu hören. Man bedauert die Lehrerin und bewundert, wie sie bei dem ewigen Lärm und den nervösen Kindern so gelassen bleibt. Die Studenten finden es nicht gut, vom ausgetüftelten Unterrichtsplan abgewichen zu sein und damit die Dramaturgie der Stunde gestört zu haben. Man ist auch unzufrieden mit dem Lernerfolg der Schüler und beabsichtigt, in die nächsten Stunden mehr Übungsphasen einzubauen. Dafür sollte dann das einleitende Rollenspiel wegfallen.

Diese Gesinnungsänderung ist eine Folge der veränderten Rolle, die von den Studenten statt des Zusehens aktives Unterrichten fordert. Sie identifizieren sich mit der neuen Tätigkeit als Wissensvermittler, akzeptieren den Lehrinhalt als wichtig und suchen nach Verfahren, den Lernprozeß der Schüler zu optimieren. Sie passen sich der neuen Aufgabe erstaunlich rasch an und handeln den Anforderungen ihrer neuen Position entsprechend. Noch bewahren sie sich etwas Rollendistanz in Form von Selbstkritik.

Einblick in die Rollenauffassung eines Lehrers vermittelt dessen Selbstinterpretation, z.B. in Form von Angaben über den Sinn der Schule und der eigenen Berufstätigkeit oder als Beurteilungen von Unterrichtsformen und Lehrinhalten. Aufschluß geben auch die Interaktionsformen, sein Verhältnis zu den Schülern, wie die Wahl der Unterrichtsmethoden. Die folgende Liste von Tätigkeiten und die Karikatur sollen diese Rollenanalyse unterstützen.

Erzieher, Wissensvermittler, Unterrichtsbeamter, Unterrichter, Patriarch, Zyniker, Prahler, Vaterfigur, Mutterfigur, Ratgeber, Berater, Informator, Motivator, Referent, Freund der Schüler, Organisator von Lernprozessen, Hüter von Disziplin und Ordnung, Pädagoge, Unterrichtsplaner, Diagnostiker von Lernvoraussetzungen, Schiedsrichter, Lernzieloperationalisator, Lernzielerreicher, Möchte-Gerne-Wissenschaftler, Konfliktmanager, Prüfer, Korrektor, Helfer, Kontrolleur, Begabungsgutachter, Schulpsychologe, Repräsentant der Schule, Unterrichtstechnologe, Verwalter, Geldeinsammler, Freizeitgestalter, Sozialarbeiter, Schauspieler, Alleinunterhalter, Zeugnisschreiber, Lebensberater, Besserwisser, Streber, Mitläufer, Sponti, Anfänger, Kumpel, Skeptiker, der politisch Ausgeglichene, Didaktiker, Gehaltsempfänger, der Frustrierte, der Überforderte

Aus der Verteilung der *„sozialen Macht'* im Unterricht lassen sich ebenfalls Hinweise über die sozialen Rollen von Schülern und Lehrern ablesen. Wer darf wem etwas anschaffen? Wer hat zu gehorchen? Wer hat zu tun, was andere sich ausdenken? Wer verfügt über die Möglichkeiten, andere zu belohnen? Wer darf strafend auf Fehlverhalten und Abweichungen reagieren? Wer kontrolliert den anderen, legt die Arbeitsziele und die zu behandelnden Themen fest? Durch die Erfahrung eigener Machtlosigkeit und der Lehrerdominanz lernen die Schüler, selbst nach Einfluß und Machtfülle zu streben und die Schwächeren zu unterdrücken. Sie gewöhnen sich auch an Unterordnung und sich zu fügen. Pädagogisch verantwortungsvoller wäre es, Unterrichtsformen zu favorisieren, in denen die Schüler nicht über den Umweg des Widerstandes, sondern auf dem direkten Weg Selbständigkeit und Kooperation einüben.

DISZIPLIN HAT NOCH NIEMAND GESCHADET, LIEBE KOLLEGIN!
NATÜRLICH-ÄH-JAWOHL-
-SELBSTVERSTÄNDLICH-
GANZ IHRER MEINUNG, HERR SCHULRAT...
BEI DER WIRD'S AUCH NIE LANGWEILIG
WISSEN SIE, MIT MEINEN ELTERN BRAUCH' ICH DA GAR NICH ERST DRÜBER REDEN...
DER ÜBERGANG VON DER KERNFERNEREN ZUR NÄCHSTNÄHEREN BAHN, D.H. ABSTRAHLUNG VON ENERGIE STELLT SICH UNS LOGISCHERWEISE WIE FOLGT DAR: $h\nu = \left(\frac{1}{n^2} - \frac{1}{m^2}\right)\frac{m_e e^4}{8\varepsilon_0^2 h^2}$, UND DAMIT IST $\nu = \left(\frac{1}{n^2} - \frac{1}{m^2}\right)\frac{m_e e^4}{8\varepsilon_0^2 h^3}$, WOBEI DIE KLAMMER NUR NOCH KONSTANTE GRÖSSEN ENTHÄLT – KLAR?
DA GEHT DER EINZIGE PAUKER, DER WAS DRAUF HAT
BW

Beispiele für Ausdrucksformen sozialer Macht:

Lehrer: Prüfungen erstellen und durchführen – Prüfungstermin anberaumen – Leistungen bewerten – Zeugnisse ausstellen – Unterricht planen – Bestimmen, wann, wer, wie tätig wird – Festlegen des Arbeitstempos – Schüler aufrufen – Schüler drannehmen – Schüler durch Lob fördern und ermutigen – Anerkennung verteilen – Schüler ablehnen – Verweise geben – Mitteilungen an die Eltern – Kürzen des Stoffplans – Umfang der Hausaufgaben festlegen – den Schülern einen Sitzplatz anweisen – für Ruhe sorgen – Überlegenheit im Fachwissen ...

Schüler: Desinteresse am Lehrer deutlich zeigen – Stören – auf Lehrerfragen nicht antworten – nicht mitarbeiten – Desinteresse am Lehrinhalt – über den Lehrer zu Haus und in der Schulöffentichkeit schlecht reden – dem Lehrer Zuneigung zeigen oder verweigern – dem Lehrer das Gefühl der Anerkennung verweigern oder vermitteln – den Lehrer fertig machen – die Anweisungen des Lehrers nicht befolgen – sich bei der Schulleitung über den Lehrer beschweren – über die Eltern und den Elternabend auf den Lehrer einwirken – ...

Die Schulordnung gestattet den Schülern nur unzureichend, auf Lehrer und Unterrichtsgestaltung offiziell einzuwirken, was nicht heißt, den Schülern stünde ihrerseits nicht ein erhebliches Potential an Mitteln zur Verfügung, auf ihren Lehrer Einfluß zu nehmen. Ihre Möglichkeiten liegen vor allem im Bereich der Anerkennung eines Lehrers. Bleibt sie versagt, leiden viele Lehrer unter dem emotional unterkühlten Verhältnis zu den Schülern.

Die Rollenanalyse dient dazu, die pädagogischen Ideale (auch die früheren) mit der Realität des Berufs zu vergleichen, nach Gründen zu suchen, warum ein Lehrer sich zu den üblichen Rollenklischees konform verhält bzw. sich mit der Berufsrolle überidentifiziert. Die Anforderungsanalyse könnte dazu führen, Zwänge und unangenehme Aufgaben klarer als bisher zu erkennen, sie bewußt zu akzeptieren oder diese Tätigkeiten durch Veränderung des Unterrichts erträglicher zu gestalten. Das Wissen um das Gegebene fördert u. U. die Rollendistanz. Der Beobachter kann für sich klären, welche Aspekte des Lehrerberufs für ihn besonders wichtig sind, mit welchen er sich (nicht) identifiziert, für welche Aufgaben er sich zu schade hält und welche er verweigern möchte. Auf diese Weise reflektiert der Lehrer ebenso wie der Beobachter einige Ursachen der Berufszufriedenheit und -frustration. Fruchtbare aber schwierige Diskussionen ergeben sich, wenn Lehrer und Beobachter ihre Interpretationen miteinander vergleichen. Diese Gegenüberstellung, vor allem wenn sie Lehrer eines Kollegiums durchführen, könnte Anlaß sein, die einander zugeschriebenen Rollen zu problematisieren. Man baut sich wechselseitig Fremdbilder auf, und diese Zuschreibungen beeinflussen die Interaktionen, sie behindern, daß Lehrer sich und ihren Unterrichtsstil ändern. (Ausführliche Hinweise zum Thema Lehrerrolle und zur Rollentheorie finden sich bei Charlton u. a. 1975, Hänsel 1975, Betzen/Nipkow 1972, Wiswede 1977, Nave-Herz 1977.)

Normen:

Die sozialen Normen reglementieren das schulische Zusammenleben. Sie existieren in Form schriftlich objektivierter Prüfungsordnungen, Schulgesetze, Verwaltungsvorschriften, dem Beamten- und Angestelltenrecht sowie als ungeschriebene Regeln des Anstandes. Die Normen drücken sich in Erwartungen und Rollenvorschriften aus. Zu den Normen gehören auch die von den Lehrern beachteten Konventionen, wie man den Unterricht vorbereitet und durchführt. Die üblichen Übereinkünfte des Alltags, wie Menschen miteinander umzugehen haben, verlieren in der Schule nicht an Gültigkeit, obwohl so manche Sonderregelung für Lehrer und Schüler hinzukommt. Die sozialen Normen wirken als Bezugsrahmen in der Gestaltung schulischer Interaktionen, und wer diese Grenzen überschreitet, hat mit *Sanktionen* zu rechnen. Diese Konsequenzen für das Abweichen von der Norm reichen über einen weiten Spannungsbogen: massive Strafandrohung, Strafen, leichte Ermahnung, informeller Meinungsdruck durch die Bezugspersonen, Entzug von Zuwendung, soziale Ächtung, alle möglichen Vergünstigungen und Gratifikationen fallen weg ...

Lehrer, Schüler, Eltern, Schulverwaltung gehen von unterschiedlichen Auffassungen aus, was richtiges Handeln ist. Gerade die Schüler empfinden vieles von den Vorschriften der Schule als sinnlose Reglementierung, gegen die sie sich auflehnen und die sie zu sabotieren versuchen. Damit sind viele der Konflikte im Unterricht bereits vorprogrammiert.

Prüfungsordnung:	Gruppenarbeiten sind nicht zulässig! Zusammenarbeit bei Prüfungen wird als Unterschleif mit Note 6 bestraft.
Lehrer:	Die Schüler sollen lernen zusammenzuarbeiten. Eine Prüfung darf sich keinesfalls von der normalen Lernsituation des Unterrichts unterscheiden.
Vater Maier:	Ehrlich währt am längsten!
Schüler Maier:	Das Wichtigste ist, durch gute Noten das Klassenziel zu erreichen.
Klasse 7c:	Schüler müssen sich gegenseitig bei Klassenarbeiten abschreiben lassen. Nur Streber verhindern das Abschreiben.

Aus Schülersicht variieren die Normen zwischen ihren Lebensbereichen und denen innerhalb der Schule ganz erheblich. In der Schule haben sie sich oft anders zu verhalten als in Familie und Freundeskreis. Was bei einem Lehrer im Unterricht Ärger einbringt, verlangt ein anderer wiederum mit größter Selbstverständlichkeit von den Schülern.

Es bieten sich mehrere Möglichkeiten, um herauszufinden, an welche Normen sich Lehrer, Schüler, Beobachter gebunden fühlen:
– Man bespricht eine eng umrissene Unterrichtssituation (z.B. ein Schüler petzt), diskutiert mögliche Reaktionen der Beteiligten, begründet und bewertet die verschiedenen Ansichten.

- Im Rollenspiel werden die Varianten eines Problemfalls aus dem Unterricht durchgespielt, um dann über die Lösung zu entscheiden.
- Man beobachtet, wie Lehrer und Schüler miteinander umgehen und sich gegenseitig bewerten. Der Beobachter achtet sorgfältig darauf, wie die Personen auf das Verhalten der anderen sprachlich, gestisch, mimisch und durch Handlungen antworten, z. B. Lob, Tadel, Mißbilligung, ernster Gesichtsausdruck, Freude, beifälliges Murmeln, Gelächter. Aus diesen Antworten schließt man auf die zugrundeliegenden Verhaltensnormen. Zu beachten ist besonders, wer frustriert, verängstigt, beleidigt oder erfreut reagiert.
- Welche Schüler/Lehrer fallen durch ihre unkonventionelle Art zu sprechen, zu denken, mit anderen Menschen umzugehen auf? Worin unterscheidet sich deren Normorientierung von denen anderer Personen?
- Bei Konflikten ist zu überprüfen, ob die Beteiligten von divergierenden Vorstellungen über richtiges Handeln ausgehen.

Auch die Lehrer erfahren die Widersprüchlichkeit schulischer Normen, was sie in *Loyalitätskonflikte* zum Schulträger bringt. Wem ist der Lehrer mehr verpflichtet, seinen eigenen pädagogischen Idealen und Prinzipien, der Schule mit ihren Organisationsformen, Prüfungen, Reglementierungen? Oder steckt er in seinen Vorstellungen vom guten Unterricht zurück zugunsten eines ungetrübten Arbeitsklimas im Kollegium? Stellt er sich auf die Seite der Schüler? Wie Lehrer dieses Dilemma auflösen, hängt nicht zuletzt ab von ihrer Rolleninterpretation und vom Freiheitsspielraum, den der Schulträger seiner Lehrerschaft einräumt. Mit fortschreitender Verrechtlichung der Ausbildung rücken diese Grenzen ständig enger zusammen.

Zum Bereich der Normen ergeben sich für die Unterrichtsanalyse u. a. noch weitere Fragen: Wer hinterfragt und begründet die Normen? Wird im Unterricht über die von allen einzuhaltenden Vorschriften und die sich dadurch ergebenden Streitpunkte gesprochen? Weist der Lehrer jede Verantwortung für die ‚Vorschriften von oben' von sich, führt sie aber trotzdem durch? Stellt sich der Lehrer als Repräsentant der Schulverwaltung dar? Warum gibt sich ein Lehrer linientreu? Wie flexibel, zwanghaft, angepaßt, ängstlich, konform verhalten sich Lehrer und Schüler? Wer sind die Normenbrecher! Was passiert ihnen bei abweichendem Verhalten? Wie konfliktfreudig sind die Beteiligten? Wie unterscheiden sich die Vorstellungen vom richtigen Handeln bei Lehrern und Schülern aufgrund ihrer sozialen Herkunft? Inwieweit entsprechen die schulischen Gebote und Verbote den Bedürfnissen von Schülern und Lehrern? Setzen einzelne Personen oder Gruppen ihre Vorstellungen vom richtigen und falschen Handeln durch? Wer sorgt für Einhaltung (Widerstand) von (gegen) Geboten und Verboten?

Werte:

Manche Konflikte in und um die Schule wären gegenstandslos, gäbe es eine gesellschaftlich allseits und vollständig akzeptierte Festlegung vom *Sinn* der Schule. Sie fehlt, weil in einer hochdifferenzierten, auf *Pluralismus* ausgerichteten Gesellschaft wie der unseren ein vollständiger Konsens über den Wertekanon nicht herzustellen ist. Unser Grundgesetz gebietet den Pluralismus und fordert damit von allen, eine erhebliche Bandbreite an Wertvorstellungen zu tolerieren. In jeder pluralistischen Gesellschaftsordnung werden deshalb kontroverse Erwartungen an die Schule herangetragen, gegensätzliche Vorstellungen, wie und was zu lernen ist. Jeder Lehrer steht in diesem Spannungsfeld von Anforderungen und Werten. Wie bewältigen Lehrer, die aus dem Wertpluralismus sich ergebenden Probleme? Beispiele:

– Der Lehrer stellt sich nicht die Frage nach dem Sinn von Schule und den für ihn verbindlichen Grundwerten, weil ihm das notwendige Problembewußtsein fehlt.
– Er klammert nicht-wertneutrale Themen aus dem Unterricht aus und weicht Stellungnahmen aus.
– Er identifiziert sich mit bestimmten Wertvorstellungen, die er kompromißlos durchsetzt. Schülern und Kollegen gesteht er keine abweichende Meinung zu. Er indoktriniert und neigt zu Intoleranz.
– Er hat keine Prinzipien, von denen ausgehend er den Sinn seiner Berufstätigkeit begründet. Ihm fehlt ein tragfähiges Fundament, um den täglichen Berufsfrust im Umgang mit Schulbürokratie und Schülern zu bewältigen.
– Der Lehrer paßt sich der herrschenden Meinung geflissentlich an und fällt nie auf.
– Er läßt sich aus Verunsicherung und Standpunktlosigkeit durch überzeugend vorgetragene Ansichten rasch umstimmen und ist leicht zu verängstigen. Er zeigt kein Rückgrat.
– Er erläutert Schülern wie Kollegen seine pädagogischen und weltanschaulichen Überzeugungen. Er läßt Gegenmeinungen und kontroverse Diskussionen zu.
– Wertvorstellung und unterrichtliches Handeln klaffen erheblich auseinander.

Der *Praxisschock* bietet ein Beispiel für die Wirkung gegensätzlicher Wertorientierungen. Der unerfahrene Lehrer befindet sich beim Eintritt in die Berufspraxis nicht selten in einer schizophren anmutenden Situation. „Versucht er, die an der Hochschule gelernten Ansichten und Ansprüche in Handeln umzusetzen, droht ihm nur oft das totale Chaos im Unterricht und soziale Ächtung im Kollegenkreis, realisiert er dagegen ein ‚situationsadäquates Verhalten', verstößt er gegen Ansprüche, die er selbst an sein Handeln richtet" (Hänsel 1975, S. 58). Meinungsbefragungen bei jungen Lehrern, wie die von Cloetta (1975), zeigen Mechanismen dieser Konfliktlösung auf: Man gibt die an der Universität erlernten Ansprüche auf zu Gunsten der realen Forderungen im Berufsfeld Schule. Sanktionen durch Vorgesetzte, soziale Spannungen im Kollegium, Rollenunsicherheit und Unverständnis bei den Schülern unterstützen und beschleunigen diesen Prozeß. Hänsel nennt folgende Stufen der Anpassung: (1)

Idealistische Phase, (2) Schwierigkeiten: Erfahrung der Nichtangemessenheit der Berufsideale, (3) Lernen des erwarteten Verhaltens, (4) völlige Übernahme der konventionellen Berufsrolle. Gespräche mit Gleichgesinnten helfen, sich einige Ideale zu bewahren. Aber gegen die Vereinnahmung durch den Beruf gibt es keinen garantierten, zureichenden Schutz.

6.3 Geheimer Lehrplan

Das ‚soziale Lernfeld Unterricht' wirkt heute nicht mehr im Geheimen, denn über die negativen Einflüsse des konventionellen Unterrichtsstils auf die Schüler wurde viel geschrieben. Zeitungen, Rundfunk und Fernsehen berichten unermüdlich ebenso wie die Fachliteratur (Fend 1974, Zinnecker 1975, Dreeben 1980, Tillmann 1976). Weder Lehrer noch die für die Schule politisch Verantwortlichen haben beim derzeitigen Wissensstand das Recht, die negativen Wirkungen sozialer Erfahrungen im Unterricht einfach als bedeutungslos abzuqualifizieren und so zu tun, als werde im Unterricht nur nach dem offiziell verordneten Lehrplan gelernt. Die Mehrzahl der Lehrer erteilt ihren Unterricht in einer Weise, als wäre dieses ungeplante soziale Lernen, hervorgerufen durch das Zusammenleben im Unterricht und die Lernorganisation, minimal. Wie bewältigt ein Lehrer diese Problemlage? Beispiele:

1. Er verdrängt diese Schuleffekte aus seinem Bewußtsein, damit ihn nicht ständig Zweifel am Sinn seiner Berufstätigkeit plagen.
2. Der Lehrer äußert zwar Skrupel, läßt aber alles beim Alten.
3. Dem Lehrer sind die negativen Wirkungen von Schule im Sinn des geheimen Lehrplans tatsächlich unbekannt geblieben. Er interessiert sich nur für fachdidaktische Fragen.
4. Er wehrt diese Erkenntnisse ab, weil er sonst als ehemaliger Absolvent dieses Ausbildungssystems die genannten Wirkungen von Schule als Spätschäden auch bei sich selbst vermuten müßte.
5. Er ist mit den Wirkungen dieses geheimen Lehrplans weitgehend einverstanden und macht sich deshalb keine Gedanken.
6. Er sieht die Forschungsergebnisse als übertrieben an.
7. Er verfügt nicht über die Phantasie, sich andere Formen des Lehrens und Lernens vorzustellen als die des herkömmlichen lehrerzentrierten Unterrichts und nimmt den geheimen Lehrplan deshalb nicht ernst.

Die *institutionelle Verfaßtheit* der Schule, wie Bernfeld es nennt, bestimmt das Zusammenleben im Unterricht und damit auch die Art der dort vermittelten sozialen Erfahrungen. Wer sich einen Überblick über den geheimen Lehrplan und die dadurch verursachten Sozialisationseffekte von Schule verschaffen möchte, steht vor der Aufgabe, diese Struktur des Zusammenlebens im Unterricht zu erfassen. Dazu einige Hinweise:

- Unterricht dient dem zielerreichenden Lernen (= Zweckorientierung des Unterrichts). Alle anderen Tätigkeiten, Wünsche von Schülern/Lehrern haben sich dieser Aufgabe nachrangig unterzuordnen. Entweder sind sie verboten oder zu tarnen.
- Zwischenmenschliche Gefühle sind nicht Gegenstand des Unterrichts.
- Unterricht enthält kaum Zeit, um Konflikte gemeinsam zu lösen.
- Alle Schüler einer Klasse sollen trotz unterschiedlicher Lernvoraussetzungen das gleiche Zeil erreichen und sind mit dem identischen Lernangebot beschäftigt.
- Schüler erleben unentwegt die Ungleichheit in den Schulleistungen.
- Für Erfolg und Versagen macht man in erster Linie die Schüler persönlich verantwortlich.
- Für Lernerfolg wird man in mehr oder weniger subtiler Weise belohnt. Mangelhafter Lernzuwachs wird bestraft.
- Die soziale Anerkennung hängt auch von den Schulleistungen ab, wobei Mitschüler, Eltern, Lehrer diese Schulerfolge recht unterschiedlich einschätzen (Klassenbester/Streber).
- Die Lernergebnisse haben wenig Gebrauchswert, dafür aber hohen Tauschwert in Form von Noten und Anerkennung.
- Die Schüler stehen durch ständig anberaumte Prüfungen u.ä. dauernd unter Leistungsdruck.
- Unklarheit der Beurteilungskriterien.
- Lehrinhalte haben wenig Bezug zur praktischen Lebensbewältigung.
- Schüler erfahren Unterricht oft genug als sinnloses Beschäftigtsein.
- Arbeiten und Zusammenleben sind im Unterricht stark reglementiert und ritualisiert.
- Für Schüler ist der Lehrer Repräsentant der Schule.
- Schüler sind z.T. emotional stark an den Lehrer gebunden.
- Wenig Selbstbestimmung und Selbständigkeit für die Schüler.
- Unsymmetrische Kommunikation zwischen Lehrern und Schülern.
- Schüler und Lehrer sind intensiver sozialer Kontrolle ausgesetzt.
- Die Institution Schule regelt die zwischenmenschlichen Beziehungen massiv.
- Starker Konformitätsdruck lastet auf Schülern und Lehrern.
- Demokratische Entscheidungsformen werden den Schülern weitgehend vorenthalten.
- Schüler können unverhofft aufgerufen, kontrolliert und bloßgestellt werden.
- Für die Schüler bietet die Schule, bis auf das WC, keine räumlichen Rückzugsmöglichkeiten, wo sie allein und ungestört sind.
- Schüler halten sich stundenlang mit vielen Personen gleichzeitig in Gemeinschaftsräumen auf, ohne daß sie sich ihre Bezugspersonen frei auswählen dürfen.
- Während des Unterrichts sind die Gesprächs- und Kontaktmöglichkeiten erheblich eingeschränkt.
- Schüler müssen oftmals bei großem Lärm und Unruhe, unter dem Streß von Konflikten arbeiten.
- Sie sind verpflichtet, das zu tun, was viele andere auch machen.
- Schüler, die den Erwartungen der Schule entsprechen, werden deswegen von ihren Mitschülern abgelehnt.
- Durch das Fachlehrerprinzip u.ä. wechselt für die Schüler unentwegt die erwachsene Bezugsperson, was sie zwingt, sich ständig umzustellen.
- Die legitimen Schüleraktivitäten sind langweilig und monoton, weil sich unsere Schule als eine Zuhör-, Zuschau-, Sprech-, Schreib-, Rechtschreib-, Lese- und Rechenschule versteht.
- Schülerzentrierte Arbeitsformen werden vernachlässigt.
- Strenge, Zwang, Anweisungen bestimmen oft das Zusammenleben.
- Schule bewertet Tradition und eingeschliffene Rituale hoch.
- Willkür beeinträchtigt z.T. das Schulklima.

Die antiautoritäre Phase der Pädagogik ist längst passé, ohne daß Gewalt gegen Kinder und Jugendliche, Repression und Einschränkung aus der Schule verbannt wären. Und das am Ende der Sechziger Jahre geprägte Wort, der Einfluß unseres Grundgesetzes endet am Schultor, hat wenig von seiner Berechtigung eingebüßt. Anstatt die Prinzipien von Freiheit und Solidarität ernst zu nehmen und auch in der Schule zu verwirklichen, geriet ‚antiautoritär' bezeichnender Weise zum Schimpfwort. Von *Emanzipation,* dem zentralen Erziehungsziel kaum vergangener Jahre, ist nur noch selten zu hören. Statt dessen wurde die Forderung nach ‚Mut zur Erziehung' laut, aber nicht im Sinn, Lehrer und Erzieher sollten das Wagnis auf sich nehmen, mit den Schülern partnerschaftlich umzugehen und ihnen ein größtmögliches Maß an Selbständigkeit zu garantieren. Mut sollen Erzieher demonstrieren durch die Forderung nach den Tugenden des Fleißes, der Disziplin, der Ordnung, und oft genug meinen die Protagonisten dieser Ansichten, der Erzieher möge wieder für die Schüler denken, statt sie selbst denken zu lassen. Und Ordnung bedeutet wieder Ein- und Unterordnung. Das Gleichheitsideal, einer der zentralen Werte unserer freiheitlich demokratischen Grundordnung, bleibt pädagogisch bedeutungsleer. (Ausführliche Argumente finden sich bei Herrmann 1978).

Einer der massiven Vorwürfe gegen unser Ausbildungssystem richtet sich gegen den Mangel an demokratischen Umgangsformen im Unterricht. Woran erkennt man demokratische Umgangs- und Unterrichtsformen? (Hinweise finden sich bei Händle 1977, Claussen 1979). Lewin/Lippit/White (1939) versuchten durch die Gegenüberstellung der Begriffe *laissez-faire, demokratisch, autokratisch,* die Bedeutung der Demokratieidee für die zwischenmenschlichen Beziehungen zu klären. Der Laissez-Faire-Stil entspricht, grob gesagt, dem nicht-direktiven Unterricht, für den sich bei LeBon (1972) ein Unterrichtsbeispiel findet: Der Lehrer tritt in Aktion, wenn die Schüler ihn darum bitten. Ansonsten überantwortet er ihnen alle Initiative. Die beiden anderen Interaktionsformen definieren sich wie folgt:

autokratisch

- Alle Entscheidungen erfolgen durch den Lehrer;
- Lehrer kritisiert und lobt, ohne objektive Gründe anzugeben;
- Der Lehrer fühlt sich nicht als Gruppenmitglied der Klasse;
- Den Schülern sind die Unterrichtsziele nicht bekannt, höchstens minimale Teilziele;
- intensive Lenkung des Unterrichts durch den Lehrer;

demokratisch

- Gruppenentscheidung;
- Lehrer äußert Lob und Kritik und gibt Gründe dafür an;
- Der Lehrer versucht, Mitglied der Schülergruppe zu sein;
- Die Schüler kennen die Gesamtziele des Unterrichts;
- Gruppen- und Partnerarbeit; selbständiges Arbeiten der Schüler.

Die institutionelle Verfaßtheit der Schule bestimmt Interaktion und Kommunikation im Unterricht. Sie ist damit auch für langfristige Lernprozesse der Schüler im Sinn des geheimen Lehrerplans mitverantwortlich. Aber es ist sicher nicht zulässig, einfach davon auszugehen, daß sich die Schüler später genauso verhalten werden, wie sie es im sozialen Feld Unterricht jahrelang miterlebten. Die Effekte des geheimen Lehrplans sind mehrdeutig und in ihrer Konsequenz für die Schüler uneinheitlich. Die folgenden Ausführungen möchten im Anschluß an ein Fallbeispiel Hinweise auf mögliche Wirkungen schulischer Sozialisation geben.

7. Klasse Gymnasium, 32 Jungen und Mädchen, Fach Mathematik mit dem Thema ‚Gleichungslehre‘:
Die Klasse wird von einer jungen Lehrerin mit siebenjähriger Berufspraxis unterrichtet. Sie genießt einen guten Ruf an der Schule, sowohl was ihre fachlichen wie ihre menschlichen Qualifikationen anbelangt. In der konventionellen Unterrichtsführung überwiegt das Lehrgespräch, unterbrochen durch Gruppenarbeitsphasen. Der Unterrichtsschwerpunkt liegt bei Übungsaufgaben. Drei Jungen sind außerordentlich schwierig. Sie unterbrechen die Lehrerin ständig, rüpeln und hindern die anderen Schüler am Mitarbeiten. Ein Schüler beteiligt sich nie am Unterricht. Er lacht meist dümmlich und albert herum. Der Lärm, der von diesen drei Schülern ausgeht (sie ziehen die anderen Jungen der Klasse mit), wird ab Unterrichtsmitte unerträglich. Die meisten der Jungen hören auf zu arbeiten und beschäftigen sich mit aggressiven Spielen. Die Lehrerin beschwichtigt und versucht, durch gutes Zureden auf die Schüler einzuwirken. Sie diskutiert mit den Störern und der Klasse. Ihr gelingt es dann meistens, die Klasse zu beruhigen, und sie beendet die Stunde im Frontalstil. Immer wieder legt sie Phasen der Metakommunikation ein, an denen sich die Mädchen intensiv beteiligen. Sie wollen in Ruhe am Mathematikunterricht teilnehmen, weil sie Mathematik wichtig finden und ärgern sich über die Jungen und die Lehrerin, die die notwendige Ruheatmosphäre nicht herstellt. Bei diesen Gesprächen geben sich die Jungen mehrheitlich gelangweilt oder aggressiv.

Mögliche Unterrichtseffekte:

1. Unterricht übt die im Unterricht vollzogenen Verhaltensformen ein, die die Schüler in ihre außerschulische Lebensführung übernehmen. (Hier: rüpelhaft sein, sich unterwerfen, stören, trotz Störungen und Anfeindungen arbeiten, sich ablenken/nicht ablenken lassen, Unselbständigkeit durch den lehrerzentrierten Frontalunterricht, Einübung in die geschlechtsspezifischen Rollen ...). Interaktionsformen, die besonders oft im Unterricht wiederholt werden, haben dieser Vorstellung entsprechend die deutlichsten Sozialisationswirkungen.
2. Schüler entwickeln gegen die im Unterricht geforderten Handlungen und Wertungen, die zu erlernenden Themen Widerwillen. Dieser Widerstand drückt sich auch in Form von Apathie und Teilnahmslosigkeit aus. Die Wirkungen der Schule verkehren sich in das von ihr beabsichtigte Gegenteil:

Protesthaltungen und Bumerangeffekt. (Statt durch das Lehrervorbild angeleitet, auf rationale Weise Konflikte zu lösen, neigt ein Teil der Schüler zu offener Aggressivität. Statt zu reden und sich einfühlsam zu zeigen, setzen sie sich durch.)
3. Belohnung führt dazu, eine Aktivität häufiger und mit größerer Sicherheit auszuführen, so wenigstens erklären es die behavioristischen Lerntheorien. (Die Lehrerin belohnt die schwierigen Schüler durch die Aufmerksamkeit, die sie ihnen ständig entgegen bringt. Sie sehen, daß man sich nicht mit Mathematik abzumühen braucht, und finden doch Anerkennung. Ihre Durchsetzungsstrategien werden belohnt.) Auch das Tadeln und Nörgeln, die Strafandrohungen und milden Strafen wirken als Verstärker, denn die betroffenen Schüler rücken in den Mittelpunkt des Unterrichts (s. Euler 1975). Bei der Unterrichtsanalyse sollte man kontrollieren, worauf Lehrer achten bzw. auf welches Schülerverhalten sie ständig reagieren, was sie unentwegt kommentieren. Zu fragen ist weiterhin nach den Gratifikationen, Arbeitsentlastungen, Strafarbeiten, nach Bevorzugung von Schülern. Welche Schüler bekommt favorisierte Aufgaben zugeteilt? (Auch die ‚braven' Mädchen werden belohnt: Durch gute Noten, Freude der Eltern, eigene Freude über gute Schulleistungen, durch die Freundlichkeiten der Lehrerin. Bestraft werden sie durch ihre Mitschüler, was sich aber auch als Bumerangeffekt in ihrem Standpunkt bestätigen könnte.)
4. *Beobachtungslernen* erweist sich als besonders effektvoll, wenn das Vorbild sozial anerkannt ist und selbst wieder in seinem Verhalten Erfolg hat. (Hier: Die Schüler lernen am Vorbild der Mitschüler, wie man sich erfolgreich mit Durchsetzungsstrategien behauptet und Leistung problemlos verweigert.)
5. Von Meinungsmachern geht erheblicher Gruppendruck aus, mitzumachen und sich einzufügen. Schülergruppen bedienen sich subtiler bis rauher Methoden, die Konformität in der Klasse herzustellen: Abdrängen in Außenseiterpositionen, Verweigerung sozialer Anerkennung, Verlachen, Drohungen, Ausschluß aus gemeinsamen Unternehmungen usw. Die meinungslosen Schüler, ängstlich, zögernd und unsicher, können sich diesem Druck am wenigsten entziehen. Als Beobachter sollte man die Mechanismen *sozialer Kontrolle* in der Schulklasse sorgsam beachten (Hinweise s. Lindgren 1973, S. 130–162). (Hier: In der Klasse stehen sich zwei konkurrierende Gruppen, die Jungen und die Mädchen, gegenüber. Sie bestärken sich gegenseitig und lassen Ausbruchsversuche nicht zu.)
6. Wie das Pygmalionexperiment als Beispiel belegt, beeinflussen *Eigenschaftszuschreibungen* das Selbstbild von Schülern und Lehrern. Man nimmt das Urteil anderer über sich wahr, interpretiert deren Aussagen und Gesten auf dem Hintergrund des eigenen Selbstbildes, versucht dieses Selbstbild zu verteidigen oder integriert diese Zuschreibungen in die Vorstellung vom richtigen Handeln. Der geheime Lehrplan wirkt auch über die Prozesse der

Stigmatisierung und Zuschreibung. (Die drei besonders auffälligen Jungen werden von der ganzen Klasse und von der Lehrerin als Störer angesehen. Sie fühlen sich als Störer und handeln folgerichtig zu diesen Zuschreibungen. Nur die soziale Bewertung dieses Störens ist in der Klasse uneinheitlich.)
7. Die Schüler üben soziale Rollen ein, die sie aus der Schule wie aus den außerschulischen Umgangsformen bereits kennen. (Dieser Unterricht unterstützt die geschlechtsspezifische Rollenübernahme z. B. hinsichtlich Konfliktstrategie, Leistungsbereitschaft, Lernverhalten.)
8. „Mit dem Erlernen der Sprache verinnerlicht das Individuum ... Bewußtseins- und Verhaltensschemata einer sozialen Subkultur" (Hurrelmann 1975, S. 119). Unterricht verschafft Schülern Erfahrungen, indem er Probleme und Interaktionen thematisiert oder sprachlich ausklammert. Er bietet den Schülern Begriffe oder läßt sie allein mit ihren Gefühlen und Schwierigkeiten, die sie sprachlos zu bewältigen haben. Sprache hebt Interaktionen ins Bewußtsein, stellt anderes dem Vergessen anheim, hilft zu verdrängen oder Dinge zu bewältigen. Wie unterstützt der Unterricht die Schüler durch offene Gespräche, durch das Bezeichnen von Problemen? Welche Begriffe stehen Schülern und Lehrern zur Verfügung? Was wird zerredet? Wofür sensibilisiert die Unterrichtssprache?

6.4 Sozialformen im Unterricht

„Vielleicht sind morgen alle Lehrer krank. Dann gibt es Lehrerkrankenferien sowie im Sommer hitzefrei. Ohne Lehrer ist Unterricht doch unmöglich!" So äußert sich ein zehnjähriger Schüler zur Lehrerrolle. Mit dieser Auffassung von der Bedeutung des Lehrers für den Lernprozeß steht er nicht allein. Sie bestimmt den Charakter unseres Ausbildungssystems: Der Lehrer ist unverzichtbar, weil er als einziger den zu erlernenden Stoff beherrscht und den Unterricht professionell zu organisieren weiß. Diese Einschätzung der Lehrerrolle verführt zu *lehrerzentrierten Unterrichtsformen*. Der Lehrer steht im Mittelpunkt, von ihm gehen alle Anstöße aus. Er will überall sein, helfend, unterstützend, kontrollierend. Sichtbaren Ausdruck findet diese Einstellung in den bei den Lehrenden beliebten Sozialformen Lehrgespräche bzw. Lehrer-Schüler-Gespräch und dem Lehrvortrag. (Literaturhinweise zu Sozialformen: Kösel 1973, Wulf/Groddeck 1977).
Sokrates kann für sich in Anspruch nehmen, das *Lehrgespräch* als didaktische Methode ‚publik' gemacht und zur Höchstform entwickelt zu haben. Weil sich der Lehrer als Geburtshelfer der Schülergedanken versteht, wird dieses Verfahren auch als *Mäeutik* bezeichnet. Die kunstvollen Lehrerfragen konfrontieren die Schüler mit Problemen, für die sie Antworten und Lösungen suchen,

sich dabei in logische Widersprüche verwickeln. Neue Lehrerfragen spiegeln den Schülern die gefundenen Einsichten zurück, fordern sie auf, Fehler und Schwierigkeiten selbständig zu überwinden, Lösungen zu entwerfen und sie erneut zu überprüfen. Mit seinen wohl vorbereiteten, detaillierten Fragen entwirft der Lehrer eine Struktur des Lehrinhalts und versucht durch immer neue Denkanstöße, die Schüler zum Weiterdenken zu motivieren.
Dieser *fragend-entwickelnde Lehrstil* bietet ein anschauliches Beispiel, wie eine Lehrmethode ihren ursprünglichen Sinn verliert:

– Anstatt einen Zusammenhang selbst zu klären oder ihn von den Schülern erarbeiten zu lassen, fragt der Lehrer umständlich die einzelnen Teilaspekte des Unterrichtsthemas aus den Schülern heraus.

- Die Schüler denken immer nur über die nächste Frage nach und verlieren in diesem geisttötenden Frage-Antwort-Ritual den Überblick über die Fragestellung des Unterrichts.
- Diese Mäeutik beruht auf klarer Rollentrennung, hier die Wissenden, dort die Unwissenden, die der Hilfe bedürfen.
- Die Gesprächssituation ist künstlich. Die Schüler beantworten Fragen, deren Antwort der Lehrer bereits kennt. Die Schüler verlieren das Interesse, selbst Fragen zu stellen und Probleme zu entdecken.
- Je nach Schülerpersönlichkeit fördert der fragend-entwickelnde Lehrstil Autoritätsgläubigkeit und Unselbständigkeit der Schüler oder ihren Widerstand gegen die Autorität des Lehrers, gegen Belehrung und die Lehrinhalte.
- Den Schülern wird nur ein geringer Freiheitsspielraum zugestanden. Der Lehrer verplant den Unterricht, gibt Denkanstöße, gliedert den Lehrinhalt. Die Schüler antworten auf Einzelfragen.
- Der Lehrer bewertet die Schülerbeiträge sofort, z.B. mit „Gut! Richtig! Falsch! Das ist aber ein guter Beitrag! Nur so weiter! Ich will etwas anderes hören!"
- Das Lehrgespräch verhindert auch Lerngelegenheit der Schüler, denn pro Zeiteinheit kann sich nur immer einer äußern: Der Lehrer oder nur ein Schüler.
- Die Schüler lernen mehrheitlich passiv durch Zuhören, anstatt selbst zu formulieren, zu argumentieren, zu sprechen, zu üben.
- Diese Unterrichtsform unterstützt die Vereinzelung der Schüler, fördert Versagensangst und Konkurrenzdenken.
- Das Lehrgespräch fordert straffe Unterrichtsführung und ist äußerst störanfällig gegen Schwätzen, Unaufmerksamkeit der Schüler u.ä.
- Das Lehrgespräch ermüdet die Schüler. Vom Lehrer verlangt es höchste Konzentrationsleistung.

Das Lehrgespräch führt zu einem *Schulmeistern,* das sich Erwachsene nur noch gefallen lassen, wenn sie in stark abhängiger Stellung zum Interaktionspartner stehen. Wer fühlt sich durch den folgenden Gesprächsstil noch partnerschaftlich ernst genommen?

5. Klasse Hauptschule; Thema: Rückstoßprinzip der Rakete

```
L↘
   S    Schüler:    (bläst einen Luftballon auf)
L↘ Lehrerin:    (nimmt den Ballon und läßt ihn los. Die Kinder lachen, weil der
   ↘K               Ballon durch die Klasse schießt.) „Erklärt, was ihr gesehen
L↘                  habt!" (L ruft einen Schüler auf)
   S    Schüler:    „Der fliegt".
L↗ Lehrerin:    „Bitte sprich einen ganzen Satz!" (Sie ruft einen anderen Schüler auf.)
  ↘S    Schüler:    „Der Ballon fliegt durch das Zimmer!"
L↗ Lehrerin:    „Das ist noch nicht alles. Warum fliegt er? Wer hat eine Erklärung?"
  ↘S    Schüler:    „Weil er einen Druck hat."
L↗ Lehrerin:    „Genauer! Wenn ich einen Luftballon zubinde, dann steht er auch
  ↘                 unter Druck, und trotzdem fliegt er nicht weg. Warum ist er hier
   ↘                durch die Luft geflogen?"
   ↗S   Schüler:    „Die Luft hat's hinten durch das Loch hinausgedrückt."
L↘ Lehrerin:    „Das ist nicht alles. Wer kann weiterhelfen?"
   0                (keine Reaktion)
L↘ Lehrerin:    „Evi, weißt du es?"
   S    Schüler:    (Evi lächelt nur verlegen.)
L      Lehrerin:    „Ich zeige euch jetzt noch einen anderen kleinen Versuch,
                    vielleicht kommt ihr dann drauf ..."
```

Die verwendeten Zeichen und Abkürzungen dienen dazu, während des Unterrichts rasch den Interaktionsverlauf zu skizzieren. Pfeile symbolisieren die Interaktionsrichtung. Die Spitze zeigt auf den Adressaten einer Kontaktnahme. Der wegführende Pfeil bedeutet, daß von dieser Person eine Aktivität bzw. ein Interaktionsimpuls ausgeht.

Zeichenerklärung:
  ↘ = anregen, auffordern, Denkanstoß geben, aufrufen, fragen, Initiative entwickeln ...
  ↗ = eine vorangegangene Aktivität bewerten; Rückmeldung geben ...
  | = informieren, Lehrvortrag ...
  L = Lehrer; S = Schüler; K = Klasse; 0 = niemand reagiert;

Die Sozialisationsforschung kritisiert nachdrücklich diesen Lehrstil, weil er langfristig geistige Trägheit und Desinteresse fördert. Das ständige Bewerten verhindert die Selbstkritik der Schüler. Die Autorität weiß alles, kennt die Probleme und ihre Lösungen, kennt die Arbeitsschritte und hat immer das Recht, über die Qualität eines Beitrags zu befinden. Viele Lehrer rechtfertigen das ständige Bewerten und Stellungnehmen mit dem Argument, die Schüler bräuchten immer sofort einen Hinweis auf richtig und falsch. Wenn diese Rückmeldung aber automatisiert erfolgt, verliert sie ihre positive Wirkung.

Das oben skizzierte Analyseschema eignet sich, um kurze Interaktionssequenzen im lehrerzentrierten Unterrichtsgespräch zeichnerisch darzustellen. Es dominieren dort die im Folgenden aufgezeichneten Handlungsstrukturen. Zu ihrer Bewertung sollte man u.a. die nachstehenden Begriffe berücksichtigen: Freiheitsspielraum der Schüler, Dominanz des Lehrers, Möglichkeiten zur

Schülerinitiative, geheimer Lehrplan, Lehrerrollen, Förderung der Zusammenarbeit, Konkurrenz unter den Schülern ...

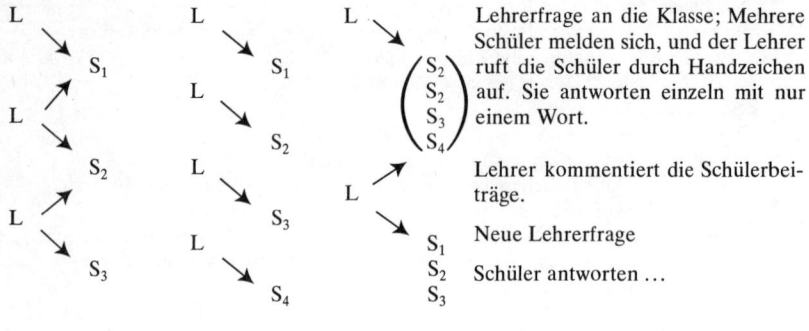

```
L           L           L  ↘        Lehrerfrage an die Klasse; Mehrere
 ↘ S₁        ↘ S₁        ⎛ S₂ ⎞     Schüler melden sich, und der Lehrer
 ↗            L           ⎜ S₂ ⎟     ruft die Schüler durch Handzeichen
L             ↘           ⎜ S₃ ⎟     auf. Sie antworten einzeln mit nur
 ↘            S₂          ⎝ S₄ ⎠     einem Wort.
  S₂         L                       Lehrer kommentiert die Schülerbei-
 ↗            ↘      L  ↗            träge.
L             S₃        ↘ S₁         Neue Lehrerfrage
 ↘           L             S₂        Schüler antworten ...
  S₃          ↘            S₃
              S₄
```

Frage/Antwort/   Lehrer fragt und
Beurteilen/Frage/ verzichtet, ständig
Antwort ...   die Antwort zu
                   beurteilen.

Der *Lehrvortrag* als eine weitere Form lehrerzentrierter Unterweisung ist pädagogisch nur vertretbar, vermag es der Vortragende durch rhetorisches Geschick, seine passiv bleibenden Zuhörer geistig und emotional zu aktivieren. Referat und Lehrvortrag müssen gut vor- und nachbereitet, in verständlicher Sprache abgefaßt und klar gegliedert sein. Optische Hilfen, wie Schaubilder, Stichworte und Zeichnungen sowie Denkpausen und das Anknüpfen an bereits Bekanntes erleichtern den Zuhörern das Verständnis. Das im Vortrag kompakt dargebotene Wissen überfordert durch seine Informationsfülle. Aber der Vortragende gibt sich oft der Illusion hin, die Zuhörer hätten gelernt, nur weil sie ruhig und aufmerksam waren oder er sich selbst intensiv vorbereitet hatte. Die Behaltensquote ist erfahrungsgemäß gering. Das Gesagte ‚plätschert' an den Zuhörern vorbei, die sich am Ende nur noch vage an den Anfang erinnern. Die Fülle des Dargebotenen ist nur schwer zu verarbeiten, und den Zuhörern bleibt kaum Zeit, ihren Wissensbestand mit dem Neuen zu vergleichen und das Gehörte in eigene Vorstellungen zu übertragen. Die lustlosen Diskussionen im Anschluß an Seminarreferate beweisen, daß in erster Linie der dazu lernt, der das Referat hielt. Er fühlt sich verunsichert, weil er nur unzureichend Kontakt zu den Hörern bekommt. Ihre Rückmeldung bleibt aus, und der Referent weiß nicht, wie die Zuhörer ihn beurteilen.
Beim *Großgruppengespräch* (Plenum, Diskussion in der Klasse, Gespräch im Stuhlkreis) hätten alle Teilnehmer prinzipiell die gleiche Chance zu reden, wäre nicht die Angst, vor vielen Leuten etwas Kluges sagen zu müssen. Wer nicht sofort in die Diskussion ‚einsteigt', verpaßt die Gelegenheit, sich zu äußern und

wird in die Rolle des Zuhörers gedrängt. Die clever vorgetragenen Argumente, die andere selbstsicher einbringen, hindern, diese Passivität aus eigener Kraft wieder abzulegen. Da nehmen die Viel- und Klugredner die Gelegenheit exzessiv wahr, anderen etwas zu sagen und verunsichern sie damit. Es wird geblufft und nicht nur in Universitätsseminaren. „Hier bin ich souverän, hier kann mir keiner! Das Wissen wird nicht mit dem – eigentlich einzig sinnvollen – Ziel dargestellt, sich verständlich zu machen und andere lernen zu lassen. Statt dessen wird die Herrschaft über die Kommunikation ausgeübt ... Das wirklich vorhandene Wissen wird in einer Form präsentiert, die Überlegenheit und Unangreifbarkeit signalisiert" (W. Wagner 1977, S. 28). Wer blufft, der wehrt oft nur seine Unsicherheit ab und sucht sich ins günstige Licht zu setzen. Der Bluff verursacht Leistungsdruck, Angst-, Konkurrenz- und Unterlegenheitsgefühl sowie Gegen-Bluff. Was ist unter diesen Bedingungen bei der Gestaltung von Großgruppengesprächen zu beachten? Wie versucht der Lehrer, diesen Wirkungen entgegenzutreten? Einige Analysehinweise:

– Murmelphasen, Partner- und Kleingruppengespräche, Rollenspiel u. ä. lokkern das Plenum auf, geben den Gesprächsteilnehmern Gelegenheit, andere Personen kennenzulernen und sich auf die zu diskutierende Thematik vorzubereiten.
– Haben die Teilnehmer etwas zu sagen? Haben sie den vorangegangenen Vortrag verstanden, und konnten sie [sich] beim Zuhören ein Problembewußtsein entwickeln? Sind die ausgeteilten Texte gelesen und verstanden worden? Gab es ausreichend Gelegenheit, in Ruhe allein über das Thema nachzudenken? Können die Gesprächsteilnehmer eigentlich nur wiederholen, was der Lehrer/Referent bereits sagte? Wurde versäumt, genügend Anschauungsmaterial bereitzustellen?
– Haben die Teilnehmer Angst vor Beurteilung und aufgerufen zu werden? Vermeiden Lehrer und Mitschüler, die Beiträge anderer Personen herabzusetzen? Auch Lob und Anerkennung werten ab, wenn z. B. nur die Schwachen diese Unterstützung erhalten („Jetzt hat der Klaus aber einen guten Beitrag geliefert!"). Fehlendes Lob hat oft nur die Bedeutung ‚schlechter Beitrag'.
– Wer von den Teilnehmern kann mit dem Sprechen nicht warten? Erträgt der Lehrer auch längere Gesprächspausen? (Der Verantwortliche für ein Plenum empfindet 20 Sekunden bereits als peinliche Ewigkeit.)
– Wer selbst viel redet, nimmt anderen die Zeit zu sprechen!
– Hat jeder Teilnehmer das Recht auch nur zuzuhören, oder wirkt Schweigen als Versagen peinlich, oder deutet man es als Ausdruck von Unkenntnis? Phasen des Schweigens und des Nachdenkens sollten Großgruppengespräche unterbrechen, um den Zwang zu ständigem Reden aufzuheben.

Pro- und Contra-Diskussionen geben einem Plenum neue Dynamik. Die Teilnehmer spielen Rollen, hinter denen sie sich verstecken können. Die Zuhörer fühlen sich nicht unter Leistungsdruck versetzt, weil man von ihnen nur Zuhören erwartet. Zum Schluß nehmen sie bei einer Abstimmung zu den vorgetragenen Argumenten Stellung.

Das *Aquarium,* eine Variation der Podiumsdiskussion, kombiniert das Kleingruppengespräch mit dem Lehrvortrag. So wie man den Goldfischen in ihrem Glas von außen zuschaut, sitzen die Schüler im großen Kreis um die diskutierende Kleingruppe herum. In diesem inneren Kreis bleiben ein, zwei Plätze frei, die die außen Sitzenden kurzfristig einnehmen, um sich selbst am Gespräch zu beteiligen. Nach ihrem Beitrag verlassen sie ihren Stuhlkreis.

Bei Partner- und Gruppenarbeit werden die Schüler selbst aktiv. Sie beschäftigen sich entsprechend ihres individuellen Arbeitstempos und sind gezwungen, selbständig zu denken und zu lernen. Diese Sozialform verlangt von ihnen ein größeres Engagement, als es der lehrerzentrierte Unterricht zuläßt, und nicht jedes Abweichen vom Unterrichtsthema hat den Charakter einer Störung. Die Skepsis gegen die schülerzentrierte Arbeitsform ist in unserem Ausbildungssystem weitverbreitet und behindert diese Unterrichtsmethode: Was sind die Ursachen dieser Abneigung?

1. Der Lehrer wiederholt die Unterrichtsformen seiner eigenen Schulzeit, und Gruppenarbeit kam damals nicht vor.
2. Der Lehrer hält seine Schüler für unfähig, selbständig zu arbeiten („Ja, das ist etwas für's Gymnasium! – Ja, wenn die Schüler älter wären, dann …! – Die haben es früher nie gelernt! Bei der Stoffülle kann ich mir jetzt nicht die Zeit nehmen, den Schülern das Zusammenarbeiten beizubringen!"). Ist die Vorstellung von der Unfähigkeit der Schüler zu Gruppenarbeit nicht Ausdruck der Schwierigkeiten des Lehrers, selbst mit anderen zu kooperieren?
3. Den Lehrer belastet es, daß die Schüler umständlich arbeiten, sich ablenken lassen und nicht konsequent den richtigen Lösungsweg beschreiten.
4. Der Lehrer erträgt die Selbständigkeit der Schüler nicht. Auch in Phasen der Gruppenarbeit schreibt er den Schülern Ziele und Arbeitsmethoden exakt vor und terminiert die Arbeitszeit.
5. Der Lehrer verfügt nicht über die Phantasie, sich die vielfältigen Formen des Lernens vorzustellen. Er verharrt deshalb beim lehrerzentrierten Unterricht.
6. Der Lehrer schätzt den Lehrerfolg beim Lehrgespräch höher ein als bei der selbständigen Gruppenarbeit. Er übersieht, daß es im Frontalunterricht ebenfalls nur bedingt gelingt, alle Schüler zu aktivieren und daß immer nur ein Teil der Schüler alles versteht.
7. Der Lehrer ist überzeugt, rezeptives Lernen sei dem selbstorganisierten Lernen überlegen, weil *er* den Schülern den Lehrinhalt wohlstrukturiert präsentiert.
8. Der Lehrer beabsichtigt, die Schüler mit möglichst viel Dingen vertraut zu machen. Von exemplarischer Begrenzung hält er wenig. Gruppenarbeit braucht aber immer etwas länger als der Lehrvortrag.

Gruppenarbeit wird durch *vermeidbare Fehler* zur Tortur. Auf sie sollte sich der Beobachter konzentrieren:

Häufig wiederholt sich in der Gruppe nur der lehrerzentrierte Unterricht, weil einer oder einige Schüler die Rolle des organisierenden Lehrers übernehmen, dominant ihre Ansichten durchsetzen und damit ein partnerschaftliches Arbeiten verhindern. In manchen Gruppen zeigt sich die Unfähigkeit, sich rasch zu einigen. Vorschläge werden immer durch neue Gegenvorschläge ergänzt, ein einmal hergestellter Konsens über Arbeitsziele und Methoden wird rasch wieder umgestoßen. Gespräche ufern aus. Man weicht vom Thema ab und verliert das Arbeitsziel aus dem Auge. Es fehlt jemand, der aufgrund seines Vorwissens klärend eingreift und einen Überblick geben kann. (Man ist ja schon so sehr an den Lehrer gewöhnt!) Viele Lehrer wollen den Lernerfolg der Gruppe vorher durch exakte Arbeitsanweisungen sicherstellen. Sie übertragen der Gruppe nur minimale Probleme und Selbständigkeiten und greifen ständig planend und kontrollierend ein, was die Schüler in der Entfaltung ihrer Selbständigkeit behindert. Lehrern wie Schülern fehlen notwendige soziale Fähigkeiten, z. B. aktives Zuhören, Zurückstellen eigener Interessen zugunsten des Gruppeninteresses, Kooperation, Zulassen abweichender Meinungen. Weitere Fragen zur Analyse der Arbeitsgruppensituation:

- Wer spielt welche soziale Rolle?
- Isolierte Schüler?
- Wer sind die Aktiven/Passiven?
- Was behindert die Schüler, aktiv zu werden?
- Ängste?
- Sind die notwendigen Arbeitsmaterialien vorhanden?
- Wie klar sind die Zielsetzungen der Gruppe?
- Ist die Arbeitszeit zu kurz bemessen?
- Überfordert sich die Gruppe mit ihrer Zielsetzung?
- Bereiten die Mitglieder die Sitzungen vor, so daß jeder etwas zu dem Thema beitragen kann?
- Wie arbeiten die Gruppenmitglieder die Sitzungen auf, z. B. durch Protokolle, Zusammenfassungen?
- Halten sich Arbeitsgruppenmitglieder an Vereinbarungen, wie z. B. einen Text wirklich auch zu lesen?
- Wie nützen die Lernenden den größeren Freiheitsspielraum der Gruppenarbeit?
- Dürfen die Lernenden auch Tätigkeiten nachgehen, die der Lehrer nicht einplante?
- Wie groß ist der tatsächliche Freiheitsspielraum der Lernenden?

Partnerarbeit lockert die langen Phasen des Zuhörens und Zuschauens auf. Sie aktiviert die Schüler, ohne daß große organisatorische Vorarbeiten erforderlich wären. Anstatt immer nur allein zu arbeiten, berichten sich die Schüler, versuchen etwas zusammen zu erledigen. Sie denken sich zu zweit Fragen aus, üben zusammen, fragen sich ab, helfen sich, lesen sich einen Text vor.

Die *Einzelarbeit,* auch Stillarbeit genannt, verliert manches ihrer negativen Wirkung, wird sie durch häufige Gruppen- und Partnertätigkeit relativiert.

Lehrer sollten die Einzeltätigkeit nicht nur schriftlichen Prüfungen vorbehalten oder die Arbeitsergebnisse von Einzeltätigkeit immer korrigieren und benoten. Sonst erleben die Schüler die Einzelarbeit als eine an Prüfung und Beurteilung gebundene Lernform. Angst vor dieser Sozialform entsteht, weil sich die Schüler unter Druck gesetzt fühlen und sich in unsinniger Konkurrenz zu ihren schneller arbeitenden Mitschülern sehen.

Die folgende *Übersicht* faßt Sozialform zusammen und skizziert deren Kommunikationsfluß. Sie eignet sich als Arbeitsblatt, um zu notieren, welche Sozialformen der Unterricht enthält.

Lehrer-Schüler-Gespräch, Lehrgespräch, Lehrer steht im Mittelpunkt; Schüler haben keine Kontakte miteinander; Schülerkontakte stören; fragend-entwickelnde Lehrmethode; Passivität der Schüler; die Schüler lernen mehrheitlich durch Mitdenken und Zuhören;

Plenumsdiskussion, Großgruppengespräch, alle Beteiligten können miteinander sprechen; sind die Gesprächschancen ungleich verteilt? Wer dominiert? Wer sind die Passiven, Außenseiter, Schweiger, Vielredner? Haben sich die Gesprächsteilnehmer etwas zu sagen? Ängste? Bluff?

Podiumsdiskussion;
Aquarium;
Pro-Contra-Diskussion;

Lehrvortrag;
Vorlesung;
Referat;
Lehrer doziert;

Gruppenarbeit: Wer dominiert, legt die Ziele, Arbeitsmethoden fest? Wer bewertet? Rolle des Lehrers? Entscheidungsspielraum der Gruppe? Hilfsmittel? Vor-, Nacharbeit? Außenseiter? Mitarbeit? Konkurrenzsituation zwischen den Gruppenmitgliedern bzw. den Arbeitsgruppen? Vorurteile des Lehrers und der Schüler gegenüber dieser Arbeitsform? Welche Fähigkeiten fehlen Schülern und Lehrern für erfolgreiche Gruppenarbeit?

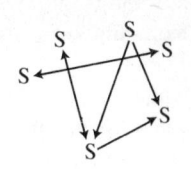

Partnerarbeit

Einzelarbeit, Stillarbeit; Schüler haben untereinander keine Kontakte; Konkurrenzsituation; Ängste; Wie kontrolliert der Lehrer den Lernerfolg der Schüler?

Die Entscheidung für oder gegen eine der Sozialformen sollte nicht nur vom Wunsch bestimmt sein, den Lernerfolg kurzer Unterrichtspassagen oder die Ruhe im Klassenzimmer zu sichern. Die Bewertung von Sozialformen ist vielschichtig. Zu berücksichtigen sind u. a. folgende Argumente:

– Fördert die Sozialform die Bewältigung der Lernaufgaben?
– Welche Lehrziele stehen im Widerspruch zu den Sozialformen?
– Vermittelt die Arbeitsform den Schülern und auch dem Lehrer ein Erfolgsgefühl?
– Welches emotionale Klima bestimmt die Zusammenarbeit der Personen?
– Entsprechen sich Medienwahl und Sozialformen?
– Welche organisatorischen Unzulänglichkeiten behindern das Lernen?
– Wer trifft die Entscheidung über den Arbeitsmodus? Wird die Wahl begründet?
– Welche Qualifikationen fehlen Schülern/Lehrern, um sinnvoll mit der gewählten Sozialform zu lernen und zu arbeiten? Sind sie an diese Formen gewöhnt?
– Welche Verfahren sind beliebt/unbeliebt?
– Welche Lernhilfen und Lehreranweisungen waren überflüssig? Welche wären notwendig gewesen?
– Welche Sozialisationswirkungen werden sich langfristig durch die verwendeten Sozialformen einstellen?
– Freiheits- und Entscheidungsspielraum der Beteiligten?

- Arbeitsaufwand für Lehrer/Schüler?
- Welche Kommunikationschancen hatten die Beteiligten? Wer ist benachteiligt?
- Welche anderen Sozialformen hätten den Schülern mehr Möglichkeiten geboten zu lernen, zu üben, anzuwenden, die eigenen Erfahrungen zu artikulieren, zu sprechen ...?
- Wird bei Gruppen-, Partner-, Einzelarbeit die Möglichkeit zu differenzierter Aufgabenstellung genützt, damit die Guten und Schlechten, die Schnellen und Langsamen angemessene Lernaufgaben erhalten?
- Welche Schüler werden durch die verwendete Sozialform besonders gefördert/benachteiligt?
- Welche Vorurteile von Schülern, Lehrern, Eltern behindern die Sozialformen?
- Unterstützen/begrenzen die Sozialformen Konkurrenz, Wettbewerb, Konflikte unter den Schülern bzw. zwischen Lehrern und Schülern?

7 Wenn Lehrer und Schüler miteinander nicht auskommen:
Konflikte und Störungen im Unterricht

Konflikte beruhen auf Unvereinbarkeiten, Widersprüchen, auf sich ausschließenden Wünschen und Erwartungen. Sie verursachen Spannungen und Leidensdruck bei den Beteiligten. Diese Schwierigkeiten reichen vom „fertiggemachten Lehrer", über Streit und Unfrieden in der Klasse, bis zu Lernunlust und Verweigerung. Was trägt die Unterrichtsanalyse bei, diese verschiedenartigen Schwierigkeiten pädagogisch zu gestalten und zu ertragen? Die Analyse soll Einsicht geben in die Dynamik des Konfliktgeschehens, um aus diesem Wissen Handlungsmöglichkeiten abzuleiten. Nur, die Einsicht allein verändert weder die Gefühle, noch ist sie ein ausreichender Anlaß, vernünftig zu handeln. Deshalb sollte man sich von der Konfliktanalyse keine unmittelbaren Auswirkungen auf das Zusammenleben erhoffen. Die rationale Analyse verhilft sicher zu neuem Verständnis der Situation. Sie fordert auf, die eingespielten Streitrituale zu durchschauen. Außerdem erhöht das kritische Durchdenken die Rollendistanz und bietet die Chance, sich auf die nächste Auseinandersetzung rational einzustellen, unabhängig von der Belastung, in einer Krisensituation sofort das Richtige tun zu müssen und ohne das Gesicht zu verlieren.
Gespräche mit Außenstehenden, mit den von Konflikt nicht belasteten Personen, unterstützen die *Konfliktbewältigung durch Einsicht*. Sie geben Anregungen durch neue Deutungen der Ursachen und entlasten durch die therapeutische Wirkung des Sichaussprechens.

7.1 Hindernisse bei der Konfliktbewältigung

„Als sie sich trafen, seufzte der eine: ‚Ich bin völlig kaputt.' Der andere musterte ihn geringschätzig: ‚Aber nicht so kaputt wie ich!'" (Bopp 1979, S. 73). So könnte ein Lehrerzimmergespräch beginnen, um dann von der Klage über die Schwierigkeiten mit den Schülern zum Berufsstreß zu kommen und mit der Forderung nach Arbeitszeitverkürzung zu enden. Auch Lehrer, die niemals zugeben würden, sie hätten Konflikte im Unterricht, begründen einen Teil ihrer hohen Berufsbelastung gerade durch diese Konflikte.

Alle Lehrer haben im Unterricht Konflikte durchzustehen. Sie leiden darunter, auch wenn sie selten ein offenes Gespräch darüber wagen. Lehrer machen sich den Umgang mit Konflikten und Störungen im Unterricht durch dieses Schweigen schwer. Anstatt sich, jeder weiß sowieso Bescheid, gegenseitig einzugestehen, wie machtlos sie dem Lernunwillen, der Apathie und den Aggressionen ihrer Schüler gegenüberstehen, verbieten sie sich darüber zu sprechen. Sie verbieten es sich, weil sie sich dem offiziellen Bild vom guten Lehrer anpassen wollen: Ein *guter Lehrer* hat keine nennenswerten Konflikte (zu haben)! Störungen lenkt er durch persönliche Ausstrahlung oder geschickte Unterrichtsdramaturgie in geordnete Bahnen! So wenigstens schreibt es das Lehrerleitbild vor.
Besonders schwer machen es sich die emanzipationsbewußten Lehrer, die unter den Unterrichtsstörungen genauso leiden wie ihre Kollegen. Sie versuchen, wie die anderen Lehrer auch, die Ausbildungsziele zu erreichen. (Sie könnten sich diesen von außen gesetzten Anforderungen auch nicht entziehen.) Gleichzeitig wissen sie, daß Konflikte unvermeidbar und im Unterricht so gut wie nicht zu verhindern sind, außer sie schränken die Schüler erheblich ein, was wieder mit ihrer Vorstellung von der Selbständigkeit der Schüler kollidiert. Außerdem liegt es ihnen fern, die Spannungen im Unterricht durch eine vordergründige Konfliktfreiheit zu verschleiern. Konflikte sollen ihrer Ansicht nach zum Ausbruch kommen, damit man das Konfliktpotential sucht und dadurch lernt.

Dieses merkwürdig mehrschichtige Berufsbewußtsein der Lehrer behindert die Konfliktbewältigung im Unterricht. Welcher Lehrer vertraut sich unter diesen Bedingungen seinen Kollegen an? Weiß er doch nie, ob er statt eines Rates nur eine von oben herab gegebene Belehrung erhält und sich zusätzlich zu den Problemen beim Unterrichthalten noch durch einen drohenden Imageverlust bei den Kollegen belastet. Man privatisiert die Konflikte, drängt sie ab in die Intimsphäre. „Darüber spricht man nicht!" Obwohl jeder Lehrer genau weiß, was unentwegt geschieht, und er kann es an sich fortwährend selbst beobachten. Gleichzeitig sonnt sich der ganze Berufsstand vor diesem Konflikthintergrund in der öffentlichen Diskussion. Durch eine Vielzahl von Veröffentlichungen zum Thema Konflikte, Störungen und Gewalt in der Schule signalisiert der Wissenschaftsbereich ein neues Verständnis von den Problemen der Schüler und Lehrer. In der Universität hingegen ist es nicht mehr unanständig, über Konflikte der Schule zu arbeiten, wie die vielen Veröffentlichungen zeigen. (Eine kleine Auswahl: Becker/Dietrich/Kaiser 1976, Potthoff/Wolff 1975, Rückriem 1975, Winkel 1975, Hanke/Huber/Mandl 1976, Gordon 1977, Garlichs 1976, Wellendorf 1973a, Thiemann 1975, Seiß 1976, Grauer/Umbsen/Wolff 1976.)

Neben solchen widersprüchlichen Erwartungen und Ängsten behindern vielfältige Rahmenbedingungen von Schule eine erfolgsversprechende Konfliktbewältigung (s. auch Schmidt 1974, Hurrelmann 1975). Beispiele hierfür:

- Curricula und Lehrer planen keine Zeit ein, um mit den Schülern die verschiedenen Wünsche, Hoffnungen und Standpunkte ausgiebig zu besprechen. Klärenden Gesprächen steht bestenfalls die Pause zur Verfügung. Die Ebene der zwischenmenschlichen Beziehungen wird aus dem Unterricht ausgeklammert.
- Schule bietet Lehrern und Schülern nur mangelhaft Gelegenheit, sich unabhängig von Lehrern und Lernen kennen zu lernen.
- Sehr viele Lehrer sind davon überzeugt, sie hätten die Rolle des Belehrenden zu übernehmen und seien damit allein und ausschließlich für das Lernen der Schüler verantwortlich. Sie bürden sich die *Verantwortung für das Entstehen und* Lösen aller Unterrichtskonflikte auf. Ständig fühlen sie sich genötigt, Konflikte erfolgreich zu verhindern oder Streit zu beenden. Damit setzen sie unablässig ihr Image aufs Spiel, befürchten Mißerfolge, und es quält sie die Angst, die Achtung der Schüler und die eigene Selbstachtung zu verlieren (s. Selvini-Palazzoli 1978).
- Schulisches Lernen ist weitgehend entfremdetes Lernen, hinter dem die Schüler wenig Sinn erkennen. Die Abwehr gegen diese Lebensform, diese Inhalte und Lehrmethoden übertragen sie auf den Lehrer.
- Mißverständnisse und Fehleinschätzungen sowie das Unvermögen, den

anderen zu verstehen, werden durch den Altersabstand zwischen Lehrern und Schülern, die jeweiligen Rollenvorstellungen, schichtspezifisch geprägten Interessen und Wertmustern vertieft.
- Lehrer können sich nicht an geschulte Berater um Hilfe zur Konfliktbewältigung wenden. Die Institution Schule sieht die Funktion des Konfliktberaters nicht vor.
- Sehr viele Lehrer greifen als Mittel, Konflikte zu bewältigen, auf ihre Machtmöglichkeit zurück, z. B. Strafen, Strafandrohung, Leistungsdruck erhöhen, klare, exakte Anweisungen geben, exaktes Kontrollieren der Schüler, hohes Lerntempo, Entzug von Vergünstigungen, gezielter Einsatz von Belohnungen. Sie legen größten Wert darauf, daß die Schüler alle ihre Anweisungen präzise einhalten. Die genannten Mittel sind wiederum selbst konfliktverursachend.
- Lehrer sehen in ihrer Stärke die Chance, Konflikte von vornherein zu vereiteln. *Strukturelle Gewalt* verhindert keine Konflikte, höchstens ihren Ausbruch. Durch dieses Vorbild unterweisen Lehrer ihre Schüler in Durchsetzungsstrategien, die die Schüler ihrerseits in den Unterricht einbringen.
- Ein Teil der Schüler durchschaut nicht die verwirrenden Lehrstilunterschiede. Es fehlen Absprachen zwischen den Lehrern, was man von den Schülern erwarten sollte ebenso wie die Koordination Elternhaus-Schule. Ein Gutteil der Unterrichtsstörungen drückt nur die Verunsicherung von Schülern aus, die mit diesen diffusen und gegensätzlichen Erwartungen nicht zu Rande kommen (s. Havers 1978, S. 15).

In der Lehrerschaft existiert kein Konsens, was unter Konfliktbewältigung zu verstehen ist. Diese Meinungsunterschiede behindern die Zusammenarbeit der Lehrer und verunsichern die Schüler, weil sie z. B. bei einem Lehrer ihre Probleme zur Sprache bringen sollen, was andere Lehrer wieder stört. Manche Lehrer unterdrücken jedes Konfliktgeschehen, andere lassen es zu. Diese Vorstellungen von Konfliktfreiheit und Konfliktbewältigung beeinflussen wiederum Unterrichtsgestaltung und Konfliktbearbeitung. Welche Auffassungen vertreten die beteiligten Lehrer? Was bedeutet für sie Konfliktbewältigung? Beispiele:

- Streit und gegensätzliche Auffassungen zur Zufriedenheit aller mit rationalen Mitteln zu lösen.
- Konflikte und Streit im Unterricht offen auszutragen, um die zugrundeliegenden Mißverständnisse zu klären und damit ein erträgliches Arbeitsklima zu schaffen.
- Konflikte bieten Gelegenheit zu sozialem Lernen. Deshalb stören Konflikte nicht, sondern bereichern den Unterricht, freilich auf etwas schwierige Weise.

– Konflikte sind durch geschickte Unterrichtsgestaltung und effektives Konfliktmanagement möglichst rasch zu schlichten, ohne daß tiefer liegende Spannungen zutage treten.
– Konflikte sind soweit wie möglich vom Unterricht fernzuhalten, damit sie das Lerngeschehen nicht unterbrechen.
– Konflikte ruinieren das gute Arbeitsklima in der Klasse und gefährden den Erziehungsauftrag der Schule. Sie sind zu verhindern.
– Schüler und Lehrer müssen lernen, sich zu beherrschen und kontrolliert, aggressionsfrei miteinander umzugehen.

7.2 Fallbeispiel

Die Diskussion allgemeiner Fallbeispiele bietet sich an, um die eigenen Erklärungsmuster zu reflektieren. Fallbeispiele sind abgedruckt bei Gudjon (1977a, b), Winkel (1975), Berg (1976), Teichler (1975), Wimmer (1976), Hanke/Huber/Mandl (1976), Johnson/Bany (1975), Münzinger (1976). Auf das im folgenden Beispiel vom Konflikt der Lehrerin H. mit der 7. Klasse wird im Verlauf dieses Kapitels immer wieder zurückgegriffen.

Frau H., 26 Jahre, ledig, studierte Fächerkombination Englisch – Deutsch, Vater Oberregierungsrat, Mutter Hausfrau, legte vor einem halben Jahr die erste Dienstprüfung ab. Auf ihrer ersten Stelle kam sie mit Lehrern, Eltern und Schülern gut aus. Seit zwei Monaten unterrichtet sie 22 Jungen und Mädchen einer 7. Klasse Hauptschule. Frau H. ist völlig verzweifelt, weil der Unterricht nur vordergründig als Unterricht abläuft. Die Lehrerin und die Schüler halten sich zwar an gewisse Rituale, die den Schein wahren, als finde Lehren und Lernen statt. Der Lärm im Unterricht ist oft nervtötend. Die Schüler verweigern phasenweise die Mitarbeit total, geben sich am Lehrinhalt desinteressiert. Die Lehrerin schreit viel herum, gibt unentwegt Anweisungen und versucht sich durchzusetzen. Die Schüler ignorieren sie weitgehend. Gelegentlich antworten auch die Schüler, arbeiten mit, beschäftigen sich auf die Weise, wie es die Lehrerin plante. Hausaufgaben werden selten gemacht, obwohl Frau H. diese konsequent kontrollieren möchte und auch täglich neue Hausaufgaben aufgibt. Frau H. hält sich eng an den Lehrplan, auch wenn die Schüler nicht mitlernen. Sie bereitet den Unterricht penibel vor, genauso wie sie es für Lehrproben während der PH-Zeit kennengelernt hatte. Für den naturkundlichen Unterricht versucht sie, aufwendiges Anschauungsmaterial herbeizuschaffen.
Frau H. ist mit den Nerven völlig am Ende und hat jedes Selbstbewußtsein verloren. Sie möchte den Beruf aufgeben und empfindet, wie sie es formuliert, einen „unglaublichen Haß" auf die Klasse, besonders auf *Johann*, von dem sie meint, er müsse psychiatrisch behandelt werden. Sie arbeitet bis spät in die Nach hinein an den Unterrichtsvorbereitungen und für das Studienseminar. Zufällig findet Frau H. den Kontakt zu einem *Lehrergesprächskreis* und bittet dort um Rat, wie man mittels verhaltenstherapeutischer Maßnahmen die Schüler zu einem geordneten Unterrichts- und Sozialverhalten anleiten könne. („Es muß doch irgendwelche Programme geben, damit man die Schüler wieder hinkriegt. Die sind doch kaputt!")

Ausschnitte aus einer Rechtschreibestunde

a) Sie eröffnet die Stunde mit dem Hinweis, daß ein zu benotendes Diktat geschrieben werde. Der Lärm hält sich noch in Grenzen. Die Schüler holen nach mehrfacher Mahnung ihre Hefte aus den Schultaschen und schreiben jeder für sich die acht zusammenhanglosen Sätze auf, die Frau H. diktiert: „Gestern war die Wahl des Bürgermeisters. Mein Taschenmesser ist aus Stahl. Die Miete für den Kahn ist sehr hoch. Ich pflanze Rettiche in mein Beet. Auf dem Schulausflug besichtigen wir eine Höhle. Der Minister besuchte das Heer usw." Eine Schülerin hatte den Auftrag, dieses Diktat sofort auf die umgeklappte Tafelrückseite zu schreiben. Mit Hilfe dieser Tafelanschrift wird der Text im Lehrer-Schüler-Gespräch korrigiert. Die Schüler beteiligen sich nur nach Aufforderung. Der Lärm nimmt zu. Frau H. leitet dann einige Rechtschreibregeln ab, zu der die Schüler in Einzelarbeit Beispiele suchen sollen. Die Schüler beschäftigen sich fast nur anderweitig, einige wenige schreiben Beispiele ins Heft.

b) Der Unterricht verläuft, was die Sozialformen und Schülertätigkeiten anbelangt, monoton (Frontalunterricht, Stillarbeit, Zuhören, Schreiben, Lesen, einzelne Wörter sprechen, Fehler suchen ...).

c) Innerhalb ganz kurzer Zeit sagt sie folgendes (Schüleräußerungen sind mit ... angegeben): Susanne! – ... – Jawohl. Gut. – ... – Hat er's richtig gemacht? – ... – Wer nimmt das nächste Beispiel? – ... – Nein! Das ist falsch! – Wie heißt es richtig? – ... – Jawohl. Gut. – ... – Johann. Du nimmst jetzt das nächste Beispiel! – ... – Nein. Das ist falsch! Wie heißt es richtig? – ... – Frank. Du! – ... – Ratte ist richtig! – ... – Vergiß den senkrechten Strich nicht bei der Ratte! – ... – Sprich mal was dazu! – ... – Ja, weiter und! – ... – Ja Manfred! – ... – Ihr kontrolliert, ob ihr's auch gemacht habt. Jawohl. – ... – Stimmt das, was der Walter an der Tafel macht? – ...

d) Frau H. versucht, mit lauter, kalter, scharfer Stimme zu sprechen, was lächerlilch wirkt, weil sie über eine weiche, leise Stimme verfügt, die leicht überschnappt.

e) Die Lehrerin kontrolliert immer nur einzelne Schüler, ob sie die Anweisungen befolgen. Sie stellt knappe Fragen: „Franz, wo ist dein Buch!? Karl, warum schaust du aus dem Fenster? Miri, wo ist dein Buch! Johann, warum arbeitest du wieder nicht mit!" Die Schüler spielen dabei Theater, geben sich beleidigt, weil sie gerade ermahnt werden, obwohl doch die anderen auch nichts anderes täten als sie selbst. Oder: Schüler melden, daß ein Mitschüler sein Buch nicht richtig aufgeschlagen hat. Wenn Frau H. drei Schüler ermahnt und kontrolliert, arbeiten gleichzeitig 70% der Klasse nicht mit oder springen fröhlich durch das Zimmer, stehen am Fenster und werden nicht getadelt.

f) Die Lehrerin droht mit schlechten Noten und Prüfungen. Sie kündigt Strafarbeiten an, die sie dann doch nicht erteilt bzw. deren Erledigung sie nie kontrolliert. Sie droht laufend mit dem Rektor, den sie noch nie geholt hat.

g) Sie macht sich über Schüler lustig, zieht deren Fehler ins Lächerliche.

h) Frau H. schreit immer wieder herum, beschimpft die Schüler, hat Wutausbrüche.

i) Murat, ein Türke, der kaum deutsch spricht und versteht, einziges Gastarbeiterkind in dieser Hauptschulklasse, sitzt den ganzen Vormittag allein an einem Tisch, lächelt immer freundlich. Er bekommt zwar Arbeitsmaterial, aber weiß nichts damit anzufangen. (Sein Los ist Frau H. offensichtlich kein Problem.)

j) Johann, ein Schüler, der auch während mehrerer Unterrichtshospitationen nie auffiel, erscheint Frau H. als Rädelsführer, der die Klasse aufhetzt und der für den desolaten Zustand des Unterrichts verantwortlich ist. Sie meint, er sei hochgradig verhaltensgestört. Frau H. ist aber nicht in der Lage, diese Hypothese durch Beispiele zu belegen. Ihre Gespräche mit anderen Lehrern drehen sich unentwegt um Johann, offensichtlich ein ‚rotes Tuch' für Frau H. Johann ignoriert die Lehrerin weitgehend. In dieser Deutschstunde gab es folgenden Zusammenstoß zwischen beiden:

L.: „Johann! Wieso schreibst du schon wieder nicht mit? Ich habe dich doch die ganze Zeit genau beobachtet!" (Sie spricht sehr laut, schneidend, steht verkrampft nach vorne gebeugt neben Johann.)
J.: „Ich habe g'schrieben!"
L.: „Nein. Du sollst in dein Heft schreiben. Nein Johann! Es ist immer das gleiche mit dir. Ich möchte, daß du mitschreibst. Ich werde dein Heft auch ganz genau kontrollieren!"

Johann kümmert sich nicht um die Lehrerin. Er schaut einen Mitschüler an, während sie auf ihn einspricht. Demonstrativ wendet er sich, nachdem er kurz zu ihr hinschaute, auf seinem Stuhl um, zeigt ihr den Rücken. Nach kurzer Pause geht Frau H. kommentarlos weg und sieht ins Heft eines anderen Schülers.

Der Konflikt, den die 7. Klasse und Frau H. miteinander und gegeneinander durchzustehen haben, beruht nicht auf einem einzigen auslösenden Mißverständnis, das ein klärendes Gespräch bereinigen könnte. Beide Parteien sind nicht gesprächsbereit und machen den jeweils anderen für den desolaten Zustand verantwortlich. Dem Lehrergesprächskreis trug Frau H. ihre Probleme vor. Man verzichtete darauf, die Persönlichkeitsstruktur von Frau H. aufzuarbeiten und deren Kindhheit zu reflektieren. Die Gesprächsteilnehmer waren der Ansicht, daß sie weder über die Zeit noch über die Kompetenzen verfügen, die eine solche Analyse verlangt. Sie fühlten sich auch durch mögliche Folgeprobleme solcher Analysen überfordert. Die Gespräche konzentrierten sich daher ausschließlich auf den Unterricht. Frau H. lernte ihren Lehrstil besser kennen, löste sich von der Vorstellung, sie sei allein für den Unterricht verantwortlich, und es könne ihr problemlos gelingen, die Schüler zum Lernen zu bewegen. Sie stellte ihre Lehrerrolle in Frage und versucht, ihren Gesprächsstil zu ändern, indem sie nicht unentwegt redet und sich in alles einmischt. Sie problemisiert mit den Kollegen ihr Unterrichtsideal, wonach ein ganzer Unterrichtsvormittag in Ruhe, Frieden und Fleiß vonstatten gehen könne. Sie begnügt sich in einer Übergangsphase mit zehn Minuten geordneter Schülermitarbeit pro Unterrichtsstunde; damit verschafft sie sich kleine Erfolgserlebnisse. Weiterhin verzichtete sie auf extrem lange Unterrichtsvorbereitung, improvisierte, trat im Unterricht lässiger auf, was sie vom Druck befreite, ständig alle Lernziele planmäßig zu erreichen. Arbeitszeit und Überbelastung verringerten sich dadurch. Sie bemühte sich, nicht mehr auf Johann zu achten, ihn nicht ständig zu kontrollieren. Sie versuchte, durch außerschulische Kontakte die Schüler besser kennenzulernen. Glücklich wurde Frau H. in dieser Klasse zwar nie, fand aber ihren Beruf wieder erträglich. Die Umgangsformen waren nicht mehr so rüde, und die Spannungen verminderten sich ihrer Ansicht nach auf ein erträgliches Maß.

Die folgenden Vorschläge zur Konfliktanalyse sind als begrenzte Perspektiven zu verstehen. Diese Strategien erfassen nicht die Ursachen des Konflikts in ihrer Gesamtheit. Dafür machen sie an einzelnen Punkten die Schwierigkeiten im Umgang von Schülern und Lehrern durchsichtig. Folgende Aspekte werden behandelt:

- Was stört Schüler und Lehrer?
- Stadien eines Konflikts: Vom Konfliktpotential zum Streit und dessen Nachwirkungen;
- Aggressivität von Schülern und Lehrern;
- Stigma und abweichendes Verhalten.

7.3 Was stört Schüler und Lehrer?

Wer anderen beim Streiten zusieht, dem fällt oft schwer zu begreifen, warum der Konflikt ausbrach. Wegen banaler Kleinigkeiten ärgert man sich massiv. Erregte Worte werden gewechselt. Nichtigkeiten, die der andere unterläßt oder tut, wirken wie ein ‚rotes Tuch'. Vergessen sind alle guten Vorsätze, sich nicht schon wieder aufzuregen.

Frau H. sieht sich unentwegt von Johann angegriffen, ganz gleich, ob er arbeitet oder nicht arbeitet, wie er spricht, sitzt und schaut. Sehr viele Lehrer fühlen sich gestört durch (s. auch Havers 1978, S. 15 und S. 48): fehlende Konzentration, Lärm, Faulheit, Ungehorsam der Schüler, ihre motorische Ungeschicklichkeit, das Nichtbefolgen von Anweisungen („Da kann man doch sagen, was man will …!"), nervöses Kritzeln, Unruhe, rasche Ermüdung, Überangepaßtheit, zu braves Verhalten, Aggressivität, Aggressionshemmungen (z.B. Schüler wehrt sich nicht, erduldet alles brav, läßt sich unterdrücken, launenhaft, verschlossen), Kontaktarmut, Träumen, Unfreundlichkeiten zwischen den Schülern, Überheblichkeit, Zuspätkommen, unordentliche Heftführung, Feigheit, unbeherrschtes, kindisches, klebriges Verhalten; falsche, dumme Antworten, fehlende Hausaufgaben, Ängstlichkeit, schmutzige Schüler …

Der Ärger im Umgang mit Sachen und Personen beruht auf einem *Wechselverhältnis* zwischen dem, der sich ärgert, und dem Ärgernis erregenden Sachverhalt, und nicht allein auf den Eigenschaften vom „Stein des Anstoßes". Wer sich gestört fühlt, sollte begreifen, daß *er* die Dinge, Personen, Ereignisse seiner Umgebung als unangenehm erfährt. *Er selbst ist es, der aufgrund seiner Gefühle definiert, was ihn stört.* Bestes Beispiel bietet der *Lärm,* über den sich Lehrer mehrheitlich aufregen. Die durch die Schüler verursachten Geräusche sind nur unter bestimmten Bedingungen für einen Lehrer Lärm. „Jedes Ding hat seine Zeit und seinen Ort. Jedes Verhalten am falschen Ort oder zur unrechten Zeit führt zu einer Nicht-Annahme, gleichgültig, wie annehmbar es unter anderen Umständen sein mag. Geschrei und Herumschubsen sind für die meisten Lehrer gewöhnlich annehmbar, wenn es auf dem Schulhof während der Pause geschieht, in der Klasse dagegen nicht" (Gordon 1977, S. 40). Besonders leicht verlieren Lehrer die Geduld, wenn der Unterricht von ihnen hohe Konzentration abverlangt. Dann brauchen sie Ruhe.

Wer die störenden Ereignisse *eingrenzt* und die *Situationen,* in denen die Störungen auftreten, *präzisiert,* macht sich die Störungen bewußt. Er ist ihnen nicht einfach ausgeliefert, sondern stellt sich auf künftige Störungen ein oder versucht, ihnen rechtzeitig auszuweichen. Worauf sollte man bei der Analyse von Unterrichtsstörungen achten? Beispiele:

a) Man sollte herausfinden, wie Lehrer/Schüler/man selbst die Frustrationen durch die Störungen bewältigen. Werden die Störungen geduldig über längere Zeit hinweg ertragen, um dann bei unbedeutenden Kleinigkeiten heftig zu reagieren, oder sind die Reaktionen ständig viel zu heftig?

b) Wie zeigen sich Lehrer/Schüler gegenseitig, daß sie sich unwohl fühlen? Sind diese Ausdrucksformen verständlich? Wird über Störungen gesprochen? Akzeptieren Lehrer/Schüler diese Gespräche über Störungen? Sind sie ihnen ungewohnt?

c) Wie sensibel bzw. geduldig reagieren Lehrer und Schüler auf diese Störungen? Wie oft und wie intensiv fühlen sie sich gestört? Erfahren sie diese Störungen als bedrohlich? Wie stark regen sie die Störungen auf?

d) Setzen Lehrer/Schüler die Störungen als Mittel ein, um sich gegenseitig zu ärgern? Steht hinter der Störung eine Absicht? Unterschiebt der Gestörte dem Störer die Absicht, er wolle ihn bewußt ärgern?

e) Man sollte nicht bei der Aufzählung der störenden Dinge stehen bleiben, sondern die eigentliche emotionale Belastung durch die Störung identifizieren. Beispiel: Lehrer neigen dazu, erfolgreiche Schüler, die ihnen widersprechen, stärker abzulehnen als andere Problemschüler. Ein durchschnittlicher Schüler, der den Unterricht stört, bedroht das Selbstbewußtsein eines Lehrers weit weniger als ein cleverer Schüler. Sein Stören greift den Lehrer an, weil er meint, dieser Schüler halte ihn nicht für qualifiziert genug (Mc Pherson 1972). – „Ich weiß, daß die Schüler mich nicht reizen wollten. Trotzdem nahm ich das Schwatzen persönlich. Ich bekam einen roten Kopf, weil ich dachte: Die Schwatzen, weil du so langweilig unterrichtest" (Klink 1974). Wie interpretieren Lehrer/Schüler die Ursachen der Frustration? In welchen Situationen tritt dieser Ärger sonst noch auf? Wie entwickelt sich das Gefühl des Sich-Gestört-Fühlens? Symbolwert der Störung?

f) Aus der Sicht dessen, der sich gestört fühlt, wird etwas falsch gemacht, eine Vereinbarung wird nicht eingehalten oder allgemeiner ausgedrückt, eine *Regel* durchbrochen. Störungen zeigen, daß Erwartungen nicht eingelöst werden. Deshalb sollte man bei der Unterrichtsanalyse herausfinden, von welchen Normen Lehrer und Schüler ausgehen (z.B. Vorstellung über Frisur, Kleidung, Höflichkeitsformen, Art der Gesprächsführung). Arbeiten Lehrer/Schüler an sich, diese Auffassungen infrage zu stellen?

g) Lehrer greifen gerne auf ein probates, für sie einfaches, meist aber wirkungsloses Mittel zurück, Störungen im Unterricht auszuschalten: Sie verlangen von den Schülern, sich zu ändern und die Provokationen zu unterlassen. Der sich gestört fühlende Lehrer übergibt damit das ganze Problem den Schülern. Sie allein haben damit fertig zu werden, obwohl die Störung ein Beziehungsproblem ist. Diese Einstellung äußert sich in Apellen, wie ‚Seid doch endlich ruhig!', in Verboten, Strafen und Drohungen.

h) Die Veränderung des Unterrichtsarrangements hilft, so manche Störung ihres frustrierenden Charakters zu entkleiden. Eine wichtige Maßnahme stellt die Verringerung des Lernpensums dar. Der Lehrer vermindert dann den Leistungsdruck, den er sich selbst und den Schülern aufbürdet. Steht genügend Zeit für spontane Beiträge und Abweichungen zur Verfügung, dann stören sie nicht mehr, weil sie einkalkuliert sind und der Lehrer nicht ‚wie auf Kohlen sitzt', um seine Lernziele zu erreichen.

Ärgerliche Ereignisse, wie sie Störungen nun einmal darstellen, wirken als *Konfliktanlaß.* Die Suche nach dem Streitauslöser ist nur insofern für die Konfliktberatung bedeutungsvoll, als sie Einsicht in typische konfliktbegünstigende Konstellationen vermittelt. Wer den Streitanlaß kennt, weiß noch nicht über die Beweggründe der Kontrahenten Bescheid. Den Anlaß zum Streit zu eliminieren, heißt nicht den Konflikt zu lösen. Es finden sich andere Streitpunkte. So wie sich bei psychosomatischen Erkrankungen die Symptome verschieben, falls eines der Krankheitszeichen kuriert ist, so erzeugt die tieferliegende Konfliktursache immer neue Störungen und Streitanfänge. Der mühevolle Versuch, sich nicht mehr über Beliebiges zu ärgern, heilt keine schwierige Lehrer-Schüler-Beziehung. (Wenn Frau H. sich nicht mehr über Johann krank ärgert oder wenn Johann die Klasse verließe, wäre der Streit mit der Klasse nicht beendet. Frau H. ändert sich weder hinsichtlich ihrer Unterrichtsgestaltung noch bezüglich ihrer Lehrerrolle, wenn sie versucht, mit Johann gut auszukommen). *Aber:* Die Suche nach dem Konfliktanlaß ist ein erster Schritt, die sozialen Beziehungen im Unterricht zu diskutieren, und sie führt möglicherweise dazu, das eigentliche Konfliktpotential zu finden.

7.4 Stadien eines Konflikts: Von Konfliktpotential zum Streit und dessen Nachwirkungen

Auch wenn die Gliederung eines Konflikts in einander folgende und zeitlich abgrenzbare Phasen nicht der Realität entspricht, bietet sich diese Unterscheidung von Stadien als gedankliche Hilfskonstruktion an, Konflikte transparent zu machen und Handlungsmöglichkeiten zu ihrer Bewältigung zu erarbeiten (zum Modell der Konfliktepisode s. Esser 1975, Krysmanski 1971).

a) *Konfliktpotential:* Unvereinbarkeiten zwischen Wünschen, Zielen, Erwartungen, Interessen, Überzeugungen, Bedürfnissen; zu knappe Mittel; Unvereinbarkeiten in den zwischenmenschlichen Beziehungen, wie persönliche Spannungen, Antipathien, Dominanz, vergiftetes emotionales Klima;

e) *Anlaß:* Streitauslöser; sachlicher Zusammenhang zwischen Auslöser und Ursachen? Wen stört was? Läßt sich der Streitauslöser ausräumen? Vorausgegangener Streit?

b) *Konflikttransformation:* Wie sensibel sind Lehrer/Schüler für das Konfliktpotential? Welche Gefühle lösen die verschiedenen Unverträglichkeiten in ihnen aus? Wer ist leicht frustrierbar? Sind sie sich des allgemeinen und speziellen Konfliktpotentials im Unterricht bewußt? Leiden sie nur unter dem Konfliktpotential, oder können sie auch darüber nachdenken und sprechen? Müssen sie das Konfliktpotential verdrängen? Können sie den innerpsychischen Konflikt ertragen? Wie verarbeiten es Schüler/Lehrer, daß sie frustriert, verärgert sind und sich gestört fühlen, aber den Konflikt nicht offen austragen dürfen?

c) *Offener Konflikt:* Häufigkeit? Wie offen sind die Konflikte? Wird das Konfliktpotential, wenn notwendig, besprochen, oder muß es erst zu einem emotionalen, aggressiven Ausbruch kommen? Welcher Streit- u. Gesprächsformen bedienen sich die Beteiligten? Wie verhalten sich Lehrer/Schüler? Welche Formen der Auseinandersetzung sind erlaubt/verboten? Besteht eine einheitliche Auffassung darüber, welcher Formen und Mittel man sich bedienen darf? Sind nur rationale Formen erlaubt? Emotionale Beteiligung?

d) *Ergebnis der Auseinandersetzung:* Gewinner? Verlierer? Haben sich die zwischenmenschlichen Beziehungen verbessert/verschlechtert? Wurde den Kontrahenten die Konfliktursache deutlicher? Schuf der Streit nur neuen Streitanlaß? Wuchs die Verärgerung?

Dieses Modell fordert auf, zwischen Anlaß und tieferliegenden Ursachen eines Konflikts zu unterscheiden und den Auslöser eines Streits nicht überzubewerten. Konflikte werden weder durch geschicktes Taktieren in der aktuellen Auseinandersetzung noch durch das Vermeiden von Streit bezwungen. *Gelöst werden sie durch das Ausräumen des Konfliktpotentials.* Unterrichtsanalyse wird sich mit der Suche nach diesen Spannungsursachen beschäftigen müssen.

Der Beobachter sollte sich nicht durch eine vordergründig problemfreie Unterrichtsatmosphäre verleiten lassen anzunehmen, es bestünden keine Konflikte. Oft fehlen nur die sichtbaren Ausdrucksformen der Spannungen, oder die Beteiligten verarbeiten das vorhandene Konfliktpotential innerpsychisch. Statt Konflikte zu lösen, entstehen Verdrängungen, Ängste, psychosomatische Störungen, Neurosen, Streß, Aggressivität. Oder die Schwierigkeiten werden aus dem Unterricht hinaus in andere Lebensbereiche verlagert. Dieses Modell der Konfliktgenese lenkt die Aufmerksamkeit noch auf die Ebene der *Konflikttransformation*, einer für das Entstehen von Konflikte wesentlichen Dimension. Darunter sind die psychischen Vorgänge des Wahrnehmens und Verarbeitens konfliktträchtiger Sachverhalte zu verstehen. Konfliktgeladene Dinge verursachen nur Spannungen, wenn Lehrer oder Schüler sensibel darauf reagieren und sie als spannungsgeladen erfahren. Wer sich an diesem Modell orientiert, wird den *Ergebnissen* der Konfliktlösungsversuche bzw. Auseinandersetzungen Beachtung schenken müssen. Sie belasten u. U. die emotionalen Beziehungen und geben dem Konflikt neue Nahrung. Zu achten ist auf Streitlösungen, bei denen eine Partei als Gewinner, die andere als Verlierer hervorgeht (s. Gordon 1972).

Konfliktpotential

Das Konfliktpotential des Unterrichts beruht auf widersprüchlichen Erwartungen und wird verursacht durch gegensätzliche Interessen, durch nicht zur Deckung zu bringende Wünsche und Bedürfnisse. Ungünstige Bedingungen des Lehrens und Lernens verursachen Spannungen. In folgenden Bereichen sollte man nach Konfliktpotential suchen:

a) Die Widersprüche liegen in den voneinander *abweichenden Normen und Wertauffassungen,* den unterschiedlichen *Rolleninterpretationen,* in den *uneinheitlichen Vorstellungen* der Lehrer und Schüler von ihren *Rechten, Pflichten und Aufgaben.* Die Ansichten darüber, wie man sich zu benehmen, miteinander zu reden, zu arbeiten, sich gegenseitig zu behandeln hat, klaffen zum Teil erheblich auseinander. Generationenunterschiede verursachen diese Auffassungsdifferenzen genauso wie der jeweils spezifische soziale bzw. sozio-ökonomische Hintergrund von Schülern und Lehrern. Einfacher ausgedrückt: Schüler und Lehrer tun ständig, was die anderen jeweils für falsch halten. Dies führt zu Verärgerung.
(Frau H. wünscht sich Schüler, die mitarbeiten und freundlich sind. Sie sollen auf Prüfungen büffeln, sich verplanen lassen und etwas leisten wollen. Die Schüler ihrerseits hätten gern eine Lehrerin, die sie auf freundliche Weise dominiert, die sich durchsetzen kann und der es gelingt, die Schüler für die Themen zu begeistern. Sie sollte keinen stupiden, langweiligen Unterricht abhalten. Frau H. stellt sich vor, die Schüler müßten von der gleichen

Leistungsbereitschaft ausgehen, wie sie es aufgrund ihrer mittelschichtorientierten Erziehung für sich selbst in Anspruch nimmt. Sie erwartet die gleiche Höflichkeitsform, wie man sie ihr als Kind beigebracht hat, sie meint, die Schüler müßten fraglos lernen, so wie sie es selbst in Schule und Hochschule praktizierte.

Dieses Konfliktfeld der nicht übereinstimmenden Wertvorstellungen erschließt man sich als Beobachter, indem man versucht herauszufinden, welchen Regeln sich die Beteiligten verpflichtet fühlen. (Beispiel: Wenn ein Schüler seine Hausaufgaben nicht gemacht hat, dann muß er sich freundlich, schuldbewußt, etwas demütig schauend entschuldigen.)

b) Die *Schulpflicht* in Verbindung mit dem *verschulten Lernen* schafft ein im Prinzip nicht zu überwindendes Konfliktpotential, und dem Wunsch der Schüler, über sich selbst zu entscheiden, ihren Lebensbereich selbst zu organisieren, sich mit Dingen zu beschäftigen, die die Schule nicht vorsieht, wird nicht ausreichend Rechnung getragen.

(Frau H. verstärkt den Konflikt mit der Klasse durch die Auswahl der Lehrinhalte und ihre Unterrichtsmethodik. Abschreckend sind die Diktatsätze, gegen deren Sinnlosigkeit nicht zu rebellieren schon fast bedenklich erscheint.)

Nebelspalter, Schweiz

c) Von ‚außen' richten sich *Erwartungen an den Unterricht*, z.B. Meinungsdruck der Eltern, Anweisungen der Schulleitung. Sie verursachen Spannungen.

(Frau H. würde ihren Lehrstil möglicherweise schülergerechter gestalten, hätte sie nicht Angst vor den nicht-eingehaltenen Lehrplänen, vor Seminarleitern und dem Rektor. Außerdem fürchtet sie, jeden Rest von Ansehen bei den Kollegen zu verlieren, wenn sie sich nicht hart in der Klasse durchsetzt. Obwohl die Schüler bei ihr nichts lernen, gibt sie dem Unterricht den Anschein von Effektivität: Sie nimmt wenigstens die vorgeschriebenen Themen durch!)

d) *Gruppenrivalität und Konkurrenz* unter den Schülern schaffen vielfältige Spannungen in der Klasse.

e) Die stärkste Belastung für das Zusammenleben im Unterricht geht von den *Persönlichkeitsstrukturen* von Schülern und Lehrern aus. Sie tragen ihre Motive, Ängste, ihre Unfähigkeit zu lehren und zu lernen in den Unterricht hinein. Sie sind beleidigt, fühlen sich mißverstanden und greifen einander an.
(Frau H. bedient sich offensichtlich Formen der Auseinandersetzung, wie sie es als Kind durch die Erwachsenenvorbilder lernte. Sie sucht bei den Schülern den Eindruck von Stärke zu erwecken, droht mit überzogen hohen Strafen, die sie unmöglich realisieren kann, und verliert dann wegen der dauernden Inkonsequenz ihre Glaubwürdigkeit. Sie erhöht das Arbeitstempo und den Leistungsdruck, schreit, beleidigt, sucht anderen ihren Willen aufzudrängen, droht mit Liebesentzug, straft durch Mißachtung. Die Schüler sehen aufgrund ihres eigenen Sozialisationshintergrundes die Maßnahmen von Frau H. als Ausdruck von Schwäche, nehmen sie nicht ernst, ‚machen sie fertig'. Sie reagieren im Unterricht so, wie sie es lernten mit ‚schwachen' Menschen umzugehen.)
Diese Unvereinbarkeiten zwischen den ‚Charakteren' lassen sich weder durch Aussprache noch durch raffinierte Unterrichtsgestaltung glätten. Sie müßten mit Hilfe eines Beraters aufgearbeitet werden. Entsprechende Ansätze finden sich in der Familientherapie (Willi 1975, 1978, Stirlin 1975) und bei Selvini-Palazzoli (1978). Dieser Konzeption entsprechend sind die Konflikte nicht den schwierigen Personen (hier Frau H. und Johann) anzulasten. Konflikte sind Symptome für Beziehungsstörungen, für deren Überwindung *alle und nicht nur der Symptomträger in der Verantwortung stehen.*
(Es wäre übel, als Konfliktlösungsversuch Frau H. zu einem Trainingskurs ‚Effektive Unterrichtsgestaltung' zu schicken. An der Verbesserung des Unterrichtsklimas zu beteiligen sind auch die Klasse und das Kollegium. Ihr Anteil am Konflikt: Sie sehen zu, wie eine Berufsanfängerin nicht zurecht kommt, sind desinteressiert, teilnahmslos und verängstigen Frau H. durch ihre Erwartungen.)

f) Ständiger Streit verschlechtert das Unterrichtsklima. Aversionen stauen sich an, und der Wunsch wächst, sich gegenseitig weh zu tun. *Der Streit selbst wird zum Konfliktpotential.* Gesprächs- und Kompromißbereitschaft verlieren sich, und ein Außenstehender sucht vergeblich nach der Logik des Streits. Er hat seine sachliche Grundlage verloren. (Zur Analyse dieses Wechselverhältnisses s. Krymanski 1971, S. 16.)
(Frau H. versucht sich den Schülern als umgänglicher Mensch im außerschulischen Kontakt zu präsentieren. Sie trifft die Schüler in ganz kleinen Gruppen zum Einkaufsbummel, Colatrinken usw. Ansatzweise keimt ein gegenseitiges

Verständnis auf. Frau H. versucht damit auf direktem Wege, die zwischenmenschlichen Beziehungen zu verbessern und das Konfliktpotential zu vermindern.)
g) Neben tiefliegendem Konfliktpotential, das ein gutes Auskommen von Schülern und Lehrern bedroht, behindern *Ungeschicklichkeiten und Organisationsfehler* das Unterrichtsklima. Die Schüler fühlen sich verärgert, z. B. wenn der Lehrer in die Pause hinein unterrichtet, zuviel Hausaufgaben verteilt, ungerecht benotet oder ungewollt verletzende Bemerkungen macht. Ungünstig wirken sich auch Bewegungsmangel der Schüler aus, nicht eingehaltene Absprachen, Zuspätkommen, vergessene Materialien oder falsche Zeiteinteilung. *Gordon* (1977, S. 132–143) macht Vorschläge zur *Überwindung dieser Konfliktursachen,* die sich auch als Analysekategorien anbieten:

Bereicherung der Lernumwelt (Leseecke einrichten; Medien verwenden; Spielmöglichkeiten bieten; kreative Schreibecke einrichten ...);
Reizreduktion in der Lernumwelt (lärmmindernder Teppichboden; Entfernen von Material, das man im Augenblick nicht benötigt; Stillarbeit; Raumteiler benützen; Meditationsecke einrichten; Unterrichtsmethoden verwenden, bei denen die Schüler ihre Aufmerksamkeit auf einen einzigen Vorgang richten);
Begrenzen der Lernumwelt (Begrenzen der Anzahl der Schüler, die gleichzeitig an einem Platz sein dürfen; Entwerfen einer ‚Straßenverkehrsordnung', um überflüssige Bewegungen zu vermeiden; ...);
Erweiterung der Lernumwelt (Organisieren von Studienfahrten; Besuch von außerschulischen und schulinternen Plätzen und Veranstaltungen; Benutzen von Mehrzweckhallen und -räumen; außerschulische Hilfsmittel und Personen, Ratgeber, Spezialisten in den Unterricht integrieren; gelegentlich mehrere Klassen zusammenlegen; Schüler gestalten den Unterricht; das Klassenzimmer bis zum Korridor und der Rasenfläche erweitern; Hilfskräfte einsetzen; ...);
Neugestaltung der Lernumwelt (für die jeweilige Unterrichtsmethode die geeignete Sitzordnung herbeiführen; Material liegt an einem zugänglichen Ort; Entfernen der Türen bei häufig benutzten Schränken; Entfernen nicht benützten Mobilars und Geräten; ausreichendes Mobilar zum Stapeln und Aufbewahren bereitstellen; ...);
Vereinfachung der Lernumwelt (komplizierte Regeln durch einfache ersetzen; die Regeln und Vereinbarungen dort anschlagen, wo sie die Schüler auch lesen können; Beschriften von Schubladen, Büchern und Akten; Bedienungsanleitungen herstellen; Unterrichtsmaterial u. a. muß von den Schülern problemlos erreicht werden ...);
Systematisierung der Lernumwelt (Einteilung von Routinearbeiten, so daß jeder die Verantwortung trägt; Entwicklung von Kontrollisten, damit die Schüler prüfen, ob komplizierte Aufgaben vollständig und richtig erledigt sind ...);
Vorausplanung (Einüben schwieriger Tätigkeiten; Ankündigung neuer Ereignisse und Methoden; Diskussion neuer Regeln und Anordnungen; Informieren der Schüler über Kosten; Beschränkungen bei Benutzung von Geräten, Material u. ä.; Zeit für Neuerungen einplanen ...).

Wenn Streitende gemeinsam versuchen, das Konfliktpotential aufzuklären, verwickeln sie sich leicht in neuen Disput und schieben sich gegenseitig die Schuld für den vergangenen Konflikt zu. Die *Rekonstruktion des Konfliktpo-*

tentials darf nicht in Rechtfertigungsversuche und Beschuldigungen entarten, sonst verliert diese Phase der Konfliktaufarbeitung jeden Sinn.
(Frau H. hätte die Schüler, falls es zu einem Gespräch gekommen wäre, nur beschimpft. Außerdem verwechselt sie ständig die Ursachen des Konflikts (Lernbedingungen, Interessen der Schüler, schlechte Unterrichtsgestaltung, ihre eigene Unfähigkeit, etwas mit 13jährigen zu unternehmen) mit dem aktuellen Anlaß des Streits, z. B. „Die sind doch schon wieder alle zum Fenster gelaufen!" Die entscheidende Wende in der Konfliktbewältigung ist erreicht, als Frau H. mit anderen Lehrern über diese verfahrene Situation spricht, ihre Deutung der Konfliktursachen darlegt und sie mit den Interpretationen Unbeteiligter vergleicht. Die Verständnislosigkeit der anderen Lehrer beeindruckt sie sehr, als es ihr nicht gelingt, Johann als den Sündenbock verurteilen zu lassen. Die Lehrer fragten freundlich immer wieder nach, ob es denn wirklich so war, ob die Schüler bösartig sind, ob denn die Unterrichtsgestaltung nicht doch langweilig, freudlos auf die Schüler wirken könnte ...).

Konflikttransformation

Konflikte entstehen erst, wenn Personen die Spannungen des Konfliktpotentials als ihre Probleme wahrnehmen und sie an sich als Konflikt erfahren. Es hängt von ihrer Sensibilität ab, was sie als Konflikt definieren. Wer kennt nicht Schüler und Lehrer, die wie ‚Mimosen' höchst sensibel empfinden, und andere, die auch bei massiven Spannungen gelassen oder teilnahmslos bleiben. Für die Unterrichtsanalyse stellt sich deshalb *die Aufgabe zu untersuchen, wie Lehrer und Schüler mit konfliktträchtigen Situationen emotional umgehen.* Aus der Art, wie sie auf das Konfliktpotential reagieren, lassen sich Rückschlüsse auf die psychischen Konstitution ableiten. Ein Teil der Fragen, die im Zusammenhang mit dem Begriff ‚Störung' bereits angesprochen wurden, stehen auch hier wieder zur Debatte. Es geht um die *innerpsychischen Strategien der Verarbeitung konfliktträchtiger Situationen* im Unterricht. Es ist erfreulich, wenn im Unterricht eine friedfertige Stimmung herrscht. Beobachter sollten daraus nicht vorschnell den Schluß ziehen, es gäbe keinerlei Konfliktpotential. Ruhe und Ordnung können trügerisch sein, und unter der Oberfläche schwelen Konflikte. Möglicherweise werden sie vom Lehrer unterdrückt, und durch geschicktes Taktieren verhindert er offenen Streit. Vielleicht haben Schüler und Lehrer auch jede Sensibilität für Schwierigkeiten, die Unterricht mit sich bringt, verloren. Man hat sich arrangiert. Wer im Unterricht keine Auseinandersetzungen beobachtet, sollte trotzdem folgendes bedenken:

– Was verhindert den offenen Konflikt? Z. B. Beschränkungen durch Regeln des Anstandes, Angst vor Strafen, Unfähigkeit, über sich und die eigenen Wünsche zu sprechen, sich durchzusetzen, Feigheit, Unterwürfigkeit, Leistungsdruck, Verbote, Notendruck, die fehlende Zeit, vom Unterrichtsthema abzuweichen, autoritäres Lehrerverhalten. Wichtige Funktion bei der Unterdrückung von Konflikten übernehmen schulische Rituale, die das Verhalten

stabilisieren. Die Beteiligten haben sich an Verschiedenes so gewöhnt, daß sie nichts mehr hinterfragen (s. Wellendorf 1973b).
– Wie werden Schüler und Lehrer mit den unterdrückten Konflikten fertig? Verdrängen sie die Schwierigkeiten? Leiden sie, ohne die Ursachen zu kennen? Schieben sie sich selbst die Schuld für die Schwierigkeiten zu? Haben sie sich angepaßt und erdulden vieles? Geraten sie durch die unbewältigten Probleme des Unterrichts in unspezifische Angst, in Streit und Hektik? Entladen sich die ungelösten Konflikte als Aggressionen gegen unbeteiligte Personen und Sachen?

Die Phasen der Auseinandersetzung

Konfliktgespräche ziehen nur neue Konflikte nach sich, wenn sie mit unvernünftigen Mitteln geführt werden, die ihrerseits nur weitere Frustrationen erzeugen. Obwohl nicht leicht zu praktizieren, gehört die Fähigkeit, anderen zuzuhören und trotz Streit auf sie einzugehen, zu den wichtigsten Maßnahmen der Konfliktlösung. Bei Gordon (1972) und Schwäbisch/Siems (1974) finden sich Hinweise für das Führen partnerschaftlicher, auf Lösung bedachter Konfliktgespräche, die sich auch als Kategorien zur Unterrichtsbeobachtung anbieten.

Was man vermeiden sollte:
- lange Monologe;
- nicht zuhören;
- nur Einzelaspekte des Gesagten aufnehmen und dann sinnentstellt aus dem Zusammenhang gerissen dem anderen vorwerfen
- auf früher Gesagtes und Getanes verweisen: „Damals aber hast du ...!"
- dem anderen durch Gesten oder sprachlich darlegen, daß er bestimmte Gefühle und Ansichten nicht haben darf, obwohl er sie hat;
- andere bewerten;
- andere belehren und sagen, wie sie etwas richtig machen;

- den anderen zum Schuldigen stempeln;
- Ratschläge geben;
- anderen Anweisungen geben;
- drohen;
- die Gefühle des anderen nicht als dessen Problem akzeptieren: „Du hast gar keinen Grund, dich aufzuregen! Ihr braucht doch vor so einer Prüfung keine Angst zu haben!"
- Vertraute Informationen von früher jetzt wieder verwenden;
- Blickkontakt beenden;
- das Thema wechseln;
- dem anderen ein Streitgespräch aufdrängen, auch wenn

der sich dazu nicht in der Lage fühlt;
- mit „ja, aber ..." antworten und damit auf ihn nicht eingehen;
- den anderen belehren;
- dem anderen die eigenen Konfliktlösungen aufzwingen;
- dem anderen Vorschriften machen;
- schimpfen;
- andere verletzen;
- herabsetzende Bemerkungen;
- Drohungen;
- Moralisieren;
- Predigen;
- Unterstellungen;
- vage Andeutungen machen;
- auf Gerücht eingehen;
- moralische Apelle;

Wichtig ist, über sich selbst und die eigenen Probleme zu sprechen, sich nicht in Allgemeinheiten zu ergehen, sondern die eigenen Wünsche deutlich zu formulieren.

Die Einübung partnerzentrierter Gesprächsformen wirkt konfliktlösend und -lindernd, falls Lehrer und Schüler nicht aufgrund von Persönlichkeitsdefiziten und sonstigen Schwierigkeiten unfähig sind, zu derart vernünftigen Formen der Auseinandersetzung zu kommen (z. B. durch Aggressionen, cholerische Ausbrüche, Sadismen, Unfähigkeit zuzuhören, die Angst, unterdrückt zu werden ...). Hinter diesen Schwierigkeiten verbergen sich *Grundmotive* der Personen. Sie übertragen ihre kindlichen und familiären Erfahrungen im Umgang mit anderen Menschen auf die Schule. Schüler sehen sich z. B. dominiert von Mitschülern und Lehrern. Sie ziehen sich in die Schmollecke des Mißverstandenen zurück oder sind unfähig zu ertragen, daß andere ihnen vorgezogen werden. Es wiederholen sich Geschwisterrivalitäten oder eigenwillige frühkindliche Formen, Aufmerksamkeit auf sich zu lenken. Eine Analyse des Konfliktverhaltens sollte nach diesen Grundmotiven suchen.

Ergebnisse und Nachwirkungen des Streits

Ein Streit hat auch befreiende und reinigende Wirkung, falls die Kontrahenten durch die Art der Auseinandersetzung nicht neues Konfliktpotential ansammeln. Unnachgiebigkeit frustriert ebenso wie vordergründige Lösungen, bei der sich eine der Konfliktparteien als *Gewinner oder Verlierer* betrachtet. Für Unterworfene ist der Konflikt nicht gelöst. Er verschiebt sich nur auf eine neue Ebene. Die Diskussion der Ergebnisse sollte in entspannter Atmosphäre erfolgen und versuchen, angestauten Unmut aufzuarbeiten. Solche Gespräche neigen dazu, konfliktträchtig zu verlaufen, weil jeder der Beteiligten den Streit aus seiner Sicht schildert, was ihn zu neuen Anschuldigungen verführt. Die Ergebnisdiskussion kann auch prüfen, ob die ursprünglichen Einigungen während des Streits in der entspannten Situation noch tragbar sind oder ob eine Konfliktpartei der anderen die Problemlösung aufbürdet, obwohl alle den Streit mit verursachten.

(Dies wäre der Fall, wenn der Seminarleiter von Frau H. eine neue Unterrichtsgestaltung verlangen würde und ihr qua Amtsautorität klarlegte, daß sie durch ungeschickte Unterrichtsführung die Schwierigkeiten mit den Schülern verschuldet. An der Konfliktlösung sind alle, sowohl Schüler wie das Kollegium, mit zu beteiligen. Ansonsten lastet man der durch den Konflikt betroffenen Frau H. auch noch zusätzlich den Zwang zum Sich-Ändern an.)

7.5 Aggressivität

Konflikte beinhalten auch eine aggressive Komponente: Lehrer und Schüler empfinden sich als Verlierer. Sie fühlen sich angegriffen, geschädigt und in ihrem Wohlbefinden beeinträchtigt. Die Beteiligten leiden unter Konflikten und kommen zu Schaden.

Der Versuch, Aggressionen im Unterricht zu erfassen, stößt auf Schwierigkeiten, weil:
– Sich jemand angegriffen fühlt, obwohl ihm niemand Böses wollte;
– Sich jemand nicht betroffen fühlt (oder wenigstens äußerlich dies nicht zeigt), obwohl er ständig massiven Angriffen ausgesetzt ist (die Lehrerin H. tut so, als wäre alles in Ordnung. Sie übergeht Rüpeleien und freche Bemerkungen);
– Lehrer und Schüler über ein reiches Arsenal an Möglichkeiten verfügen, andere zu attackieren, die ein Außenstehender nicht ohne weiteres als Angriff erkennt.

Unterrichtsanalyse sollte die Formen der Aggressivität im Unterricht aufdekken, weil aggressive Vorbilder auf dem Weg des Beobachtungslernens weiter wirken. Wer die vielfältigen Spielarten der Aggressivität kennt, ist eher in der Lage, darauf richtig zu reagieren und sich der Ursachen zu vergewissern. Die Versuche, Aggressivität zu definieren (Selg 1974, Lischke 1973, Hanke/Huber/ Mandl 1976) geben Hinweise, wie die Aggressionen in ihrer Vielfalt zu ordnen sind. Zur Klassifikation bieten sich die folgenden Unterscheidungsmerkmale an:

a) Mittel;
b) Grad der sozialen Anerkennung von Aggressionen;
c) Richtung der Aggression, bzw. wer/was ist das Aggressionsobjekt;
d) Ziele der aggressiven Handlung;
e) Art der mit der Aggression verbundenen Gefühle.

a) Welcher *Mittel und Ausdrucksformen* bedienen sich Schüler/Lehrer, um anderen Personen Schaden zuzufügen? Welche Formen dominieren: Sprachliche Auseinandersetzung, mimischer und gestischer Ausdruck, Ironie, Spott, Beschimpfungen, Drohungen, körperliche Angriffe, Zufügen von Schmerzen, Verwendung von Gegenständen als „Waffe", Zerstörung ...? Nützt der Lehrer die ihm durch den Beruf vorgegebenen aggressiven Mittel, wie z. B. Erhöhung des Leistungsdrucks, Strafarbeiten, schlechte Benotung, vermehrte Hausaufgaben und damit höhere Arbeitsbelastung und geringere Freizeit, Verweigerung von Anerkennung, Tadel, Bloßstellung, Spott, schwierige Prüfungen? Zielen die aggressiven Mittel auf eine direkte oder indirekte Schädigung des anderen ab? Erfolgen die Angriffe offen oder versteckt? Tragen die Lehreraggressionen den Charakter von struktureller Gewalt?
b) Wie *bewertet* man in der Schule die einzelnen Aggressionsformen? Welche sind verboten, geduldet, erlaubt oder auch gefordert? Offiziell

verpönt ist offene Gewalt. Statt dessen sollte man als legitime Form der Konfliktauseinandersetzung das rationale vernunftsbetonte Gespräch anstreben. Vordergründig mag das Verbot von Gewalttätigkeit zutreffen. Die Realität sieht anders aus. Nur bestimmte Formen der Aggressivität sind nicht gestattet, wie z. B. Prügelstrafe durch den Lehrer. Die sublimen Formen von Gewalt und die Mittel struktureller Gewalt werden nicht diskriminiert. Solche Aggressionen verstecken sich hinter Unterrichtsmethoden, Sachzwängen, Lehrplänen, organisatorischen Schwierigkeiten. Lehrer und Schüler haben sich schon so an aggressive Umgangsformen gewöhnt, daß der Verzicht auf ‚hartes Durchgreifen' eines Lehrers oft genug nur als Zeichen pädagogischer Unfähigkeit oder seiner Schwäche abgewertet wird. Anbrüllen, Strafarbeiten, Notendruck, Arreste, Verweise, Spott betrachtet man als legitim.
(Lehrerin H. verwendet ständig solche ‚legitimen aggressiven Mittel', ist selbst aber unglücklich, wenn Schüler sie aggressiv behandeln.)

c) Die Angriffe richten sich auf ein *Aggressionsobjekt,* das nicht in einem ursächlichen Zusammenhang mit dem Aggressionsgrund zu stehen braucht. Ist es verboten, den Schädiger anzugreifen, dann ändert sich die *Zielrichtung der Aggression, und die Angriffe verschieben sich auf unbeteiligte Sündenböcke.* Weil sich Schüler gegen einen repressiven Lehrer nicht direkt wehren, lassen sie ihren Ärger an einem hilflosen Mitschüler aus oder zerstörten Dinge im Schulhaus. Gegen wen richtet sich die Aggression? Wen trifft sie stellvertretend?
(Erduldet Johann die Angriffe von Frau H., weil er sie doch ständig, wenn auch unterschwellig attackiert, oder repräsentiert er die Klasse, oder steht er stellvertretend für Frau H's berufliche Überforderung?)
Wenn Lehrer und Schüler gehindert sind, offen ihre Aggressivität auszuleben, besteht die Tendenz, die Aggressionen gegen sie selbst zu wenden, z. B. durch Selbstbezichtigung, Selbstverachtung, Minderwertigkeitsgefühle, bewußte und unbewußte Formen von Selbstbestrafung bis hin zu Selbstmordabsichten und -versuchen.

d) Welche *Ziele* verfolgen Lehrer und Schüler mit ihren Aggressionen? Manifestiert sich in ihnen die Freude am Quälen und Zerstören, und hat sie Selbstzweck? Aggressionen dienen der Verteidigung wie auch als Mittel der Durchsetzung eigener Interessen, oder sie besitzen Signalwert, z. B. man fühlt sich unzureichend beachtet. Oder Schüler suchen über die Aggressionen, sich die Aufmerksamkeit des Lehrers oder ihrer Mitschüler zu sichern. Durch Aggressivität fallen sie auf, ganz im Gegensatz zum Wohlverhalten. Unter Schülern haben Rangeleien die Bedeutung freundschaftlicher Formen der Aggressivität, sind oft nichts anderes als die in dieser Altersgruppe übliche Art der Kontaktaufnahme.

e) Aggressive Handlungen führen bei den Aggressoren zu *Gefühlen* von Wut, Zorn, Haß, Ärger, aber auch zu genüßlicher Freude am Zerstören bis hin zum Sadismus. Angriffe wirken befreiend, weil man es z. B. dem anderen ‚heimzahlt'. Die mit Aggression vermittelten angenehmen Erfahrungen verführen zu neuen Schädigungsversuchen.

Haben Lehrer eine Chance, mit ihrer eigenen Aggressivität und der ihrer Schüler fertig zu werden? Diese Aufgabe stellt sich besonders schwierig dar, weil Lehrer und Schüler unentwegt durch die Beobachtung ihrer Umwelt und in den Massenmedien dargestellt erfahren, daß aggressive Durchsetzungsstrategien und Gewalttätigkeiten zum Erfolg führen. Die Schule selbst fördert durch die strukturelle Gewalt ihrer Organisation ebenso wie durch die vielfältigen Frustrationen im Schulalltag die Aggressivität im Unterricht mehr, als sie sie zu hemmen vermag. Zusätzlich tragen Lehrer wie Schüler Aggressivität, die sie außerhalb der Schule erwerben, in den Unterricht hinein. Trotzdem bietet die Schule wenig Raum, diese Aggressivität aufzuarbeiten. Aggressivität stört, weil sie die Belehrung stört. Im konventionellen Unterricht verfügen Lehrer über wenig Maßnahmen, Aggressionen entgegenzuwirken oder sie sogar sozialtherapeutisch aufzuarbeiten. Lehrer sollten wenigstens versuchen, Aggressionen nicht zu fördern, wenn es ihnen schon nicht gelingt, aggressionslindernd mit den Schülern umzugehen. Welche Möglichkeiten nützen sie? Die folgenden Hinweise lehnen sich an die drei Basisannahmen über die Aggressionsgenese an:

- Aggressionen werden durch vorausgehende Frustrationen verursacht (Frustrations-Aggressions-Hypothese);
- Aggressionen werden gelernt durch das Beobachten aggressiver Vorbilder. Die Reaktionen aus der Umwelt schwächen aggressives Verhalten ab oder verstärken es (Lernen am Erfolg);
- Ein angeborener Trieb leitet Menschen an zu zerstören, andere anzugreifen, anderen Leid zuzufügen.

Was unternimmt der Lehrer? Wie fördert/hemmt er die Aggressivität? (Ausführliche Argumente finden sich bei Weingarten/Wilms 1978, Minsel/ Kaatz/Minsel 1976, Nolting 1978.)

1. Welche Einstellung hat der Lehrer zur eigenen Aggressivität und zu der seiner Schüler? Empfindet er sie als bedrohlich, ungewöhnlich? Verunsichert ihn seine eigene Aggressivität? Sieht er im aggressionsfreien Umgang der Schüler untereinander und im aggressionslosen Unterricht einen erstrebenswerten Idealzustand? Empfindet er Aggressionsbewältigung als pädagogische Aufgabe? Haben für ihn aggressive Äußerungen, Handlungen den Wert von Fehlverhalten, das es zu bestrafen gilt? Entwickelt der Lehrer Schuldgefühle, wenn er selbst die Schüler aggressiv behandelt?
2. Haben die Schüler die Gelegenheit, auch in der Schule wild zu sein, sich auszutoben, um damit in legitimer Weise einen Teil ihrer Aggressionen abzureagieren?

3. Kann der Lehrer zwischen Extremformen der Aggression, wie z.B. Sadismus, hassenden Kindern, Streitsucht und ‚normaler Aggressivität' unterscheiden? Bewertet er die Aggressionsformen emotional unterschiedlich, und reagiert er differenziert darauf?
4. Frustrationen führen zu Aggressionen, und Unterricht frustriert Lehrer wie Schüler vielfältig. Teilen sich Lehrer/Schüler mit, wann sie sich gestört, belästigt, verärgert, bedroht fühlen? Nehmen die anderen auf solche Äußerungen Rücksicht? Inwieweit fördert/hemmt die Unterrichtsgestaltung die Frustrationen durch Bewegungsmangel, langes, ruhiges Sitzen, still sein müssen, Sinnloses zu lernen, Angst, Überforderung, Unterforderung, Langeweile, Notendruck, fehlende Abwechslung, geringen Entscheidungsspielraum, Lärm, Unfreundlichkeiten, Mißerfolge, ungenügende Anerkennung usw.?
5. Liegen die Frustrationen für Schüler und Lehrer im Bereich der Schule, oder reagieren sie im Unterricht außerschulisch verursachte Frustrationen ab?
6. Lassen die Schüler ihren Unmut, der sich im Unterricht autoritärer bzw. dominanter Lehrer ansammelt, an kooperativen, freundlichen Lehrern aus? Ist diesen Kollegen deutlich, daß sie die Schüleraggressionen mit erzeugen und den Unterricht ihrer Kollegen belasten, auf deren Kosten sie Ruhe in ihrem Unterricht herstellen?
7. Welche Personen sind leicht zu frustrieren und unfähig, die daraus entstehenden aggressiven Impulse zu beherrschen?
8. Reagiert der Lehrer auf Frustrationen sofort selbst wieder aggressiv? Sollte er nicht versuchen, die Regel zu beherzigen, wenigstens 5 Sekunden zu warten, um erst danach seiner Verärgerung Ausdruck zu geben? Auf diese Weise würde er lernen, seine Gefühle zu kontrollieren.
9. Gehört der Lehrer zu den Personen, die den Ärger in sich aufstauen, um dann bei unsinnigen Gelegenheiten zu explodieren? Solche Lehrer sollten üben, ihre Verärgerung rechtzeitig deutlich zu artikulieren und ihre Spannung durch Gespräche abzubauen.
10. Wie zeigen Lehrer und Schüler ihre Verärgerung, Wut, Zorn? Sind sie nur fähig, sich aggressiver Mittel zu bedienen? Wer hat hier ein deutliches Lerndefizit?
11. Versucht der Lehrer, Schüleraggressionen durch entschiedenes Auftreten einzudämmen? Ist der Lehrer fähig, sich durchzusetzen? Wie ist es um seine Selbstbehauptung und Selbstbewußtsein bestellt?
12. Macht sich der Lehrer durch sein Unterrichtsverhalten zum bevorzugten Opfer für Schüleraggressionen? Hat der Lehrer in der Schule das Image, man können ihn gefahrlos ärgern und angreifen?
13. Welchen Wert messen die Kollegen, der Lehrer selbst, Schüler und Eltern einem dominanten bis aggressiven Lehrstil zu? Sind die kooperativen, auf

Verständigung ausgerichteten Lehrer beliebter als Lehrer, die ‚hart aber gerecht durchgreifen'? Wer hält den Verzicht auf aggressive Umgangsformen für ein Indiz mangelnder Führungsqualität?

14. Aggressive, strafende, drohende, ironische Lehrer bieten ihren Schülern ein anschauliches Vorbild, Durchsetzungsstrategien zu erlernen bzw. bestehende zu verfestigen. Wie oft sehen die Schüler im Unterricht auch nicht-aggressive und trotzdem erfolgreiche Konfliktlösungen? Imitieren die Schüler ihre aggressiven Lehrer, Eltern, Mitschüler?
15. Bietet der Unterricht die Gelegenheit, über Aggressionen zu sprechen? Wer ist gesprächsbereit? Wer ist unfähig, über sich und seinen Ärger zu diskutieren?
16. Nachhaltigen Eindruck hinterlassen Vorbilder, die mit ihrer aggressiven Strategie Erfolg haben. Wie beliebt sind Lehrer, die mit mehr oder weniger aggressiven Mitteln Unterricht leiten? Welche aggressiven Schüler setzen sich erfolgreich durch, und wie bewerten die Mitschüler diese Taktik?
17. Wer mit seinen aggressiven Methoden immer wieder ans Ziel kommt, wird bei dieser Strategie bleiben.
18. Lehrer neigen dazu, auf Störungen prompt zu reagieren, vermutlich aus Angst vor Autoritätsverlust, oder weil sie es nicht anders gewöhnt sind. Dadurch erreichen die aggressiven Schüler, im Mittelpunkt des Unterrichts zu stehen, was das Fehlverhalten tendenziell verstärkt. Nichtbeachten wirkt oft effektiver.
19. Aggressive Methoden sind in unserer Gesellschaft beliebt, und diese Vorbilder aus Werbung, Wirtschaft, Politik werten Menschen auf, die sich solcher aggressiven Umgangsformen effektvoll bedienen. „Die Schädigung ist nur ein Mittel, außeraggressive Ziele zu erreichen, für Beachtung (Aufmerksamkeitszuwendung, Anerkennung) und für Abwehr (Verteidigung gegen Angriff oder Zwang)" (Nolting 1978, S. 86). Solche *instrumentellen Aggressionen* sind nicht mit Wut, Ärger, dem Gefühl der Frustration verbunden. Schüler und Lehrer gehen aggressiv vor, weil sie sich keiner Alternativen bewußt sind und die gesellschaftlichen Leitbilder nur kopieren. Auch Unterrichtsmethoden zeichnen sich durch aggressiven Charakter aus, so z. B. Konkurrenz- und Wettbewerbssituation, Spiele und Arbeitsformen, die die Schüler in Gewinner und Verlierer einteilen. Was gilt das Fair-Play im Unterricht? Kann man sich im Unterricht auf Kosten anderer Vorteile verschaffen? Erlebt man ständig die Notwendigkeit, anderen Personen Schaden zuzufügen, um sich selbst aufzuwerten oder die eigenen Ziele zu erreichen?
20. Geht vom Lehrer Ruhe aus? Wirkt er hektisch, fahrig, nervös, ungeduldig? Was unternimmt der Lehrer gegen den Streß und die Belastung, denen er sich ausgesetzt fühlt? (s. Schwäbisch/Siems 1978)

7.6 Stigma und abweichendes Verhalten

Bei jeder dienstlichen Beurteilung würde Frau H. als Schulversager eingestuft. Sie wird mit der Klasse nicht fertig und erreicht die gesteckten Ausbildungsziele nicht, obwohl sie unablässig mit viel Fleiß und Energie versucht, sich wie ein normaler Lehrer zu verhalten: Viel Unterrichtsplanung, sehr lehrerzentriert, fühlt sich für alles verantwortlich, tritt dominant auf. Die Einzelaspekte ihres Lehrstils sind nicht ungewöhnlich, insgesamt aber weicht sie von der Norm ab, die man an eine erfolgreiche Lehrer anlegt. Sie ist eine Lehrerin mit abweichendem Verhalten, und der Konflikt mit der 7. Klasse fördert zunehmend diese deviante Karriere. Die Schüler spüren, daß sie keine routinierte Lehrerin vor sich haben, und nützen diese Situation weidlich aus. Sie verhalten sich ihrerseits nicht den offiziellen Vorstellungen von der Schülerrolle entsprechend. Gleichwohl reagieren sie sehr durchschnittlich auf die Unterrichtsführung einer unerfahrenen Lehrerin, indem sie sich nicht an die Spielregeln halten, die Frau H. festlegt und die sie in ihrer Ausbildung lernte. Frau H. erträgt diesen äußeren Druck durch die Schüler und durch das Schweigen des Kollegiums nicht. Immer tiefer verstrickt sie sich im Konflikt. Ihre eigenen Versagensängste, der stündliche einsetzende Mißerfolg, der ewige Streit mit den Schülern zermürben sie, die sich ihr gegenüber immer mehr herausnehmen und ständig weniger Angst vor möglichen Konsequenzen haben. Immer weiter weichen Lehrerin und Schüler von ihrer durch die Schulordnung festgelegten Rolle ab. Der Konflikt weitet sich aus. Frau H. ist stigmatisiert und kann sich mit eigener Kraft nicht aus diesen Zuschreibungen lösen. Aus der Sicht der Klasse, der Schule und von ihrer Selbsteinschätzung her ist sie ein Versager. Sie ist auf die Rolle eines konfliktanfälligen Lehrers festgelegt, und dieses Bild vermittelt sich weiter an die Schüler anderer Klassen, was im nächsten Schuljahr die neuen Schüler animieren wird, Frau H. zu attackieren.

Analog zum Pygmalioneffekt beeinflussen sich Personen durch ihre Erwartungen und Zuschreibungen auch in ihrem Konfliktverhalten. *Konflikte zu lösen setzt voraus, daß im Unterricht der Zirkel von Zuschreibung, Wahrnehmung dieser Zuschreibung und den gegenseitigen Reaktionen auf diese Zuschreibungen durchbrochen wird.* Lehrer und Schüler stigmatisieren sich und beeinträchtigen damit das Selbstbild des anderen bis hin zu traumatischer Verletzung, die der Betroffene selbst nicht mehr überwindet. Diese *Ettikettierung* treibt eine krisenhafte Entwicklung voran. Wichtige Voraussetzung einer Konfliktbewältigung: Schüler und Lehrer müssen einen Teil ihres Bildes vom anderen revidieren. (Ausführliche Schilderungen über die Wirkung von Zuschreibungen auf die deviante Karriere finden sich bei Cicourel/Kituse 1974, Homfeld 1974, Lemert 1974, Schur 1974, Thiersch 1975, Fatke 1977.)

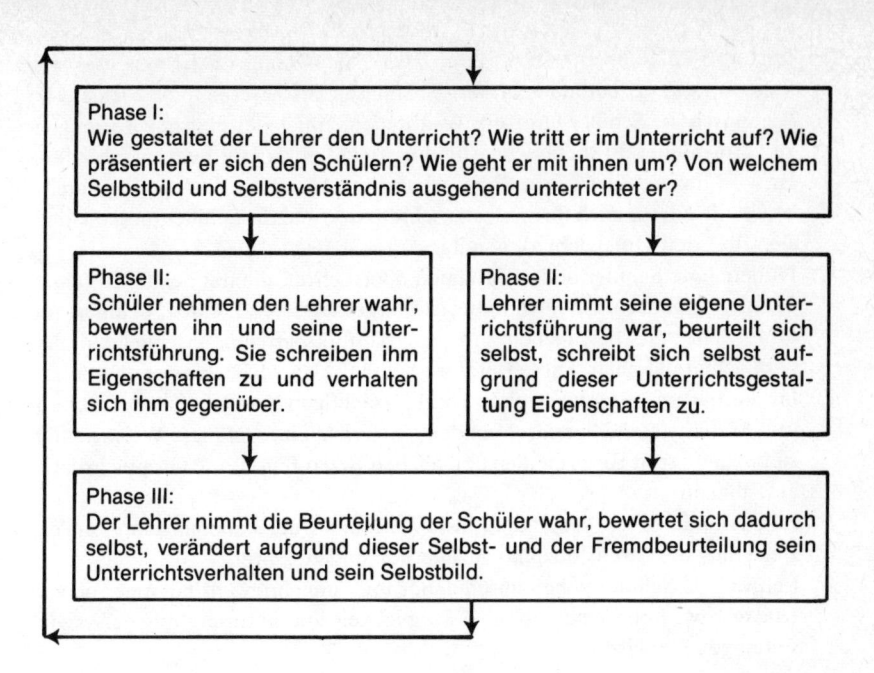

Phase I:
Wie gestaltet der Lehrer den Unterricht? Wie tritt er im Unterricht auf? Wie präsentiert er sich den Schülern? Wie geht er mit ihnen um? Von welchem Selbstbild und Selbstverständnis ausgehend unterrichtet er?

Phase II:
Schüler nehmen den Lehrer wahr, bewerten ihn und seine Unterrichtsführung. Sie schreiben ihm Eigenschaften zu und verhalten sich ihm gegenüber.

Phase II:
Lehrer nimmt seine eigene Unterrichtsführung war, beurteilt sich selbst, schreibt sich selbst aufgrund dieser Unterrichtsgestaltung Eigenschaften zu.

Phase III:
Der Lehrer nimmt die Beurteilung der Schüler wahr, bewertet sich dadurch selbst, verändert aufgrund dieser Selbst- und der Fremdbeurteilung sein Unterrichtsverhalten und sein Selbstbild.

Wird diese Stigmatisierung nicht durchbrochen, eskaliert der Konflikt. Welche Auswege bieten sich im konkreten Konfliktfall an, diese Eigenschaftszuschreibung aufzulösen, und welche Möglichkeiten werden genützt?

1. Durch Gespräche im entspannten Rahmen unter Anleitung eines unbeteiligten, beratenden Kollegen werden die gegenseitigen Zuschreibungen außerhalb der belastenden Unterrichtsatmosphäre thematisiert.
2. Der Lehrer ändert radikal seinen Lehrstil und zwingt damit die Schüler, langfristig ein neues Lehrerbild zu entwickeln.
3. Der Lehrer gibt sich im Gespräch mit Kollegen Rechenschaft über seine Schlüsselwahrnehmungen, was ihm am Schülerverhalten auffällt, was ihn stört. Er versucht herauszufinden, von welchem Unterrichtsereignis er Hinweise auf Erfolg und Mißerfolg in seiner Tätigkeit ableitet.
4. Die Schüler klären in Gesprächen miteinander, was sie am Lehrer als auffällig und ungewöhnlich empfinden, und machen sich bewußt, wie sie ihrerseits auf den Lehrer wirken, wie er sich durch die Schüler bewertet fühlt und wie sie sein Selbstbewußtsein stärken bzw. schwächen.
5. Lehrer brauchen, genau wie jeder andere Mensch, Erfolgserlebnisse. Gerade in Krisen- und Konfliktsituationen können ihnen die Schüler helfen, den Beruf nicht nur pessimistisch zu sehen. Die Lehrer sollten sich auch von einem unerreichbaren Unterrichtsideal lösen, das ihnen suggeriert, sie wären

unfähig. Sie müssen lernen, ihren Blick auf Details zu richten, um aus kleineren, unbedeutenden Unterrichtsphasen Erfolgserlebnisse abzuleiten.
6. Wenn sich die Schüler ihrerseits verabreden, einige der üblichen Störungen zu vermeiden, hilft dieses Zugeständnis, dem Lehrer Hoffnung zu schöpfen. Er wird den Schülern neue Eigenschaften zuschreiben. Gleichzeitig durchbricht die Klasse auch ihre Selbstzuschreibung, und die Schüler merken, daß sie selbst den Unterricht aktiv mitgestalten.
7. Unbeteiligte Schüler anderer Klassen oder Lehrer, die mit den betroffenen Schülern und Lehrern noch unbelastet argumentieren können, nehmen am Unterricht teil, besprechen mit den Konfliktparteien anschließend die beobachteten Fehler. Diese Berater greifen u. U. auch bei krasser emotionaler Verhärtung oder bei typisch konfliktträchtigen Kommunikationsfehlern und Mißverständnissen direkt in den Unterricht ein. Auf diese Weise helfen sie, neuen Streit zu vermeiden und bei den Betroffenen eine Gesprächsbasis aufzubauen.
8. Lehrer und Schüler geben die Illusion auf, unter der ständigen emotionalen Belastung des Streits doch noch zu lernen und zu lehren.
9. Lehrer und Schüler gehen auseinander und fangen jeweils mit einer neuen Klasse bzw. Lehrer neu an, eine Möglichkeit, die in unserem Schulsystem selten genutzt wird.

Die Stigmatisierung gefährdet insonderheit die ungewöhnlichen Lehrer und Schüler, die sich nicht in den Rahmen des Üblichen einfügen. Wer in der Schule auffällt, hat mit Negativsanktionen zu rechnen. Diesen Schülern/Lehrern sagt man dann eine defiziente Familienerziehung nach oder hält die Verhaltensauffälligkeit für einen Hinweis auf einen schlechten Charakter. Oft aber erklärt man das ‚Unnormale' als Ergebnis krankhafter Persönlichkeitsstrukturen. Die ‚Normalen' nehmen sich durch solche Erklärungen aus der Verantwortung und betrachten sich pharisäerhaft als von jeder Schuld frei. Sie erlauben sich damit, die stigmatisierten Lehrer und Schüler abzuschreiben. Soll eine solche Erwartungsfalle nicht den Unterricht weiter gefährden, *müssen sich die Beteiligten Rechenschaft abgeben, was sie unter normal und konform bei Schülern und Lehrern verstehen!* „Konformität bezeichnet ein Verhalten, das bestimmten sozialen Vorstellungen (Werte, Normen, Erwartungen, Rollen) entspricht" (Wiswede 1976, S. 15). Wer konform handelt, gibt dem Druck von Erwartungen, den Sanktionen gegen abweichendes Verhalten nach oder identifiziert sich mit den Werten und Normen der Gruppe. Zwei einfache Verfahren bieten sich an, um über den Begriff der Normalität ins Gespräch miteinander zu kommen:

a) Man stuft Schüler/Lehrer auf einer Normalitätsskala ein und rechtfertigt anschließend das Urteil. (Beispiel: Frau H. schrieb die Schülernamen auf die unten abgebildete Skala. Die Mehrzahl der Schüler benimmt sich ihrer

Ansicht nach ungezogen, einige zeigen, wie sie meint, schon pathologische Verhaltensweisen. In ausführlichen Gesprächen mit Kollegen erläutert dann Frau H. die Eigenschaften der Schüler und gibt sich damit Rechenschaft über ihre Kriterien von Normalität).

Johann	Conni	Julia	Murat
	Robert	Anette	Toni
	Tim	Annerose	Fred
	Jan	Christian	Franz
	Eveline	Heidi	
	Markus	Michael	
	Achim	Suse	
	Florian	Hilde	
		Sabine	

abweichendes Verhalten		Normalbereich, konformes Verhalten
kriminell	schlechtes	überangepaßt
krankhaft	Benehmen	
asozial		
gestört		

Diese allgemein gehaltene, eindimensionale Gliederung der Normalität läßt sich ausdifferenzieren in die drei Grobbereiche problematischen Schülerverhaltens, so wie es Lehrer (nach Cicourel/Kituse 1974, S. 364f.) zu unterscheiden pflegen:
– unzureichendes Leistungsverhalten, z. B. Streber, Faulenzer, Gelegenheitsarbeiter, ‚overachiever', ‚underachiever';
– Verletzung allgemeiner Regeln im sozialen Umgang: Rowdy, aggressive Schüler, Unruhestifter, der Ausgeschlossene, Umtriebige, Lügner ...;
– emotionale Probleme der Schüler: nervös, isoliert, durchgedreht, ängstlich, unruhig, rastlos, hektisch ...;
Lehrer bzw. Beobachter gruppieren die Schüler dann nicht nur auf einer Skala, sondern auf drei Ebenen.

b) Man notiert die auffälligen Unterrichtsereignisse, um von diesen Störungen her die dahinterstehenden Verhaltensnormen aufzuklären. (Beispiel: Die Schüler der 7. Klasse schrieben ihre Einschätzung des Fehlverhaltens von Frau H. auf eine Wandzeitung unter dem Titel „Was uns an Frau H. auffällt!" Antworten: Sie rollt so mit den Augen! Sie ist blöd! Sie schreit immer so rum! Sie hat den Johann auf der Latte! Sie meckert immer! Sie macht sich über den Johann immer lustig! Bei der muß man immer so langweiliges Zeug machen! ...)

Abweichendes Verhalten ist keine Qualität einer Handlung, die jemand ausführt, sondern eine Konsequenz aus der Anwendung von Regeln anderer. Es resultiert auch aus den Maßnahmen anderer Menschen gegen den, der die Regeln verletzt (Becker 1973). Folglich kann keine Rede davon sein, nur den ungewöhnlichen Menschen fiele allein die Verantwortung zu, wenn sie sich nicht im Rahmen des Üblichen bewegen. Auffälligkeit ist Ausdruck der Diskrepanz zwischen Verhaltenserwartungen und dem abweichenden Verhalten. Engstirnig definiert unser Schulsystem das richtige Schüler- und Lehrerverhalten. Sicher ist diese Intoleranz auch eine Konsequenz des konventionellen Unterrichtsstils, der wenig Raum für natürliche Lebens- und Umgangsformen gibt. Sie würden die effektive Belehrung im 45-Minuten-Rhythmus behindern. Auf Seiten der Lehrer hat das rigide Festschreiben von richtig und abweichend im Schülerverhalten ihre Ursachen z. T. auch in Einfallslosigkeit bei der Unterrichtsgestaltung, Unkenntnis pädagogischer Alternativen, beruflichem Desinteresse oder fehlender Sensibilität für die Eigenarten von Kindern und Jugendlichen.

Wie erklären sich Lehrer abweichendes Schülerverhalten? Diese Überlegungen sind wesentlich, weil Lehrer mit Hilfe dieser Erklärungsmuster ihr Verhalten gegenüber den störenden und ungewöhnlichen Schülern rechtfertigen. Beispiele für Lehreransichten:

- Abweichendes Verhalten ist Ausdruck von Krankheit, fehlenden sozialen Fähigkeiten und psychischen Störungen.
- Im Abweichen zeigt sich, daß den Schülern festgefügte moralische Vorstellungen fehlen und sie kein starkes Über-Ich entwickelt haben.
- Im abweichenden Verhalten dokumentiert sich ein starker Freiheitswille der Schüler, Widerstand gegen Uniformität und Reglementierung sowie ein starkes Selbstbewußtsein.
- Wenn Schüler sich nicht an die ‚Spielregeln' halten, rebellieren sie gegen die Autorität des Lehrers.
- Wenn Schüler nicht das tun, was man von ihnen erwartet, dann identifizieren sie sich mit Wertvorstellungen und Gruppennormen einer Außenseitergruppe. Sie haben ganz einfach andere Vorstellungen von den Formen zwischenmenschlicher Beziehungen.
- Wenn Schüler nicht konform sind, dann beweist dies nur, daß sie nicht wissen, was Lehrer und Schule von ihnen verlangen. Sie sind orientierungslos.
- Vorbilder und falsche Freundschaften bewirken, daß Schüler sich nicht in den Unterricht einfügen.
- Unterricht, in dem die Schüler nicht mitmachen oder sogar rebellieren, ist einfach schlecht gemacht. Es fehlt an anregenden Aufgabenstellungen und sinnvollen Motivationshilfen durch den Lehrer.
- Wenn der Lehrer keine klaren Aufgaben an die Schüler stellt und es im Unterricht an eindeutigen Organisationsformen und Vorschriften mangelt, dann sollte sich der Lehrer nicht wundern, daß die Schüler machen, was sie wollen.

8 Formen, Ziele und Wirkungen der Unterrichtsanalyse

„Reicht es denn nicht, gut zu unterrichten? Soll ein Lehrer denn jetzt auch noch klug über seinen Unterricht reden und tiefschürfend seinen Lehrstil und die tausendfachen Wirkungen des Unterrichts bedenken? Was verlangt man denn nicht noch alles vom Lehrer?" Diese Skepsis gegenüber systematischer Unterrichtsanalyse, die hier ein Lehrer stellvertretend für seine Kollegen formuliert, hat ihre Berechtigung. Die Unterrichtsanalyse, so wie sie sich in den vergangenen zehn Jahren etablierte, war eher ein weiterer Schritt auf dem Weg theoretischer Überprofessionalisierung als eine Hilfe zur Bewältigung der Unterrichtspraxis. Der Unwille der Lehrer richtet sich nicht nur auf diesen Punkt. Wenn man von Lehrern verlangt, sie sollen ihren Unterricht analysieren (und Studenten sollen die dafür notwendigen Fähigkeiten im Studium erwerben), dann fordert man nichts Neues. Damit ist auch nicht gesagt, Lehrer sollten überhaupt erst einmal lernen, über Unterricht nachzudenken und über ihn zu sprechen. Lehrer tun dies ständig und waren dazu immer schon in der Lage. Wer als Lehrer die Unterrichtsanalyse ablehnt, *befürchtet vielmehr, er habe sich in erziehungswissenschaftlich präzisierter Form mit der Unterrichtswirklichkeit auseinanderzusetzen und er dürfe sich nicht mehr auf die ihm geläufigen Begriffe und Erkenntnisstrategien verlassen.* Die ablehnende Haltung von Lehrern hat ihre Wurzel auch in Ängsten, sich Rechenschaft über die eigene Berufstätigkeit abzulegen. Unterrichtsanalyse ist u.U. hinderlich, sich ein Trugbild von den Wirkungen der Berufstätigkeit aufzubauen. Die Abwehr der Unterrichtsanalyse dient damit der Abwehr eigener Versagensängste. Lehrer verlassen sich beim Nachdenken über Unterricht deshalb lieber auf die gewohnten Alltagsstrategien, die sie zu den gewohnten Einschätzungen ihrer Tätigkeit führen. Daß Lehrer Unterrichtsanalyse als nutzlose Kunstfertigkeit disqualifizieren, liegt nur zum Teil an diesen Ängsten und in erster Linie an Methodik und Zielsetzung der Unterrichtsanalyse. Es dominieren Verfahren und eine Sprache, die man sich erst mühsam anzueignen hat, um sich Einsichten in den Unterricht zu erarbeiten. Nur wer einen Sinn in der Unterrichtsanalyse erkennt, wird sich dieser Mühe unterziehen.

8.1 Was ist Unterrichtsanalyse?

Unterrichtsanalyse. Dieses Wort weckt Assoziationen an einen technischen Prozeß. Etwas wird in seine Bestandteile zergliedert, um herauszufinden, wie es unter der Oberfläche aussieht. Dieses Bild erfaßt viel zu wenig vom Prozeß der Unterrichtsanalyse. Das Wort Analyse steht nicht für den Vorgang des Zerlegens und der Suche von Elementarteilchen des Lehrens und Lernens, sondern weist auf das kritisch distanzierte Verhältnis hin, das man vom Lehrer und Beobachter dem Unterricht gegenüber verlangt. Unterrichtsanalyse bedeutet in einer ersten Näherung, über Unterricht nachzudenken. Man gibt sich Rechenschaft, begründet das Handeln, man spricht und reflektiert über Unterricht. Wer analysiert, der hinterfragt, was ihm beiläufig am Unterricht auffällt. Er möchte mehr sehen und ihm bislang unbekannte Zusammenhänge erfassen. Unterrichtsanalyse bezeichnet damit ein Verhältnis des Lehrers zum Unterricht (Heimann 1962). Diese kritisch reflektierende Haltung gehört zum Lehrberuf, und Unterrichtsanalyse hat deshalb nicht den Status einer Tätigkeit, die einem Zuschauer vorbehalten ist. Unterschiede zwischen den Analysen unterrichtender Lehrer und teilnehmender Beobachter bestehen hinsichtlich der direkten Erfahrung mit dem Unterricht. Der Lehrer ist besser orientiert und auch emotional stärker engagiert. Ihm fällt die kritisch distanzierte Grundhaltung der Analyse wohl schwerer als einem unbeteiligten Zuschauer.

Wer sich mit Unterricht auseinandersetzt und über ihn nachdenkt, entwirft sich aufgrund seiner Wahrnehmung ein Bild vom Unterrichtsgeschehen. Somit ist die Unterrichtsanalyse eine Form interpersonaler Wahrnehmung. Wer diese Begriffsbestimmung akzeptiert, der geht davon aus, daß sich Unterrichtsanalyse als Wechselverhältnis zwischen dem Unterrichtsgeschehen und der analysierenden Person vollzieht. Wichtigste Konsequenz: Die soziale Wirklichkeit bildet sich niemals einfach im Bewußtsein ab. Indem Menschen sehen, hören und fühlen, *schaffen sie sich immer nur ein Bild der Realität,* obwohl sie es für die Wirklichkeit halten. Im Wahrnehmen konstruiert sich jeder seine Realität, die mit den Vorstellungen anderer Personen übereinstimmt, weil man aufgrund von Sprache und der Zugehörigkeit zu einer gemeinsamen Kulturgemeinschaft lernte, die Welt in einander ähnlicher Weise zu sehen.

Das Unterrichtsbild setzt sich nicht nur aus rationalen Argumenten zusammen. Beobachteter Unterricht löst beim Lehrer bzw. beim externen Beobachter eine Vielfalt von Gefühlen aus, die das Wahrnehmen, Beurteilen und Nachdenken beeinflussen. Rationales Analysieren ist stets eng mit dem emotionalen Erleben des Unterrichts verbunden.

Beispiel: Im Rahmen eines Seminars sieht sich eine studentische Arbeitsgruppe die Videoaufnahme einer Unterrichtsstunde an. Nach kurzem, etwas gequältem Argumentationsaustausch macht sich ein Student zum Wortführer und meint, dieser Lehrer sei ein abschreckendes Beispiel, sein Lehrstil inhuman, der Unterricht einfach überflüssig, mit negativer Wirkung auf die psychische Entwicklung der Schüler. Der Student engagiert sich in seinen Äußerungen sehr, wehrt jeden Einwand ab und versucht, seine Ansicht durch Beispiele aus dem Unterricht zu beweisen, die er vehement erläutert. Die Mehrzahl der Gruppenmitglieder schließt sich seiner Meinung an, ohne sich weiter zu beteiligen. Eine Studentin unterbricht diesen allgemeinen Konsens und macht den anderen deutlich, sie sei keineswegs über diesen Lehrstil verärgert, sie lasse dieser Unterricht kalt. Nicht, daß man meinen solle, sie identifiziere sich mit diesem Lehrer, aber es gäbe doch Schlimmeres. Der Lehrer biete nur Mittelmaß. Überhaupt fühle sie sich unwohl in dieser Gesprächsrunde, denn sie sehe sich zu einem unsensiblen ‚Psychotrampel' abgestempelt, weil sie nicht gruppenkonform auf diesen Lehrstil reagiert.

Kontroverse Einschätzungen einunddesselben Unterrichts sind nicht Ausdruck von Wahrnehmung- und Beurteilungsfehlern. Sie sind Ergebnis divergierender Erlebnisqualität des Geschehens. Beobachten und Stellungnehmen beruhen auf Empfindungen. Jeder nimmt seine Umwelt wahr in Entsprechung zu seiner psychischen Konstitution. Schütz (1974) wählt dafür den Begriff des *Deutungsschemas*. Ein Deutungsschema wirkt als Rekonstruktionsregel.

Beispiele solcher Deutungsschemata sind Sprache, Fachsprache, Wortschatz und Begriffe des Beobachters, wissenschaftliche Theorien, Alltagstheorien, Methoden der empirischen Sozialforschung, frühere Erfahrungen aus der eigenen Schulzeit, Wertvorstellungen, Vorurteile, Meinungen, Vorstellungen von den Aufgaben des Schulsystems in der Gesellschaft, Erinnerungen an frühere Lehrer, Eltern, Geschwister. Die Beobachtungsverfahren und Kategoriensammlungen empirischer Unterrichtsforschung, die Alltagserklärungen von professionellen Pädagogen oder die von Schülern wirken alle als Filter der Wahrnehmung und gestalten die Erkenntnisse über Unterricht. Wissenschaftliche Verfahren tragen im Unterschied zu den Alltagstheorien nicht den Charakter privater Interpretationsverfahren. Sie wurden absichtlich kontruiert, geprüft und der Wissenschaftsgemeinschaft zur Kenntnis gebracht. Die Unterschiede zwischen diesen Deutungsschemata liegen im Grad der Bewußtheit, mit der die Beobachter mit ihnen umgehen.

Üblicherweise bemerkt man nur in Ausnahmefällen die eigenen Wahrnehmungsverzerrungen, nimmt das Erlebte als Realität und nicht als subjektiv geschaffenes Produkt. Welcher Beobachter ist sich nicht sicher, richtig zu hören und zu sehen? Nur beim Interpretieren und Bewerten ist man geneigt, einander unterschiedliche Auffassungen zuzugestehen. Das Wahrnehmen hält man für eine objektive Leistung, und es bedarf schon künstlich herbeigeführter Erfahrungen, um einzusehen, daß diese Wahrnehmungen ebenfalls nur Deutungen der Unterrichtswirklichkeit sind. Die folgenden Beispiele zeigen Möglichkeiten, solche Gelegenheiten herbeizuführen:

a) Deutungsschemata treten als Widersprüche innerhalb einer Gesprächsrunde zutage, und die unterschiedlichen Auffassungen vom gleichen Tatbestand beweisen, wie Menschen individuell ihre Umwelt erfahren. Man sollte versuchen, Mißverständnisse und Konflikte im Gespräch über Unterricht auf diese divergierenden Erlebnisweisen zurückzuführen. Dazu bieten sich wiederum Gespräche zu folgenden Aspekten an: Warum will ich den Lehrer X, die Kommilitonen von meiner Meinung überzeugen? Worin bestehen die Meinungsunterschiede? Wer vertritt ständig andere Meinungen als ich? Wem möchte ich widersprechen? Wer hat laufend Einfälle? Wer erwähnt Unterrichtsaspekte, die mir nie auffallen? Welche Themen, Unterrichtsereignisse, theoretische Erklärungen führen immer zu Kontroversen? Wie reagiere ich/die anderen auf diese Widersprüche, z. B. mit Ärger, Aufbegehren, Angst, sich unterdrückt fühlen, am guten Willen der anderen zweifeln, sie für dumm halten? Wer sind die Meinungsmacher? Wie konform bin ich und die anderen? Wessen Argumentationsweise verstehe ich nicht? Wer denkt verschroben, skurril, zu einfach? Wer zeigt selten Problembewußtsein? Welche Argumentation im Anschluß an Unterricht ist ganz typisch für mich, den Mentor, Studenten, Seminarleiter, usw.?

b) Die Gesprächsteilnehmer nehmen alle zu einer gleichen Unterrichtssituation Stellung, wobei es verhältnismäßig bedeutungslos bleibt, in welcher Form der Fall vorgestellt wird, z. B. als Unterrichtsdokument, Wortprotokollausschnitt, Karikatur, Foto, mündlicher Bericht über selbstgehaltenen Unterricht. Beispiel: „Zu Beginn der Unterrichtsstunde eröffnet der Lehrer der Klasse, daß er die Mathematikarbeit nun korrigiert habe und sie rasch austeilen werde, um nachher die Lösungen zu besprechen. Die Schüler sitzen bei dieser Ankündigung schweigend, einige sind völlig regungslos". Jeder Gesprächsteilnehmer schreibt für sich auf einen Zettel, was ihm dieses Schülerverhalten sagt. Anschließend wird geklärt, wie jeder seine Unterrichtsinterpretation als die richtige begründet. Wie wurden diese Interpretationsmuster erlernt? Welche anderen, nicht beachteten Erklärungen bieten sich noch an?

c) Fließen die pädagogischen Wertvorstellungen und Leitideen der Gesprächsteilnehmer auch in deren Wahrnehmung von Fakten ein? Um diesen Sachverhalt aufzuklären, sollte man diese Leitideen aufarbeiten, um anschließend zu kontrollieren, ob die Personen mit abweichenden Wertorientierungen in vergleichbarer Weise Unterrichtsereignisse registrieren. Die Gesprächsteilnehmer beantworten in Stichworten Fragen der folgenden Art: Ein Gönner stellt Geld zur Verfügung, damit wir eine Privatschule nach unseren pädagogischen Idealen errichten. Wie sieht diese Schule aus? Oder: Wie schätzen wir die folgenden Unterrichtsformen ein, z. B. Frontal-, Epochenunterricht, offener Unterricht, Projektunterricht usw.? Oder: Darf ein Lehrer einen immer störenden Schüler auch anschreien? Anschließend vergleicht man die Unterrichtsbeobachtungen. Ergeben sich innerhalb der Beobachtergruppe deutliche Auffassungsunterschiede? Zu beachten ist u. a., ob die Meinungen über Häufigkeit und Dauer der erwünschten/abgelehnten Unterrichtsereignisse auseinandergehen.

d) Wer kennt die Deutungsschemata anderer? Der folgende Vorschlag fordert von den Gesprächsteilnehmern, daß sie Unterrichtsbeurteilungen durch Blinddiagnosen den entsprechenden Verfassern zuordnen. Zwei Varianten bieten sich an, um die unterschiedlichen Deutungsmuster zu erleben.

– Die Teilnehmer werden alle mit der gleichen Unterrichtssituation z. B. in Form einer Karikatur, Wortprotokoll, Fernsehaufzeichnung, Foto konfrontiert und nehmen dazu Stellung. Die beschriebenen Zettel werden jetzt gemischt. Anschließend notiert jedes Gruppenmitglied den Namen des vermuteten Autors auf die Rückseite des jeweiligen Blattes.

– Die Teilnehmer beschreiben und bewerten in knapper schriftlicher Form eine Unterrichtssituation, die die anderen nicht kennen. Ohne Nennung der Autorennamen werden diese Zettel an die Wand geheftet. Aufgrund der notierten Hinweise entwerfen sich die Teilnehmer ein Bild dieses unbekannten Unterrichts. In einer abschließenden Gesprächsrunde werden Ausgangssituationen und Wahrnehmung des Unterrichts durch den einzelnen und die Gruppe diskutiert.

Zwischen der Unterrichtsanalyse und dem einfachen Zuschauen besteht ein wichtiger Unterschied, bzw. er sollte bestehen. Nachdem es sich bei der Unterrichtsanalyse um die reflektierte und rationale Auseinandersetzung mit Unterricht handelt, sollte sich der Beobachter nicht irgendein beliebiges Bild von Unterricht entwerfen, sondern sich über das Zustandekommen seiner Wahrnehmungen und Interpretationen Rechenschaft geben. Deshalb gehört zu einer vollständigen Analyse des Unterrichts auch die Diskussioin der Regeln und Methoden, mit denen die Auseinandersetzung mit dem Unterricht geführt wird. Nur unter dieser Bedingung erfüllt Unterrichtsanalyse die Anforderungen, die an professionelles, reflektiertes Wahrnehmen und Urteilen zu stellen sind.

Ob absichtlich oder unbewußt, wer Unterricht analysiert, der ordnet das Unterrichtsgeschehen. Er gibt den Ereignissen Namen. Er trifft Unterscheidungen, legt fest, ob die beobachteten Verhaltensweisen als gut oder schlecht, richtig oder falsch zu bewerten sind. Der Beobachter *klassifiziert*. „Klassifikationen haben den Sinn, die außerordentlich komplexe Wahrnehmungswelt auf überschaubare Orientierungspunkte zu reduzieren. Ohne solche Operationen wären wir einer Art Wahrnehmungs- bzw. Erfahrungs-Chaos ausgesetzt, und sinnvolles, d.h. zielgerichtetes, auswählendes, absichtvolles Handeln wäre unmöglich", so Mollenhauer/Rittelmeyer (1977, S. 63). Weiter meinen sie, daß es zu den Aufgaben einer Wissenschaft gehöre, „die Begriffe zu präzisieren, mit deren Hilfe sie ihren Gegenstand ‚sehen' will – man kann auch sagen: mit deren Hilfe sie den Gegenstand ‚konstruiert'; denn über den Gegenstand ‚an sich' können wir nichts Sinnvolles aussagen, es sei denn mit Hilfe von Begriffen, also unter anderem mit Klassifikationen – und diese sind allemal ‚Konstrukte' der ordnenden und erkennenden Intelligenz. Die ‚schöpferische' Leistung der Wissenschaftler liegt deshalb auch zum großen Teil in dieser Operation des Klassifizierens, des ‚Erfindens', ‚Auffindens' von Begriffen, mit denen das, was wir ‚Wirklichkeit' nennen, genauer aufgefaßt oder auch als ein ‚neuer' Gegenstand gesehen werden kann" (S. 63). Dieses Klassifizieren wurde lange Zeit als die Hauptaufgabe der Unterrichtsanalyse angesehen. Man entwarf Beobachtungs- bzw. Analysesysteme (z.B. Flanders 1960, Bellack 1972, Schorb/Louis 1972, Roth 1974, Übersicht bei Simon/Boyer 1970), um den analysierenden Personen zu helfen, gezielt wahrzunehmen. Die Konstrukteure dieser Kategoriensysteme bzw. Taxonomien ordnen und standardisieren die Unterrichtsreflexionen von Lehrern und teilnehmenden Beobachtern. Oft sind diese Verfahren weder hilfreich, noch erzielen sie diese standardisierenden Effekte, weil der Beobachter mit den theoretischen Annahmen, die hinter diesen Systemen stehen, nicht umzugehen vermag. In dieser Standardisierung liegt insbesondere die Gefahr, daß der Beobachter nicht auf die konkreten Probleme der Unterrichtsstunde bzw. einzelner Lehrer eingeht. Der Beobachter neigt aufgrund dieser Standardisierung dazu, sich mit Dingen zu beschäftigen, die für ihn selbst, die Schüler und den Lehrer irrelevant sind, einfach weil der aktuelle Unterricht von anderen Problemen geprägt ist, als sie sich mit den vorformulierten Analyseschemata erfassen lassen. Wer sich darauf beschränkt, mit Hilfe vorgegebener Kategorien oder auch nur auf der Basis eigener Deutungsmuster zu analysieren, verzichtet darauf, den Unterricht vom Standpunkt der Schüler und Lehrer her zu verstehen. „Die besondere Aufgabe des Sozialwissenschaftlers, der die soziale Wirklichkeit verstehen will, liegt ... darin, die Bedeutung und den Sinn zu erschließen, die das Handeln für den Akteur selber haben. Wenn der Beobachter lediglich die ihm selbst zur Verfügung stehenden Kategorien oder Theorien ... auf beobachtetes Handeln anwendet, wird er nie die Bedeutung auf den Sinn voll erschließen können, die diese selbe Handlung für die Akteure selbst hat" (Psathas 1973, S. 272). Jede Situation wird ganz entscheidend durch den Sinn geprägt, den die Personen ihrem Handeln geben. Dieser Sachverhalt wird als *Definieren einer Situation* durch die Beteiligten bezeichnet.

Beispiel: (5. Klasse Hauptschule) Während einer Stillarbeitsphase, in der jeder Schüler sein Mathematikarbeitsblatt ausfüllen soll, steht ein Schüler, der offensichtlich mit den Aufgaben nicht zurechtkommt, auf, geht quer durch die Klasse und sucht sich, wie in dieser Klasse üblich, bei einem Mitschüler Rat. Der Lehrer, der vertretungsweise diese Klasse eine Stunde lang zu beaufsichtigen hat, findet dieses Schülerverhalten ‚unmöglich', sagt aber nichts. Später spricht er mit anderen Kollegen über diesen Arbeitsstil: „Die können ja jederzeit abschreiben. Da braucht keiner mehr was zu arbeiten. Ein Durcheinander ist das! Wo bleibt hier die Arbeitsdisziplin? Wie soll da der Lehrer den individuellen Lernerfolg noch kontrollieren und gerecht benoten?"

Die auf der Phänomenebene identischen Unterrichtsereignisse *(= Ein Schüler holt sich selbständig Hilfe)* werden vom Klassenlehrer positiv bewertet, ganz im Gegensatz zum aushelfenden Kollegen, der hier sein pädagogisches Normensystem auf den Kopf gestellt sieht. Nicht allein die Handlung *(= sich helfen lassen)* kennzeichnet eine Unterrichtssituation, sondern der Sinn, den die Lehrer und Schüler ihrem Verhalten geben. Ohne Kenntnis dieser Festlegungen durchschaut ein Beobachter nicht den Unterricht. Fehlen diese Selbstinterpretationen der Beteiligten, bleibt dem Beobachter Wesentliches vom Unterricht verborgen, und er steht ständig in der Gefahr, entweder das Unterrichtsgeschehen nur vordergründig auf der Ebene einfachster Phänomenfolgen zu beschreiben (z. B. *aufstehen, gehen, fragen, keine Lehrerreaktion, Partnerarbeit, zurückgehen auf den Platz),* oder der Beobachter interpretiert das Gesehene auf dem Hintergrund seiner eigenen Erfahrungen (z. B. Haben es die Schüler heute schön! Wir mußten immer nur ruhig da sitzen). Beide Male erkennt der Zuschauer nicht das Konfliktpotential dieser Unterrichtssituation, das in den divergierenden Unterrichtsvorstellungen beider Lehrer begründet ist. Zur Unterrichtsanalyse gehört es, die Vorstellungswelt von Schülern und Lehrern kennenzulernen, und die Projektgruppe I (1974) fordert darum in Anlehnung an die Konzeption der Ethnomethodologie (Weingarten u. a. 1976) nicht nur, das Unterrichtsgeschehen zu beachten, sondern auch die Sichtweise und das Unterrichtserleben von Schülern und Lehrern. Darüber hinaus schlägt diese Gruppe vor, den Zusammenhang zwischen diesen Vorstellungen und dem konkreten Unterricht zu untersuchen sowie nach den für diese Sinngebung verantwortlichen gesellschaftlichen Ursachen, Arbeitsbedingungen, der Art der Lehrerausbildung u. ä. zu fragen.

8.2 Wozu Unterrichtsanalyse?

Unterrichtsanalyse steht, so die vielfach geäußerte Ansicht (z. B. Witte 1974), vermittelnd zwischen der Unterrichtsrealität und der Unterrichtsplanung quasi als Qualitätskontrolle des bislang Geleisteten: Unterrichtsanalyse als Diagnose des Lehrens und Lernens! Man hält sie für unentbehrlich, weil Lehrer nur unzureichend Rückmeldung von Seiten der Schüler erhalten. Was weiß ein Lehrer schon, wie er bei der Klasse ankommt, was die Schüler über seine Unterrichtsleistung denken? Statt Phantasien darüber zu entwickeln, sollten sie sich intensiv mit dem gehaltenen Unterricht auseinandersetzen. Ob sich so eine Verbesserung des Unterrichts erreichen läßt? Schon zu biblischen Zeiten war man sich bewußt, wie wenig das Wissen darüber, wie man handelt bzw. handeln sollte, verhaltensrelevant wird: „Der Geist ist willig, aber das Fleisch ist schwach!"

Was die Qualität der Unterrichtsführung anbelangt, so sollte man keinen linearen Zusammenhang erwarten zwischen den Unterrichtsleistungen eines Lehrers und seiner Fähigkeit, Unterricht zu reflektieren. Weder wird sich zwangsläufig der Lehrstil verbessern, noch lernen die Schüler schneller und besser, weil sich der Lehrer bemüht, vertieftes Wissen über den Unterricht zu erarbeiten. Die Unterrichtspraxis informiert von sich aus nicht, wie sie zu beurteilen und zu verändern ist, und das Nachdenken über Unterricht kann Vorhandenes rechtfertigen und vorgefaßte Ansichten unzulässig verstärken. Resignierte Lehrer und solche ohne Selbstbewußtsein werden sich durch die gesteigerte Aufmerksamkeit und Reflexivität nur weiter verunsichern. Ob sie mehr als nur die tatsächlichen oder eingebildeten Fehler sehen?

Was bewirkt Unterrichtsanalyse? Darüber lassen sich nur Vermutungen anstellen. Denkbar sind vielfältige Effekte dieses Wissens über Unterricht und über sich selbst. Dazu gehören:
– Auswirkungen auf das Handeln des Lehrers;
– Konsequenzen für die Entwicklung des Lehrerselbstbildes und für die Bewältigung von Krisensituationen;
– Einfluß auf Veränderung und Innovation des Unterrichts;

– Unterrichtsanalyse als Element der Lehrerberatung;
– Wirkungen der Unterrichtsanalyse für die Lehrerausbildung;
– Entwicklung von Wahrnehmungen und Denkstrukturen;
– Selbstreflexion des Beobachters und Beurteilers.
Auf diese Aspekte werden die folgenden Ausführungen eingehen.

Mehr über Unterricht zu wissen bedeutet, besser zu unterrichten! Diese Gleichung wird dem komplizierten Sachverhalt des Lehrens nicht gerecht. Zu einfach wäre es auch, als Erklärung nur die „Seepferdchengeschichte' von Mager (1972) abzuändern: Wer seinen Standort nicht kennt, weiß auch nicht, wo er hinkommt, wenn er zu gehen anfängt. Als Erklärungshilfe für die Wirkung von Unterrichtsanalyse auf das Lehrerverhalten bieten sich die Argumente von Luhmann/Schorr (1979, siehe auch Drerup/Terhart 1979) zum Technologieproblem in der Erziehungswissenschaft an. Der Gedankengang ist folgender: Wenn Lehrer unterrichten oder Unterricht planen, dann möchten sie bestimmte Ziele erreichen. (Dazu gehören nicht nur die angestrebten Lernziele.) Diesen Handlungszielen sind alle Absichten und Vorstellungen zuzurechnen, die ein Lehrer im Unterricht verwirklichen möchte, z.B. wie er das Gespräch mit der Klasse eröffnet, die Schüler motivieren und sie zur Mitarbeit anregen will. Um diese Ziele zu realisieren, bedarf es verschiedener Mittel (z.B. Unterrichtsmethoden; Art zu Sprechen; die Art des Erklärens, Fragestellens; wie der Lehrer auf die Schüler eingeht usw.). Bei der Auswahl dieser Mittel orientieren sich die Lehrer an den Gegebenheiten des Unterrichts und daran, was sie erreichen möchten. Sie überlegen sich geeignete Maßnahmen, damit der Unterricht wunschgemäß verläuft. In ihren Entscheidungen lassen sich die Lehrer von Vermutungen leiten, welche Wirkungen ihre Maßnahmen in der jeweiligen Unterrichtssituation hervorrufen. Es handelt sich dabei um Hypothesen über Ursache-Wirkungs-Zusammenhänge im menschlichen Verhalten. Lehrer integrieren sie zu Plänen und Strategien pädagogischen Handelns: Was ist zu tun, wenn...? Damit verfügen Lehrer über Erklärungsmuster der Unterrichtsrealität, Deutungen, die sich als Verhaltensprinzipien und -regeln auswirken.

Diese Pläne bzw. Ursache-Wirkungs-Vermutungen existieren als:
– Wissenschaftliche Theorien über Unterricht und Erziehung (z.B. über Problemlösen und Kreativität im Unterricht);
– Didaktische und methodische Prinzipien zur Unterrichtsgestaltung (z.B. Gliederung des Unterrichts in Lernphasen);
– Vorschriften des Schulträgers oder der Vorgesetzten, wie man denn als Lehrer mit den Schülern richtig umgeht und ordentlichen Unterricht erteilt;
– Subjektive Theorien des Lehrers, in Form von Vorurteilen, Meinungen und Ursachenerklärungen (z.B. daß man einer neuen Klasse in den ersten Stunden nichts durchgehen lassen dürfte);
– Vom Lehrer nicht mehr reflektierte, bereits automatisierte Handlungsstrategien (z.B. daß er ständig mit einem Wortschwall auf simple Verständigungsfragen von Schülern antwortet).

Es wäre ein Irrtum anzunehmen, der erziehungswissenschaftlichen Forschung könnte es gelingen, zeitlos gültige, für alle Lehrer und Schüler, für alle Unterrichtssituationen zutreffende Regeln des Handelns zu entwickeln. Menschen denken, fühlen und handeln nicht nach Naturgesetzen. Deshalb hat Unterrichtsanalyse niemals die Funktion eines einfachen Diagnosesystems, damit der Lehrer aufgrund dieses Wissens nur noch zu entscheiden braucht, ob sich Zeitpunkt und Voraussetzungen für den Einsatz einer Unterrichtsstrategie eignen. Nie wird man mit völliger Sicherheit vorhersagen können, wie alle Unterrichtsmaßnahmen auf alle Schüler wirken werden. „Da es keine für soziale Systeme ausreichende Kausalgesetzlichkeiten, da es mit anderen Worten keine Kausalpläne der Natur gibt, gibt es auch keine objektive Technologie, die man nur erkennen und anwenden müßte; es gibt lediglich operativ eingesetzte Komplexitätsreduktionen, verkürzte, eigentlich ‚falsche‘ Kausalpläne, an denen die Beteiligten sich selbst in Bezug auf sich selbst und in Bezug auf andere Beteiligte orientieren" (Luhmann/Schorr 1979, S. 352). Eindrucksvoll belegen die sogenannten „unverwundbaren Kinder" (Pines 1979) die These von den fehlenden Gesetzen menschlicher Entwicklung. Allem sozialwissenschaftlichen Wissen zum Trotz überstehen sie auch die ungünstigsten Lebens- und Erziehungsbedingungen (z. B. mehrfache Behinderungen, geisteskranke Eltern, Vernachlässigung und erduldete Sadismen) und werden weder zu psychischen Krüppeln noch zu Schulversagern.

Aus dem bisher Gesagten ergeben sich mehrere Aufgaben, damit das Wissen eines Lehrers über sich und seinen Unterricht handlungsrelevant wird. Unterrichtsanalyse ist dabei ein Instrument, um sich das Unterrichtsgeschehen sprachlich und gedanklich verfügbar zu machen.
a) Die *alltägliche Unterrichtswahrnehmung* bzw. das Unterrichtserleben wird durchbrochen, ausgeweitet und präzisiert. Unterrichtsanalyse ist eine Phase des Prüfens und des Sich-bewußt-Machens, was denn tatsächlich im Unterricht geschieht, um sich nicht den vielfältigen Trugschlüssen über Unterricht und seine Wirkungen hinzugeben. Menschen schaffen sich ein Wirklichkeitsbild, das geeignet ist, ihr Selbstbild aufrechtzuerhalten. In Anlehnung an Mollenhauer/Rittelmeyer (1977) könnte man diese Aufgabe von Unterrichtsanalyse als *Eulenspiegelprinzip* bezeichnen. Eulenspiegel „griff immer dort mit seinen befremdenden Späßen ein, wo sich Stereotype der Wirklichkeitskonstruktion gebildet hatten, die daran anschließende Praxis zur Gewohnheit wurde und Alternativen undenkbar schienen" (S. 44).
b) Wer Unterricht analysiert, sollte nicht nur daran interessiert sein herauszufinden, wie Lehrer und Schüler handeln und was sich im Unterricht tatsächlich ereignet. Er sollte nach den Plänen, Regeln, Strategien und Erklärungsmustern suchen, von denen er sich im Umgang mit den Schülern

und beim Organisieren des Lernens leiten läßt. Wer über die Wirkungen seines Handelns Bescheid weiß, ist in der Lage zu versuchen, diese Auffassungen an der Realität auch zu überprüfen, um gegebenenfalls seine Pläne zu revidieren. Diese Veränderung der Regel, nach denen Personen ihr Verhalten in den vielfältigen Unterrichtssituationen ständig neu entwerfen, ist für die Unterrichtsgestaltung wirkungsvoller als das Einüben einzelner neuer Verhaltensweisen. Unterrichtsanalyse hat demzufolge nicht bei der Untersuchung der Erscheinungsformen des Unterrichts, sondern der ihnen zugrunde liegenden Verhaltensprinzipien und Begründungen anzusetzen. Die Bestimmung des Verhältnisses von Handlungsprinzipien und dem beobachtbaren Verhalten gehört nach Ansicht der Ethnomethodologie zu den Hauptaufgaben der Sozialforschung (Weingarten/Sack 1976, S. 16).

c) Der Lehrer sucht gezielt die Anlässe und Bedingungen, aufgrund derer er sich für eine Handlungsstrategie bzw. für die Art des Umgangs mit den Schülern „entscheidet". Durch diese Ist-Analyse informiert er sich über die konkreten Voraussetzungen seines Handelns und prüft, ob die Unterrichtsrealität so beschaffen ist, wie er es vermutet und zur Rechtfertigung seines Verhaltens auch ständig behauptet.

d) Der Lehrer prüft, ob er so im Unterricht handelt, wie er es aufgrund seiner Pläne, Prinzipien, Ursache-Wirkungs-Vorstellungen eigentlich zu tun beabsichtigt.

e) Der Lehrer gibt sich Rechenschaft darüber, ob die tatsächlichen Wirkungen seiner Handlungen mit den angestrebten übereinstimmen oder ob er sich z.B. bezüglich der Erfolge und Mißerfolge seines Unterrichts Illusionen hingibt.

f) Durch die Unterrichtsanalyse soll der Lehrer den Unterricht vielfältiger und vielschichtiger sehen. Luhmann/Schorr (1979) meinen, daß es wichtig sei, den Komplexitätsgrad der Unterrichtsbetrachtung zu erhöhen, damit die Lehrer mehr an Unterrichtsfaktoren und an Wechselwirkungen zwischen den Verhaltensweisen, Wirkungen und Bedingungen des Handelns erkennen. „Insgesamt sollte eine Komplexierung der ,cognitive maps' dem Lehrer bessere Chancen geben, in Situationen das ihm zutreffend erscheinende Verhalten zu wählen und in dieser Hinsicht eigene, für ihn selbst günstig liegende Erfolgschancen zu testen" (S. 352).

Wer Unterricht analysiert, gibt sich Rechenschaft und will mehr wissen, als er sonst „beim einfachen Hinschauen bemerkt". Man möchte mehr erfassen von dem, wie man handelt, warum man handelt, wie man als Lehrer wirkt. Man sucht nach den geheimen Mechanismen und Fußangeln des Unterrichts, in denen man sich als Lehrer so leicht verfängt. Unterrichtsanalyse ist Ausdruck von Neugier, aber auch des Versuchs, rational zu handeln und nicht blind „drauf los" zu agieren, sondern bewußt, kalkuliert, ausgewogen, absichtsvoll zu handeln, entsprechend den Zielen und Voraussetzungen des Unterrichts. Hinter dieser Rationalität steht möglicherweise ein ganz anderes Motiv: *Allmachtstreben,* um die Gefühle pädagogischer Ohnmacht zu unterdrücken. H. E. Richter (1979) macht auf dieses in unserer Gesellschaft verbreitete Motiv aufmerksam. Es dominiert ein Denken, Schwierigkeiten nur als Pannen anzusehen. Konflikte im Unterricht, Schulversagen, Schulangst, Schulverdrossenheit von Lehrern und Schülern sind nur „Ausrutscher" in einem sonst optimalen System. Man behebt sie durch vertiefte Einsichten in das Lehr-Lern-Geschehen, und Lehrer wie Bildungsplaner lassen sich von der Vorstellung leiten, die Schüler-Lehrer-Beziehung sei bis ins Letzte plan- und machbar. Weil die Menschen im Prinzip alles beherrschen, brauchen sie nur die richtige Strategie zu entwickeln und einzuschlagen, um unerwünschte Probleme zu bewältigen. Eigentlich müsse man nur lang genug forschen und als Lehrer genügend wissen sowie die Anwendungsbedingungen in der konkreten Unterrichtswirklichkeit erfassen, um dann erfolgversprechend zu handeln. Damit wird alles erreichbar, vorausgesetzt wir durchdenken alles und investieren genügend! Größenwahn oder Chance der modernen Gesellschaft? Richter (1979) meint, durch diese Einstellung versuche der moderne Mensch, seine Versagensängste zu überdekken. Er spricht sich Mut zu und kompensiert den permanenten Mißerfolg, den er einfach wegdefiniert. „Aus Angst vor Ohnmacht, Kleinheit und Tod muß man ständig nach vorne und oben flüchten. Wenn man nicht laufend größer und mächtiger wird, fürchtet man in unerträglicher kindlicher Hilflosigkeit kaputtzugehen. In dieser wahnhaften Omnipotenzhaltung steckt also ein Moment tiefsten Mißtrauens" (S. 64).

Unterrichtsanalyse dient in dem hier skizzierten Sinn der Systemdiagnose, um mit Hilfe ensprechender Methoden versteckte Fehler zu identifizieren, die man dann in Hinkunft meiden möchte. Durch die Unterrichtsanalyse lernt man, kühl und distanziert zu argumentieren und vermeidet durch die Verwendung eines wissenschaftlich neutralen Vokabulars, sich die Gefühle des Ausgeliefertseins eingestehen zu müssen. Unterrichtsanalyse könnte dem modernen Lehrer suggerieren, er durchschaue alles oder doch wenigstens alles ein klein wenig besser als der Durchschnittsmensch. Und wenn es dem Lehrer nicht gelingt, optimal zu unterrichten, tröstet er sich durch seine analytischen Fähigkeiten. Wenigstens auf diesem Gebiet ist er erfolgreich und professionell, auch wenn er den Unterricht organisiert und die Schüler so behandelt, wie es frühere Lehrergenerationen vor ihm in gleicher Weise taten. Der Lehrer baut sich mit Hilfe der Unterrichtsanalyse ein Bild seiner Berufsrolle auf, das ihn in die Nähe eines Sozialingenieurs oder Mediziners rückt: Diagnose, Therapie, Wirkung. Auch Fehlschläge und der Exitus entziehen sich nicht der rationalen Begründung.

Sicher bewirkt Unterrichtsanalyse bei Lehrern auch genau das Gegenteil. Statt sich durch ihr Wissen über Unterricht eine sichere berufliche Identität aufzubauen und die Probleme zu verdrängen, verunsichern sie sich durch ständiges Nachdenken. Sie grübeln viel und hinterfragen alles. Zuviel Unterrichtsanalyse im Berufsalltag bedeutet, sich die Diskrepanz zwischen dem, wie man unterrichten möchte, und dem, was man im Unterricht erreicht, bewußt zu machen. Ob Unterrichtsanalyse eher im oben beschriebenen Sinn eines pädagogischen Machtstrebens und einer Kompensation wirkt oder die Versagensängste von Lehrern fördert, hängt u. a. von deren Persönlichkeitsstruktur, von ihren tatsächlichen Berufserfolgen, den verunsichernden oder stabilisierenden Gesprächen mit den Kollegen ab.

Auch in ihrem Beitrag zur Überwindung von Krisen ist die Wirkung der Unterrichtsanalyse zwiespältig. Sie unterstützt die Krisenbewältigung, wenn der betroffene Lehrer es lernt, Unterricht neu zu sehen. Sie fördert die Krise durch Selbstverunsicherung und das schonungslose Aufdecken eigener Unzulänglichkeiten. Beispiele für solche Krisen geben die Lehrer in der ‚midlife crisis', die nach 10 bis 15jähriger Berufstätigkeit in der Schule keine fordernden Aufgaben mehr finden. Die Karriere ist durchlaufen, der Rest erstarrt in Routine. Oder die verzweifelten Lehrer, die ‚fertig gemacht und am Boden zerstört' Angst vor den Schülern haben und mit Angst in die Schule gehen. Jahrelang stehen sie im Unterricht ohne Zutrauen zu sich selbst. Sie haben von sich das Bild eines Schulversagers, das sie sich unentwegt durch ihre Unterrichtswahrnehmung bestätigen. Ihre Umgebung akzeptiert dieses Image. In einer Krise befinden sich auch viele junge Lehrer. Der Praxisschock demoralisiert sie.
Krisenbewältigung fordert Antworten auf die Frage nach dem Sinn des Lehrerdaseins. Dies setzt voraus, daß die Betroffenen sich der Bedeutung ihres pädagogischen Anliegens wieder bewußt werden und dann noch in der Lage sind, ihre pädagogischen Ideale im Unterrichtsgeschehen wiederzuerkennen. Sie müssen ihre Wahrnehmungsstereotype überwinden und Unterricht neu sehen lernen.

Beispiel: Eine junge Lehrerin, verheiratet, Mutter zweier Kindergartenkinder, unterrichtet in Teilzeitbeschäftigung ohne wesentliche Berufserfahrung an einer Abendschule für Erwachsene. Nach einer Anfangsphase kommen die Schüler nur noch unregelmäßig in den Unterricht. Die Gruppenarbeit, von der sie sich viel versprach, führte zu massiven Konflikten zwischen den Schülern. Die Schüler schreiben miserable Referate. Außerdem möchten sie möglichst viel Lehrvortrag geboten bekommen. Die Lehrerin fühlt sich für das unangenehme Schülerverhalten verantwortlich, hält sich für pädagogisch nicht ausreichend qualifiziert, weil sie dieses Problem nicht meistert und verliert jeden Mut zu unterrichten. Sind ihre beruflichen Qualifikationen wirklich unzureichend, oder verleitet sie der Praxisschock zu Fehlinterpretationen aufgrund ihrer hohen Erwartungen an sich und die Schüler? Sie orientiert sich vermutlich an ungeeigneten Erfolgskriterien wie z. B. an der Qualität der Referate. Ganz sicher hat sie noch nicht gelernt, die kleinen Schritte zu beachten, mit denen sich die Schüler sehr langsam und unmerklich die neuen

Arbeitsformen aneignen. Die Lehrerin bräuchte Hilfe von erfahrenen Kollegen, die sie auf diese Unterrichtsereignisse hinweisen.

Lehrern wird in der Regel eine offen ausgesprochene Anerkennung oder Abwertung ihrer Tätigkeit versagt. Deshalb sind sie in der Urteilsbildung über ihre Berufsleistung darauf angewiesen, direkt aus dem Unterrichtsgeschehen Hinweise auf die Qualität ihres Unterrichts abzuleiten. Somit hängt ihr berufliches Selbstverständnis direkt mit der Unterrichtswahrnehmung zusammen. Ihre berufliche Identität entwickelt sich durch die veränderte Wahrnehmung aufgrund systematischer Unterrichtsanalyse weiter. Diese These läßt sich durch das Beispiel der angenehm und unangenehm erfahrenen Interaktionen mit den Schülern belegen. Angenehme Interaktionen mit den Schülern interpretieren Lehrer als Hinweis auf geglückten Unterricht, unangenehme Kontakte zu den Schülern (z. B. Störungen im Unterricht, geringer Lernerfolg) signalisieren ihnen berufliche Fehlleistungen. Jeder Lehrer definiert dabei auf eine ihm eigene Weise, was als angenehm und pädagogisch sinnvoll gilt. In der Regel achten Lehrer insbesonders auf folgende Unterrichtsereignisse, die für sie hohen Informationscharakter haben: Lärmpegel, die Menge der Störungen, die Mitarbeit, die Art, wie die Schüler ihn ansehen oder Blickkontakt vermeiden, Arbeitstempo, Melden. Lehrer achten sehr auf diese Schüleraktivitäten, beantworten sie durch ihr Verhalten und ihre Unterrichtsführung. Es entsteht ein Kreis sich mehr und mehr verfestigender Erwartungen, Handlungen, Wahrnehmungen und Reaktionen (siehe auch Brophy/Good 1976, Erlemeier 1973, Knörzer 1976, S. 174–183).

Wer das Wechselverhältnis von Unterrichtswahrnehmung, Selbstbild und Unterrichtsführung näher kennenlernen möchte, wird sowohl die Lehrerwahrnehmung kontrollieren (Anregungen gibt das Kapitel 9.7 unter dem Aspekt Selbstreflexion) wie auch versuchen müssen, das eigene Selbstbild sprachlich zu fassen und dann mit anderen zu diskutieren. Hilfreich sind u. a. folgende Aufgabenstellungen:

- Man zeichnet in mehrere Kreise mit ganz wenigen Strichen das eigene Gesicht ein, in den ersten Kreis so, wie man sich selbst sieht, in den anderen Kreis, wie man meint, daß einen die anderen sehen.
- Ein Blatt Papier wird in mehrere Spalten unterteilt. In die erste Spalte trägt man die wichtigsten Eigenschaften der eigenen Person ein, so wie man sie an sich selbst vermutet. In die anderen Spalten werden die Vorstellungen der Gesprächspartner eingetragen, so wie man sich von ihnen beurteilt fühlt.
- Welche Eigenschaftswörter/Substantive beschreiben mein Wesen? Was für ein Lehrer/Studiertyp bin ich? Welche Aufgaben fordern mich als Lehrer heraus? Welche Eigenschaften gehören unverzichtbar zu mir? Welche Persönlichkeitsmerkmale wäre ich lieber los? Wie komme ich mit anderen Menschen zurecht? Warum dominieren bestimmte Eigenschaften in meiner Selbstbeschreibung? Was nehme ich an mir nicht wahr, obwohl andere Leute immer wieder in Gesprächen darauf hinweisen? Woher weiß ich, wie mich andere einschätzen? Wie stark klaffen mein Selbstbild und das Bild

auseinander, das andere von mir haben? Woher kommen meine Interpretationsmuster für mein Selbstbild? Wer schreibt mir welche Eigenschaften zu? Hat sich mein Selbstbild beim Übergang von Schule zur Hochschule, ins Referendariat und zum Lehrer verändert? Wer ‚kratzt' denn an meinem Selbstbewußtsein?

Selbstunsicherheit gehört zu den Problemen vieler Lehrer. Aber auch die uneingeschränkte Selbstsicherheit so mancher Lehrer, die überzeugt von ihrer Konzeption unbeirrt in immer gleicher Weise unterrichten, bereitet Kollegen wie Schülern erhebliche Schwierigkeiten. Das Wissen dieser Lehrer über sich selbst und Unterricht ist so festgefügt, daß es gravierender Erfahrungen im Unterricht oder Anstöße von außen bedarf, damit sie ihre Lehrstrategie und ihre Erklärungsmuster in Frage stellen. Radtke (1979) sieht in der Unterrichtsbeobachtung und den sich daran anschließenden Gesprächen zwischen Beobachter und Lehrer einen Ansatzpunkt, Lehrer zu *verunsichern*. Diese „Selbstirritation", wie er es nennt, bietet den Anlaß umzudenken und Offenheit gegenüber Veränderungen zu entwickeln. Voraussetzung solcher *Innovationen* sind Unzufriedenheit mit den bisherigen Lösungen im Unterricht und Problemsensibilität. Beide sind von der Unterrichtswahrnehmung abhängige Größen. Wer problemblind ist, akzeptiert kaum die Notwendigkeit von Änderungen. Verunsicherung und Problemsensibilität sind entscheidende Bestandteile jeder Erneuerung (siehe Havelock 1973, Scheilke 1975). Wahrnehmung fördert den „Leidensdruck", ein Motiv, das Innovationen in Gang setzen kann.

Auch im verhaltenstherapeutischen Modell der Selbstregulation, sowie es Kanfer (1977) entwirft, bilden die Wahrnehmung und die Fähigkeit, komplexes Verhalten zu beschreiben, wesentliche Voraussetzungen von Verhaltensänderungen. Kanfer unterscheidet drei Stadien im Prozeß der Selbstkontrolle bzw. Selbstbeeinflussung: Selbstbeobachtung, Selbstbewertung, Selbstverstärkung. Der Erfolg der beiden ersten Phasen hängt von der Art der Wahrnehmung ab. Wer nicht über Begriffe verfügt um sich selbst zu beobachten, und wer nicht sensibel für sein Handeln ist, wird blind sein für Fehler, die ihm unterlaufen, und er wird nicht in der Lage sein, das Verhalten in der gewünschten Richtung zu modifizieren.

Obwohl Reden und Erklären zu den Grundfertigkeiten aller Lehrer gehören, ist bei vielen Pädagogen die Fähigkeit, über den eigenen Unterricht zu sprechen, nur rudimentär ausgebildet. Die Lehrerrolle verführt, nicht mehr über sich selbst zu sprechen und die eigenen Leistungen vor jeder Diskussion abzuschotten. Solche Kommunikationshemmungen unterstützen die Vereinzelung der Lehrer und behindern sie, gemeinsam über Unterricht nachzudenken. Nachdem sie nicht in einem privaten Freiraum tätig sind, sollte es für Lehrer eigentlich eine Verpflichtung darstellen, sich ständig Rechenschaft über ihr Tun abzulegen, sowie es Balint (1957) für Ärzte fordert. Diese kollegiale Supervision würde helfen, das Unterrichtserleben ins Bewußtsein zu heben und abweichende Interpretationen des Unterrichtsgeschehens gegeneinander abzuwägen. Diese

Gespräche haben korrigierende wie therapeutische Wirkung. Solche Aussprachen zeigen den Lehrern darüberhinaus, daß sie nicht allein mit Schwierigkeiten kämpfen und daß auch die Kollegen nachahmenswerte Lösungen entdecken.

Die systematische Unterrichtsanalyse mit eigenem Methodenrepertoire entsteht notwendigerweise im Gefolge verwissenschaftlicher Lehrerausbildung. Die erziehungswissenschaftliche Betrachtungen von Schule stimmen mit den Alltagsüberlegungen nicht mehr überein. Es reicht nicht mehr, daß Lehrer über Unterricht so denken und so darüber sprechen, wie jeder pädagogisch nicht ausgebildete Erwachsene. Der professionelle Pädagoge hat sich wissenschaftlicher Interpretationen des Erziehungs- und Ausbildungsgeschehens zu bedienen, und er soll Unterricht komplexer erfassen, ansonsten wirft man ihm berufliche Naivität vor. Konsequenz: Die künftigen Lehrer lernen, Unterricht auf neue Weise zu reflektieren. Der Unterrichtsanalyse fällt die Aufgabe zu, dieses an wissenschaftlichem Wissen orientierte Denken einzuüben. Dabei steht sie vermittelnd zwischen Theorie und Praxis, und die Studenten lernen durch die Unterrichtsanalyse, die Praxis theoretisch zu erklären und die theoretischen Einsichten in der Unterrichtswirklichkeit wiederzufinden. Durch Unterrichtsanalyse eignen sich die Studenten eine Fachsprache an, mit der sie in professionalisierter Weise über die Praxis nachdenken und sprechen. Simon/ Boyer (1970) bezeichnen Unterrichtsanalyseschemata deshalb als Metasprachen des Unterrichts, bei denen die Beobachtungskategorien den ‚Wörtern' entsprechen. So eine Fachsprache zu beherrschen, hat sicher nicht nur den Wert einer Kunstfertigkeit, überträgt man die Ergebnisse der Psycho- und Soziolinguistik sowie die Untersuchungsergebnisse über den Zusammenhang von Sprache und Schulerfolg (z.B. Röder 1971) auf die Unterrichtsanalyse. Die vorgegebenen Analysekategorien und Interpretationshilfen präzisieren die Wahrnehmung und erleichtern die Auseinandersetzung mit dem Unterricht, falls sie nicht wie eine ungeliebte Fremdsprache dem Beobachter aufgezwungen werden. Sie machen die Praxiserfahrung sprachlich verfügbar und unterstützen aktiv den Beobachter, das schulische Lehren und Lernen zu begreifen. Gleichzeitig standardisiert das Einüben in Unterrichtsanalyse auch diese Praxiserfahrung, weil alle Beobachter sich der gleichen Sprache und Begriffe bedienen und gleiche Aspekte zu beachten haben. Nimmt man die Überlegungen zum Zusammenhang von Sprachen und Denken in Entsprechung zur Sapir-Whorf-Hypothese ernst, variiert das Bild von Unterricht, das sich der Beobachter entwirft, mit der Art der Unterrichtsanalyse. Das angebotene begriffliche Instrumentarium hilft, Phänomene des Unterrichts zu verdrängen oder sie ungerechtfertigt umzudeuten. Damit wirkt Unterrichtsanalyse wie ein geheimer Lehrplan der Lehrerausbildung.
Unterrichtsanalyse dient nicht nur dazu, das Unterrichtsbild zu professionalisieren, sondern auch den künftigen Lehrer zu befähigen, seine pädagogischen

Maßnahmen zu begründen. Unterrichtsanalyse wirkt in diesem Sinne als eine Sprechübung. Gefördert wird die Fähigkeit, Vorstellungen von Unterricht auszudrücken und zu verteidigen. Wer gut zu argumentieren weiß, läßt sich aber leicht dazu verleiten, alles und jedes im Unterricht zu rechtfertigen, und die Befähigung, Unterricht gut zu analysieren, kann dazu verführen, berechtigte Ansichten von Schülern, Eltern und Kollegen eloquent abzuwehren.
Unterrichtsanalyse als Teil der Lehrerausbildung birgt die Gefahr des „verschulten und entfremdeten Lernens" in sich. Zuschauen, Nachdenken und Argumentieren sollten nicht die direkte Praxiserfahrung ersetzen. Die Unterrichtswirklichkeit wird abgefilmt und auf Wortprotokolle eingeengt. Statt handelnder Bewältigung des Unterrichts dominiert die intellektuell sprachliche Reflexion. Unterrichtsanalyse kann die Freude am beobachteten Unterricht oder am eigenen Lehrversuch massiv beeinträchtigen. Staunen, Begeisterung, Langeweile, Verärgerung, Sprachlosigkeit sind nicht mehr gestattet. Wer im Unterricht hospitiert, weiß um das unvermeidliche Gespräch im Anschluß an die Stunde. Wie kann der Zuschauer während der 45 Minuten noch spontan und gelöst zusehen? Die Praxiserfahrung wird geordnet und reglementiert, ähnlich wie in der Schule, wo dem Ausflug der Aufsatz, dem reizvollen Experiment die mathematische Formel oder der Bildbetrachtung die Bildbeschreibung zwanghaft folgen.

9 Zur Methodik der Unterrichtsanalyse

Wer im Unterricht hospitiert, macht ständig die Erfahrung, daß er auch ohne vorgeschaltete Methodenlernphase Unterricht durchschaut. Dieser vordergründige Erfolg sollte nicht zum Fehlschluß verleiten, die implizit verwendeten Beobachtungs- und Analysestrategien bedürfen keiner kritischen Begründung, sie seien in sich logisch. Ganz im Gegenteil, denn jede Analysemethode, mag sie ein Beobachter noch so automatisiert anwenden, beeinflußt die Auseinandersetzung mit Unterricht. Diese Methoden sollen eine kontrollierte und kontrollierbare Verbindung schaffen zwischen der pädagogischen Praxis einerseits und dem Wissen bzw. den Erfahrungen des Beobachters andererseits (Nissen 1979, S. 243). Darüberhinaus haben sie die Funktion, die Aussichten zu verbessern, daß der Beobachter die wirkliche Struktur des untersuchten Gegenstandes erfaßt (Berger 1974, S. 21). Die Methodendiskussion steht vor erheblichen Schwierigkeiten, weil in den Sozialwissenschaften ein Konsens über die gültigen Methoden empirischer Forschung fehlt.
Die auf den Prinzipien des Kritischen Rationalismus beruhenden Unterrichtsanalysen (z. B. Bellack 1972, Flanders 1960, Dunkin/Biddle 1974, Roth 1974, Schulz/Teschner/Voigt 1973, Cranach/Frenz 1969) begnügen sich nicht, eine Unterrichtsstunde oder die Schwierigkeiten eines einzigen Lehrers zu beschreiben. Ihnen geht es darum, allgemeine Ursache-Wirkungs-Zusammenhänge herauszuarbeiten mit dem Ziel, Gesetzmäßigkeiten in der Unterrichtsführung zu finden, um auf dieser Grundlage Allaussagen über Unterricht zu formulieren, die zeitlose Gültigkeit beanspruchen, so wie wir es von den Naturgesetzen gewöhnt sind. Aus diesen Gesetzmäßigkeiten lassen sich dann Prognosen über das Unterrichtsgeschehen ableiten (z. B. Lehrer verhalten sich bei Verständnisschwierigkeiten der Schüler so und so. Wenn ..., dann ...! Unterrichtsmethode X bewirkt bei den Schülern des Sozialisationstyps Y folgendes ... !). Ob eine dieser Aussagen über Unterricht richtig oder falsch ist, entscheidet die empirische Prüfung. Die zu überprüfenden Hypothesen werden aus den vorhandenen theoretischen Annahmen abgeleitet. Hilfestellung beim Entdecken der untersuchenswerten Hypothesen und damit der durch Unterrichtsanalyse nachzugehenden Fragen gibt die Methodik des Kritischen Rationalismus *nicht*. Jeder Beobachter ist auf sich gestellt, im konkreten Fall selbständig

Fragen und Hypothesen zu entwickeln, eine oft frustrierende Phase beim Aufarbeiten des Unterrichts. Abschnitt 9.3 dieses Buches versucht, hier Hilfen anzubieten. Der Kritische Rationalismus geht davon aus, daß sich das Wissen schrittweise durch die empirische Prüfung der Hypothesen weiterentwickelt. Die dabei gewonnen Einsichten werden dann zu einem stimmigen System von Sätzen, den Theorien, verbunden (was meistens nur für einige wenige ausgewählte Teilaspekte des Unterrichts und dann auch nur ansatzweise gelingt). Der Beobachter steht keineswegs vor der Aufgabe, eine Theorie über Unterricht zu entwerfen, sondern will Einsichten in *eine* konkrete Situation gewinnen.

Die Methoden der Sozialforschung und damit auch die der Unterrichtsanalyse haben nach Auffassung des Kritischen Rationalismus in erster Linie die Aufgabe sicherzustellen, daß die Aussagen des Beobachters über Unterricht möglichst frei sind von subjektiven Faktoren wie Gefühlen, Stimmungen, Meinungen, eine Auffassung, der sich dieses Buch nicht anschließt. Es schlägt vielmehr vor, gerade auch die subjektiven Faktoren zum Gegenstand der Unterrichtsanalyse zu machen, die man durch die Selbstreflexion aufarbeitet. Der Beobachter soll seine Deutungen des Unterrichts kennen und mit ihnen umgehen lernen. Im Sinn des Kritischen Rationalismus sind Aussagen über Unterricht nur zulässig, wenn durch methodisch geordnete Auseinandersetzung mit dem sozialen Geschehen mehrere Personen unabhängig voneinander zu verschiedenen Zeitpunkten zu identischen Aussagen kommen. Die Methoden fördern damit Objektivität und Reliabilität der Aussagen. Ein Beobachter hat sich überdies seiner subjektiven Wertungen zu enthalten und Tatsachen festzustellen. Die Beobachtungen dürfen auch nur in einem Arrangement stattfinden, das den Unterrichtsverlauf nicht beeinträchtigt, damit der Unterricht durch die Analyse nicht verfälscht wird. Ein Beobachter übernimmt in dieser Situation die Aufgabe eines ‚geeichten Meßinstruments'. Für ihn haben Schüler und Lehrer die Rollen von Untersuchungsobjekten, zu denen er Distanz wahrt, um nicht durch Interaktionen mit ihnen den Unterricht zu verfremden. Diesen Vorstellungen von Unterrichtsanalyse folgt dieses Buch nicht. Es orientiert sich an der Konzeption der *Handlungsforschung* (Moser 1975, Haag 1972, Heinze u.a. 1975). Diese Autoren suchten nach Wegen, die ungleiche Beziehung zwischen dem forschenden Wissenschaftler und den ausgeforschten Personen zu überwinden. Lehrer und Schüler sollten keine Objekte sein, deren Beobachtung nur zum Zweck veranstaltet wird, zeitlos richtige Gesetze über Menschen und Lernen zu formulieren. In Orientierung an der Kritischen Theorie sieht es die Handlungsforschung nicht als ihre Aufgabe an, Ursache-Wirkung-Zusammenhänge zu erklären. Sie will nicht mit Menschen und Situationen experimentieren, um durch das Ergebnis dieser Experimente zu entscheiden, ob die gefundenen Einsichten wahr oder falsch sind. Handlungsforschung möchte Beobachter und die im Praxisfeld tätigen Personen durch entsprechende Organisationsformen unterstützen, gemeinsam am Einzelfall Einsichten in die pädagogische Praxis zu gewinnen. Die Erforschung dieser Lebenswelt Unterricht verfolgt das Ziel, das pädagogische Handeln zu verbessern. Dies geschieht durch die Aufklärung der Beteiligten über ihre Situation. Sie sollen sich und ihre Umgebung besser verstehen mit allen ihren Zwängen und Einflußfaktoren. Entscheidende Instanz, um diese Einsicht zu gewinnen und zu überprüfen, ist das Gespräch der Beteiligten, das sich in Form eines möglichst herrschaftsfreien Diskurses auf der Basis des Abwägens von Argumenten vollzieht. Im Rahmen dieses Diskurses werden Erfahrungen und Deutungen gegeneinander abgewogen.

Unterrichtsanalyse im Schulalltag entsprach immer schon dem Modell der Handlungsforschung. Diese Auseinandersetzung mit dem sozialen Geschehen war kein Monopol von Wissenschaftlern, sondern eine Alltagstätigkeit, damit sich Lehrer und Studenten über den Lebensbereich Unterricht aufklären. Die Erforschung des Unterrichts durch die Unterrichtsanalyse dient dazu, Wissen zu erwerben, damit die Beteiligten über sich selbst und über Unterricht zum Nachdenken kommen. Unterrichtsanalyse steht und stand in dieser Hinsicht deshalb nie in Nachfolge des Kritischen Rationalismus. Im Rahmen der Unterrichtsanalyse sollte die Frage geklärt werden, ob das neue Wissen über Unterricht tatsächlich der kritischen Aufklärung der pädagogischen Praxis dient und welche Konsequenzen die Unterrichtsanalysen haben werden. Diese Diskussion erfolgt sowohl als Reflexion des Erkenntnisinteresses wie als Nachdenken über die Verwertung des neuen Wissens. Die Erforschung der Lebenswelt Unterricht ist der Aufgabe verpflichtet, den Sinn des Handelns aufzudecken und nicht, Gesetzmäßigkeiten des unterrichtlichen Handelns aufzuspüren, die sowieso nie zeitlose Gültigkeit beanspruchen. Sie beschreibt nur Zustände, Handlungsweisen und Institutionen in einer Phase ihrer historischen Entwicklung. Der Unterrichtsanalyse geht es deshalb weniger um das Erklären als um das Verstehen (s. Müller 1978). Erklären, im Gegensatz zu Verstehen, bedeutet, Handeln aus den Gesetzen über Ursachen und Wirkungen vorherzusagen. Wer den Sinn von Handeln zu verstehen versucht, wird das Handeln von Schülern und Lehrern zu den Bedingungen und Gegebenheiten der konkreten Unterrichtssituation in Beziehung setzen und dabei die Selbstinterpretationen und Intentionen von Lehrern und Schülern berücksichtigen. Schütz (1971) schlägt deshalb als erste Aufgabe der Methodologie der Sozialwissenschaften vor, „die allgemeinen Prinzipien zu erforschen, nach denen der Mensch im Alltag seine Erfahrungen insbesondere die der Sozialwelt ordnet". Es geht dieser Auffassung folgend bei der Unterrichtsanalyse primär nicht darum, daß sich der Beobachter ein Bild vom Unterricht entwirft. Er soll auch nicht stellvertretend für Schüler und Lehrer den Sinn des Unterrichts ergründen, sondern herausfinden, wie Lehrer und Schüler selbst den Sinn ihres Handelns definieren und wie sie die Lebenswelt Unterricht subjektiv organisiert vorfinden. Damit stellt sich ein schwerwiegendes methodisches Problem für die

Unterrichtsanalyse: In welchem Verhältnis steht das Bild von Unterricht, das der Beobachter sich aufgrund seiner analytischen Regeln und seiner kognitiven Strukturen von Unterricht entwirft, zum Bild, das sich die im Unterricht handelnden Personen selbst von ihrem Lebensbereich machen? Unterrichtsanalyse hat hier der Pädagogik als Wissenschaft zu folgen. Sie soll „am Alltag der Erzieher und der durch Erziehung Betroffenen anknüpfen, ihn als durch diese sinnhaft vorstrukturiert aufgreifen und die Interpretationen der alltäglich Handelnden kritisch weiterentwickeln" (Nissen 1979, S. 331). Dieser Aufgabe möchte auch die ökologische Schulforschung (z. B. Fatke 1977) gerecht werden, ohne sich des interpretativen Paradigmas empirischer Sozialforschung zu bedienen.

9.1 Vorwissen und Beobachtungskategorien

Wer schulisches Lehren und Lernen erklärt oder versteht, geht mit Vorwissen an Unterricht heran. Bilder und Sprachmuster leiten jeden Beobachter, die er in direkter Erfahrung als Schüler oder Lehrer durch die pädagogische Praxis erworben hat, oder er bezieht sie aus zweiter Hand durch Beschäftigung mit erziehungswissenschaftlichen Theorien. Gleiche Effekte lösen Vorurteile und Klischees über Schule beim Beobachter aus, und nicht nur der Volksmund formuliert „Lebensweisheiten". Sie finden sich auch im professionellen pädagogischen Denken wieder, mehr oder weniger verbrämt durch ein wissenschaftliches Vokabular. Man hat sich an diese Erklärungen gewöhnt, und die Argumentationsmuster machen einen plausiblen Eindruck. Deswegen ist es schwer, diese Denkfiguren zu revidieren. Solche *Mythen* bestimmen die Auseinandersetzung mit Unterricht:

In der Schule dumm und faul, und auf der Straße großes Maul. – Erst die Arbeit, dann das Spiel! – Es ist noch kein Meister vom Himmel gefallen! – Lehrjahre sind keine Herrenjahre! – Meine Lehrer waren streng und gerecht: Aus mir ist etwas geworden! – Jeder muß sein Schicksal selbst in die Hand nehmen! – Ein junger Baum braucht eine Stütze! – Auch mir ist nichts von allein in den Schoß gefallen! – Es kann nicht jeder das Abitur machen, studieren und Professor werden. – Irgend jemand muß doch die Dreckarbeit erledigen! – Jeder ist seines Glückes Schmied! – Latein fördert das logische Denken! – Bildung ist Bürgerrecht! – Intelligenz und Begabung sind vererbt! – Ein Lehrer, der eine Klasse neu übernimmt, muß sich erst durchsetzen. Später kann er die Zügel lockern! – Freiheit schließt Verantwortung ein! – Über Geld spricht man nicht. – Wer entscheidet, muß viel wissen!

Dieses Vorwissen strukturiert die Wahrnehmung jedes Beobachters, drängt ihm Fragestellungen auf und bietet ihm geläufige Begriffe. Aber weder das Alltagswissen noch das professionelle, wissenschaftliche Wissen über Unterricht reichen aus, um schulisches Lernen und Lehren in seinen vielfältigen Perspektiven zu beschreiben. Dieses Vorwissen muß für die Analyse- und Beobachtungstätigkeit eingerichtet werden. Aus diesem Grund wurde in den letzten Jahren eine Fülle von Beobachtungskategorien und Interpretationshilfen veröffentlicht, um dem Beobachter eine Orientierung über Unterricht zu verschaffen, ihn anzuleiten, seine Eindrücke sprachlich zu präzisieren. Diese Beobachtungskategorien standardisieren die Wahrnehmung und die Interpretation. Sie bieten Bezugspunkte, in deren Rahmen sich der Beobachter ein Bild des Unterrichts entwirft.

Wer sich darauf beschränkt, Unterricht mit Hilfe des Flanderschen Interaktionsanalysesystems zu beschreiben, schafft eine Unterrichtsrealität ohne Lehrinhalte. (Es wird dem Beobachter mißlingen, *nicht* an die Inhalte zu denken. Andernfalls müßte er sein Alltagswissen über Unterricht außer Kraft setzen.) Flanders verzichtet genauso, ein sprachliches Instrumentarium anzubieten, um Unterrichtskonflikte zu erfassen. Dieser Mangel wiegt schwerer als die Inhaltsneutralität der Unterrichtsanalyse, weil es Lehrer sich sowieso verbieten, über ihre Schulschwierigkeiten zu reden. Flanders unterstützt sie in dieser Auffassung. Die Kategorie Nr. 10 von Flanders faßt Ruhe, Schweigen, Unruhe, Lärm und Durcheinander zu einer Gruppe von Unterrichtsereignissen zusammen. Damit entwirft Flanders ein Bild von Unterrichts, bei dem nicht mehr feststellbar ist, ob Schüler sich heiterem Trubel überlassen, apathisch herumhängen oder sich verweigern!

Das Vorwissen über Unterricht ist *sinn- und ordnungsstiftend.* Es begrenzt und vertieft die Einsichten je nach Art und Struktur der Begriffe und der Vorstellungen, über die der Beobachter verfügt. Dieses Vorwissen ist dem Beobachter in unterschiedlicher Weise präsent: Als theoretisches Wissen über Schule, Unterricht, Lehrer, Schüler, Lernen usw., in der Form der Alltagssprache, als Beobachtungskategorien, als eingeübtes Analyseschema, als Fragen an den Unterricht, als Erkenntnisinteressen und Vorurteile. Mit dem Erwerb der Fachsprache und des erziehungswissenschaftlichen Denkens bzw. Wissens übernimmt man Erfahrungen über den Unterricht, die z.T. beziehungslos zum vorhandenen individuellen Wissen über Unterricht stehen, es abwerten und so manches einfach verdrängen helfen. Über diese Sprache zur Beschreibung des Unterrichts gilt es zur reflektieren.

Der oft zitierte „erziehliche Gehalt" einer Unterrichtsstunde, ohne den es so manchem Lehrer bei der dienstlichen Beurteilung nicht gelang, sich für die nächste Besoldungsstufe zu qualifizieren, erweist sich heute als fragwürdige Analysekategorie. Früher eignete sich dieser Begriff als präzises Mittel der Verständigung. Die Lehrer wußten, wie sie Unterricht dieser Vorstellung gemäß zu gestalten hatten (z. B. durfte ein moralischer Appell am Ende einer Lesestunde nicht fehlen). Heute öffnet dieser Terminus eines antiquierten Vokabulars der Irrationalität Tür und Tor, und ein Schulrat, der mit dieser Kategorie Unterricht bewertet, wird leicht in Konflikt mit Lehrern geraten, weil diese sich mißverstanden fühlen. Es ist leicht festzustellen, daß Fachtermini vergangener pädagogischer Epochen ungeeignet für die Unterrichtsanalyse sind, weil offensichtliche Verständnisschwierigkeiten einen Gedankenaustausch über Unterricht behindern. Aber welche Bedeutung haben aktuelle Begriffe wie Pädagogisierung der Schule, Bildung, Emanzipation, Disziplin? Sie sind uns als umgangssprachliche Ausdrücke geläufig, und wir verwenden sie in Gesprächen so selbstverständlich, als würden alle Personen sie in der gleichen Bedeutung benützen. Umgangssprachliche Ausdrücke, aber auch die Begriffe der Fachsprache, suggerieren dem Beobachter, er hätte eine sinnvolle Aussage formuliert, ohne sich bewußt zu machen, daß sich die Gesprächspartner Beliebiges darunter vorstellen können. Rumpf (1971b, S. 67) bemängelt an der pädagogischen Fachsprache, daß sie „nicht geeignet ist, die konkrete Schulwirklichkeit und ihre vertrakten Probleme zu erschließen: Erarbeiten, Vertiefung, Konzentration, Integration, Leistung, sichere Beherrschung, Förderung, Niveau, Selbsttätigkeit ... – solche und ähnliche Begriffe sind gekennzeichnet durch einen sehr weiten Interpretationsspielraum. Mit ihnen lassen sich gänzlich verschiedene Tatbestände bezeichnen; die Begriffe werden allerdings meist so gebraucht, als sei das mit ihnen Bezeichnete eindeutig". „Die Hauptbegriffe des alltäglichen Unterrichtsbetriebs sind in hohem Maße verdächtig, Falschgeld zu sein". „Sprachnebel", so Rumpf (1971b), „verdüstert unser Schulleben". Sollen diese Wörter dazu beitragen, Unterricht zu durchschauen und Erfahrungen wie Einsichten über die pädagogische Praxis mit anderen Personen auszutauschen, müssen diese Begriffe in ihrer Bedeutung geklärt werden. Andernfalls ergeben sich Unsicherheit, Aneinandervorbeireden, Mißverständnisse, Fehlbeurteilungen, Orientierungslosigkeit und eine minimale Übereinstimmung in den Aussagen über Unterricht.

Was bedeuten die Beobachtungskategorien Lärm bzw. Stille? Wenn ein Beobachter berichtet, daß ihm die Stille der 7. Klasse auffiel, dann kann dies heißen: Gelangweilte Teilnahmslosigkeit, Apathie, verabredete Verweigerung der Schüler, Grabesstille, Stille vor dem Sturm, peinliches Schweigen, gedrückte Atmosphäre, erwartungsvolle Ruhe, angstbeladenes Warten, gespannte Aufmerksamkeit, intensive Stillarbeit. Wertungen schwingen in der Vorstellung von der schweigenden Klasse mit: Ruhe, Ordnung, Disziplin, Unterdrückung, qualifizierter Lehrer, dem es gelingt, eine Arbeitsatmosphäre zu schaffen; Lehrer, der die Klasse zum Stillsein zwingt, obwohl dies den Schülern dieser Altersstufe nicht zuzumuten ist; Bewunderung, Ablehnung des Lehrers.

Die Klärung der Bedeutung von Beobachtungskategorien erfolgt auf zwei Ebenen:
– Man arbeitet den Sinn einer Beobachtung heraus (z. B. Was bedeutet, daß die Schüler produktiv denken? Wie ist die Stille im Unterricht zu interpretieren?). Der Beobachter bestimmt die Stellung einer Kategorie in einem größeren theoretischen Kontext.
– Man legt fest, woran man bei einem Unterrichtsereignis zu erkennen vermag, daß es mit Recht der gewählten Kategorie zugewiesen wird (z. B. Woran ist Stille zu erkennen? Woher weiß ich als Beobachter, daß die Schüler produktiv

denken?). Die Kategorie wird operationalisiert und damit in kleinere Sinneinheiten aufgegliedert, um charakteristische Merkmale der Ereignisse herauszuarbeiten.

Eindeutige *sprachliche Definitionen* präzisieren die Bedeutung von Kategorien. Auf diese Weise werden die vielfältigen Bedeutungsveränderungen dieser Begriffe innerhalb der vielen denkbaren Unterrichtssituationen *nicht* ausreichend berücksichtigt. Diese sprachlichen Definitionen verschleiern oft mehr von der Bedeutung der Kategorien, als sie durchschaubar zu machen. *Beispielsammlungen* definieren Kategorien exemplarisch anhand weniger typischer Unterrichtsereignisse. Wer ganz *auf Definitionen* oder *Beispiele verzichtet*, verläßt sich auf das gemeinsame Vorverständnis über Unterricht.

Beobachtungskategorien:

Die Beobachtungskategorien entsprechen den Wörtern in der Sprache zur Verständigung über Unterricht. Sie sind in vielfältiger Weise kodiert, und ihrem Formenreichtum sind kaum Grenzen gesetzt, allenfalls durch die Schwierigkeit, anderen Personen die Bedeutung dieser Zeichen durchsichtig zu machen. Die nachstehende Sammlung gibt einen Überblick über Typen von Beobachtungskategorien. Diese *Beispiele* unterscheiden sich insbesonders hinsichtlich des Bedeutungsumfanges der Beobachtungskategorien (z.B. ‚Schüler meldet sich' ist eine sehr enge Kategorie; ‚dominanter Lehrstil' ist eine sehr umfangreiche Beobachtungskategorie).

- Schüler meldet sich.
- Schüler meldet sich und wurde vom Lehrer drangenommen.
- Schüler meldet sich, kam dran und gab eine Ein-Wort-Antwort.
- Schüler sprach ohne Aufforderung des Lehrers.
- Lehrer setzt Kind um.
- Lehrer erlaubt etwas.
- Bestrafung.
- Lehrer korrigiert die Hausaufgaben ja ( ) nein ( )

- definieren, beschreiben, benennen, feststellen, mitteilen,
- Autoritärer, dominanter, laissez-faire Lehrstil
- Sprachbarrieren
- Welche Lernziele versucht der Lehrer zu erreichen?
- Wie gut ist der Lehrer vorbereitet?
- ～～～
- ☹ ☺

Dieses Buch verwendet oft Fragen statt der üblichen Listen von Beobachtungskategorien. Sollte man nicht annehmen, erst die vorgegebenen Antwortmöglichkeiten seien als Beobachtungskategorien zu gebrauchen? Fragen machen den Beobachter auf Unterrichtsbereiche und Sachverhalte aufmerksam, legen aber die Antworten und Unterrichtsereignisse nicht oder nur vage fest. Sie zwingen die Beobachter, selbst die Eindrücke zu ordnen und Unterschiede herauszufinden. Weil diese Fragen keine differenzierten Kategorien als Antwortmöglichkeiten anbieten, steht ihr Konstrukteur nicht vor der Aufgabe, für alle möglichen Unterrichtssituationen alle alternativen Ereignisse in Kategorien zu fassen. Der Beobachter ist verhältnismäßig frei, sich eigene Gliederungsmöglichkeiten für das Unterrichtsproblem zu entwerfen, was ihn von der Aufgabe entbindet, ständig sämtliche Kategorien für nicht auftretende Unterrichtsaspekte mitdenken zu müssen.

Häufig werden in der Literatur Kategorien angeboten, die es dem Beobachter gestatten, seine Eindrücke als Schätzung auszudrücken. Am bekanntesten sind *Ratingskalen,* deren Name sich vom englischen Verb ‚to rate', zu deutsch ‚schätzen', ableitet. Unbestreitbarer Vorzug dieser Skalen: Die einzelnen Ausprägungen der Unterrichtsereignisse brauchen nicht sorgfältig formuliert zu werden, sondern nur die beiden Endpunkte. Der Beobachter legt für sich die Bedeutung der dazwischenliegenden Skalenpunkte fest. Dieser breite Interpretationsspielraum verringert die Objektivität dieser Skalen, obwohl sie wegen der Verwendung mathematischer Zeichen einen sehr exakten Eindruck machen. Bei richtiger Konstruktion lassen Ratingskalen nur eindimensionale Urteile zu. Konkrete Objekte sind leichter einzuschätzen als Tatbestände mit hohem Komplexitäts- und Abstraktionsgrad. Weil man es nur mit Ziffern als Antworten des Beobachters zu tun hat, ist es leicht, die Beurteilungen auf Ratingskalen auszuwerten.

Beurteilung der Freundlichkeit von 8 einander folgenden Lehrerbemerkungen

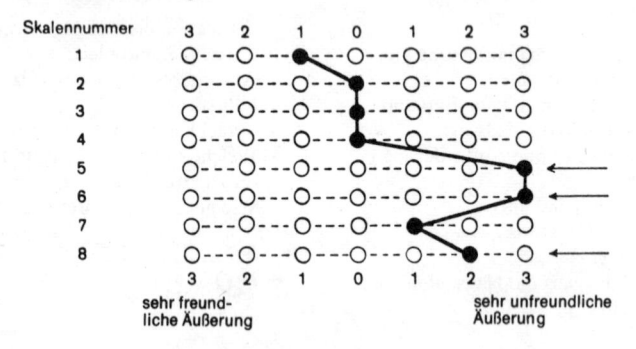

Skalennummer	3	2	1	0	1	2	3
1	O	O	●	O	O	O	O
2	O	O	●	O	O	O	O
3	O	O	●	O	O	O	O
4	O	O	O	●	O	O	O
5	O	O	O	O	O	O	● ←
6	O	O	O	O	O	O	● ←
7	O	O	O	O	●	O	O
8	O	O	O	O	O	●	O ←
	3	2	1	0	1	2	3
	sehr freundliche Äußerung						sehr unfreundliche Äußerung

Unterrichtsanalysesysteme sind *Ordnungsstrukturen* des Denkens und Sprechens über Unterricht. In ihnen spiegeln sich Überzeugungen vom Wesen und den Aufgaben schulischen Lernens wider. Bevor man sie als Hilfsmittel verwendet, sollte man sie *überprüfen,* um herauszufinden, welches Bild von Unterricht sie vermitteln:

- Was ist das Gemeinsame/Verbindende/das Unterscheidende der Unterrichtsereignisse? Was sind die sinnkonstituierenden Gesichtspunkte der Kategorien?
- In welche Richtung sensibilisert ein Analysesystem die Beobachter?
- Auf welche Unterrichtsaspekte wird die Kritikfähigkeit gerichtet?
- Was klammern sie aus, verdrängen, stellen sie dem Vergessen anheim, tun sie als unbedeutend ab?
- Welche Zusammenhänge und Phänomene von Schule und Unterricht beschreiben sie überdimensioniert?
- Was verschleiern sie?
- Welche Widersprüche enthalten sie?
- Welche unausgesprochenen Vorstellungen und Vorbegriffe von Schule, Unterricht, Lehrer-, Schülerrolle, Ziel der Schule usw. spiegeln sich in diesen Schemata?
- Welches pädagogische Selbstverständnis liegt ihnen zugrunde?
- Welche Ideologien, Theorien, Wertvorstellungen, Normen, Unterrichtsformen sind diesen Deutungsschemata konsonant/dissonant?
- Welchen gesellschaftlichen Gruppen und Mächten entspricht bzw. widerspricht dieses Denken?
- Wie konventionell oder neuartig sind diese Gedanken über Unterricht?
- Gibt es Personen und gesellschaftliche Gruppen, denen dieses Vorgehen und die dabei erworbenen Einsichten nützt bzw. schadet?
- Möchte jemand diese Einsichten und Denkformen verhindern?
- Welche Alternativen in der Betrachtung des Unterrichts bieten sich noch an? Warum werden sie nicht gewählt?
- Welche Konsequenzen hat die Verwendung dieser Wahrnehmungs- und Interpretationsmuster, z. B. gute Beurteilung durch den Mentor, durch die anderen Beobachter?
- Welche Personen finden die Ideen überzeugend und clever? Welche Sicherheit bieten diese Denk- und Argumentationsweisen dem Beobachter?
- Welche Wünsche, Hoffnungen, Erwartungen verbinden sich mit den Analysevorschlägen?
- Historische Entwicklung dieses Deutungsmusters?
- Wann und unter welchen Umständen kam diese Art, über Unterricht zu denken, auf?
- Welchem sozialwissenschaftlichen Paradigma ist dieses Analysesystem zuzurechnen?
- Widerholt dieses Analysesystem ungeprüft Selbstverständlichkeiten, Lebensweisheiten und ‚Mythen des Alltags‘?

Bei Mollenhauer/Rittelmeyer (1977), Klafki (1977, S. 22 ff.), Schwark (1976), Swittalla (1977) finden sich weitere Hinweise zur Beurteilung von Unterrichtsanalysekategorien und -schemata.

Mit dem Nachdenken über die eigene *Lerngeschichte* bietet sich ein weiterer Weg an, sich mit impliziten Analyseschemata auseinanderzusetzen, Denkmuster, die man, ohne sie je in Frage zu stellen, ständig verwendet. Hinweise zur Selbstkontrolle:
Wie entstanden diese Deutungsmuster in meinem Bewußtsein? Warum favorisiere ich bestimmte Beobachtungskategorien? Warum gebe ich mich mit diesen Verfahren zufrieden? Warum erkläre ich das Unterrichtsgeschehen mit anderen/mit identischen Begriffen wie meine Gesprächspartner? Welche Ursache hat es, daß meine Kommilitonen/Kollegen/der Mentor usw. andere Aspekte des Unterrichts verfolgen und ihre Einsichten anders als ich formulieren? Die Gleichförmigkeit im Denken kann Ausdruck bereits übernommener Gruppennormen und -meinungen sein. Ist mein Denken standardisiert? Verfüge ich noch über die Fähigkeit, Zusammenhänge kreativ zu erfassen und selbständig Lösungsansätze zu entwerfen?

Bei der Suche nach den *Ursachen der Wahrnehmungs- und Denkgewohnheiten* sollte man u. a. auf folgende Einflüsse achten:

– Wie wirken sich die Erfahrungen in Familie, Freizeit, als Schüler, während der Lehrerausbildung auf die Unterrichtswahrnehmung und -beurteilung aus?
– Gibt es Beobachtungshilfen, Sprachregelungen, derer man sich bedienen muß oder sollte? Beispiele: Vorstellungen des Mentors, Vorschriften der Prüfungsordnung, angebotene Analyseschemata, die man nach jeder Unterrichtsstunde auszufüllen hat; Vorschriften, wie der Bericht über den Unterricht bzw. das Praktikum auszusehen hat.
– Welche Konsequenzen haben Praktikumsorganisation, die zwischenmenschlichen Beziehungen zu den Mit-Beobachtern, zum Ausbildungslehrer, zum beobachteten Lehrer auf die Analyse des Unterrichts? (Beispiele: Konkurrenzgefühle; die Atmosphäre ist so gespannt, daß sich niemand traut, ein offenes Wort zu sagen; nur wer sich wissenschaftlicher Terminologie bedient, ist bei den anderen angesehen.)
– Wie wirken sich die Schulorganisation aus, die institutionellen Bedingungen des Unterrichts, die Schulverwaltungsvorschriften und ähnliches? (Beispiel: Beobachter verfügen nicht über Begriffe zur Beschreibung von ‚Offenem Unterricht', weil sie nie diesen Unterricht zu sehen bekamen.)
– Besteht ein Zusammenhang zwischen den gesellschaftlichen Rahmenbedingungen des Unterrichts und der Art, den Unterricht zu beschreiben und zu beurteilen? (Beispiele: Reformfeindlichkeit schränkt die Kritik am Unterricht stark ein. Eine gesellschaftskritische Argumentation ist unerwünscht.)
– Sind Einflüsse der Persönlichkeitsstruktur, der Interessen des Beobachters, seiner Motive, seiner intellektuellen Fähigkeiten auf die Unterrichtsanalyse zu erkennen?

9.2 Unterrichtsdokumentation

Jahrelang suchte man die Probleme, die die Unterrichtsanalyse aufgibt, durch Verbesserung der Unterrichtsdokumentation zu lösen. Man war der Meinung, der beobachtete Unterricht entzöge sich einer systematischen Analyse, weil er, wie jedes menschliches Handeln, nur im Moment des Handelns existiert. Unterricht ist ein vergänglicher Prozeß und kein Objekt. Der Beobachter ist überfordert, gleichzeitig, während der Unterricht voranschreitet, zuzuhören, zuzusehen und seine Eindrücke schriftliche niederzulegen, um nicht sofort wieder alles zu vergessen. Er soll vieles beachten und alles im selben Moment auch noch durchschauen. Stünde nur genügend Zeit zur Verfügung, jede Phase des Unterrichts ausgiebig zu betrachten, könne man in gebotener Muße ausführlich allen Phänomen des Unterrichts systematisch reflektierend nachgehen, dann bliebe genug Zeit, sich Hypothesen über den Unterricht auszudenken, um sie gegenüber dem dokumentierten Unterricht zu überprüfen. Die Hoffnungen, die man in die Unterrichtsdokumentation setzt, leiten sich aus den Prinzipien des Kritischen Rationalismus ab: Gelingt es, den Unterricht möglichst realitätsgetreu durch Filmaufnahmen und Unterrichtsprotokolle zu erfassen, ist er verfüg- und wiederholbar. Man könnte dann mit Unterricht genauso umgehen, wie es die Naturwissenschaftler in ihren Experimenten mit der Natur versuchen. Trotzdem macht die Dokumentation den Unterricht niemals ganzheitlich verfügbar.

Ein Film informiert nicht darüber, was Lehrer und Schüler dachten, wie sie fühlten. Bilder zeigen nur sichtbare Bruchstücke von Stimmung, und eine Kamera erfaßt Mißverständnisse, Freude und Ängste immer mangelhaft. Wortprotokolle dokumentieren ebenfalls höchst unzureichend. Sie trennen den Sprachinhalt ab von der Stimmlage oder der Sprechgeschwindigkeit, obwohl diese beiden Sprachaspekte viel über die Gefühle eines Sprechers aussagen. Im Wortprotokoll verliert sich diese Aussagenebene, und damit fehlen vielfältige Hinweise auf die sozialen Beziehungen im Unterricht. Aus der geschriebenen Unterrichtssprache sucht der Leser mühsam Hinweise für den Beziehungsaspekt der Kommunikation, Hinweise, die man beim unmittelbaren Hören des Dialogs hätte entnehmen können.

Jede Unterrichtsdokumentation erfaßt nur Perspektiven des Unterrichts. Es wäre ein Mißverständnis zu meinen, technische Dokumentationshilfen wären anderen Formen, Unterricht zu konservieren, immer überlegen. Zu diesen Dokumentationsmöglichkeiten gehören: Das Gedächtnis des Beobachters, seine Notizen, Fotos, Essays über Unterricht wie etwa Unterrichtstagebücher, Fotos, Begriffe, Sprache, Bilder, Vorstellungen, Erinnerungen, Gespräche und Rollenspiele über Unterricht. Diese Medien machen in jeweils spezifischer Weise das flüchtige Unterrichtsgeschehen verfügbar.

Die Dokumentation bildet ab, aber ist nie identisch mit der Wirklichkeit, weil sie immer nur Perspektiven des Ganzen bietet und gleichzeitig durch die Abbildung deutet. Sie bringt den Unterricht in eine neue Gestalt, läßt weg, fügt hinzu, gewichtet, verkürzt, verlängert, wählt aus dem Ganzen aus. Wenn sich beispielsweise ein Kameramann beim Filmen auf fotogene Kindergesichter konzentriert, ist es offensichtlich, daß er durch Kameraeinstellung und Schnittechnik neue Effekte schafft. Genauso setzt eine Unterrichtsaufzeichnung Akzente, wenn man unter Verzicht auf jede Filmästhetik darauf achtet, den gerade sprechenden Schüler bzw. Lehrer zu zeigen. Jeder Kameraschwenk zieht dann durch das Klassenzimmer eine Interaktionslinie, die den Zuschauer auf die gesprochenen Interaktionen hinweist, als läge hier die vordringlich beachtenswerte Dimension sozialer Beziehungen.

Jede Unterrichtsdokumentation verrät vieles über den, der den Unterricht dokumentiert, über seine Analysekategorien und seine Regeln, sich Unterricht zu rekonstruieren. In der Unterrichtsdokumentation manifestiert sich die Einstellung zum Unterricht und das Unterrichtserleben des Beobachters.

Besonders prägend wirken diese individuellen Interpretationen, wenn sich der Beobachter auf seine Erinnerungen verlassen muß. („Das war doch aber ganz anders ...! Ich sehe das aber anders! Zuerst hat doch der Lehrer gesagt ...! So laut, wie Sie behaupten, war es doch niemals in der ganzen Stunde!") Anhand filmischer Aufzeichnungen verständigt man sich leichter über den Unterrichtsverlauf und die konkreten Aktionen. Aber Bilder und Töne informieren von sich aus nicht über den Sinn von Unterrichtsereignissen. Sie sagen noch zu wenig, wie Schüler und Lehrer Unterricht bewerten und ihn erleben. Sie geben unzureichend Auskunft darüber, ob die Schüler erfolgreich lernten.

Wer Einsicht in Unterricht gewinnen möchte, steht vor der Aufgabe, sich ein vielperspektivisches Bild vom Unterricht zu entwerfen. Dazu bedarf es vielfältiger Formen des Wahrnehmes und Erkennes:

a) Die *Beobachtung* gehört zu den wichtigsten Methoden, Einsichten in den Unterricht zu bekommen. Im Gegensatz zum Test, zum standardisierten Interview oder zum Experiment gestaltet der Untersucher bei der teilnehmenden Beobachtung nicht die zu untersuchende Situation mit. Sie ist deshalb der Gruppe der ‚nichtreaktiven Meßverfahren' zuzurechnen. Der Beobachter weiß im Gegensatz zum Experiment nicht bereits vorher, was sich während einer Unterrichtssituation ereignet. Teilnehmende Beobachtung ist etwas weithin Unplanbares. Versuche, die Unterrichtsbeobachtung in Form eines Experimentes als *reaktives Meßverfahren* anzulegen, das bestimmte Unterrichtsereignisse künstlich herbeizuführen sucht (z.B. Oerter 1970), fanden in der Praxis keine Resonanz.

Beobachten heißt nicht, sich auf Hören und Sehen zu beschränken, sondern alle Sinneseindrücke zu beachten. Sie runden erst den Eindruck vom Unterricht ab: Verbrauchte Luft, Gerüche aller Art, Enge, knisternde Spannung, bestimmte Formen der Ruhe und Unruhe. Diese Eindrücke entziehen sich oft sprachlicher Beschreibung.

b) *Gespräche,* standardisierte bzw. freie Befragung und Fragebögen sind Mittel, Auskunft von Schülern und Lehrern zu bekommen, wie sie den Unterricht erleben. Situationsdefinitionen der Lehrer/Schüler erhält man insbesonders beim Verzicht auf standardisierende Fragen. Ansonsten geben sie bereits Gliederungen und Antworthilfen vor, die die Befragten behindern, ihre eigenen Vorstellungen und Interpretationen ausdrücken.

c) *Arbeitsprodukte* wie Unterrichtsvorbereitungen, Prüfungsergebnisse, Lernerfolgsprotokolle, Einbeziehen der Hausaufgaben, Hefteinträge und ähnliches informieren sowohl über die Wirkungen des Unterrichts wie auch über die Unterrichtsvoraussetzungen.

d) *Erlasse, Prüfungsordnungen, Stundenpläne, Organisationsvorschriften* u.ä. geben Aufschluß über die institutionellen Einflußfaktoren des Unterrichts.

e) Das *Einfühlungsvermögen* befähigt Menschen, sich in die Situation anderer hineinzuversetzen und sich eindenkend die Perspektiven anderer anzueignen. Man betrachtet Unterricht unter dem Blickwinkel der anderen und erhält so Aufschluß über die Probleme und Situationsdefinitionen von Schülern und Lehrern. Wer sich in andere Personen einzudenken versucht, stützt sich auf strukturell ähnliche Erfahrungen wie der Beobachtete. Er überträgt seine Sichtweise auf den anderen. Weil er dabei von den aktuellen Umweltinformationen abstrahiert, besteht die Gefahr, nicht die Situation des anderen aus dessen Perspektive zu beschreiben, sondern vorgefaßte Vorurteile und das eigene unzureichende Wissen zu projizieren. Deshalb sind selbstkritische Fragen der folgenden Art angebracht: Woher nehme ich das Recht, meine bisherigen Erfahrungen auf die Vorstellungen von Lehrern und Schülern zu übertragen? Woher weiß ich, daß meine Einschätzungen richtig sind? Bin ich in der Lage umzudenken, und kann ich den Unterricht von der Position anderer her beurteilen? Sind meine bisherigen Erfahrungen mit Unterricht diesen konkreten Lehr- und Lernbedingungen angemessen? Wo sind meinem Einfühlungsvermögen Grenzen gesetzt, z. B. durch Generationenunterschiede?

Jede Unterrichtsanalyse bezieht sich auf *Ausschnitte* des Unterrichtsgeschehens und der zu untersuchenden Fragestellung. Damit wählt man aus den zahllosen Perspektiven einige Akzente aus. Das Bild des Unterrichts verzerrt sich, obwohl der Beobachter meint, er habe sich einen ausreichenden Überblick über Unterricht verschafft. In diesem Zusammenhang stellt sich die Frage nach der ‚*Stichprobe*' der miterlebten Unterrichtssituationen. Wieviel muß man vom Unterricht gesehen haben, um sich ein Gesamturteil erlauben zu können? Die folgende Übersicht weist auf einige Auswahlkriterien hin:

– Ein Beobachter sieht Unterricht unvorbereitet zu und beachtet, je nach momentanen Interessen, diesen, dann jenen Aspekt im Unterrichtsgeschehen.
– Der Beobachter läßt sich von Vorannahmen, Fragestellung und vorformulierten Hypothesen leiten. Er beschränkt sich auf ihn interessierende Fragestellungen.
– Bei der ‚time-sampling-Methode' variieren die beachteten Unterrichtsausschnitte nach einem festgelegten Zeitplan, und der Zuschauer richtet seine Aufmerksamkeit immer wieder auf andere Problembereiche (z. B. in den ersten 5 Minuten befaßt er sich mit der Lehrer-Schüler-Interaktionen ganz allgemein, um sich im zweiten 5-Minuten-Intervall mit der Lehrersprache zu beschäftigen).
– Mehrere Personen beobachten arbeitsteilig, aufgrund vorbereiteten Absprachen. Jeder geht einer speziellen Fragestellung nach. Die Eindrücke werden anschließend zu einem Gesamtbild des Unterrichts integriert.
– Ein Beobachter erstellt nur für einen einzigen Unterrichtsaspekt über die gesamte Unterrichtszeit eine Verlaufsbeschreibung.
– Der Unterricht wird mit Hilfe von Ton-, Fernsehaufzeichnungen und Wortprotokollen dokumentiert. Beobachter sehen ohne Zeitdruck das Unterrichtsgeschehen wiederholt an und gehen dabei verschiedenen Fragestellungen nach.

- Man nimmt am Unterricht eines Lehrers öfters teil und konzentriert sich auf immer wieder neue Probleme, um so ein umfassendes Bild von Lehrstil zu erhalten.
- Beobachter, Lehrer und gegebenenfalls auch die Schüler sprechen miteinander die Unterrichtsgestaltung ab, so daß sich die Besucher auf die Analyse vorbereiten können.
- Ein Beobachter konzentriert sich auf diejenigen Unterrichtsereignisse und Bedingungen des Unterrichts, die ihm wesentlich für diese konkrete Lehr-Lern-Situation zu sein scheinen.
- Beobachter verschaffen sich durch Gespräche mit den Lehrern und Schülern sowie durch die Beschäftigung mit Lehrplänen und Verordnungen ein Bild von den Unterrichtsbedingungen und Einflußfaktoren.

9.3 Entdecken von Fragestellungen und Einsichten in Unterricht

Weder sorgfältig gewählte Methoden noch umfassende Unterrichtstheorien garantieren, daß sich eine Analyse den wesentlichen Bereichen des Unterrichts zuwendet. Habermas (1968, S. 97) meint, die Wissenschaft könne sich bei der Auswahl der Forschungsgegenstände nicht auf die Ordnung der zu erforschenden Sache selbst berufen, denn sie stehe einer prinzipiell unübersichtlichen Mannigfaltigkeit von Tatbeständen und damit von Forschungsaufgaben gegenüber. Dies gilt auch für die alltägliche Auseinandersetzung mit Unterricht, dessen verwirrende Vielfalt jede Analyse erschwert. Was kann ein Beobachter unternehmen, damit er sich nicht nur mit irgendwelchen Phänomenen beschäftigt, sondern mit den bedeutungsvollen Einflußfaktoren, Zusammenhängen und den charakteristischen Ereignisses eines Unterrichts? Ein Teil der Beobachter reagiert mit Einfallslosigkeit und erstarrter Routine. Andere Beobachter wiederum kompensieren die Schwierigkeiten, indem sie auf alles und jedes im Unterricht eingehen, ohne sich über den Wert dieses Wissens Gedanken zu machen. Wieder andere verlassen sich auf wohlpräparierte Beobachtungssysteme, die man den Orientierungslosen anbietet. Durch exakte Vorgaben standardisieren sie Denken und Erkennen, was kurzfristig möglicherweise zu raschen Teilerfolgen führt, langfristig gesehen weder hilft, den Sinn von Unterricht zu erschließen, noch die geistige Produktivität der Untersucher fördert. Die standardisierten Kategorienlisten werden den Gegebenheiten der Unterrichtssituation nur bedingt gerecht. Auch wenn sich der Beobachter auf solche standardisierten Analysesysteme verlassen möchte, bleibt es ihm nicht erspart, aus der Vielfalt des Angebots das jeweils angemessene auszusuchen.
Im folgenden Abschnitt werden einige Hilfen vorgestellt, um sich Fragen an den Unterricht zu erarbeiten:

a) Vor- und Nachbereitung der Unterrichtsbeobachtung und -analyse;
b) Verwendung eines Beobachtungsleitfadens;
c) Instrumentalisierung von Theorien.

zu a)
Die Art der *Vorbereitung* wie die Atmosphäre in der *Auswertungsphase* unterstützen bzw. gefährden die Möglichkeiten, sich produktiv mit Unterricht zu beschäftigen. Auch wenn Analysen nicht planbar sind, sollte man sich auf den bevorstehenden Unterricht emotional wie intellektuell einstellen. Diese Erwartungen führen bereits zu Fragestellungen, auf die man während des Unterrichtsverlaufs zurückgreift. Zur Vorbereitung gehört auch, die eigenen Erkenntnisinteressen als Zielformulierungen der Analyse abzuklären. Stimmungen und Gefühle vor, während und nach dem Unterricht markieren Ausgangspunkte der Analyse. Einfälle lassen sich nicht erzwingen, und auch Einfallslosigkeit ist ein Zustand, den man ertragen und akzeptieren sollte. Gute Ideen brauchen Zeit und Muße. Sie entwickeln sich nicht in verkrampfter Gesprächssituation. Es ist eine Überforderung, mehrere Unterrichtsstunden nacheinander ausführlich zu protokollieren, um sie dann ad hoc auszuwerten. Unterrichtsdokumente machen den erlebten Unterricht, wie bereits gesagt, verfügbar, und wiederholtes Ansehen einzelner Szenen fördert den Einfallsreichtum und auch die Fähigkeit, einmal ausgesprochene Ansichten wieder zu revidieren. Gewöhnlich gelingt es erst nach mehreren aufeinanderfolgenden Analyse- und Beobachtungsversuchen, eine tiefer gehende Analyse des Unterrichts zu erstellen. Im Sinn der *progressiven Hypothesenbildung* werden vorläufige Ideen zur Fragestellung präzisiert, Beobachtungskategorien entworfen, klärende Theorien gesucht und in Wahrnehmungs- und Bewertungshilfen umgesetzt mit dem Ziel, die nächste Hospitation vorzubereiten.

Beispiel: Diese Notizen zu einer Unterrichtsstunde der Grundschule sind trotz ihres fragmentarischen Charakters bereits ein erster Erfolg. Sie enthalten Vermutungen und Fragestellungen über den Unterricht der Lehrerin, denen die Hospitationsgruppe beim nächsten Unterrichtsbesuch nachgehen wird.

– Durch ihre perfekte Unterrichtsdramaturgie überspielt sie geschickt alle Konflikte der Schüler.
– Sie orientiert sich möglicherweise zu stark am Lernfortschritt der gut mitarbeitenden Schüler.
– Was hat sie eigentlich für einen Leistungsbegriff?
– Sie ist ruhig, zielorientiert und mütterlich.
– Der Einstieg war langweilig und aufgesetzt.
– Sie kann anschaulich erklären und strukturieren.

– Sie hält sich eng an ihr gut vorbereitetes Unterrichtskonzept und läßt Abschweifungen nicht zu.
– Durch Methodenwechsel und anschauliches Erzählen sorgt sie für Lernmotivation.
– Die meisten Schüler arbeiten sehr angeregt mit.
– In der Nachbesprechung des Unterrichts vertritt die Lehrerin einen eigenwilligen Begabungsbegriff: „Das Kind ist aus der Siedlung von sehr einfachen Eltern. Da läßt sich nichts entwickeln!"

zu b)

Ein *Beobachtungsleitfaden* hilft, sich einen geordneten Überblick über den Unterricht zu verschaffen, ohne daß er die Auseinandersetzungen mit Unterricht stark vorstrukturiert. Er enthält weitgefaßte, verständliche Kategorien und soll den Beobachter nicht auf präzise Details des Unterrichts, sondern auf Fragestellungen hinweisen, denen man immer nachgehen kann. Die folgenden drei Beispiele unterscheiden sich sowohl nach Inhalt wie nach Form. Gemeinsam ist diesen Leitfäden die Absicht, die Aufmerksamkeit des Beobachters zu lenken, ohne den Prozeß der Analyse eindeutig zu verplanen. Weitere beachtenswerte Vorschläge finden sich bei Schwark (1977, S. 116–120) und bei Fichtner u. a. (1978).

(I) Der folgende Bogen enthält nur Überschriften zu Problemfeldern des Unterrichts. Der Beobachter trägt seine Wahrnehmungen, Fragen, Ideen als Notizen in diese Zeilen ein. Während des Unterrichts entwickelt er sich weitere Kategorien und Fragen. Der Beobachtungsleitfaden enthält mehrere Spalten, von denen jede für eine Unterrichtsphase reserviert ist, deren Dauer der Beobachter selbst festlegt. Mit Hilfe dieses Bogens skizziert der Beobachter eine Grobstruktur des Unterrichts. Das parallele Notieren soll anregen, die Wechselwirkungen zwischen den Unterrichtsbereichen zu erfassen.

	Phase …	Phase …	Phase …	Phase …
Inhaltsangabe				
Sozialformen				
Aktivität der Schüler				
Aktivität des Lehrers				
Lernziel? Was sollen die Schüler lernen?				
Was lernen die Schüler				
geheimer Lehrplan				
Mitarbeit der Schüler				
Medien				
Lernhilfen				
Konflikte, Störungen				
Zeitangabe				

(II). Der folgende Analyseleitfaden verzichtet auf eine Protokollierung des Unterrichts. Er umfaßt eine Sammlung immer zu verwendender Analysekategorien und Fragen an das Unterrichtsgeschehen. Trotz oder gerade wegen seiner Vorläufigkeit unterstützt er ungeübte Beobachter, ihre Eindrücke zu ordnen.

1. Lehrinhalt, inhaltliche Gliederung des Unterrichts; Wie ist die Themenstellung? Lernerfolg? Über- bzw. Unterforderung der Schüler? Abfolge der inhaltlichen Lernschritte und deren pädagogische Bedeutung? Was haben die Schüler langfristig von diesen Lehrinhalten und den dabei erworbenen Qualifikationen? Bedeutung des Lehrinhalts jetzt für die Schüler? Exemplarisch? Wofür steht dieser Lehrinhalt?
2. Ziele des Unterrichts? Was lernen die Schüler tatsächlich? Lernerfolg? Was sollte der Lehrer erreichen? Geheimer Lehrplan?
3. Was tun die Schüler (reden, zuhören, schreiben ...)? Beschreibung der Lehraktivitäten; Wie motivierend sind diese Tätigkeiten? Sind sie der Altersstufe angemessen? Abwechslung? Alternativen zu diesen Handlungen, bei denen sich die Schüler wohl fühlen können? Ursachen für Konflikte und Unaufmerksamkeit?
4. Freiheitsspielraum der Schüler? Was dürfen die Schüler/der Lehrer alles nicht tun? Zwang? Strafe? Selbständigkeit? Dominanz des Lehrers/der Schüler? Autorität des Lehrers? Autoritär? Wie kontrollieren sich Lehrer und Schüler gegenseitig?
5. Wie gut ist die Unterrichtsplanung? Ideenreichtum? Präzision? Freiheitsspielraum des Lehrers?
6. Lehrmethoden, Lernhilfen, durch den Lehrer; Sozialformen (Frontalunterricht, Partnerarbeit ...) methodische Einfälle des Lehrers? Abwechslung? Sind die Methoden den Lehrinhalten angemessen? Geheimer Lehrplan der Methoden?
7. Lernschwierigkeiten? Wer sind die guten/schlechten Schüler? Förderung durch den Lehrer? Ursachen des Lernerfolgs bzw. des Versagens? Welche Schüler fördert/hemmt dieser Unterricht?
8. Warum lernen die Schüler (nicht)? Lernmotivation? Zwang? Prüfungen?
9. Verhältnis Schüler-Lehrer? Zuneigung? Erwartungen? Vorurteile? Angst? Emotionale Kälte? Gegenseitige Achtung? Wie drücken Lehrer/Schüler ihre Gefühle aus? Wer sind die dominanten Personen, die unbeliebten Außenseiter?
10. Beschreibung der Lehrpersönlichkeit; Auffassung von den Berufsaufgaben eines Lehrers? Freude am Beruf? Seine pädagogischen Wert- und Zielvorstellungen? Was ist ihm im Unterricht wichtig?
11. Geheimer Lehrplan, schulische Sozialisation? Langfristige Wirkungen des Unterrichts auf die geistige und soziale Entwicklung der Schüler? Welche sozialen Fertigkeiten fördert/hemmt der Unterricht? Welche Denkleistungen vermittelt der Unterricht?
12. Lernvoraussetzung der Schüler? Familienerziehung und Schule?
13. Fachdidaktische Fragestellungen?

(III) Das dritte Beispiel eines Beobachtungsleitfadens geht nicht mehr auf Unterrichtsbereiche ein, sondern konfrontiert den Beobachter mit formalen Analysestrategien.

1. Wer handelt wie? Was ereignet sich?
2. Was sind die Ursachen von ... (z.B. Konflikten, Verärgerungen, zusätzlichen Erklärungen des Lehrers; bestimmten auffallenden gestischen Äußerungen der Schüler ...)? Außerschulische Ursachen für ...?
3. Lang- und kurzfristige Wirkungen von ... (z.B. Ermutigung, Prüfung, der Art der Gesprächsführung ...)?
4. Rahmenbedingungen des Lehrens und Lernens (individuelle, gesellschaftliche ...)?
5. Einengende Vorschriften, Schulgesetze, Verordnungen, Schulorganisation, Lehrpläne ...
6. Welche Verhaltensweisen sind eng miteinander verbunden? Was ist der Auslöser von ... (z.B. Ärger des Lehrers)? Was bewirkt ... (eifriges Melden der Schüler)? Abfolgen von Unterrichtsereignissen ... (z.B. Lernschritte, methodische Maßnahmen)?

7. Wie häufig ereignet sich ...? Ist die Anzahl von ... pädagogisch bedeutungsvoll (z.B. Zahl der Lehrerfragen?)
8. Was ist neuartig/konventionell in diesem Unterricht?
9. Was kann ich durch diesen Unterricht lernen? Was stößt mich ab/finde ich nachahmenswert?
10. Welche Freiräume haben Schüler und Lehrer? Kennen und nützen sie diese Möglichkeiten?
11. Welche Alternativen zu diesem Unterricht sind sinnvoll?
12. Welche pädagogischen Prinzipien stehen hinter diesen Verhaltensweisen/Ereignissen? Widersprüche (Übereinstimmung) zu (mit) bestimmten Werten?
13. Sind Widersprüche und Unvereinbarkeiten in diesem Unterricht zu erkennen?
14. Gelingt es mir, Lehrer und Schüler in ihren Handlungen zu verstehen? Kann ich auf ähnliche Erfahrungen zurückgreifen?

zu c)

Orientierung an Theorien: Wer nicht in den Fehler verfallen möchte, irgend etwas Beachtenswertes im Unterricht zu registrieren, wird sich bei Beschreibung und Interpretation der Unterrichtspraxis auf ein Bezugssystem stützen, das ihm hilft, das Gesehene zu ordnen und die Bedeutung der Phänomene zu begreifen. Was weiß ein Beobachter schon, wenn ihm bekannt ist, ein Lehrer neige dazu, viel an die Tafel zu schreiben. Diese Feststellung ist für sich allein genommen aussagelos und ergibt erst auf dem Hintergrund eines pädagogischen Bezugssystem einen Sinn. Alltags- wie Wissenschaftstheorien bieten sich als Ordnungsprinzipien an, um zu bestimmen, welche Unterrichtsereignissse aus der Vielfalt des Geschehens auszuwählen und wie sie dann zu bewerten sind. Die Formulierung „Theorien bieten sich an", schafft einen falschen Eindruck von der Schwierigkeit, wissenschaftliche Theorien und Modellvorstellungen zu instrumentalisieren. Bevor sie etwas bieten, müssen sie aufbereitet werden. Die Kapitel 1–7 dieses Buches enthalten vielfältige Beispiele für diese Übertragungsversuche.

Die Orientierung der Unterrichtsanalyse an erziehungswissenschaftlichen Theorien wird behindert durch die außerordentliche Aufsplitterung der Theorien, die, anfänglich noch halbwegs integriert, sich mittlerweile unverbunden und widersprüchlich darstellen (Holzkamp 1972). Einwände gegen sozialwissenschaftliche Theorien als Bezugsrahmen der Unterrichtsanalyse berechtigen nicht zu einer Theorieabstinenz und -feindlichkeit. Sie fassen vielfältige Erfahrungen zusammen und eignen sich, daran die eigenen Erfahrungen zu messen, diese zu systematisieren und sich neue Sichtweisen zur Beschreibung des Unterrichts zu erarbeiten.

Die Übertragung der Theorien auf die Unterrichtspraxis erfordert den Prozeß des Operationalisierens: Ein Sachverhalt wird mit Hilfe beobachtbarer Verhaltensweisen bzw. erfahrbarer Ereignisse beschrieben. Operationalisieren ist eine Sonderform des exakten Definierens, das nur erfaßbare Ereignisse heranzieht (ausführliche Erläuterungen und Beispiele finden sich bei Wolf/Müller-Kohlberg 1969, Kap. VII, S. 7ff, Mager 1972).

Beispiel: An der Regelschule wird kritisiert, sie sei eine Zwangsinstitution. Für die Unterrichtsanalyse ergeben sich aus dieser Behauptung diverse Fragestellungen, die alle diese eine Globalfeststellung aufgliedern. Der Zwangscharakter von Schule zeigt sich u. a. in: Strafen fürs Schuleschwänzen; Strafe für's Zuspätkommen und zu frühes Gehen; Schüler dürfen während des Unterrichts nichts essen; sie müssen fragen, ob sie austreten dürfen; minimale Mitbestimmung der Schüler; Schüler dürfen die Lehrer nicht frei wählen; Schüler wirken bei der Entscheidung über die Differenzierung des Unterrichts nicht mit; das Curriculum ist fest vorgeschrieben.

Bei diesen Übersetzungsversuchen besteht die Gefahr, daß die abgeleiteten Beobachtungseinheiten nur wenig mit dem ursprünglichen Sinn der Leitidee zu tun haben und man trotzdem die Beobachtungen auf dem Hintergrund dieser ursprünglichen Bezugstheorie interpretiert.

9.4 Auswerten, Interpretieren und Beurteilen

Es wäre ein Mißverständnis, von dieser *Auswertungsphase* geheimnisvolle Einblicke in Unterricht zu erwarten, Einsichten in die sonst verborgene Tiefenstruktur des Unterrichts. Gibt es im Unterricht tiefgründig Verborgenes, das sich nur unter Anwendung kunstfertiger Techniken enträtseln ließe? Die Auswertungsergebnisse übersteigen nicht das Wissen über Unterricht, das in der Alltagserfahrung oder der Wissenschaft bereits vorhanden ist. Trotzdem kann die Auswertung im Einzelfall neue Erkenntnisse vermitteln:

a) Vielschichtige, schwer durchschaubare Prozesse werden genauer untersucht, Verwirrendes entwirrt, Unübersichtliches auf seine einfachen Grundprinzipien reduziert, rasch verlaufende Prozesse durchleuchtet.
b) Die der direkten Beobachtung verschlossenen Ereignisse, z.B. verdeckte Vorgänge innerhalb einer Person wie Denken, sind aus den vorliegenden Daten zu erschließen.
c) Der Anschauung entziehen sich ebenfalls die meisten der wechselseitigen Zusammenhänge zwischen den Unterrichtsfaktoren, -ereignissen und den vielfältigen Wirkungen des Unterrichts.
d) Die hinter dem Handeln von Lehrern und Schülern stehenden Prinzipien, Regeln, Normen, Rollen werden aufgrund der bekannten Daten vom Unterrichtsgeschehen gesucht.
e) Die Auswertung soll Handlungselemente und -zusammenhänge aufdecken, die den beteiligten Lehrern und Schülern nicht mehr auffallen oder die sie noch nie bewußt wahrnahmen (z.B. „Ich wußte ja gar nicht, daß ich so grimassiere?" „Das soll ich sein?" „Da rede ich dem Johannes schon wieder dazwischen. Falle ich den Schülern immer so oft ins Wort?" „Meine Sprache ist so richtig lehrerhaft. Das fiel mir bislang nicht auf!").

f) Die Auswertung vermittelt Lehrern, Schülern und Beobachtern Einsichten, die sie individuell oder kollektiv verdrängen, und sensibilisiert sie für Erfahrungen, die ihnen bislang unbedeutend erschienen. Diese Phase ist nur dann erfolgreich, wenn man die verschiedenen Wissensbestände nach Bereichen durchforstet, die unsere bzw. die allgemeine pädagogische Argumentation ausklammert. Gefordert ist die Beschäftigung mit alternativen Theorien, Gespräche mit Andersdenkenden, eigene Praxiserfahrungen, die die festgefahrenen pädagogischen Denkformen ergänzen. Der geheime Lehrplan ist ein Beispiel für ein in Vergessenheit geratenes Thema, über das Bernfeld bereits 1925 referierte und das dann jahrzehntelang unbesprochen blieb.

g) Man möchte die Bedeutung einzelner Unterrichtsereignisse im Gesamtzusammenhang verstehen und bewertet sie („Der Klaus ist doch immer nur so frech, um Ihre Aufmerksamkeit auf sich zu lenken. Der braucht Zuwendung!").

h) Durch die Auswertung versucht sich der Beobachter, den allgemeinen Sinn von Schule und Unterricht über die einzelne konkrete Situation hinaus zu erschließen.

Den Sinn des Unterrichts zu erfassen, heißt zu interpretieren und zu verstehen. Das Ganze wird auf dem Hintergrund des Einzelnen und das Einzelne auf dem Hintergrund des Ganzen gesehen. Gefordert ist die Zusammenschau der vielen Einzeldaten, die nie ohne ein bereits vorhandenes Verständnis vom Ganzen, seinen Teilen und deren Verbindungen untereinander vonstatten geht. *Beispiele:*

– Ursachen und Wirkungen des Geschehens müssen mitbedacht werden.
– Motive der Beteiligten sind zu beachten (z. B. Wer bezweckt was? Wurden die Motive befriedigt? Sind es die eigentlichen Bedürfnisse und Motive, die die Personen anleiten? Sich widersprechende Absichten? Wahre und vorgeschobene Motive?);
– Stimmen die von den Personen für ihr Handeln geäußerten Gründe mit dem Sinn überein, so wie der Beobachter sich ihn erschließt? (Z. B. Lehrer legt größten Wert auf Ruhe im Klassenzimmer und begründet alle Maßnahmen, daß Ruhe und Ordnung Voraussetzung für erfolgreiches Lernen sind und die Schüler irgendwann doch lernen müßten, ruhig zu sein. Das wahre Motiv ist aber offensichtlich der Wunsch des Lehrers, durch die Schüler nicht beim Ausführen seiner Unterrichtsplanung und in seiner Konzentration gestört zu werden);
– Verhältnis von Ziel und Mittel?
– Vergleich des Unterrichtsgeschehens mit Wert, Normen und Prinzipien (z. B. Brüche zwischen Unterricht und den an ihn gestellten Erwartungen;

Leitideen der Schule; Wertvorstellungen der Beteiligten; Menschenbild, das hinter dem Handeln steht? Verständnis von Lernen?);
– Einbeziehen des Kontextes (z. B. gesellschaftliche Rahmenbedingungen von Schule; Lebensbedingungen, ökologisches Umfeld des Lernens; soziale Beziehungen innerhalb der Schule; Lehrstellenknappheit, Jugendarbeitslosigkeit usw.).

Wer *neue Einsichten* sucht, sollte seine Kenntnisse über Unterricht mit Hilfe ungewohnter Ausdrucksmittel darstellen: z. B. Fernsehaufzeichnungen, Wortprotokolle, Verfremdungen durch Rollenspiel und szenische Karikaturen. Die empirische Sozialforschung bietet Verfahren an, die z.T. auf umgangssprachliche Ausdrucksformen verzichten und das Wissen über Unterricht in veränderter Symbolik darstellen.

Diese Techniken haben Bedeutung als Instrumente zur Aufklärung der Wirklichkeit, wenn sie die vielfältigen Informationen neu ordnen und ansonsten Unerkanntes sichtbar machen. Dies gilt auch für die Verfahren der quantitativen Analyse mit ihrer Bindung an die Statistik. Mit ihrer Hilfe untersucht man, auch wenn dies nicht sofort auffällt, nur aus dem Alltag bekannte Fragestellungen: Geklärt werden Ursachen, Zusammenhänge, Wirkungen, Gemeinsamkeiten, Trends. Die statistische Auswertung unterstützt das Bemühen, den Sinn des Unterrichtsgeschehens aufzuspüren, ohne aber den Anspruch zu erheben, die pädagogische Bedeutung der einzelnen Lehr- bzw. Lernakte umfassend zu eruieren. Beispiele für die quantitative Auswertung:

a) Die Übersicht über die *Häufigkeit* von Unterrichtsereignissen führt zu deren Gewichtung und damit auch zu einer pädagogischen Wertung. Zu fragen ist, ob die notierten Handlungen überproportional oft oder unterrepräsentiert auftreten. (Wenn ein Lehrer während einer Stunde nur am Rande einmal eine Problemfrage stellt, ist dies anders einzuschätzen, als wenn er 50% seiner Fragen als Probleme formuliert). Die Bewertung von Häufigkeiten verleitet, Nicht-Vorhandenes und wichtige Einzelereignisse *nicht* zu beachten. Die Unterrichtsanalyse darf nicht einfach vernachlässigen, daß z. B. *ein* Schüler weint oder der Lehrer durch *ein* ungeschicktes Beispiel die Schüler völlig verwirrt. Zahlentabellen, die die Häufigkeit von Unterrichtsereignis-

Sozialformen	Häufigkeit	
	in Minuten	%
Frontalunterricht	35	70
Kreis	5	10
Teilgruppen	10	20
Individualunterricht	0	0
Summe	50	100%

sen ausdrücken, sind oft unübersichtlich und ihre Kennwerte auf den ersten Blick schwer zu erfassen. Anschaulicher ist die graphische Darstellung im Stabdiagramm. Die absoluten Häufigkeiten sollte man immer auch in Prozentzahlen umrechnen. Die relative Häufigkeit eines Unterrichtsereignisses gibt auch die Wahrscheinlichkeit an, mit der eine Kategorie im Unterrichtsverlauf zu erwarten ist.

b) Menschliche Handlungen sind aufeinander bezogen. Aktion, Reaktion und Gegenreaktion beeinflussen sich, und hinter diesen Abhängigkeiten stehen regulierende Verhaltensprinzipien und -regelmäßigkeiten. Die quantitative Analyse untersucht, ob verschiedene Unterrichtsereignisse in gleicher Weise abnehmen oder zunehmen, z. B. wie verändert sich *das Frageverhalten des Lehrers,* wenn *die Schüler aktiver sind?* Wenn A abnimmt, wie verändert sich dann B? Wie sind A, B, C miteinander verknüpft *(Korrelation)?* Was ist der Auslöser von ...? Wenn man dem Lehrer vorschlägt, ... zu unterlassen, welche Auswirkungen auf den Unterrichtsverlauf sind zu erwarten?
Wer Beobachtungsdaten in Mehrfeldertafeln, Profile usw. einträgt, wird auch ohne Statistik Gemeinsamkeiten zwischen den Häufigkeiten von Unterrichtsereignissen finden.

soziale Herkunft	Antwort				
	keine	falsch	zum Teil	richtig	Zusatz
Unterschicht	8	19	18	40	10
Mittelschicht	4	17	21	51	6
Oberschicht	9	22	15	50	8

Beispiel: Sind „Unterschichtsschüler" in Mathematik schlechter? Steigt die Zahl fehlerhafter Schülerbeiträge in diesem Fach umgekehrt zur Sozialschicht der Schüler an? Die Beobachter einigten sich auf einen einfachen Schichtungsindex (Unter-, Mittel-, Oberschicht) und klassifizieren die Schülerantworten wie folgt: Schüler antwortet nicht – falsche Antwort – ein Teil der Antwort ist richtig – die Antwort enthält zusätzliche eigenständige Denkleistung.

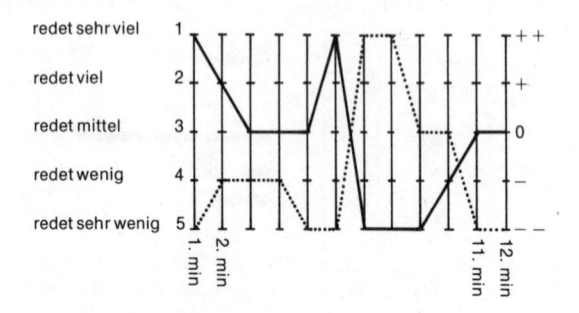

Das auf S. 202 stehende Beispiel vergleicht die sprachliche Aktivität von zwei Schülern einer Arbeitsgruppe. Die Beobachter schätzten die Sprachmenge jede Minute ab, trugen diese Werte in Ratingskalen ein und diskutierten anschließend den Profilverlauf mit den Schülern.

c) Wer sich z. B. überlegt, ob ein Schüler als verhaltensauffällig, ein Lehrstil als autoritär anzusehen ist oder es sich beim erlebten Unterricht um „entfremdetes Lernen" handelt, versucht Personen, Situationen, Handlungen zu *Gruppen* bzw. *Gattungen* zusammenzufassen. Sie definieren sich durch übereinstimmende Merkmale. Was ist das Gemeinsame, Verbindende, Unterscheidende von Unterrichtssituationen? Sind die Gemeinsamkeiten größer als die Unterschiede? Auf welche Aspekte, Eigenschaften, Verhaltensweisen ist besonders zu achten? Wie grenzt man Lehrziele, Verhaltenstypen voneinander eindeutig ab? Statistische *Klassifikationsverfahren* sind für Unterrichtshospitationen zu aufwendig im Gegensatz zu graphischen Darstellungen, die die Auswertung erleichtern. Beispiele:

Kann man autoritäres Lehrerverhalten von nicht-autoritärem durch Beobachtung eines einzelnen Unterrichtsereignisses unterscheiden? Beispielsweise gilt die Selbständigkeit der Schüler oft als Kennzeichen liberaler Unterrichtsführung. An welcher Stelle der folgenden Skala endet der autoritäre Lehrstil? Grenzt eine Trennlinie die beiden Lehrtypen eindeutig gegeneinander ab?

An welcher Stelle dieser Skala endet der autoritäre Lehrstil und beginnt der liberale?

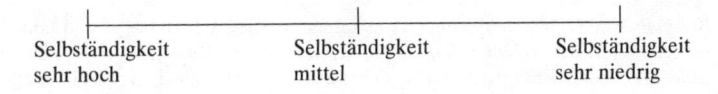

|---------------------------|---------------------------|---------------------------|

| Selbständigkeit | Selbständigkeit | Selbständigkeit |
| sehr hoch | mittel | sehr niedrig |

Eine oftmals verwendete Form der Lehrstilbeschreibung (z. B. bei Tausch 1970, Brabeck u. a. 1977) definiert das Charakteristische an der Unterrichtsführung durch zwei Verhaltensweisen, die man als Punkt innerhalb eines Koordinatensystems abbildet. Wann unterscheiden sich Lehrer so deutlich in ihren Aktivitäten, daß man legitim von zwei Stilarten und damit von zwei Lehrertypen sprechen kann? Gleicht eine Minderleistung in einem Verhaltensschwerpunkt Extremwerte bei anderen Merkmalen aus? Wie muß man eine Trennlinie legen, um Lehrstile gegeneinander abzugrenzen?

Die Beobachter beurteilen in diesem Beispiel vier Lehrer hinsichtlich der Beteiligung der Schüler und des allgemeinen Schwierigkeitsgrads der Unterrichtsmathematik. Dem Lehrer 1 gelingt es, durch die Wahl komplizierter Themen, die Schüler zur Mitarbeit anzuregen. Beim 2. Lehrer lernen die Schüler vorwiegend rezeptiv, und der Lehrer löst die Aufgaben selbst. Der 3. Lehrer bevorzugt den Lehrvortrag und konfrontiert die Schüler mit leichten Themen. Der 4. Lehrer behandelt äußert simple Sachverhalte, die die Schüler nur mittelmäßig aktivieren.

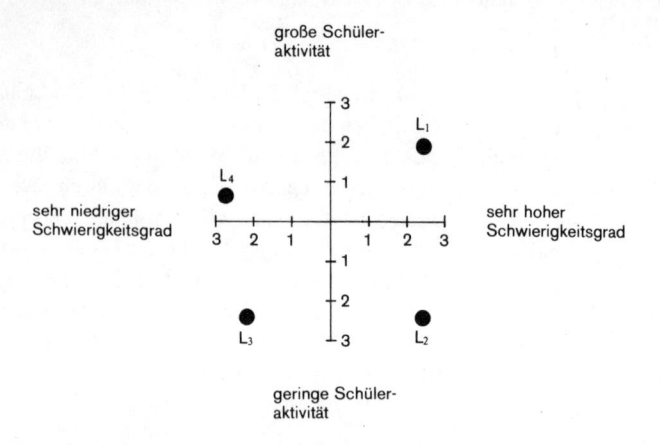

```
                      große Schüler-
                      aktivität

                         ┬ 3
                         │          L₁
                         ┼ 2        ●
                  L₄
                   ●     ┼ 1
sehr niedriger                              sehr hoher
Schwierigkeitsgrad ├──┼──┼──┼──┼──┤         Schwierigkeitsgrad
                   3  2  1  │  1  2  3
                         ┼ 1
                         │
                   ●     ┼ 2        ●
                   L₃    ┴ 3        L₂

                      geringe Schüler-
                      aktivität
```

Im Regelfall reicht es nicht, das Wesentliche des Unterrichts durch einen oder zwei Kennwerte auszudrücken. Mehrere Eigenschaftsausprägungen werden übersichtlich z. B. zu Profilen zusammengefaßt. Gleicher Profilverlauf bedeuten dann Zugehörigkeit zur gleichen Kategorie. Jeder Vergleich mehrerer Merkmale erfordert letztendlich einen Diskussionsprozeß, der nicht an formalisierte Methoden gebunden ist.

Beispiel: Ein Lehrer bezeichnet zwei seiner Schüler (1. Klasse Grundschule) als verhaltensgestört und definiert sie folgendermaßen: *Tina:* geht vom Platz weg, schlechte Schulleistungen, ordnet sich nicht ein, manchmal geradezu apathisch. *Randa:* desinteressiert, hyperaktiv, aggressiv, von zu Hause vernachlässigt, hat keine Hausaufgaben, meldet sich ständig, auch wenn sie nichts weiß, lügt manchmal. Welcher Begriff von Verhaltensauffälligkeit leitet den Lehrer? Ist es zulässig, beide Schüler gleichermaßen als ‚gestört' anzusehen und damit in gleicher Weise zu klassifizieren. Welche Merkmale verbindet die Schüler? Was dürfte das wichtigste Kriterium für den Lehrer sein, aufgrund dessen er meint, ein Schüler gehöre zur Gruppe der Verhaltensgestörten?

d) Die Auswertung der *Abfolgen von Unterrichtsereignissen* gibt Aufschluß über *Regelmäßigkeiten* im Handeln von Personen und macht damit u. U. Verhaltensprinzipien und Einflußgrößen deutlich. Die Analyse des zeitlichen Nacheinanders stützt sich auf die Tatsache, daß Menschen auf vorangehendes Geschehen Bezug nehmen, darauf reagieren und sich mit Ihren Äußerungen auf Künftiges antizipierend einstellen. Dabei sollte man Anlaß und Ursache des Verhaltens nicht miteinander verwechseln. Die Suche nach den Auslösern von Tätigkeiten, Gefühlen, Gedanken ermöglichen es gegebenenfalls, bewußter zu reagieren, Wahrnehmungsfehler an sich selbst zu erkennen, Situationen zu meiden (z. B. die Angst oder Aggressionen hervorrufen) oder, wie es die Verhaltenstherapie versucht, bestimmte Reiz-Reaktions-Verbindungen wieder zu verlernen (z. B. übertriebene Verärgerung des Lehrers über Schülerhandlungen wie Unruhe und fehlende Mitarbeit, die manche Lehrer bis zur „Weißglut" reizen). Um solche Zusammenhänge zu studieren, stellt man sich folgende Fragen: Wenn ..., dann ...? Was war vorher? Was ging diesem Ereignis voran? Was schließt sich an? Wie reagiere ich, wenn ...? Reagiere ich auf alle Schüler in vergleichbaren Situationen immer ähnlich? An welchen Schlüsselreizen orientiere ich mich in meinen Maßnahmen und Reaktionen? (Weitere Hinweise zu Möglichkeiten und Grenzen dieser sequentiellen Analysemethode finden sich bei Bachmair 1977). Die Höhe der Übergangs- bzw. Abfolgewahrscheinlichkeit schlüsselt man in folgender Weise auf:

vorausgehende Beobachtung	nachfolgende Beobachtung	Häufigkeit des Auftretens	
		absolut	%
falsche Schüler- antwort	1. Strafe 2. Tadel 3. Hilfestellung 4. Richtigstellen 5. Übergehen 6. Korrektur durch Mitschüler 7. Sonstiges	0 2 16 10 2 2 3	0 5,7 45,7 28,6 5,7 5,7 8,6
Summe		35	100 %

Beurteilen:

Wer über den Sinn von Unterricht und einzelner Ereignisse nachdenkt, sieht sich mit der Aufgabe konfrontiert zu entscheiden, ob Handlungen, Lernformen, Ziele, Inhalte usw. legitim und vernünftig sind. Unterrichtsanalyse erwartet somit vom Beobachter, Stellung zu beziehen, kritisches Engagement und reflektierte Parteinahme. Diese Wertungen drücken sich in vielfältiger Weise aus: In Gefühlen der Überraschung des Zustimmens, Akzeptierens, Verärgerung, im Ablehnen, Loben, Nachahmen, Verurteilen, Benoten, Kontrollieren, Bestrafen, im Entscheiden über richtiges oder falsches Handeln, usw.
Urteilen heißt, den zu bewertetenden Sachverhalt mit Werten und Normen zu vergleichen. *Deshalb hängt jedes Urteil über Unterricht sowohl vom Beurteilungsmaßstab wie vom Unterrichtsgeschehen ab,* und eine schlechte Beurteilung

kann ihre Ursache sowohl in überzogenen Ansprüchen an die Unterrichtsgestaltung wie auch in unzureichender Unterrichtsführung haben. Weil jedes Urteil auf dem Hintergrund von Idealvorstellungen entsteht, gehört es zu den Aufgaben eines Beurteilers, seine Bewertungsmaßstäbe zu rechtfertigen, was voraussetzt, daß er sich seiner Anforderungen an guten Unterricht bewußt ist. Dies sollen die folgenden Hinweise unterstützen.

a)
- Was dürfen Lehrer und Schüler nicht tun?
- Wie sollten sie unbedingt handeln, um nicht gegen Sitte, Anstand, Vorschriften zu verstoßen?
- An welchen Schüler/Lehrer erinnere ich mich, der die Regeln des guten Benehmens im Unterricht verletzte?
- Was kennzeichnet den idealen Schüler/Lehrer?
- Welche Fehler in der Unterrichtsführung/Klassenführung bzw. sind für mich nicht mehr tolerierbar?
- Welche Lehrer finde ich gut/schlecht, und was kennzeichnet ihren Lehrstil?
- Welcher Lehrer kommt meiner Idealvorstellung von gutem Unterricht am nächsten?

- Was ist die wichtigste Aufgabe eines Lehrers?
- Welches pädagogische/didaktische Modell beeinflußt mich am stärksten bei der Beurteilung von Unterricht?
- Die wichtigsten Ziele der Schule in dieser Gesellschaft sind ...?
- Welches Verhältnis habe ich zu Idealen wie Solidarität, Humanität, Freiheit, Gleichheit, Gerechtigkeit, Emanzipation?
- Welche Aufgabe hat Schule/Unterricht zu erfüllen?
- Von welchem Bildungsbegriff her bestimme ich die erzieherische Aufgabe der Schule?

b) *Die Diskussion pädagogischer Normen* läßt sich gut an die *Besprechung konkreter Einzelfälle* anbinden: Berichte über Schwierigkeiten im Unterricht, Zweifel über richtiges Handeln, Gespräche über Alternativen und Veränderungen, selbstkonstruierte, auf das Wesentliche reduzierte Fallberichte, so wie die Briefkastenecken mancher Zeitschriften sie abdrucken, fordern wertende Stellungnahmen:
- „Meine Schüler möchten mich immer mit Du ansprechen. Sie sind mir ja sehr sympathisch, aber kann ich als Lehrer zulassen, daß 12jährige mich mit dem Vornamen anreden? Was werden meine Kollegen denken?"
- „Ich habe einen etwas altmodischen Schulleiter. Er meint, Gruppenvorbereitungen bei Prüfungen verletzen den pädagogischen Anstand. Ich bin da anderer Ansicht. Wer hat recht?"
- „Unser Klassenlehrer fand beim Englischabitur auf dem Flur ein verstecktes Liliputwörterbuch, nahm es weg und meldete den Vorfall beim Direktor. Es kam zum Eklat. Ein großer Teil unserer Klasse möchte jetzt keinesfalls mit diesem Lehrer auf Abiturfahrt gehen!"
- „Mein Sohn (10 Jahre) muß als Strafe fürs Schwätzen vor die Klassentür. Wie kann ich der Lehrerin klarlegen, daß ich diese Maßnahme für pädagogisch fragwürdig halte? Ich finde die Lehrerin sonst eigentlich ganz nett."

Entsprechende Diskussionen beginnt man am besten mit einer Gruppenübung, bei der jeder Gesprächsteilnehmer seinen Lösungsvorschlag zu Papier bringt und ihn dann mit denen der anderen Gruppenmitglieder vergleicht. Um die eigenen Erwartungen und Ängste zu thematisieren, sollte man auch versuchen,

Antworten so zu formulieren, wie man sie beim Kollegen X, dem Schulrat A, den Schülern oder den Eltern vermutet.

Die wissenschaftstheoretische Position des Kritischen Rationalismus, dem sich viele Unterrichtsanalysen verpflichtet fühlen, verzichtet auf eine Stellungnahme und *beschränkt sich auf Tatsachenbehauptungen.* Der Bereich der Werturteile wird aus dem Erkenntnisprozeß ausgeklammert. Ursache für den Verzicht auf Bewertungen sind im konkreten Fall oft weniger wissenschaftstheoretische Bedenken als Desinteresse an den aktuellen Problemen von Schülern und Lehrern oder die Unfähigkeit, sich zu entscheiden und auf der Basis begründeter Wertvorstellungen zu urteilen. Wer sich mit der reinen Beschreibung begnügt, verzichtet auf das Recht zu bewerten und überläßt anderen, über Wert und Unwert von Unterrichtsformen zu befinden. Er entzieht sich der Verantwortung, obwohl jedes Handeln eine Rechtfertigung erwartet. Unterrichtliche Interaktionen bilden keine Ausnahme, weil sie niemals wertneutral sind.

In der Schule wird nicht nur gelernt. Sie prägt ganz entscheidend die Schülerpersönlichkeit. Jeder Schulträger möchte deshalb sicherstellen, daß die Lehrer in seinem Sinn den Unterricht gestalten. Unterrichtet der Lehrer entsprechend der Wertvorstellungen des Schulträgers, erhofft man, die Schüler würden sich analog dazu auch zu loyalen, in die Gesellschaft integrierbaren Personen entwickeln. Preuß (1978) meint Anzeichen in der Berufsverbotspraxis zu sehen, daß sich die Schulverwaltung bei uns nicht mehr damit begnügt zu kontrollieren, ob die Lehrer in der erwünschten Weise unterrichten. Es besteht die Tendenz, von ihnen zu verlangen, sie sollen sich mit den Werten und Normen des Schulträgers völlig identifizieren und nicht in seinem Sinn den Lern- und Sozialisationsprozeß der Schüler zu organisieren. Lehrer, Studenten und Referendare erleben diese Wertungen ‚hautnah', wenn Dienstvorgesetzte und Ausbilder bestimmte Interpretationen des Unterrichtsgeschehens nicht zulassen. Widersprüche werden nicht geduldet, oder man zieht die Grenzen für abweichende Meinungen sehr eng. Divergentes Denken und Bewerten des Unterrichts sowie alternative Unterrichtsformen werden angegriffen und bestraft. Soziale Macht drückt sich aus in der Fähigkeit, Wertmaßstäbe setzen zu können und sie anderen Menschen aufzuzwingen. („Sie sehen das nicht richtig! Das muß man anders bewerten! Daß Sie den Schüler hier ..., halte ich für unzulässig? So kann man nicht unterrichten! Sie hätten besser an dieser Stelle im Unterricht ... sollen!").

9.5 Fehleranalyse

Wer der eigenen Fähigkeit vertraut, andere Personen und soziale Situationen richtig zu beschreiben, überbewertet die Glaubwürdigkeit menschlicher Urteilsbildung. Motive, Vorurteile, Erwartungen, Erinnerungsverzerrungen, Vorstellungen vom idealen Unterricht, Sympathien, Antipathien und vielerlei Denkgewohnheiten veranlassen, Wahrnehmungen unbewußt auszuwählen und umzugestalten. Größte Skepsis ist angebracht gegenüber Vorstellungen, man könne sich auf den „ersten Eindruck", auf Menschenkenntnis und Lebenserfahrung sicher verlassen. Die Befürworter solcher Thesen verwechseln oft nur Geschwindigkeit und Skrupellosigkeit der Urteilsbildung mit deren Präzision und Richtigkeit. Die Fehlerhaftigkeit menschlicher Wahrnehmung kann sich jede Hospitationsgruppe anhand folgender Aufgabenstellung selbst vor Auge führen:
– Die Gesprächsteilnehmer gliedern die gesehene Unterrichtsstunde in prägnante Phasen. Anschließend schätzt jeder für sich alleine die Dauer der einzelnen Abschnitte und charakterisiert sie z.B. danach, wie langweilig sie für die Schüler sind. Diese Angaben werden dann in eine Liste eingetragen und miteinander verglichen.
– Die Gruppenmitglieder notieren sich die Eigenschaften, die sie beim Lehrer, einzelnen Schülern der ganzen Klasse aufgrund ihres ersten Eindrucks vermuten und diskutieren die verschiedenen Ansichten.
– Die Gesprächsteilnehmer informieren sich gegenseitig, z.B. wie oft sie beobachteten, daß der Lehrer Fragen stellte oder die Schüler unterbrach. Auch diese Angaben werden erhebliche Unterschiede aufweisen.
– „Wie war das eigentlich?" Als Antwort berichten die Gesprächsteilnehmer von ihren Erinnerungen an länger zurückliegende Unterrichtsstunden. Oder man versucht, einen altbekannten früheren Konflikt zu rekonstruieren.
– Wer kann möglichst detailiert und vollständig am Ende einer Hospitation den Lehrer, dessen Verhalten, sein Äußeres, seine Handlungsstrategie (Was tut er denn, wenn...?) beschreiben? Wer erinnert sich an einen zufällig ausgewählten Schüler?

Ist es überhaupt vernünftig, von Fehlern und Fehlleistungen zu sprechen, wenn man in der Unterrichtsanalyse die Konstruktion von Wirklichkeit sieht? Alle Aussagen über Unterricht sind prinzipiell gleichrangig und gleich richtig, weil jeder Beobachter sich sein Bild von Unterricht entwirft, das seinem subjektiven Erleben und seinen Deutungsmustern entspricht. Jede auch noch so eigenwillige und anderen Personen unverständliche Einschätzung des Unterrichts findet ihren Sinn in den Erfahrungen und Ordnungsstrukturen des Beobachters. Wie vernünftig oder unvernünftig diese Vorstellungen sind, zeigt sich im Umgang mit der pädagogischen Praxis und damit an den Konsequenzen des Handelns für den Beobachter selbst und für seine Bezugspersonen. „Wer in den Wirklichkeitskonstrukten im Hinblick auf die Inhalte der sinnlichen Wahrnehmung unvorsichtig war, wird das in der Regel bald und deutlich merken (‚niemand kann mit dem Kopf durch die Wand'). Wer in den Wirklichkeitskonstrukten im Hinblick auf die Inhalte der symbolischen Erfahrungen unvorsichtig war, kann sein

Leben mit einem Mythos glücklich beenden, hat aber dabei vielleicht anderen großen Schaden zugefügt („jeder ist seines Glückes Schmied')" (Mollenhauer/ Rittelmeyer 1977, S. 43). Diesem Gedankengang folgend, wird es kaum Schwierigkeiten bereiten, sich mit anderen zu einigen, ob der Lehrer nur an die Tafel geschrieben hat oder nicht. Problematisch wird es bereits, wenn sich ein langsam arbeitender Schüler nach einer Prüfung beschwert, es hätte ihm zu wenig Zeit zur Verfügung gestanden. Im gleichen Zeitabschnitt langweilte sich der Beobachter, weil es im Unterricht nichts zu sehen gab, und die schnellen Schüler erledigten in dieser Zeit einen Teil ihrer Hausaufgaben, weil sie die schriftliche Prüfungsaufgabe vorzeitig beendeten.

Es ist zwar verständlich, daß Aussagen mehrerer Personen über Unterricht nicht deckungsgleich sind, trotzdem sind nicht alle Aussagen über den Unterricht zulässig. Ein Grund liegt in den Konsequenzen dieser Ansichten für den Beobachter selbst und für seine Bezugspersonen. Deshalb ist nach den Wirkungen der Aussagen über den Unterricht zu fragen. Beispiel: Geraten Studenten mit ihrem Ausbildungslehrer in heftige Auseinandersetzungen über den gesehenen Unterricht, dann beeinträchtigt diese Diskussion das Selbstbild des Lehrers. Wer hilft ihm, diese Verunsicherung zu überwinden? Extrembeispiele über die Wirkungen „nicht normaler" Realitätserfahrung bieten neurotische Lehrer, die sich in Zwangsgedanken verspinnen. Sie nehmen nicht einmal mehr die sinnlich wahrnehmbaren Fakten zur Kenntnis („Sie rennen gegen die Wand und leugnen die Existenz dieser Wand"), wenn diese Fakten nicht mehr ins System ihrer Zwangsvorstellungen passen.
Optimale Techniken der Unterrichtsdokumentation und -forschung reichen keinesfalls als Grundlage aus, damit sich Beobachter in ihren Aussagen über Unterricht einigen. Voraussetzung sind gemeinsame Begriffe und Vorerfahrungen, die sie durch die Zugehörigkeit zum selben Kulturkreis und durch die gleichwertige Ausbildung erworben haben. Fehlen diese Gemeinsamkeiten, nimmt die Wahrscheinlichkeit ab, übereinstimmende Aussagen über Unterricht zu formulieren. Der Appell an den guten Willen von Beobachtern oder das Einüben in die Analysekategorien hilft nur bei Tatsachenbehauptungen, unterschiedliche Einschätzungen zu überwinden, aber nicht bei Werturteilen oder bei der Festlegung, was ein Unterrichtsereignis bedeutet. Die Unterrichtswirklichkeit hat nur teilweise Beweiskraft, wenn es darum geht zu prüfen, ob eine Aussage über den Unterricht richtig oder falsch ist.
Wahrnehmungen werden als Realität empfunden, wenn sie den gesellschaftlichen Konventionen gehorchen. Durch die Festlegung, wer den Unterricht richtig oder falsch beobachtet, analysiert und bewertet, wird auch darüber entschieden, inwieweit der Beobachter die gesellschaftlichen Konventionen im Denken und Interpretieren internalisiert hat. Gleichzeitig gerät die Feststellung von richtig und falsch zur Aussage über die zwischenmenschlichen Beziehungen

Fehlbeurteilungen oder Situationsdefinitionen

zwischen den Beobachtern (z. B. Wer hat das Recht zu bestimmen, wie Unterricht zu sehen und zu bewerten ist?).
Treten ‚Beobachtungsfehler' auf, dann stellt sich zuerst die Frage nach *den Ursachen der Auffassungsunterschiede,* um dann in einem zweiten Schritt festzustellen, ob sich nicht doch gemeinsame Auffassungen vom Unterricht herausarbeiten lassen. *Beispiel:* Bei einer Lehrprobe meint einer der Prüfer, der Kandidat habe zuviel geredet. Die Beisitzer widersprechen. Um diese Meinungsverschiedenheiten auszuräumen, diskutiert die Kommission: Was heißt Reden und Schweigen? Schweigt ein Lehrer, wenn er an der Tafel zeichnet? Wird Sprachmenge über die Anzahl der verwendeten Wörter ermittelt oder über die Sprachdauer? Ist es wichtig zu unterscheiden, ob ein Lehrer längere

Zeit ‚am Stück' spricht oder in häufigem Wechsel mit dem Schüler? Wer definiert das ‚Zuviel'? Welchen didaktischen Wert haben die einzelnen Redeformen? Was bewirkt diese Art verbaler Interaktion über Jahre hinweg bei den Schülern? Verschleiert die Kritik am Sprechstil, daß sich der Beobachter langweilt? Haben die Beobachter nicht nur verlernt zuzuhören? Welches Verständnis von Lehrerrolle steht hinter der Kritik?

Beispiele für Fehlleistungen und ihre Ursachen:

- Ein Aspekt des Unterrichts wird verallgemeinert und führt zu ungerechtfertigtem Auf- bzw. Abwerten des ganzen Unterrichts (Haloeffekt). Man schließt von einem Merkmal auf das Ganze, z. B. von der Unruhe der Schüler auf die mangelhafte Lehrbefähigung des Kollegen.
- Ursachen werden aufgrund ungerechtfertigter Klischees erklärt (Kausalattribuierung), z. B. an den Lernschwierigkeiten ist die mangelnde Begabung der Schüler schuld.
- Der Beobachter neigt zu Schwarz-Weiß-Malerei und Extremurteilen (z. B. exquisiter Lehrer, unmöglicher Lehrstil).
- Die Beobachter weichen auf unspezifische, nichtssagende Urteile aus (Tendenz zum Mittelwert) und wollen sich nicht exponieren.
- Man konzentriert sich nur auf einige wenige Aspekte des Unterrichts.
- Die Beobachter beschäftigen sich nur mit Unwesentlichem und Äußerlichkeiten.
- Die Unterrichtsanalyse wiederholt bekannte Vorurteile, Erfahrungen, Stimmungen, Erwartungen, und der Beobachter erlebt Unterricht im Sinne der sich selbst erfüllenden Prophezeihung.
- Bestimmte Phänomene des Unterrichts werden regelmäßig übersehen (blinder Fleck).
- Wahrnehmungen und Aussagen sind so konfus und wirr, daß die Daten sich kaum mehr systematisch interpretieren lassen.
- Die „Stichprobe" des Unterrichtsgeschehens ist falsch gezogen (z. B. zu klein, nur bestimmte Unterrichtssituationen/Lehrinhalte, nur ausgewählte Zeitpunkte, wie Montag, 1. Stunde, nur Überblick über eine Klassenstufe), und ein verallgemeinerndes Urteil über den Unterricht ist unberechtigt.
- Die Beobachter vernachlässigen den situativen Kontext des Unterrichts.
- Die Urteilsbildung erfolgt zu rasch und unbedacht.
- Die Beobachter beziehen sich auf ein unzureichendes theoretisches Erklärungsmodell zur Interpretation der Beobachtungen.
- Die Beurteilungsfehler beruhen auf psychischen Fehlleistungen wie Projektion, Verschiebung, Abwehr, Identifikation usw.
- Die Motive und Handlungen von Lehrern und Schülern werden falsch, bzw. ohne deren Ansicht zu kennen, interpretiert.
- Die Aussagen über Unterricht widersprechen sich, und ihnen fehlt jede innere Logik.
- Der Beobachter splittert Unterricht in zusammenhanglosen Details auf, die keine pädagogischen Sinnelemente mehr repräsentieren (Taylorisierung). Der Überblick über den Unterricht geht verloren.
- Die Aussagen über gleiche Unterrichtssituationen ändern sich ständig. Mögliche Ursachen dieser geringen ‚Reliabilität': Der Beobachter ändert seine Ansichten, weil er den Unterricht durch wiederholtes Ansehen besser kennenlernt; ungenaue Beobachtungen; unklare Begriffe; Nachlässigkeiten.
- Die Aussagen über den Unterricht sind vielfältig und richtig, aber unwesentlich im Bezug auf die Aufgaben und Probleme der Schule, der Schüler, der Lehrer.

– Die Begriffe zur Beschreibung des Unterrichts werden von den Personen in abweichender Bedeutung verwendet. Die Operationalisierung der Termini ist falsch oder unzureichend.

Beschreiben mehrere Personen den gleichen Sachverhalt abweichend voneinander, bezeichnet die empirische Sozialforschung diese Beobachtungen als *nicht objektiv:* Unterschiedliche Wahrnehmungen beruhen auf der Eigenart des Untersuchers und sind deshalb zu eliminierende Fehler. Hinter diesem Verständnis von Objektivität steht die Auffassung, daß ein Ding immer nur eine einheitliche Bedeutung haben könne. Wer diesen Objektivitätsbegriff konsequent vertritt, verlangt eine *Egalisierung* pädagogischen Denkens. Die Nicht-Objektivität und damit die Verschiedenartigkeit der Analysen hat vielfältige Ursachen. Die Gründe sind u. a. zu suchen:

– In unterschiedlichen Wertvorstellungen, von einander abweichenden und berechtigten Situationsdefinitionen (z.B. Einfluß der Lebenserfahrungen, Wissen über Unterricht), dem individuellen Erleben;
– In der Tatsache, daß ein Unterrichtsereignis gleichzeitig mehrere Bedeutungen umfaßt;
– In ungenügender Präzision der Analysekategorien, fehlenden Absprachen zwischen den Beobachtern, unklaren Beobachtungshinweisen, der wechselnden Bedeutung pädagogischer Begriffe, den unterschiedlichen theoretischen Bezugssystemen der Beobachter.

Geringe Objektivität führt zu *Verständigungsbarrieren,* und im Extremfall reden zwei Beobachter aneinander vorbei, weil jeder die Begriffe nur noch in der ihm verständlichen Weise verwendet.

9.6 Gespräch über Unterricht

Lehrer und Schüler sind weder Untersuchungsmaterial noch Forschungsobjekte, über die man sich zwar eine Meinung bildet, aber die man als Personen nicht zur Kenntnis nimmt. Sie haben das Recht, von den Unterrichtsbesuchern Auskunft über deren Absichten zu erhalten und ihre eigenen Vorstellungen vom Unterricht zu formulieren, will man die Anstandsregeln für die Schule nicht einfach außer Kraft setzen. (Erörterungen des Subjekt-Objekt-Verhältnisses finden sich in der Literatur zur Handlungsforschung u.a. bei Moser 1975, S. 136–143, und Gstettner 1976.) Gespräche über Unterricht sind weiterhin notwendig, um die Beobachtungsergebnisse in ihrer Wertigkeit zu diskutieren und sie mit wissenschaftlichen Erkenntnissen, dem theoretischen Wissen bzw. dem Alltagswissen der Beteiligten zu vergleichen (s. Moser 1975, S. 9f. und 79–116).

Anregungen, wie man mit Schülern über Unterricht spricht, finden sich in der Literatur zu „Unterricht über Unterricht" (s. Boetcher u. a. 1977, Gordon 1977, Zehrfeld 1978, Wagner u. a. 1977, Hiller-Ketterer/Hiller 1974, Uttendorfer 1976). Beispiele:

a) Diskussion einer „fiktiven" Schulordnung (Beispiel aus der 4. Klasse einer Grundschule)
   (1) Die Schule ist eine Erholung. Jede Anstrengung wird untersagt. Wer schwitzt, muß heimgehen.
   (2) Vor Schulbeginn, der frühestens um 10 Uhr ist, wird allerlei Gebäck und Limonade herumgereicht.
   (3) Der Schüler wird mit einem Auto von zu Hause abgeholt.
   (4) Während der Schule darf gejodelt, gepfiffen, geplaudert und gesungen werden. Wer am lautesten ist, bekommt die beste Note.
   (5) Von 12 bis 14 Uhr ist Mittagspause. Das Essen wird von einem Kellner serviert.
   (6) Von 14 bis 15 Uhr darf gespielt, geschlafen oder auch einfach Pause gemacht werden.
   (7) Das Benützen der Toiletten während der Pausen ist den Kindern untersagt. Dafür ist die Schulzeit da.
   (8) Wer während der Schulzeit schläft, darf nicht vor Schulschluß geweckt werden.
   (9) Hausaufgaben sind streng verboten.
   (10) In jedem Klassenzimmer sind Fernsehgeräte, Filme und Bücher vorhanden.
   (11) Schüler dürfen nur in gepolsterten Schulbänken sitzen.

b) Die Schüler schreiben ihre Meinungen in die freien Sprechblasen und werten die Ergebnisse dieser Umfrage selbst aus und diskutieren sie in der Klasse.

Beispiele für weitere Fragen: Bei Lehrer X lernt man doch überhaupt nichts! – Bei Lehrer X hab' ich echt Angst vor der Prüfung! – Wie der Noten gibt! Der würfelt doch! – Ich habe heute keine Hausaufgaben gemacht!

c) Aufgabenstellung für eine Unterrichtseinheit: „Euch steht der Videorecorder mit der Aufzeichnung einer Mathematikstunde zur Verfügung! Sucht bitte einige Unterrichtsausschnitte heraus, die für den Lehrer ganz typisch sind! Zeigt bitte anschließend diese Szenen der ganzen Klasse und kommentiert sie."

d) Mehrere Schülergruppen bereiten jeweils ein kurzes Rollenspiel mit einer prägnanten Unterrichtssituation vor. Sie setzen dabei mehrere positive und negative Varianten in Szene.

e) Ein Plenumsgespräch arbeitet Schwierigkeiten im Umgang von Schülern und Lehrern heraus. Im Rollenspiel zeigen verschiedene Schülergruppen mehrere Lösungsvarianten.
f) Wie kann man den Unterricht von Lehrer X in 5 Minuten so darstellen, daß andere Schüler ihn aufgrund dieses kurzen Rollenspiels sofort wiedererkennen?
g) Diskussion in der Klasse: Was stört mich am Unterricht an den Mitschülern – an den Lehrern – an mir selbst?

Die intellektuelle Auseinandersetzung gerät zur Farce, wenn die Beteiligten nicht offen miteinander sprechen können, weil Abhängigkeiten und Ängste vor den Folgen freimütiger Äußerungen die Argumentationsfreiheit behindern. Nicht nur die dienstliche Beurteilung macht diese Gespräche wegen ihres Prüfungscharakters kompliziert. Die Diskussion jeder Unterrichtsstunde trägt den Charakter einer „Kunstkritik". Einer, der etwas produziert, wird von den anderen, die passiv zuschauen, eingeschätzt. Der Lehrer fühlt sich in die Rolle eines Verteidigers eigener Maßnahmen gedrängt, ohne in gleicher Weise auch zu den Leistungen seiner Gesprächspartner Stellung nehmen zu können. Die Hospitierenden nehmen auf diese Konstellation Rücksicht, verkünsteln sich in ihrer Argumentation, klammern Problematisches aus. Sie verschleiern manche Kritik durch Fragen an den Lehrer, der wiederum sensibel reagiert, auch auf Unausgesprochenes.
Ausbildungslehrer möchten Studenten und Referendaren das Unterrichten beibringen. Sie akzeptieren die Unterrichtsbesucher oft nicht als Gleichberechtigte, sondern sehen in ihnen Auszubildende, die der Belehrung bedürfen. Lange Monologe und ‚helfende Fragen' ersetzen die Diskussion. Einwände werden durch den Verweis auf den Status des Noch-Nicht-Lehrers verharmlost. Durch ihre Ausbildung sind Studenten theorieorientiert und beziehen sich sowohl in ihrer Wortwahl wie in ihren Vorstellungen vom idealen Unterricht auf theoretische Modelle, die Ausbildungslehrern in dieser Weise nicht geläufig zu sein brauchen. Die Ausbilder stützen sich auf Argumentationsmuster, wie sie zu ihrer Ausbildungszeit gebräuchlich waren, und manche fühlen sich geradezu unter Zwang, die Aktualität ihres theoretischen Wissens unter Beweis zu stellen. Gemeinsame Unterrichtsprojekte, Lehrversuche, die die Gruppe zusammen plant und in Szene setzt, die Integration der Zuschauer als Betreuer von Schülerarbeitsgruppen schaffen gleiche Erfahrungen, was dazu führt, vorgefundene Rollenfixierungen zu überwinden. Keine Gruppe sollte es versäumen, die sozialen Beziehungen der Beteiligten zu besprechen. Diese Metakommunikation ist selbst wieder eine gute Vorübung, um später im Lehrerberuf mit Kollegen und Schülern über Unterricht zu diskutieren. Die nachstehende Karikatur möchte zu dieser Reflexion des Arbeits- und Gesprächsverhaltens Anstoß geben.
Über die Gestaltung partnerzentrierter Gespräche wurde in den letzten Jahren viel veröffentlicht (z.B. Rogers 1973, Gordon 1972, 1977, Schwäbisch/Siems

Das ganz alltägliche Kollegium

1974). Die Übertragung dieser Gesprächsregeln muß jede Analysegruppe selbst versuchen. Hinweise gibt die folgende Übersicht:

- Jeder hat das Recht und die Fähigkeit, über Unterricht zu sprechen, zumal alle auf jahrelange Unterrichtserfahrungen als Schüler oder als Lehrer zurückblicken.
- Jeder, der Unterricht beobachtet hat, ist in der Lage, über seine Wahrnehmungen und *seine* Gefühle Aussagen zu machen.
- Zuhören und Schweigen kann wichtiger sein, als die anderen durch vielfältige Argumente überzeugen zu wollen.
- Wer selbst viel spricht, behindert die anderen in der Entfaltung ihrer Gedanken und nimmt sich selbst die Möglichkeiten, von anderen etwas zu erfahren.
- Aneinander Vorbeireden entsteht oftmals, weil die Gesprächspartner nur vordergründig zuhören, jeder nur von sich selbst spricht, die Beiträge sich nicht aufeinander beziehen und die Themen zu rasch wechseln.
- Wer mit „Ja! Aber ..." antwortet, steht in der Gefahr, den anderen nicht verstehen zu wollen, sondern ihn durch bessere Argumente zu unterwerfen.
- Wie wichtig ein Beitrag ist, hängt nicht von seiner sprachlichen oder theoretischen Brillanz ab.
- Eine pädagogisch zeitgemäße Terminologie ist weder Garant vernünftiger Erkenntnisse noch Ausdruck von Überheblichkeit oder fehlender Praxiserfahrung.
- Keine Gesprächsrunde darf darauf verzichten zu erklären, was die einzelnen Teilnehmer unter den verwendeten Begriffen und Modellvorstellungen verstehen. Ansonsten scheitert eine Verständigung.
- Ertragreiche Gespräche und Analysen entstehen nicht unter Zeitdruck und auch nicht in konfliktgeladener Atmosphäre.

- Wer sich im Denken, Argumentieren und Zuhören behindert fühlt, wer Verständigungs- bzw. Interpretationsschwierigkeiten hat oder Aussagen anderer nicht akzeptiert, sollte dies rechtzeitig und deutlich zum Ausdruck bringen.
- Die einflußreichen Personen einer Gesprächsrunde sollten auf größte Zurückhaltung achten, um andere in ihren Gedanken nicht zu behindern.
- Rückmeldungen sind dann am günstigsten, wenn sie der Gesprächspartner erwartet. Deshalb sollte man keinem Lehrer ein Gespräch über Unterricht aufzwingen. Es steht ihm auch frei, einzelne Themen aus der Diskussion auszuklammern.
- Nach gehaltener Unterrichtsstunde sind Lehrer vielfach emotional nicht in der Lage, sofort den Beobachtern gelassen zuzuhören.
- Unterrichtsdokumente helfen, eine gemeinsame Gesprächsgrundlage zu schaffen.
- Wer ständig auf früheren und vergessenen Unterricht bezug nimmt („Sie haben aber damals...!"), schafft Konflikte, weil diese Situationen kaum mehr übereinstimmend zu rekonstruieren sind. Die unterschiedlichen Erfahrungen führen zu unnützen Auseinandersetzungen.
- Die Unterrichtsanalyse sollte sich nicht ständig auf den Unterricht nur eines Gesprächsteilnehmers beziehen. Die Rollen von Beurteiler und Beurteiltem müssen wechseln. Ansonsten leidet das Gesprächsthema.
- Die Aussprache über den Unterricht eines Gesprächsteilnehmers ist niemals eine Vergeltungsmaßnahme, damit man sich für früher erfolgte Kritik revanchiert.
- Mißerfolge, Schwierigkeiten, Konflikte sind im Lehrerberuf nichts Ungewöhnliches. Man sollte mißlungenen Unterricht als das Normale ansehen.
- Das Gefühl des Scheiterns und Versagens haben die meisten Lehrer ständig, auch ohne die Rückmeldung durch Beobachter. Gespräche über Unterricht sollten vielmehr zu Erfolgserlebnissen verhelfen und das Positive aufzeichnen. Es ist immer leichter, Kritik zu üben, als die Leistungen anderer anzuerkennen.
- Kritik ist immer schwer zu ertragen, auch wenn sie der Kritisierte mit Gelassenheit entgegen nimmt.
- Wer aufgrund längerer Erfahrung oder günstigerer Unterrichtsbedingungen erfolgreicher unterrichtet, sollte sich selbst nicht als Vorbild aufbauen oder hinstellen lassen. Vorbilder verwirren und helfen nicht, den eigenen Stil zu finden.
- Ein Rat ist erfolgversprechend, wenn ihn der Betroffene wünscht und man ihm hilft, sich eine selbständige Lösung zu erarbeiten.
- Wer Veränderungsvorschläge unterbreitet, sollte möglichst auch an deren Verwirklichung mitwirken. Ideen zu entwickeln ist einfacher als Handeln.

Eine der erfolgversprechendensten Formen der Unterrichtsanalyse ist das Gespräch einer *Lehrerselbstberatungsgruppe*. Lehrer reflektieren und diskutieren gemeinsam über ihren Unterricht. Das starre Gerüst des Stundenplans verbietet es den Lehrern, sich gegenseitig Unterrichtsbesuche abzustatten. Meistens lehnen sie sowieso solche wechselseitigen Hospitationen entschieden ab. Diese Unterrichtshospitationen sind keineswegs die notwendige Voraussetzung kollegialer Selbstberatung, die nicht mit der gemeinsamen Analyse von Videoaufnahmen einer Unterrichtsstunde von einem der Gesprächsteilnehmer beginnen sollte. Dafür sind normalerweise Ängste und Konkurrenzgefühle der Kollegen zu groß. Selbstberatung und Unterrichtsanalyse sind weder an Unterrichtsbesuche noch an die Auswertung von Unterrichtsdokumenten gebunden. Es bieten sich u. a. folgende Möglichkeiten an (s. auch Martin 1977):

a) Fallbericht in Anlehnung an die Methode der Balint-Gruppen: Die Gesprächsteilnehmer berichten über schwierige Situationen während des Unterrichts (Gudjons 1977a, b, Junker 1973, S. 199-206);
b) Diskussion von Fragen, die die Lehrer eines Kollegiums tangieren, z. B. Mißstände an der Schule, Ärger mit Geräten und Stundenplänen, Veränderungsinitiativen;
c) Analyse von Unterrichtsdokumenten, z. B. Filmen über Lehrerversuche, über alternative Unterrichtspraxis u. ä. Die dargestellten Lehrer gehören nicht dem Gesprächskreis an. Grund: Man kann offener diskutieren und braucht nicht auf die Betroffenheit des unterrichtenden Lehrers Rücksicht zu nehmen;
d) Im Gesprächskreis diskutiert man allgemeine Themen, die sich auf die tägliche Unterrichtspraxis beziehen. Erfolgreich sind diese Diskussionen nur, wenn die Teilnehmer über ihre eigenen Erfahrungen aus dem Unterricht sprechen. Beispiele für solche Gesprächsthemen, mit denen man sich im Sinn der themenzentrierten Interaktionsmethode (Cohn 1975) auseinandersetzt:

- Was bereitet mir im Unterricht und an der Schule Freude?
- Was können andere von meinem Lehrstil lernen?
- Der Lehrberuf ist immer auch mit Mißerfolg und Versagen verbunden. Woran scheitere ich?
- Was gelingt mir im Unterricht (nicht)?
- Schwierigkeiten mit den Schülern!
- Ich komme mit dieser Klasse/mit diesem Schüler nicht zurecht!
- Worüber freue ich mich in der Schule?

- Was denken die Schüler über mich?
- Wie zufrieden sind die Schüler?
- Wovor haben meine Schüler Angst?
- Wovor habe ich Angst?
- Was kann ich tun, um zu den Schülern ein besseres Verhältnis zu bekommen?
- Warum wurde ich Lehrer?
- Warum bin ich heute noch Lehrer?
- Was möchte ich als Lehrer in Schule und Unterricht erreichen?

- Was erwarte ich von einem guten Kollegen?
- Was erwarten die Kollegen von mir?
- Lernen die Schüler genügend in meinem Unterricht?
- Ich möchte meinen Unterricht interessanter gestalten!
- Ich fühle mich überfordert, den Lehrplan einzuhalten.
- Was mache ich gegen den Lärm in der Klasse?
- Was tue ich, um die begabten und die schwachen Schüler zu fördern?

9.7 Selbstreflexion

„Habe Mut zu dir selbst und such deinen eigenen Weg. Erkenne dich selbst, bevor du Kinder zu erkennen trachtest. Leg dir Rechenschaft darüber ab, wo deine Fähigkeiten liegen, bevor du damit beginnst, Kindern den Bereich ihrer Rechte und Pflichten abzustecken. Unter ihnen allen bist du selbst ein Kind, das du zunächst einmal erkennen, erziehen und ausbilden mußt" (Korczak 1967, S. 156)!

Wer Unterricht beobachtet, will dabei etwas über Sinn und Inhalt der gehaltenen Stunde erfahren, über den Lehrer, über die Schüler. Daß der Beobachter damit auch etwas über sich selbst erfahren kann, erscheint auf den ersten Blick paradox. Aber es ist so: Die Unterrichtsanalyse bietet Gelegenheit zur Selbsterfahrung, weil die Wahrnehmung nicht einfach nur das Umweltgeschehen widerspiegelt. Wahrnehmungen sind ein Produkt aus den realen Umweltinformationen und deren innerpsychische Verarbeitung. Somit sind sie immer subjektiv und einmalig und sagen etwas über die psychische Befindlichkeit des Beobachters aus. Die Psychodiagnostik nützt diesen Effekt bei projektiven Tests (z. B. Rohrschach oder TAT) aus. Die Probanden bekommen Bilder vorgelegt, die nur verschwommen etwas abbilden und die der Phantasie der Betrachter breiten Spielraum geben. Sie interpretieren diese Diagnosetafeln auf dem Hintergrund ihrer Erfahrungen und Motive. Ihre Deutungsmuster veranlassen sie, bestimmte Zusammenhänge zu erkennen, die dann psychodiagnostisch ausgewertet werden.

Aus: Erziehung und Wissenschaft 8/1978

Nehmen Sie Stellung zu diesem Foto!

Es wäre unwahrscheinlich, kämen alle Beurteiler dieses Fotos zu gleichen Beschreibungen und Erklärungen. Was bedeuten aber die unterschiedlichen Meinungen? Es wäre unreell, von diesen Interpretationen unverzüglich auf die Wesenszüge einer Person zu schließen, zumal keine systematischen Untersuchungen des diagnostischen Wertes von Unterrichtsdokumenten vorliegen. Unsystematische und ungesicherte Spekulationen über die eigene Persönlichkeitsstruktur und die Ursachen des Erlebens verunsichern und führen u.U. dazu, sich selbst zu stigmatisieren. Erlaubt ist dagegen, diese Deutungen zu problematisieren und zum Anlaß zu nehmen, die eigenen emotionalen Reaktionen genau zu beobachten und über sich nachzudenken.

Die Vorschläge zur Selbsterfahrung durch Unterrichtsanalyse gehen von einem einfachen Wahrnehmungsmodell aus. Es unterscheidet drei Ebenen: Das Unterrichtserleben als Ergebnis der Wahrnehmung, Schlüsselreize als Ausdruck selektiver Wahrnehmung und die innerpsychischen Prozesse der Verarbeitung dieser Wahrnehmungen. Für die Selbstreflexion ergeben sich aus dieser Gliederung folgende Aufgabenstellungen:

a) Was bewirkt der beobachtete Unterricht beim Beobachter? Dieser Aspekt wird unter der Überschrift *Unterrichtserleben*' abgehandelt.
b) Was nimmt der Beobachter aus der Fülle der Unterrichtsereignisse wahr? Auf welche *Schlüsselreize* konzentriert sich seine Wahrnehmung?
c) Wie wirken sich Vorurteile, Zuschreibungsprozesse, Kausalattribuierungen, frühere Interaktionserfahrungen und Abwehrmechanismen auf die *Verarbeitung* der Wahrnehmungen aus?

zu a) Unterrichtserleben:
Dürfen sich eigentlich Beobachter und Lehrer während des Unterrichts Gefühle leisten wie z.B. Erstaunen, Verärgerung, Langeweile, Zustimmung, Ablehnung, Sympathie, Antipathie, Verwirrung? Auch wenn ein rationales Wissenschafts- und Berufsverständnis diese Emotionen nicht gestattet, ist dieses Faktum der gefühlsmäßigen Beteiligung am Unterrichtsgeschehen nicht wegzudiskutieren. Diese emotionale Betroffenheit bietet sich einerseits als Einstieg in eine Unterrichtsanalyse an, andererseits sollte ein Beobachter versuchen, die Ursachen dieser Stimmungen herauszufinden. Er verschafft sich damit Klarheit über die emotionsgeladenen Unterrichtssituationen, die sein berufliches Handeln und seine Urteilsbildung über Unterricht beeinflussen. Die folgenden Gesprächs- und Denkanregungen dienen dazu, sich das eigene Unterrichtserleben bewußt zu machen.

1. Wie fühle ich mich jetzt? Was für Empfindungen hatte ich während des Unterrichts? Was gefiel mir? Was ärgerte mich? Bin ich gelangweilt, aggressiv, begeistert, teilnahmslos, desinteressiert, verständnisvoll ...?
2. Schließen Sie die Augen und denken intensiv an den abgelaufenen Unterricht! Hören und sehen Sie in sich hinein! Was fühlen Sie? Welche

Gedanken kommen? An welche Personen denke ich? An welche Begebenheiten erinnern Sie sich? (Weitere Wahrnehmungsübungen finden sich bei Steven 1975).
3. Es fällt nicht leicht, die eigenen Gefühle sofort in die richtigen Worte zu fassen, weil sie oft unklar bleiben. Hier hilft während des Anfangsstadiums, nichtsprachliche Zeichen und Symbole zu verwenden, um die Gefühle auszudrücken. Diese Übung unterstützt die Artikulation der Gefühle, auch wenn dies zu Vergröberungen führen kann. Beispiel: Man drückt sein Gefühl oder sein emotionales Engagement in Form einer ‚Fieberkurve' aus, diskutiert dann in der Gesprächsgruppe, was diese Zeichen bedeuten und welche Unterrichtsereignisse diese Gefühle ausgelöst haben.
4. Jedes Gruppenmitglied versucht, den Unterricht durch Symbole und Wörter zu kennzeichnen, die *nicht* der pädagogischen Fachsprache entnommen sind, z. B. durch den Vergleich mit Tieren, Personen, Musikstücken, Tätigkeiten, Schemazeichnungen von Gesichtern. Die Teilnehmer schreiben bzw. malen diese Attribute der Unterrichtsphasen und Ereignisse auf getrennte Zettel. Anschließend überlegt man, ob dieses Unterrichtspuzzle stimmig ist, welche Zeichen noch einzufügen sind oder das Bild stören. Der Zusammenhang von Gefühl und Symbol ist zu klären.
5. Jeder Teilnehmer notiert drei ihm wichtig erscheinende Aspekte des Unterrichts getrennt auf drei Zettel. Diese Zettel werden dann von der Gruppe gemeinsam geordnet und aufgehängt. Jeder Teilnehmer bewertet die Äußerungen mit Plus- und Minuspunkten, von denen jeweils nur eine begrenzte Anzahl (z. B. 10 Pluspunkte) zur Verfügung stehen. Die Gruppe legt vorher fest, was diese Wertung besagen soll, z. B. wie wichtig, frustrierend, sympathisch man die Unterrichtsereignisse erlebt.
6. Die wichtigsten Situationen aus dem Unterricht werden übertrieben und pointiert nachgespielt und diskutiert.
7. Im Anschluß an die Unterrichtsbeobachtung ergänzen die Beobachter die folgenden Sätze, ohne lange nachzudenken:
Dieser Lehrer sollte . . . .
Wenn ich dieser Lehrer wäre, dann . . . .
Die Schüler haben es bei diesem Lehrer . . . .
Diese Klasse ist . . . .
Wenn ich hier Schüler wäre, ...
Ich würde hier folgendes anders machen: . . . .
Wenn ich hier Schulrat wäre, ...
Hier gibt's nur eins: . . . .
8. Lassen Sie Ihren Gedanken freien Lauf. Nennen Sie ca. drei Minuten lang alle Gedanken und Wörter, die Ihnen in Verbindung mit dem gesehenen Unterricht einfallen. Unterbrechen Sie den Gedankenfluß nicht durch Pausen und langes Nachdenken.

9. Welche Eigenschaftswörter passen zu diesem Lehrer (Klasse, Schüler, Unterrichtsführung)? Denken Sie nicht lange über ihre Entscheidung nach und kreuzen Sie rasch an:

ängstlich	negativ	aktiv
freundlich	dominant	langsam
nett	heiter	ironisch
dunkel	gelassen	zynisch
drohend	glatt	behäbig
friedlich	sanft	distanziert
scharf	rauh	jung
stark	fremd	alt
schwach	glänzend	konservativ
positiv	strahlend	abstoßend
abstrakt	schwankend	stürmisch

Die Auswahl der Adjektive ist relativ zufällig und kann durch andere Wörter ersetzt werden. Bei der sich anschließenden Gruppendiskussion ist besonders auf widersprüchliche und auffallend häufige Eindrücke zu achten.

10. Die folgenden „soziometrischen" Fragen möchten anregen, das Verhältnis zu den beobachteten Schülern und Lehrern zu klären.
    - An wen erinnert mich dieser Lehrer/Schüler?
    - Hatte ich früher selbst einen ähnlichen Lehrer?
    - Wie ähnlich ist er meinen Eltern, Geschwistern, Freunden, Bekannten?
    - Möchte ich mit diesem Lehrer/Schüler meine Freizeit verbringen?
    - Könnte ich diesem Lehrer meine eigenen Kinder anvertrauen?
    - Mit diesem Lehrer würde ich gerne über Unterricht, Fachdidaktik, ganz allgemein über Pädagogik diskutieren.
    - Welche Noten gebe ich diesem Lehrer?
    - Ich möchte selbst Schüler bei diesem Lehrer sein!
    - Was ärgert mich?
    - Was ist in diesem Unterricht genauso wie an dem Unterricht meiner eigenen Schulzeit?
    - Was kann ich von diesem Lehrer lernen?
    - Möchte ich so sein wie dieser Lehrer?

11. Besteht eine Gemeinsamkeit zwischen Ihren Empfindungen bei der Beobachtung des Unterrichts und Ihren außerschulischen Reaktionen in ähnlichen Situationen, z.B. versuchen Sie alles rational, theoriebezogen zu erklären? Äußern Sie ständig Skepsis? Starkes emotionales Engagement? Desinteresse? Ärgern Sie sich rasch auch über Kleinigkeiten im Unterricht? Haben Sie wenig Mut, Ihre Meinung zu sagen und sich durchzusetzen? Wenn ein ‚kluger Mensch' etwas sagt, übernehmen Sie dann sofort dessen Meinung?

12. Wie verhalten Sie sich innerhalb und außerhalb der Schule gegenüber Belehrung, Autorität, Konflikten, Bevormundung, gegenüber Personen, die viel und ausführlich reden, alles besser wissen, gegenüber Desorganisation in einer Gruppe, bei unklarer Arbeitssituation? Versuchen Sie andere zu belehren? Dominanz? Werden diese Verhaltensmuster auch in der Hospitationsgruppe deutlich?

zu b) Schlüsselreize

Beurteilung eines Lehrversuchs aus der Sicht des Seminarleiters und des unterrichtenden Referendars (nach Scholz 1976):

Gutachten des Seminarleiters

- Die Unterrichtsplanungen waren ausführlich und übersichtlich, alle unterrichtlichen Maßnahmen waren hinreichend begründet, die Lernziele operationalisiert.
- Der Unterrichtsverlauf war methodisch folgerichtig.
- Die in reichhaltigem Maße zur Verfügung gestellten Anschauungs- und Arbeitsmittel erhöhten das Interesse der Schüler am Unterricht.
- Wechselnde schülerzentrierte Unterrichtsformen förderten die Selbständigkeit.
- Präzisiere Arbeitsanweisungen hätten die Auseinandersetzung der Schüler mit Teilsachverhalten des Unterrichtsgegenstandes intensivieren und ihre Lernleistungen erhöhen können.
- Die Lehramtsanwärterin bemühte sich um eine straffe Unterrichtsführung.
- In einzelnen Unterrichtsphasen hätte den Schülern jedoch mehr Gelegenheit gegeben werden müssen zu eigenen Lösungs- und Gestaltungsversuchen.

Guter Unterricht aus der Sicht eines Referendars (Interview):

- Ja, da lief der Plattenspieler – so für Hintergrundmusik. Und da war ein ziemliches Durcheinander. D. h. einige Schüler übersetzten Texte, andere schrieben das auf Matrize und wieder andere vervielfältigten die Papiere.
- Ich habe eigentlich nichts anderes gemacht als Diskjockey gespielt und Platten aufgelegt.
- Die Schüler waren also sehr produktiv. Das sah man auch daran, daß ich mehr in diesem Unterricht erreicht hatte, als ich geplant hatte.
- Es hat die Schüler interessiert, und mir hat das auch Spaß gemacht.
- Ich meine, man freut sich, wenn die Schüler selbständig arbeiten.
- Da wird ein positives Sozialverhalten praktiziert. Z.B. Gruppenarbeit klappt so, wie das vorher noch nie der Fall war.

Beide Beurteiler registrieren nur wenige, für sie offensichtlich zentrale Unterrichtsereignisse. Von diesen Wahrnehmungen leiten sie sich ihr Urteil über die Unterrichtsqualität ab. In Anlehnung an Argyle (1972) kann man diese *Wahrnehmungskategorien als Schlüsselreize* bezeichnen. Sie stecken die Breite des Wahrnehmungsfeldes ab. Das Bemerken oder Übersehen von Dingen entspricht den zur Verfügung stehenden Begriffen (Cardwell 1976). Man nimmt Sachverhalte wahr, von denen man meint, sie müßten vorhanden sein und

umgekehrt. Im Laufe der Ausbildung lernen die angehenden Lehrer, worauf es im Unterricht ankommt, und konzentrieren sich zunehmend auf die ‚wichtigen' Unterrichtsereignisse. Damit professionalisiert sich ihre selektive Wahrnehmung (s. Deschler 1970).
Für viele Lehrer sind Lärm, Unruhe, Unaufmerksamkeit, fehlende Mitarbeit der Schüler, deren Schwätzen bedeutungsvolle Schlüsselwahrnehmungen, auf die sie sensibel und frustriert reagieren. Auch der Augenausdruck der Schüler, kombiniert mit bestimmten Formen des Ruhigseins oder des Störens kann dem Lehrer signalisieren, daß die Schüler Mühe haben, den Lehrinhalt zu verstehen. Zu den häufig beachteten Schlüsselreizen gehören: die äußerliche Attraktivität der Schüler, ihre Sauberkeit, Kleidung, soziale Herkunft der Schüler, Sprachleistung, Hilfsbereitschaft, Höflichkeit, Unterwürfigkeit, Form und Häufigkeit von Widerspruch, Mitarbeit im Unterricht, Meldehäufigkeit, Zahl der richtigen und falschen Beiträge bzw. Antworten, Unterrichtsbeteiligung, freiwillige Leistungen, Arbeitsaufwand, Mühe, Ärger; Freude, die für den Lehrer mit der Zusammenarbeit mit dem Schüler/Klassen verbunden ist; Selbstsicherheit, Lärm, Stille, Streithäufigkeit, Noten, Hilfsbereitschaft, Petzen, Stimme, Gesichtsausdruck (s. Argyle 1972, S. 139), Qualität der schriftlichen Arbeit, Schriftbild, Sprechen in ganzen Sätzen; Schüler tun, was der Lehrer möchte; Verhaltensweisen, die dem Unterrichtsziel entsprechen; Einhalten von Vereinbarungen; Zuverlässigkeit, Konformität, Nervosität, Müdigkeit, Schnelligkeit.

Die folgenden Hinweise zeigen Möglichkeiten auf, wie man sich Klarheit über die eigenen Schlüsselwahrnehmungen verschaffen kann:
1. Erzählen Sie sich selbst (oder anderen) etwas über den gesehenen oder selbst gehaltenen Unterricht und lassen dabei ein Tonbandgerät mitlaufen. Hören Sie sich diese Aufzeichnungen möglichst mehrfach an und fertigen in Stichworten eine Liste Ihrer Aussagen. Bei der Auswertung sollten Sie u. a. folgende Hinweise beachten: Was fällt mir immer/nie auf? Welche Unterrichtsbereiche beachte ich unzureichend/überdimensional? Sind die Eindrücke assoziativ, unsystematisch, oder liegt ihnen bereits eine bestimmte sozialwissenschaftliche Theorie zugrunde? Was ist mir im Unterricht besonders wichtig? Wie drücken sich Wertungen über den Unterricht in der Tatsachenbeschreibung aus? Wie differenziert sind meine Wahrnehmung und Sprache? Lassen sich diese Aussagen über Unterricht auch durch Wahrnehmungen belegen?
2. Im Anschluß an eine Hospitation beurteilen die Gesprächsteilnehmer die Unterrichtsstunde, ohne über diese Wertungen zu diskutieren. Aufgrund dieser Einschätzungen bilden sich Untergruppen, z.B. wer hält den Unterricht für sehr gut? Wer meint, der Lehrer bot ein exzellentes Beispiel für gelungene Motivationshilfen oder der Lehrer sei unzureichend vorbereitet?

- Zwei oder drei Personen, die die gleiche Ansicht vertreten, verlassen den Raum, kommen dann einzeln zurück und begründen ihre Meinung. Beruht die identische Beurteilung auf unterschiedlichen Wahrnehmungen und Begründungen? Welche Schlüsselreize sind den Personen wichtig?
- Zwei Personen mit gegenteiliger Auffassung von der Qualität des Unterrichts erläutern gleichfalls unabhängig voneinander ihre Meinung. Basieren die divergierenden Deutungen auf verschiedenen Schlüsselreizen als Bezugspunkten der Wahrnehmung oder auf der abweichenden Interpretation gleicher Eindrücke?
3. Stellen Sie sich vor, Sie übernehmen die Aufgabe, als Mentor einem unerfahrenen Anfänger vor dessen erstem Unterrichtsversuch zu erklären, worauf er zu achten hat, um zu erkennen, daß die Schüler mit einem Arbeitsauftrag fertig/ überfordert/ zufrieden/ faul/ müde/ gelangweilt/ konzentrationsarm/ ängstlich sind oder noch große Lücken/ Lernschwierigkeiten/ während der Stunde viel gelernt haben!
4. Woran sieht ein Lehrer, daß ein Schüler Hilfe von der Erziehungsberatungsstelle braucht/von den Eltern vernachlässigt wird/ ihm jedes Interesse am Fach und der notwendige Leistungswille fehlt/ sich nur auf mangelhafte Begabung stützt/ ihn eine problemlose Schulkarriere erwartet? Tragen Sie Ihre Antworten in zwei getrennte Spalten eines Blattes ein. In die erste wird nur beobachtbares Verhalten notiert. Die zweite Spalte steht allen anderen Aussagen über den Schüler und dessen Umwelt zur Verfügung.
5. Worauf achtet Ihr Schulrat (Direktor, Seminarleiter), wenn er Unterricht visitiert? Welche Unterrichtsereignisse führen in der dienstlichen Beurteilung zu guten/schlechten Noten?
6. Stellen Sie sich vor, der Schulleiter bittet Sie, einen Kollegen zu beraten, der mit der Klasse ‚nicht zu Rande kommt' und dessen Unterricht in ‚Chaos' untergeht. Worauf werden Sie bei einem Unterrichtsbesuch achten?
7. Schüler beschweren sich bei Ihnen als Vertrauenslehrer über einen Lehrer, weil ‚man bei dem nichts Vernünftiges lernt'. Wie bereiten Sie eine Unterrichtsbeobachtung bei diesem Kollegen vor?
8. Nachdem Brophy/Good (1976, S. 186–208) fünf getrennt durchgeführte amerikanische Untersuchungen miteinander verglichen hatten, meinten sie, daß es offensichtlich nicht möglich ist, durch Beobachtung des Schüler- und Lehrerverhaltens allein zu klären, warum Lehrer ihre Schüler als unangenehm bzw. als sympathisch erleben. Diese Zuneigungen bzw. Aversionen zeigen sich nicht deutlich im beobachtbaren Verhalten. Wenn aber diese Signale sehr subtil und für Außenstehende kaum zu erfassen sind, dann verstehen sie möglicherweise die betroffenen Schüler und Lehrer auch nicht. Wie mache ich meinen Schülern deutlich, daß ich sie mag? Wie drücke ich Unbehagen oder Ablehnung aus? An welchen Schlüsselreizen müssen sich die Schüler orientieren? Halten Sie es für zulässig, daß ein Lehrer seine

Gefühle zeigt, oder sollte er es lieber der Schülerphantasie überlassen, sich ein Urteil über die Lehrersympathie bilden? An welchen Indikatoren lesen Sie ab, ob die Schüler Sie mögen?

zu c) Beispiele für die innerpsychische Verarbeitung der Wahrnehmungen:
Trotz selektiver Wahrnehmung konstruieren sich die Beobachter ein umfassendes Bild vom Unterricht. Sie verlassen sich auf einzelne Eindrücke, deren Summe ihnen jedoch mehr signalisiert, als das wahrgenommene Verhalten für sich allein besagt. Der Beobachter verallgemeinert, zieht Schlüsse, denkt weiter, ergänzt Lücken, erinnert sich an frühere Situationen, verknüpft Zusammenhangloses. Diese Interpretationsleistung beruht u. a. auf dem Wirken von:
– Vorurteilen,
– Kausalattribuierungen,
– früheren Interaktionserfahrungen,
– Abwehrmechanismen.

Von den Schlüsselwahrnehmungen ausgehend, ergibt sich ein Zugang, die eigenen *Vorurteile* kennenzulernen. Beispiele:
– Schlüsselreiz Schulwechsel: Was halten Sie von einem Schüler, der den Sprung von der Sonderschule zurück in die Hauptschule schafft?
– Schlüsselreiz Note: Was ist das für ein Schüler mit Englisch 5, Französisch 5 und Mathematik 2?

Vorurteile zu haben heißt, von wenigen Einzelheiten her Personen, Objekte, Ideen, Ereignisse, umfassend zu beurteilen und sich auf vorgefaßte, früher einmal gelernte Gefühle und Interpretationen zu verlassen. Ohne den konkreten Einzelfall zu kennen, steht bereits das abschließende Meinungsbild fest. Die realen Personen und Situationen sind austauschbar, die Einschätzung bleibt bestehen. So hat ein Gastarbeiterkind unabhängig von seiner Individualität mit ethnischen Vorurteilen von seiten der Mitschüler wie der Lehrer zu rechnen, die im beobachtbaren Verhalten des Schülers und seiner Lebensweise keineswegs ihre Begründung zu finden brauchen. Geradezu automatisiert drängen sich Gefühle, Stimmungen, Vorstellungen von Ursachen und Wirkungen auf, ausgelöst durch wenig Vorinformationen: Das Ausländerkind, das Unterschichtkind, der Unbegabte. Vorurteile bewirken globale, undifferenzierte Aussagen, die sich selten rational widerlegen lassen. Sie werden nicht mehr hinterfragt, und auch konkrete Erfahrungen führen sie oft genug nicht ad absurdum.

Vorurteile haben nicht nur die anderen, die rigide und unbegründet auf ihren ‚falschen' Ansichten beharren. Vorurteilsfrei zu sein bedeutet auch nicht, die massiven persönlichen Sympathien und Abneigungen gegen Schüler und Lehrer hintan zu stellen und sich unbefangen zu geben. Es wäre eine Selbstüberforderung, von sich zu verlangen, die vorgefaßten Meinungen und Gefühle gegenüber

Personen und Sachen einfach ablegen zu wollen. Man kann sie sich bewußt machen, und wer vorurteilsgeladene Aussagen über den Unterricht reduzieren möchte, sollte sich u. a. folgende Fragen stellen:

- Was bedeuten die von mir verwendeten Begriffe und Wörter?
- Was denke ich immer mit, wenn ich bestimmte Wörter ausspreche (z. B. Frontalunterricht, Emanzipation, Gesellschaft, Disziplin, Prüfung, Schulrat).
- Welcher Lieblingsformulierungen bediene ich mich bevorzugt?
- Welche Wörter verwende ich ständig beim Sprechen über Unterricht?
- Neige ich zu generalisierenden Feststellungen und All-Aussagen (z. B. Die Schüler ...! Die Klasse 7b macht ständig Lärm! Die Gesamtschule ist ...! Schule macht krank!) Woher habe ich dieses Wissen? Gibt es keine Ausnahmen?
- Welche persönlichen Motive und Erfahrungen veranlassen mich zu diesen Wertungen?
- Wie haben ich diese Argumentationsweise gelernt?
- Welche Stimmungen und Erinnerungen verbinde ich mit diesen Ansichten?

Eine besonders häufig und hartnäckig auftretende Form der Urteilsbildung ist der Hofeffekt (haloeffect). Der Beobachter nimmt Einzelheiten überdimensional wahr und schließt dann ungerechtfertigt auf die Gesamtpersönlichkeit eines Menschen oder auf die gesamte Unterrichtssituation. Einzelne Wahrnehmungen werden generalisiert, und der Beobachter leitet sich von einem Schlüsselreiz ein *gleichgesinniges* Gesamturteil ab. So induziert das Wissen um die schlechten Noten eines Schülers möglicherweise Vorstellungen von dessen mangelhafter Intelligenz, unzureichendem Fleiß, und man ist geneigt, den Schüler insgesamt abzuwerten. Dieser Hofeffekt bewirkt Wahrnehmungsverzerrungen, denn der Beobachter neigt dazu, unstimmige Eindrücke als unwesentlich abzuwehren oder sie gar nicht zur Kenntnis zu nehmen. Wer bei sich selbst diesen Beurteilungsfehler kennenlernen will, sollte kontrollieren, wie er Personen beschreibt und welche Schlüsse er aus Einzelmerkmalen zieht. Beispiele:

1. Welche Vermutungen drängen sich mir auf, wenn ich höre, daß gegen einen Lehrer bereits ein Berufsverbotsverfahren lief? Oder: Schüler N. ist bei der Erziehungsberatung angemeldet!
2. Lehrer ordnen ihre Schüler aufgrund weniger Schlüsselwahrnehmungen bestimmten Schülertypen zu. Was muß ein Schüler an sich haben, damit ich ihn als Störer, Streber, Sorgenkind, Hochbegabten oder als Lieblingsschüler erlebe? (Vergleichsergebnisse amerikanischer Lehrer bieten Brophy/Good 1976, S. 183–225).
3. Benennen Sie einen Schüler aus Ihrer Klasse, den Sie ohne langes Nachdenken sicher einem Schülertyp (z. B. Versager) zuordnen können.
   - Beschreiben Sie ganz allgemein die Eigenschaften und Verhaltensweisen dieses Schülertyps.
   - Analysieren Sie die Eigenschaften und das Verhalten des gewählten Schülers.
   - Kommentieren Sie das Verhalten dieses Schülers im Anschluß an eine Unterrichtsstunde, wenn die Erinnerungen an seine Handlungen noch frisch sind.
   - Beobachten Sie den Schüler im Unterricht sehr genau oder lassen ihn durch einen unbeteiligten Zuschauer beobachten.

Kausalattribuierung bedeutet, ganz selbstverständlich in bestimmten Ursache-Wirkungs-Zusammenhängen zu denken und für beobachtete Unterrichtsereignisse sofort spezifische Gründe verantwortlich zu machen, obwohl dieser Zusammenhang nicht ohne weiteres gegeben ist. Beispiele:
- Gesamtschule, 8. Klasse: Der B-Kurs schnitt beim gleichen Test im Anschluß an eine Lehreinheit im Durchschnitt schlechter ab als der A-Kurs. Der Lehrer des B-Kurses fühlte sich persönlich für das schlechtere Prüfungsergebnis verantwortlich. Er führte es auf sein unzureichendes Lehrgeschick zurück.
- Ein Schüler schafft die Versetzung in die nächste Klasse nicht. Der Klassenlehrer erklärt dies durch die unzureichenden Sprachfähigkeiten des Schüler. Seine Eltern sehen den Grund des Versagens in fehlendem Fleiß („Der könnte schon mehr, wenn er nur nicht so faul wäre!").

Gespräche über Unterricht enthalten eine Fülle ähnlicher Ursache-Wirkungs-Erklärungen. Man behauptet, vermutet, begründet, findet Ursachen, macht verantwortlich, sagt die Wirkungen von Unterrichtsformen und Lehrmethoden voraus, ohne daß diese Annahmen je bewiesen worden wären oder beweisbar sind. Die Inhaltsanalyse von Aussprachen über Schule, Schüler und Unterricht führt auf entsprechende Kausalattribuierungen. Diesbezügliche Informationen erhält man auch beim Versuch, Wirkungen bestimmter Unterrichtsprozesse vorherzusagen. Zum Beispiel: Was bewirkt Gruppenunterricht?

Zu den Grundannahmen der Psychoanalyse gehört die Vorstellung, daß die Beziehungen einer Person zu ihrer Umwelt durch die *zwischenmenschlichen Erfahrungen in früher Kindheit* ganz entscheidend mitgestaltet werden. Auf dieser These bauen die folgenden Hinweise auf, wenn nach den Konflikten eines Lehrers bzw. Beobachters mit seinen Eltern, Geschwistern u. ä. gefragt wird. Diese *früheren Interaktionserfahrungen* trägt jeder Lehrer in den Unterricht hinein (Beispiele finden sich bei Brück 1978). Sie wirken in die neuen Beziehungen hinein und verursachen Ängste, Zuneigungen, Gefühle der Sicherheit und der Verunsicherung, der Abwehr, der Furcht, z.B. wieder wie früher unterdrückt zu werden und sich dagegen wehren zu müssen. Man verläßt sich wie früher auf eine starke Bezugsperson, die alles lenkt und entscheidet. Diese Beispiele lassen sich beliebig vermehren. Es ist wichtig, daß sich ein Beobachter seine Gefühle gegenüber Lehrern und Schülern bewußt macht, um sie mit den Erinnerungen an die eigene Schulzeit, seine Familie und die eigene Kindheit zu vergleichen. Auch diese Erfahrungen müssen reaktiviert werden. Handelt und empfindet man wie in vergangenen Jahren? Welche Personen und Situationen lösen im Beobachter die zur Kindheit analogen Gefühle und Reaktionen aus?

1. Die folgende Skizze soll dazu anregen, die eigene Person in nicht-sprachlicher Weise mit wichtigen Bezugspersonen zu vergleichen. Man zeichnet an die entsprechenden Stellen unterschiedlich große Strichmännchen und überlegt anschließend, was diese

Größenverhältnisse ausdrücken: Überordnung, Unterordnung, Wertschätzung, Selbstbewußtsein, Angst, Abhängigkeit, Einfluß usw.

| ich | Lehrer | Vater | Mutter | .... | .... | .... |

2. Sitzordnungen sind oftmals Ausdruck sozialer Beziehungen. (Ich suche Deine Nähe! Ich möchte Dich nicht sehen? Hoffentlich sitze ich hier unauffällig!) In den Sitzplatz einer Diskussionsrunde wird eingetragen, wohin man sich gerne hinsetzen würde, welchen Platz der Lehrer einnehmen sollte, usw. Welchen Stuhl würde sich der Lehrer vermutlich selbst auswählen?

Abwehrmechanismen: Unterricht enthält ständig Situationen, die Beobachter und Lehrer emotional belasten. Es sind aufwühlende, erschreckende, lästige oder überwältigende Erfahrungen, die das ruhige, distanzierte Zuschauen oder Unterrichten behindern und die innere Ruhe stören. Sie wecken Befürchtungen, Versagenserlebnisse und Erinnerungen, die man unbedingt meiden möchte, ihnen aber nicht ausweichen kann. Die Ordnung innerhalb unseres Schulsystems und die üblichen Umgangsformen gebieten es, viele Gefühle und Motive zu verbergen. Lehrer und Beobachter müssen sich verstellen oder dürfen sich ihre Wünsche selbst nicht offen eingestehen. Die Psychodynamik hilt, ein erträgliches Gleichgewicht zwischen den Trieben, Affekten, unbewußten Wünschen, Sehnsüchten und Motiven einerseits und den Anforderungen des Berufs bzw. denen des kontrollierenden Über-Ichs andererseits herzustellen. Dabei wird nur ein Teil der Widersprüche endgültig bewältigt. Vieles wird verdrängt und psychisch abgewehrt. Wahrnehmungen werden umgedeutet, um dieses Gleichgewicht nicht zu stören.

Projektion gehört zu den im Rahmen der Unterrichtsanalyse oft beobachtbaren psychischen Abwehrformen. Projizieren heißt, die eigenen Motive und Erfahrungen bei anderen vermuten. Was sich eine Person selbst wünscht oder was sie befürchtet, glaubt sie bei anderen zu erkennen, und schreibt ihnen diese Eigenschaften, Gefühle und Motive zu. Man erkennt die Schwierigkeiten, mit denen man selbst am meisten zu kämpfen hat, im Unterricht des Kollegen, diskutiert dann stellvertretend über dessen Schwierigkeiten anstatt über die eigene Situation. *Die Wendung gegen sich selbst* wirkt auch als Abwehrmaßnahme. Geradezu masochistisch neigen manche Lehrer und Beobachter dazu, alle durch Unterrichtsanalyse ermittelten Fehler sofort bei sich selbst wiederzuerkennen. Ziel dieser Uminterpretation ist die Selbstbezichtigung, die Selbstbestrafung, die Aggression gegen sich selbst.

Folgende Verhaltens- und Gesprächsformen während Unterrichtsbeobachtungen und den sich daran anschließenden Gesprächen könnten Abwehrmaßnahmen sein und deuten auf emotional belastete Wahrnehmungen hin: Lächerlich machen, Aggressivität, Verstört sein, Grinsen, abrupt das Thema wechseln, Angeberei, Teilnahmslosigkeit, Ableugnen von Unterrichtsereignissen, Dramatisieren, Zerreden, Ausweichen auf Nebensächlichkeiten, ein Thema ständig in den Mittelpunkt stellen, sich selbst bemitleiden, nicht mitdiskutieren, sich mit Personen und Ereignissen überidentifizieren, Rationalisieren, Verleugnen, bestimmte Themen ausklammern, Unterrichtsereignisse übersehen. Diese Verhaltensweisen haben oft die Aufgabe des Selbstschutzes vor Problemen (Ausführliche Hinweise bei A. Freud 1977 S. 35, Keller/Neumann 1971).

10 Literaturverzeichnis

Aebli, H.: Grundformen des Lehrens. Stuttgart 1976⁹.
Argyle, M.: Soziale Interaktion. Köln 1972.
Atkinson, J. W.: Einführung in die Motivationsforschung. Stuttgart 1975.
Ausubel, D. P.: Psychologie des Unterrichts. Bd. 1 und 2. Weinheim, Basel 1974.
Bachmair, G.: Sequentielle Unterrichtsanalyse: Darstellung und Kritik. In: Unterrichtswissenschaft 1977 (2) S. 167–173.
Bales, R. F.: Interactions Process Analysis. Cambridge, Mass., Addison-Wesley 1950.
Balint, M.: Der Arzt, sein Patient und die Krankheit. Stuttgart 1957.
Beck, J./Boehncke, H.: Jahrbuch für Lehrer 1978. Reinbek 1977.
Becker, G. E./Dietrich, B./Kaier, E.: Konfliktbewältigung im Unterricht. Bad Heilbrunn 1976.
Becker, H./Haller, A./Stubenrauch, H./Wilkending, G.: Das Curriculum. Praxis, Wissenschaft und Politik. München 1974.
Becker, H. S.: Außenseiter. Zur Soziologie abweichenden Verhaltens. Frankfurt/M. 1973.
Bellack, A. A.: Methoden zur Beobachtung des Unterrichtsverhaltens von Lehrern und Schülern. In: Wulf, Chr. (Hg.): Evalution. München 1972.
Berg, H. Chr.: Ein Unterrichtstag in einer elften Klasse. In: Westermanns Pädagogische Beiträge 1976, 12, S. 694–700.
Berger, H.: Untersuchungsmethode und soziale Wirklichkeit. Frankfurt/M. 1974.
Berlyne, D. E.: Neugier und Erziehung. In: Neber, H. (Hg.): Entdeckendes Lernen. Weinheim, Basel 1973, S. 86–106.
Bernfeld, S.: Sisyphos oder die Grenzen der Erziehung. Frankfurt/M. 1967 (Original 1925).
Bernstein, B./Brandis, W,/Henderson, D.: Soziale Schicht, Sprache und Kommunikation. Düsseldorf 1973.
Betzen, K./Nipkow, K.-E. (Hg.): Der Lehrer in Schule und Gesellschaft. München 1972.
Blankertz, H.: Theorien und Modelle der Didaktik. München 1969.
Bloom, B. S.: Taxonomie von Lernzielen im kognitiven Bereich. Weinheim, Basel 1972.
Boehncke, H.: Schreiben lernen. In: Beck, J./Boehncke (Hg.): Jahrbuch für Lehrer 1978. Reinbek 1977, S. 141–153.
Boetcher, W./Otto, G./Sitta, H./Tymister, H. J.: Lehrer und Schüler machen Unterricht. München 1977.
Bono de, E.: Children solve problems. London 1972.
Bopp, J.: Das linke Psychodrom. In: Kursbuch 55, 1979, S. 73–94.
Brabeck, H./Hoster, A./Pesch, W.: Lehrerverhalten. Beobachtung-Analyse-Training. (rpi-diskussion 3). Heidelberg 1977.
Brophy, I. E./Good, T. L.: Die Lehrer-Schüler-Interaktion. München 1976.
Brück, H.: Die Angst des Lehrers vor seinem Schüler. Reinbek 1978.

Bruder, K.-J.: Taylorisierung des Unterrichts. Zur Kritik der Instruktionspsychologie. In: Kursbuch 24, 1971, S. 113–130.
Bruner, R.: Nichtverbales Lehrerverhalten im Unterricht. In: Schule und Psychologie 1972, 5, S. 286–299.
Burkard, R.: Stationen des Schulerfolgs. Eine Analyse der Schulleistung und der Schülerbewegungen. In: Lehrerzeitung 1979, 5, S. 115–125.
Cardwell, J. D.: Sozialpsychologie. Freiburg/Brsg. 1976.
Charlton, M./Dauber, H. u. a.: Innovation im Schulalltag. Reinbek 1975.
Cicourel, A./Kitsuse, J.: Die soziale Organisation der Schule und abweichende jugendliche Karrieren. In: Hurrelmann, K. (Hg.): Soziologie der Erziehung, Weinheim, Basel 1974, S. 362–378.
Claussen, B.: Demokratisierung der Schule. In: Z. f. Päd. 1979, 1, S. 109–119.
Cloetta, B.: Einstellungsänderung durch die Hochschule. Konservatismus, Machiavellismus, Demokratisierung. Stuttgart 1975.
Cohn, R.: Von der Psychoanalyse zur themenzentrierten Interaktion. Stuttgart 1975.
Cranach, M. v./Frenz, H.-G.: Systematische Beobachtung. In: Graumann, C. F. (Hg.): Handbuch der Psychologie, Bd. 7. 1, Sozialpsychologie. Göttingen 1969, S. 269 ff.
Dauber, H./Fritsch, H./Liegle, L. u. a.: Lebenslanges Lernen – Lebenslängliche Schule? Kritik und Analyse des OECD-Reports „Recurrent Education". In: Dauber, H./Verne, E. (Hg.) 1976, S. 37–74.
Dauber, H./Verne, E. (Hg.): Freiheit zum Lernen. Alternativen zur lebenslänglichen Verschulung. Die Einheit von Leben, Lernen, Arbeiten. Reinbek 1976.
Dechert, H.-W. (Hg.): Team-Teaching in der Schule. München 1972.
Drerup, H./Terhart, E.: Wissensproduktion und Wissenanwendung im Bereich der Erziehungswissenschaft. Ein Beitrag zum Technologieproblem. In: Z. f. Päd. 1979, 3, S. 377–394.
Deschler, H. P.: Der Einfluß der Wiederholung auf die Wahrnehmung und Beurteilung von Unterrichtsverläufen. In: AVA-Forschungsberichte. FWU München-Grünwald 1970, Bd. 3, S. 69–102.
Dreeben, R.: Was wir in der Schule lernen. Frankfurt/M. 1980.
Dunkin, M. J./Biddle, B. J.: The Study of Teaching. New York 1974.
Enzensberger, H.-M.: Gedichte 1955–1970. Frankfurt/M. 1975.
Erlemeier, N.: Zur Frage der Wirkung von Lehrererwartungen auf das Schülerverhalten. In: Z. f. Päd. 19, 1973, S. 537–551.
Esser, W.: Individuelles Konfliktverhalten in Organisationen. Stuttgart 1975.
Euler, H.: Aggressionskontrolle mit Methoden der Verhaltenstherapie. In: Schmidt-Mummendey, A./Schmidt, H. D. (Hg.): Aggressives Verhalten. München 1975, S. 189–211.
Fatke, R.: Schulumwelt und Schülerverhalten. München 1977.
Feger, H./Trostenburg, v. E.: Paradigmen für die Unterrichtsforschung. In: Ingenkamp, K.-H. (Hg.): Handbuch der Unterrichtsforschung. Weinheim, Basel, Berlin 1970, S. 269–368.
Feldhoff, J.: Schule und soziale Selektion. In: Hielscher, H.: (Hg.): Die Schule als Ort sozialer Selektion. Heidelberg 1972, S. 18–37.
Fend, H.: Konformität und Selbstbestimmung. Weinheim, Basel 1971.
Fend, H.: Perspektiven der Forschung zum sozialen Lernen im Kontext der Schule. In: Roth, H./Friedrich, D. (Hg.): Bildungsforschung. Probleme-Perspektiven-Prioritäten. (Bd. 50/1). Stuttgart 1975, S. 155–213.
Fend, H.: Gesellschaftliche Bedingungen schulischer Sozialisation. Weinheim, Basel 1974.

Fichtner, B./Lippitz, W./Popp, W.: Handbuch: Schulpraktische Studien. Kronberg/Ts. 1978.
Flanders, N. A.: Interaction Analysis in the Classroom: A Manual for Observer. Minnesota: Coll. of Educ. 1960.
Flechsig, K. H./Burfeind, H./Schmidt, W.: Erstfassung eines Katalogs didaktischer Modelle. Göttingen 1978.
Flitner, A.: Mißratener Fortschritt. München 1977.
Fohrbeck, K./Wiesand, A./Zahr, R.: Heile Welt und Dritte Welt. Opladen 1971[2].
Freud, A.: Das Ich und die Abwehrmechanismen. München 1977[9].
Friedlander, B. Z.: Die reiflichen Überlegungen eines Psychologen zu Begriffen, Neugier und Entdeckung beim Lehren und Lernen. In: Neber, H. (Hg.) 1973, S. 107–124.
Friedrichs, H.: Peter Pim and Billy Ball. München 1967[13].
Fucks, K.: Nach allen Regeln der Kunst. Stuttgart 1968.
Gagné, R. M.: Die Bedingungen des menschlichen Lernens. Hannover 1969.
Garlichs, A.: Der gestörte Unterricht. In: Westermanns Päd. Beiträge 1976, 12, S. 672–678.
Garlichs, A./Heipcke, K. u. a.: Didaktik offener Curricula. Weinheim, Basel 1974.
Goleman, D.: Kreativität: Balance-Akt zwischen Herz und Hirn. In: Psychologie heute 1979, 4, S. 14–21.
Gordon, Th.: Familienkonferenz. Die Lösung von Konflikten zwischen Eltern und Kind. Hamburg 1972.
Gordon, Th.: Lehrer-Schüler-Konferenz. Wie man Konflikte in der Schule löst. Hamburg 1977.
Grauer, G.: Leitbilder und Erziehungspraktiken. In: b:e Redaktion (Hg.): Familienerziehung, Sozialschicht und Schulerfolg. Weinheim, Basel 1971, S. 21–36.
Grauer, G./Umbsen, P./Wolff, R.: Gewalt in der Schule – Schule als Gewalt. In: b:e 1976, 7, S. 34–47.
Gudjons, H.: Fallbesprechungen in Lehrergruppen. Ein Leitfaden für gegenseitige Supervision und Beratung in der praxisnahen Lehrerfortbildung. In: Westermanns Päd. Beiträge 1977a (9), S. 373–379.
Gudjons, H.: Strafarbeit für Petra? Beispiel für eine Fallbesprechung aus dem pädagogischen Alltag. In: Westermanns Päd. Beiträge 1977b, 11, S. 469–473.
Guilford, J. P.: The nature of human intelligence. New York, Toronto, London 1967.
Haag, F. (Hg.): Aktionsforschung. München 1972.
Habermas, J.: Erkenntnis und Interesse. Frankfurt/M. 1968.
Händle, Chr.: Begründung und Realität von Demokratisierung in der Schule. Frankfurt/M. 1977.
Hänsel, D.: Die Anpassung des Lehrers. Zur Sozialisation in der Berufspraxis. Weinheim, Basel 1975.
Halberstadt, J.: Individualisiertes und soziales Lernen. Rossdorf 1977 (IKS).
Hallman, R. J.: Techniken des kreativen Lehrens. In: Mühle, G./Schell, Chr. (Hg.): Kreativität und Schule. München 1970, S. 175–180.
Hanke, B./Huber, G. L./Mandl, H.: Aggressiv und unaufmerksam. München 1976.
Hanke, B./Mandl, H./Prell, S.: Soziale Interaktion im Unterricht. München 1973.
Hanke, B./Lohmüller, B./Mandl, H.: Werden die Schüler dümmer oder steigen die Leistungsanforderungen? In: Bayerische Schule 1977, 12/13, S. 15–18.
Hargreaves, D. H.: Interaktion und Erziehung. Wien, Köln, Graz 1976.
Harten-Flitner, E.: Leistungsmotivation und soziales Verhalten. Weinheim, Basel 1978.
Hauser, K.: Neuere Literatur zur Lernmotivationstheorie. Ein Sammelreferat. In: Z. f. Päd. 1979, 1, S. 81–94.

Havelock, R. G. u. a.: Planning for Innovation through Dissemination and Utilization of Knowledge. Ann Arbor 1973.
Havers, N.: Erziehungsschwierigkeiten in der Schule. Weinheim 1978.
Heimann, P.: Didaktik als Theorie und Lehre. In: Die Deutsche Schule 1962, S. 407–427.
Heinze, Th.: Unterricht als soziale Situation. Zur Interaktion von Schüler und Lehrern. München 1976.
Heinze, Th./Müller, E. u. a.: Handlungsforschung im pädagogischen Feld. München 1975.
Hentig, H. v.: Schule als Erfahrungsraum? Eine Übung in Konkretisierung einer pädagogischen Idee. Stuttgart 1973.
Hentig, H. v.: Was ist eine humane Schule? München, Wien 1976.
Herbart, J. K.: Umriß pädagogischer Vorlesungen. Göttingen 1835.
Herrmann, U.: „Mut zur Erziehung". Anmerkungen zu einer proklamierten Tendenzwende in der Erziehungs- und Bildungspolitik. In: Z.f.Päd. 1978, 2, S. 221–234.
Hessischer Kultusminister (Hg.): Rahmenrichtlinien, Sekundarstufe I, Gesellschaftlehre. Wiesbaden 1973.
Hiller-Ketterer, A./Hiller, G.: Unterricht über Unterricht und pädagogische Verständigung. In: Bildung und Erziehung 1974, S. 268–277.
Hofstätter, P. R.: Einführung in die Sozialpsychologie. Stuttgart 1959.
Holzkamp, K.: Kritische Psychologie. Frankfurt/M. 1972.
Homans, G. C.: The Human Group. New York 1950.
Homfeld, H. G.: Stigma und Schule. Düsseldorf 1974.
Hopf, D./Krappmann, L./Scheerer, H.: Schule als soziale Erfahrung. In: b:e 1979, 6, S. 30–34.
Horn, H./Sanders, J./Schwarz, E./Berg, D.: Erdkundetest – Deutschland. ETD 5–7 (Deutsche Schultests). Weinheim, Basel 1971.
Hurrelmann, K.: Erziehungssystem und Gesellschaft. Reinbek 1975.
Hurrelmann, K.: Soziale Koordination des Disziplinproblems. In: b:e 1975, 11, S. 30–40.
Illich, I.: Schulen helfen nicht. Über das mythenbildende Ritual der Industriegesellschaft. Reinbek 1970
Illich, I.: Fortschrittsmythen. Reinbek 1978.
Ingenkamp, K.–H.: Die Fragwürdigkeit der Zensurengebung. Weinheim, Basel 1974[5].
Janowski, A.: Sozialisationsprozesse in der Schule. In: Meyer, E. (Hg.): Gruppenpädagogik zwischen Moskau und New York. Heidelberg 1972.
Johnson, L. V./Bany, M. A.: Steuerung von Lerngruppen. Weinheim, Basel 1975.
Junker, H.: Das Beratungsgespräch. München 1973.
Kaiser, J./Ostermann, K.: Fahr mit in die Welt. 1. Bd. Deutschland. Frankfurt/M. 1970[4].
Kanfer, F. H.: Selbst-Management-Methoden. In: Kanfer, F. H./Goldstein, A. P. (Hg.): Möglichkeiten der Verhaltensänderung. München 1977, S. 350–406.
Keller, U./Neumann, G.: Kritische Erziehung. Bd. 1 Opladen 1971.
Kerschensteiner, G.: Begriff der Arbeitsschule. München 1953[10].
Klafki, W.: Die didaktische Analyse. In: Dohmen, G./Maurer, F. (Hg.) Unterricht, Aufbau und Kritik. Neuausgabe. München 1976[6], S. 86–93.
Klafki, W.: Organisation und Interaktion in pädagogischen Feldern-Thesen und Argumentationsansätze zum Thema und zur Terminologie. In: Z.f. Päd. 13. Beiheft, 1977, S. 11–37.
Klafki, W./Finckh, H.: Methoden des Unterrichts und der Erziehung. In: Funkkolleg Erziehungswissenschaft, Studienbrief V. Weinheim, Basel 1969.
Klink, J. G.: Klasse 7e. Aufzeichnungen aus dem Schulalltag. Bad Heilbrunn 1974.

Knörzer, W.: Lernmotivation, Weinheim, Basel 1976.
Korczak, J.: Wie man ein Kind lieben soll. Göttingen 1967 (Original 1929).
Kösel, E.: Sozialformen des Unterrichts. Workshop Schulpädagogik. Material 4. Ravensburg 1973.
Krause, R.: Kreativität. Untersuchungen zu einem problematischen Konzept. München 1972.
Krysmanski, H. J.: Soziologie des Konflikts. Reinbek 1971.
Küchler, J.: Gruppendynamische Verfahren in der Aus- und Weiterbildung. München 1979.
LeBon, D.: Nicht-direktiver Unterricht. In: Gruppendynamik 1972, 3, S. 345–359.
Lemert, E. M.: Der Begriff der sekundären Devianz. In: Lüderssen/Sack (Hg.): Seminar Abweichendes Verhalten I. Die selektiven Normen der Gesellschaft. Frankfurt/M. 1974, S. 433–476.
Lewin, K./Lippit, R./White, R.: Patterns of aggressive behavior in experimentally created „social climates". In: J. of Social Psychol. 1939, 10, S. 271–299.
Lindenberg, Chr.: Waldorfschulen: Angstfrei lernen, selbstbewußt handeln. Reinbek 1975.
Lindgren, H. C.: Einführung in die Sozialpsychologie. Weinheim, Basel 1973.
Lischke, G.: Aggression und Aggressionsbewältigung. Freiburg/Br. 1973².
Luhmann, N./Schorr, K. E.: Das Technologiedefizit der Erziehung und die Pädagogik. In: Z.f. Päd. 1979, 3, S. 345–365.
Mager, R. F.: Lernziel und programmierter Unterricht. Weinheim 1972.
Mager, R. F.: Motivation und Lernerfolg. Weinheim, Basel 1970.
Martin, L. R.: Lehrerberatung. In: Schwarzer, R. (Hg.): Beraterlexikon. München 1977.
McClelland, D. C.: The Achieving Society. Princeton, N. J. 1961.
McPherson, G.: Small-town Teacher. Cambridge: Harvard Univ. Press 1972.
Merkens, H./Seiler, H.: Interaktionsanalyse. Stuttgart 1978.
Messner, R.: Funktion von Taxonomien für die Planung von Unterricht. In: Z.f. Päd. 1970, S. 755–779.
Minsel, W.-R./Kaatz, S./Minsel, B.: Lehrverhalten II. Unterrichtsentscheidung und Konfliktanalyse. München 1976.
Mollenhauer, K./Rittelmeyer, Chr.: Methoden der Erziehungswissenschaft. München 1977.
Mollenhauer, K.: Sozialisation und Schulerfolg. In: Hielscher, H. (Hg.): Die Schule als Ort sozialer Selektion. Heidelberg 1972, S. 8–17.
Moser, H.: Aktionsforschung als kritische Theorie der Sozialwissenschaften. München 1975.
Mucchielli, R.: Gruppendynamik. Salzburg o.J.
Mühle, G./Schell, Chr. (Hg.): Kreativität und Schule. München 1973.
Müller, A.: Erklären oder verstehen? Zur dialektischen Begründung der Sozialwissenschaften. Frankfurt/M. 1978.
Münzinger, W.: Selbstdiagnose eines gescheiterten Unterrichts. In: Westermanns Päd. Beiträge 1976, 12, S. 685–693.
Nave-Herz, R.: Die Rolle des Lehrers. Darmstadt 1977.
Neber, H. (Hg.): Entdeckendes Lernen. Weinheim, Basel 1973.
Neill, A. S.: Das Prinzip Summerhill. Reinbek 1971.
Nießen, M.: Zur Grundlegung der Pädagogik als Handlungswissenschaft. Das Problem der „Alltagsorientierung" der Erziehungswissenschaft. In: Z.f. Päd. 1979, 3, S. 331–344.
Nolting, H.-P: Lernfall Aggression. Reinbek 1978.
Oerter, R.: Psychologie des Denkens. Donauwörth 1971.

Oerter, R.: Kriterien der Unterrichtsanalyse als Funktion unabhängiger Variablen. In: Unterrichtsmitschau – Entwicklungen und Erfahrungen herausgegeben vom Arbeitskreis zur Förderung und Pflege wissenschaftlicher Methoden des Lehrens und Lernens. Heidelberg 1970.
Oevermann, U.: Schichtspezifische Formen des Sprechverhaltens und ihr Einfluß auf kognitive Prozesse. In: Roth, H. (Hg.): Begabung und Lernen. (Bildungsratsgutachten Nr. 4). Stuttgart 1969, S. 297–356.
Ortmann, H.: Arbeiterfamilie und sozialer Aufstieg. München 1971.
Peddiwell, J. A.: Das Säberzahn-Curriculum. Stuttgart 1974 (zitiert nach Flechsig, K.-H./Haller, H. D.: Einführung in didaktisches Handeln. Stuttgart 1975, S. 341–352.)
Pestalozzi, J. H.: Ausgewählte Schriften (Herausgegeben von W. Flitner). Düsseldorf, München 1961³.
Pines, M.: Trotz alledem ... Die Psychologie der „unverwundbaren" Kinder. In: Psychologie heute 1979, 8, S. 55–61.
Popp, W. (Hg.): Kommunikative Didaktik. Weinheim, Basel 1976.
Potthoff, W./Wolf, A.: Konflikte in der Schule. Freiburg 1975.
Preuß, U. K.: Strategien staatsbürgerlicher Diskriminierung. In: 3. Internationales Russell-Tribunal. Zur Situation der Menschenrechte in der Bundesrepublik Deutschland. Bd. 1, Berlin 1978, S. 78–93.
Projektgruppe I, Hauptschule und Assoziierte Gruppe: Lebensweltanalyse. 1. Teil: Theoretische Begründung, methodisches Vorgehen. In: Beiträge zur Bildungstechnologie, 1–2, 1974, S. 14–55.
Psathas, G.: Ethnotheorie, Ethnomethodologie und Phänomenologie. In: Arbeitsgruppe Bielefelder Soziologen (Hg.): Alltagswissen, Interaktion und geschichtliche Wirklichkeit Bd. 2. Reinbek 1973, S. 263–284.
Radtke, F.-O.: Unterrichtsbeobachtung und Subjektivität. Vorarbeiten für ein Verfahren kommunikativer Beobachtung. In: Schön, B./Hurrelmann, K. (Hg.): Schulalltag und Empirie. Weinheim, Basel 1979, S. 30–51.
Ramseger, J.: Offener Unterricht in der Erprobung. Erfahrungen mit einem didaktischen Modell. München 1977.
Reinert, G.-B./Thiele, J.: Nonverbale pädagogische Kommunikation. München 1977.
Richter, H.-E.: Wer nicht leiden will, muß hassen. In: Psychologie heute 1979, 8, S. 63–65.
Roeder, P. M.: Sprache, Sozialschicht und Schulerfolg. In: b:e Redaktion (Hg.): Familienerziehung, Sozialschicht und Schulerfolg. Weinheim, Basel 1971, S. 1–20.
Rogers, C. R.: Entwicklung der Persönlichkeit. Stuttgart 1973.
Rogers, C.: Lernen in Freiheit. München 1974.
Rolff, H. G.: Sozialisation und Auslese durch die Schule. Heidelberg 1967.
Rosenfeld, G.: Theorie und Praxis der Lernmotivation. Berlin (DDR) 1973.
Rosenthal, R./Jacobson, L.: Pygmalion im Unterricht. Weinheim, Berlin, Basel 1971.
Roth, H.: Pädagogische Psychologie des Lehrens und Lernens. Berlin, Hannover, Darmstadt 1957.
Roth, L.: Zusammenhänge unterrichtsrelevanter Variablen als strukturelle Merkmale von Unterrichtsmethoden. In: Roth, L./Petrat, G. (Hg.): Unterrichtsanalysen in der Diskussion. Hannover 1974, S. 382–414.
Roth, L./Petrat, G. (Hg.): Unterrichtsanalysen in der Diskussion. Hannover 1974.
Rückriem, N.: Disziplin in der Schule. Freiburg 1975.
Rumpf, H.: Der unbekannte Schulunterricht. In: Messner, R./Rumpf, H. (Hg.): Didaktische Impulse. Wien 1971a, S. 61–68.
Rumpf, H.: Sprachnebel. In: Messner, R./Rumpf, H. (Hg.): Didaktische Impulse. Wien, 1971b, S. 69–78.

Scheckenhofer, H.: Objektivierte Selektion oder pädagogische Diagnostik. In: Z.f.Päd. 1975, S. 929–950.
Scheibner, O.: Der Arbeitsvorgang in technischer, psychologischer und pädagogischer Erfassung. In: Gaudig, H. (Hg.): Freie geistige Schularbeit in Theorie und Praxis. Breslau 1928.
Scheilke, Chr.: Innovationsstrategien. In: Charlton, M./Dauber, H., u.a.: Innovation im Schulalltag. Reinbek 1975, S. 232–255.
Schiefele, H.: Lernmotivation und Motivlernen. Grundzüge einer erziehungswissenschaftlichen Motivationslehre. München 1974.
Schmidt, M.: Konfliktfeld Schule. In: b:e 1974, 2, S. 15–21.
Scholz, G.: Was ist guter Unterricht? Über Beurteilungskriterien von Referendarunterricht. In: b:e 1976, 5, S. 46.
Schorb, A. O./Louis, B.: Lehrerkolleg Unterrichtsanalyse. Teil 1. München 1972.
Schulmann, H.: Fibel für Lehrer. Im Schulton zu lesen. Hitzkirch 1973.
Schulz, W.: Drei Argumente gegen die Formulierung von ‚Lernzielen' und ihre Widerlegung. In: Mager, R. F.: Lernziele und programmierter Unterricht. Weinheim 1965.
Schulz, W.: Grundzüge der Unterrichtsanalyse. In: Dohmen, G./Maurer, F. (Hg.): Unterricht. Aufbau und Kritik. München 1968, S. 57–63.
Schulz, W./Teschner, W. P./Voigt, J./Weinert, F.: Verhalten im Unterricht. Seine Erfassung durch Beobachtungsverfahren. Weinheim, Basel 1973.
Schulz v. Thun, F./Langer, J./Tausch, R., u.a.: Trainingsprogramm für Pädagogen zur Förderung der Verständlichkeit bei der Wissensvermittlung. Landeshochschulverband. Kiel 1972.
Schur, E. M.: Abweichendes Verhalten und soziale Kontrolle. Frankfurt/M. 1974.
Schütz, A.: Der sinnhafte Aufbau der sozialen Welt. Frankfurt/M. 1974.
Schütz, A.: Begriffs- und Theoriebildung in den Sozialwissenschaften. In: Schütz, A.: Gesammelte Aufsätze I. Den Haag 1971, S. 55–76.
Schwäbisch, L./Siems, M.: Anleitung zum sozialen Lernen für Paare, Gruppen und Erzieher. Reinbek 1974.
Schwäbisch, L./Siems, M.: Selbstenfaltung durch Meditation. Eine praktische Anleitung. Reinbek 1978.
Schwark, W.: Praxisnahe Unterrichtsanalyse. Ravensburg 1977.
Seiß, R.: Beratung und Therapie im Raum der Schule. Bad Heilbrunn 1976.
Selg, H.: Menschliche Aggressivität. Göttingen 1974.
Selvini-Palazzoli, M. u.a.: Der entzauberte Magier. Zur paradoxen Situation des Schulpsychologen. Stuttgart 1978.
Simon, A./Boyer, E. G. (eds.): Mirrors of behavior II. An anthology of observation instruments. Vol. A und B. Philadelphia, Pennsylvania 1970.
Spanhel, D.: Bezugsrahmen zur Analyse und Verbesserung verbaler Kommunikation im Unterricht. In: Popp, W. (Hg.): Kommunikative Didaktik. Weinheim, Basel 1976, S. 209–234.
Speichert, H.: Schulangst. Reinbek 1976.
Steinkamp, G.: Analyse und Kritik des Leistungsprinzips im Ausbildungs- und Berufssystem industrieller Gesellschaften. In: Hurrelmann, K. (Hg.): Soziologie der Erziehung. Weinheim, Basel 1974, S. 159–211.
Steven, J. O.: Die Kunst der Wahrnehmung. Übung der Gestalttherapie. München 1975.
Stierlin, H.: Von der Psychoanalyse zur Familientherapie. Stuttgart 1979.
Suchman, J. R.: Ein Modell für die Analyse von Fragen. In: Neber, H. (Hg.): Entdeckendes Lernen. Weinheim, Basel 1973, S. 78–88.
Switalla, B.: Sprachliches Handeln im Unterricht. München 1977.

Tausch, R./Tausch, A. M.: Erziehungspsychologie. Göttingen 1970.
Teichler, K.: Eine Stunde im C-Kurs. In: b:e 1975, 11, S. 28–30.
Teigeler, P.: Verständlichkeit und Wirksamkeit von Sprache und Text. Stuttgart 1968.
Tillmann, K.-J.: Unterricht als soziales Erfahrungsfeld. Frankfurt/M. 1976.
Thiemann, F.: Die Unterrichtsstörung. In: Die Deutsche Schule 1975, 9, S. 646–658.
Thiersch, H.: Abweichendes Verhalten – Defintion und Stigmatisierungsprozesse. In: Roth, H. (Hg.): Bildungsforschung (Bildungsratsgutachten Bd. 51.2) Stuttgart 1975, S. 345–382.
Torrance, E. P.: Developing creative thinking through school experiences. In: Parnes, S. J./Harding, H. F. (Hg.): A source book for creative thinking. New York 1962.
Torrance, P.: Testing and creative talent. In: Educ. Leadership 1962b, 20, S. 7–10.
Ullmann, D.: Aggression und Schule. München 1974.
Ulmann, G. (Hg.): Kreativitätsforschung. Köln 1973.
Umbach, E.: Das Didaktische Strukturgitter für den Politischen Unterricht auf dem Prüfstand. In: Westermanns Päd. Beiträge 1977, 5, S. 189–195.
Uttendorfer-Mareck, I.: Unterricht über Unterricht. In: Wagner, A. (Hg.): Schülerzentrierter Unterricht. München 1976, S. 221–255.
Verne, E.: Die Kosten lebenslänglicher Erziehung. In: Dauber, H./Verne, E. (Hg.) 1976, S. 22–36.
Vogel, A.: Artikulation des Unterrichts. Verlaufsstrukturen und didaktische Funktionen. Ravensburg 1973.
Wagenschein, M.: Verstehen lernen. Weinheim, Basel 1968.
Wagner, A. (Hg.): Schülerzentrierter Unterricht. München 1977.
Wagner, W.: Uni-Angst und Uni-Bluff. Berlin 1977.
Watzlawick, P./Beavin, J. H./Jackson, D.: Menschliche Kommunikation. Bern, Stuttgart 1969.
Weber, H.: Schreibschule oder: Schreiben in der Schule. In: Grundschule 1979a, 1, S. 8.
Weber, H.: Lehrerzentrierung – konkret. In: Grundschule 1979b, 1, S. 52.
Weiner, B.: Theorien der Motivation. Stuttgart 1976.
Weinert, F.: Lernen. In: Wulf, Chr. (Hg.): Wörterbuch der Erziehung. München 1974, S. 389–395.
Weingarten, A./Wilms, S.: Umgang mit aggressiven Verhaltensweisen. Stuttgart 1978.
Weingarten, E./Sack, F.: Ethnomethodologie. Die methodische Konstruktion der Realität. In: Weingarten, E./Sack, F./Schenkein, J. (Hg.): Ethnomethodologie. Beiträge zu einer Soziologie des Alltagshandelns. Frankfurt/M. 1976, S. 7–26.
Weiss, R.: Über die Zuverlässigkeit der Ziffernbenotung bei Aufsätzen. In: Schule und Psychologie 1966, S. 257–269.
Wellendorf, F.: Soziale Konflikte in der Schule. In: Funkkolleg Pädagogische Psychologie Studienbegleitbrief Nr. 7. Weinheim, Basel 1973, S. 72–95(a).
Wellendorf, F.: Schulische Sozialisation und Identität. Weinheim, Basel 1973b.
Wember, B.: Objektiver Dokumentarfilm. Berlin 1972.
Wieczerkowski, W./Alzmann, O./Charlton, M.: Die Auswirkung verbesserter Textgestaltung auf Lesbarkeit, Verständlichkeit und Behalten. In: Zeitschrift f. Entwicklungspsych. u. Päd. Psychol. 1970, 4, S. 257–268.
Wiesenhütter, U.: Das Drankommen der Schüler im Unterricht. In: Schule und Psychologie, Beiheft 17, München, Basel 1961.
Willi, J.: Die Zweierbeziehung. Reinbek 1975.
Willi, J.: Therapie der Zweierbeziehung. Reinbek 1978.
Wimmer, W.: „Na, Du Hund, wie geht's?" In: b:e 1976, 7, S. 48f.
Winkel, R.: Der gestörte Unterricht. In: Die Deutsche Schule 1975, 5, S. 357–371.
Wiswede, G.: Soziologie konformen Verhaltens. Stuttgart 1976.

Wiswede, G.: Rollentheorie. Stuttgart 1977.
Witte, A.: Analyse der Inhalts- und Lernstruktur und Folgerungen für die Unterrichtsplanung. In: Roth, L./Petrat, G.: Unterrichtsanalyse in der Diskussion. Hannover 1974, S. 283–357.
Wolf, W./Müller-Kohlenberg, H.: Empirische Methoden in der Erziehungswissenschaft. In: Funkkolleg Erziehungswissenschaft, Studienbegleitbrief Nr. 2, Kap. VII, S. 7–24. Weinheim 1969.
Wulf, Chr./Groddeck, N.: Unterricht: Interaktions- und Kommunikationsstrukturen. In: Hornstein, W./Bastine, R., u.a. (Hg.): Beratung in der Erziehung (Funkkolleg), Frankfurt/M. 1977, S. 179–218.
Zehrfeld, K. Freinet in der Praxis. Weinheim, Basel 1977.
Zehrfeld, K.: Lernziel, Ziele der Lernenden. München 1978.
Zifreund, W.: Ein strukturanalytisches Diagramm als Hilfsmittel bei der Herstellung und kritischen Analyse von Lehrprogrammen. In: Frank, H. (Hg.): Lehrmaschinen in kybernetischer und pädagogischer Sicht, Bd. 3. Stuttgart, München 1965, S. 114–135.
Zinnecker, J.: Der heimliche Lehrplan. Weinheim, Basel 1975.

11 Sachregister

Abfolgen von Unterrichtsereignissen 11, 129f., 204f.
Abwehrmechanismen 228f.
abweichendes Verhalten 160–164, 204
advanced organizer 79f.
Aggressivität 43, 86, 141, 155–159
Aktionsformen 12–14, 93, 100, 196f.
Alltagstheorie 9, 11–13, 165, 167, 170, 172, 181, 185
Angst 49, 54, 61, 92, 95, 109, 131, 139, 152f., 176
Arbeitswelt der Schülereltern 53, 62
Artikulation des Unterrichts 14, 71–73
Aufrufen 111, 117
autokratischer Lehrstil 123, 203f.

Bales'sche Interaktionsanalyse 107f.
Balintgruppe 178, 217
bedeutungsvolles Lernen (Rogers) 60
Beliebtheit 111–113, 224f.
Beobachtungsfehler 208–212
Beobachtungsleitfaden 196–198
Beratung 141, 143, 216f., 178
Berliner Didaktik 14, 75
Berufszufriedenheit 117
Bildung (formal/material) 64f.
Blickkontakt 46
Bloom'sche Taxonomie 68f.

demokratischer Lehrstil 123, 203f.
Denkerziehung 35, 64–66, 194
Deutungsschema 9, 167–171, 182–185, 189, 208f.
Diagnosebogen 45
Diagnose der Unterrichtsführung 171, 175
didaktische Analyse 32–34
didaktisches Dreieck 13

Einfühlungsvermögen 112, 193, 198
Einzelarbeit 133, 135
elementare Lehrinhalte 33
entdeckendes Lernen 22, 36, 73–80, 100
Entschulung 12f., 23f.

Erfolgsorientierung 92, 95, 97f.
Erwartung 9, 11, 41, 46, 48, 56, 60, 97f., 104, 112–114, 139, 145, 149, 162f., 176f., 225
Ethnomethodologie 170f., 174
Etikettierung 103f., 125f., 160–162
exemplarisches Lernen 33

Fachsprache 179, 186
Familie 15, 41, 42, 50–55, 92, 197
Flanders'sche Interaktionsanalyse 185
Frage 14, 19, 22, 75, 77f., 83, 101, 126–130, 202
fragend-entwickelnder Lehrstil 127–130

Gagnés Lernstufen 67f.
geheimer Lehrplan 15, 19, 25, 64–66, 121–126, 129, 179f., 196f., 200
gesellschaftliche Funktion von Schule 15f., 21, 206
Gespräch 108, 122, 124, 126–130, 138, 141, 143, 153f., 161f., 168, 178f., 186, 192, 206, 208, 212–217, 223
Gesprächsregeln 153, 214–217
Gleichheit 21, 59, 122, 206
Gruppenarbeit 23, 76, 101, 105–108, 130–133

Halo-Effekt 226
Handlungsforschung 10, 182–184, 212
Häufigkeitsverteilung 201f., 198

Innovation 19–24, 171, 178, 190
institutionelle Verfaßtheit 121f., 124
Interaktion 103–111, 124, 129f., 134f., 185, 227
– Dichte 110
  – Formen 105–11
– Verlauf 129f.
– Inhalts-/Beziehungsaspekt 104f.
Introspektion 26, 69

239

Kategorie 186–189
Kausalattribuierung 93
Klassifikation 169, 203f.
Konflikt 18, 27–30, 86, 111–113, 117, 120, 122, 124, 136–164, 185, 196, 216
Konformität 122, 125, 162–164
Kontakt 109–111, 122
Krisen 161, 176

Lehrgespräch 19, 126–130, 134
lehrerzentrierter Unterricht 19, 101, 126–133, 141–143
Lehrinhalt 22, 24–40, 71, 88, 95f., 102, 122, 139, 142, 185
Lehrplan 17, 19, 31, 34, 50, 117, 139, 150
Lehrstil 140, 203f.
Lehrvortrag 19, 130, 134
Leistungsdruck 41, 50, 92, 146, 155
Lernentwicklungsbericht 23, 45
Lernerfolg, -versagen 25, 42f., 45, 47, 49, 64, 86f., 96, 101, 109, 122, 197
Lernphasen 14, 71–73
Lernprinzipien 70f.
Lernunlust 43, 54, 61, 86–92, 109, 117, 124, 141
Lernziel 14f., 17, 20, 29, 71, 75, 115, 122, 135, 174f., 197f.
Lob 71, 96f., 101, 107, 109, 119, 125

Mehrfeldertafel 202
Mißerfolgsorientierung 92, 95, 97f.
Motivation 18, 29, 36, 61, 72, 75, 85–102, 109, 113, 154, 197
Motivationshilfe 18, 77, 87–102

nonverbale Kommunikation 103, 108–110, 112, 114, 155
Normalität 162f.
Normen 36, 54, 63, 106, 118f., 145, 148, 162, 170, 189, 199, 206

Objektivität 212
offener Unterricht 13, 22
Operationalisierung 103, 115, 198f., 212
overachievement 47f., 163

Partnerarbeit 132f., 134
Pluralismus 120
Praxisschock 87, 120f., 142, 178f.
problemlösendes Lernen 22, 36, 65, 68f., 70, 72–80, 100, 129f.,
Professionalisierung 115. 165, 179, 184
Projektion 48, 89, 218f., 228

Prüfung 14, 16f., 26, 34f., 45, 49f., 59, 65f., 117f., 122, 142, 155, 192, 197, 211f.
Pygmalioneffekt 16, 103, 125, 160

Qualifikation 14f., 16, 18, 26, 29, 33, 35, 50, 135

Ratingskala 188
rezeptables Lernen 29, 70, 74, 76, 203f.
Rolle 53, 62, 114–118, 121, 128, 133, 139f., 148, 160, 175, 189, 199

Sanktionen 118f., 162
Schlüsselwahrnehmung 48–50, 52, 161, 177, 222, 224, 226
Schreiben 23, 58, 60, 122
schülerzentrierter Unterricht 13, 22, 74, 122f., 132
Schulerfolg, -versagen 41–64, 86f., 103, 160, 176
Schullaufbahn 42–44, 52
Schulkritik 16–19, 122
Schwierigkeitsgrad 92, 101, 204
Selbstbild 49, 89, 103, 125, 139, 145, 160, 171, 176–178, 228
Selbstreflexion 69, 89f., 112, 172, 177f., 182, 189f., 217–229
Selektion 16–18, 26, 31f., 43, 136
sich selbsterfüllende Prophezeiung 48, 103, 125, 160
Sinn 22, 43, 66, 89, 102, 105, 115, 120, 122, 139, 170f., 185f., 200, 211
Situationsdefinition 170f., 209f.
situativer Lernanreiz 93, 95–97
soziale Macht 31, 115, 117, 207
Sozialformen 14, 19, 100, 126–136, 159, 201
Sozialisation in der Schule 16–19, 25, 34–40, 60–66, 121–126, 129, 135f., 197
Sprache 23, 54–59, 60–62, 108, 122, 126, 155, 179f., 185f., 191, 202f., 210f.
– Fachsprache 179, 186
– Selbstreflexion 179
– Schulerfolg 52–63
– schulische Sozialisation 126
– Sprachfehler 55f.
– Verständlichkeit 57
Standardisierung der Unterrichtsanalyse 10, 169, 179, 184f., 194
Stichprobe 193f., 211
Stigmatisierung 48, 126, 160–163
strukturelle Gewalt 140, 155
Supervision 178, 216f.
Symptom, -träger 53, 142f., 150, 156

Tadel 40, 71, 96, 109, 117, 119, 125, 155, 205
Taxonomie 67–69
Technologieproblem 172–174
Theorie 9, 94, 172, 189, 198–200

underachievement 46f., 163
Unterrichtsdokumentation 190–192, 209, 216f.
Unterrichtstagebuch 49
Ursachenerklärung 20, 48f., 90f., 98f., 139, 145f., 172–174, 182, 197, 227
Ursachenerklärung des Schulerfolgs 99, 103, 164, 172, 174, 227

verschultes Lernen 12f., 16–19, 91, 180
Verstehen 183, 199–201
Vorurteile 225–227

Wahrnehmung 35, 104, 125, 147, 160–162, 166f., 169, 173, 177f., 185, 217–229
Werte 62, 120f., 123, 148f., 162, 189, 197

Zeugnis 23, 45, 52
Zuschreibung 98f., 103, 117, 125f., 160–162

Lernen und Unterricht

Robert F. Mager
Motivation und Lernerfolg
Wie Lehrer ihren Unterricht verbessern können. Aus dem Amerikanischen übersetzt und bearbeitet von Barbara Küper, Lothar Schweim und Horst A. Speichert. (Beltz Bibliothek 15.) 1970. 8. Auflage 1979. 122 S. br DM 9,80   28130

Regula D. Naef
Rationeller Lernen lernen
Ratschläge und Übungen für alle Wißbegierigen. (Beltz Bibliothek 17.) 1971. 10. Auflage 1980. 242 S. br DM 12,80   28161

Gunther Eigler u. a.
Grundkurs Lehren und Lernen
(Beltz Lehrgang.) 1973. 4. Auflage 1979. 169 S. br mit Spiralheftung DM 18,–   52103

G. Eigler/V. Krumm
Zur Problematik der Hausaufgaben
Über die Mitarbeit der Eltern bei Hausaufgaben. Ergebnisse einer Befragung von Eltern von Gymnasiasten der Klassen 5–8 und einer Befragung von Gymnasialdirektoren. (Erziehungswissenschaftliche Untersuchungen, Band 4. – Beltz Bibliothek 79.) Neuausgabe 1979. VI, 182 S. br DM 13,–   50079

Bo Sigrell
Problemkinder in der Schule
Aus dem Schwedischen von Peter Jacobi. (Beltz Bibliothek 13.) 1971. 4. Auflage 1975. 179 S. br DM 12,–   28149

Ruedi Signer
Verhaltenstraining für Lehrer
Zur Kritik erziehungspsychologischer Trainingskonzepte und ihre Weiterentwicklung. (Beltz Bibliothek 81.) Neuausgabe 1979. 232 S. br DM 11,–   50081

Ulrike Koester/Christian Büttner (Hrsg.)
Liebe und Haß im Unterricht
Unerklärliche Aversionen, versagte Wünsche und enttäuschte Erwartungen – kurz, Gefühle in den Beziehungen zwischen Lehrern und Schülern bestimmen den Unterricht oft mehr als durchdachte Unterrichtsstrategien. Diese Texte geben Hilfen für das Sehen, Verstehen und Einfühlen in schulische Beziehungsschwierigkeiten und Anregungen für Veränderungen.
BELTZ Bibliothek

Ulrike Koester/Christian Büttner (Hrsg.)
Liebe und Haß im Unterricht
Texte zur Analyse von Erziehungsschwierigkeiten in der Schulklasse. (Beltz Bibliothek 97.) 1981. 141 S. br DM 12,–   50097

Albert V. Kelly
Unterricht mit heterogenen Gruppen
Theorie und Praxis der Binnendifferenzierung. Aus dem Englischen von Barbara Murakami. (Beltz Bibliothek 94.) 1981. 254 S. br DM 19,80   50094

Karl Haußer
Die Einteilung von Schülern
Theorie und Praxis schulischer Differenzierung. 1980. 283 S. br DM 32,–   54107

Holger Morawietz
Unterrichtsdifferenzierung
Ziele, Formen, Beispiele und Forschungsergebnisse. (Beltz Studienbuch.) 1980. IV, 170 S. br DM 19,80   51151
In diesem Buch werden die grundlegenden Begriffe der Differenzierungsdiskussion vermittelt, die Differenzierungsziele in ihrer gegenseitigen Abhängigkeit dargestellt und die wichtigsten Differenzierungsformen beschrieben. Konkrete Unterrichtsbeispiele und die Zusammenfassung einschlägiger Forschungsergebnisse erlauben eine Einschätzung der Möglichkeiten und Grenzen der aktuellen Differenzierungsformen.

Herbert Glötzl
„Das habe ich mir gleich gedacht!"
Der Einfluß von Lehrerverhalten und Schulsystem auf die Ausprägung und Verfestigung abweichenden Verhaltens. (Beltz Monographien Erziehungswissenschaft.) 1979. 211 S. br DM 24,–   54063

Elisabeth Harten-Flitner
Leistungsmotivation und soziales Verhalten
Eine pädagogische Kritik der Leistungsmotivforschung. (Beltz Monographien Erziehungswissenschaft.) 1978. 194 S. br DM 20,–   54054

Hans G. Furth/Harry Wachs
Denken geht zur Schule
Piagets Theorie in der Praxis. Aus dem Amerikanischen von Siegmund Prillwitz, Rolf Schulmeister und Hubert Wudtke. (Beltz Bibliothek 76.) 1978. 301 S. br DM 16,–   50076
Dieser pädagogische Plan für die Elementar- und Primarstufe versteht sich als konsequente Anwendung der Theorie Piagets auf die Praxis. Statt formaler Einführung in die Kulturtechniken entwickelt er die kognitiven Voraussetzungen der Kinder durch ein strukturiertes Angebot an Denkspielen. Die Fülle von praktischen Anregungen zielt auf Förderung durch Anerkennung der kindlichen Selbsttätigkeit.

BELTZ
Beltz Verlag, Postfach 1120, 6940 Weinheim
Verlag Beltz, Basel, Postfach 2346, 4002 Basel

Das JAHRBUCH DER SCHULENTWICKLUNG dokumentiert die Situation des bundesdeutschen Schulsystems, analysiert seine Veränderungsprozesse und berichtet Beispiele gelungener Reformen. Das „Jahrbuch" wird von der Dortmunder „Arbeitsstelle für Schulentwicklungsforschung" in zweijährigem Turnus erstellt. Es verbindet aktuelle Informationen aus Erziehungswissenschaft, Schulpolitik und Bildungsplanung mit grundlegenden Analysen.

Das „Jahrbuch 1980" enthält u. a. eine Datenanalyse „Wem hat die Bildungsexpansion genutzt?", eine Zusammenfassung der wissenschaftlichen Untersuchungen über Vor- und Nachteile von Gesamtschulen und die Fallanalyse gelungener Reformschritte in einzelnen Regionen. Darüber hinaus werden die Ergebnisse einer erstmals durchgeführten bundesweiten Repräsentativumfrage zur Schulpolitik dargestellt.

Das JAHRBUCH DER SCHULENTWICKLUNG füllt eine Lücke als Arbeitsmittel und Nachschlagewerk für alle, die die Schule gestalten und verändern wollen: Eltern, Lehrer, Studenten, Schüler, Bildungspolitiker, Erziehungswissenschaftler.

H.-G. Rolff/G. Hansen
K. Klemm/K.-J. Tillmann (Hrsg.)
Jahrbuch der
Schulentwicklung
Band 1
Daten, Beispiele und Perspektiven. (Veröffentlichung der Arbeitsstelle für Schulentwicklungsforschung (AFS) der Universität Dortmund.) 1980.
296 Seiten. Broschiert DM 19,80
ISBN 3-407-54101-5

Bei Ihrem Buchhändler erhältlich!

BELTZ

Beltz Verlag, Postfach 1120,
6940 Weinheim
Verlag Beltz Basel, Postfach 2346,
4002 Basel